easy Internet

easy

Internet

Ich bin heute noch online!

INGO LACKERBAUER

Markt+Technik

→leicht →klar →sofort

Bibliografische Information Der Deutschen Bibliothek
Die Deutsche Bibliothek verzeichnet diese Publikation in der
Deutschen Nationalbibliografie; detaillierte bibliografische Daten
sind im Internet über http://dnb.ddb.de abrufbar.

Umwelthinweis:
Dieses Buch wurde auf chlorfrei gebleichtem Papier gedruckt.

10 9 8 7 6 5 4 3 2 1

08 07 06 05

ISBN 3-8272-6827-3

Coverkonzept: independent Medien-Design, Widenmayerstraße 16, 80538 München
Coverlayout: adesso 21, Thomas Arlt, München
Titelfoto: Image Direkt
Lektorat: Birgit Ellissen, bellissen@pearson.de
Herstellung: Monika Weiher, mweiher@pearson.de
Satz: Ulrich Borstelmann, Dortmund (www.borstelmann.de)
Druck und Verarbeitung: Kösel, Krugzell (www.KoeselBuch.de)
Printed in Germany

Inhaltsverzeichnis

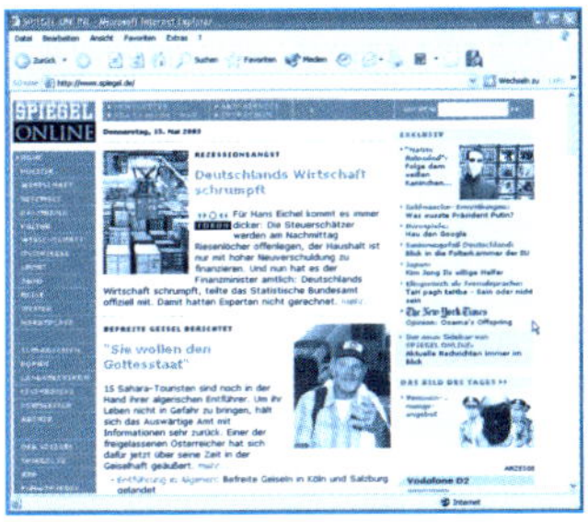

2 So wird Ihr PC fit fürs Internet 44

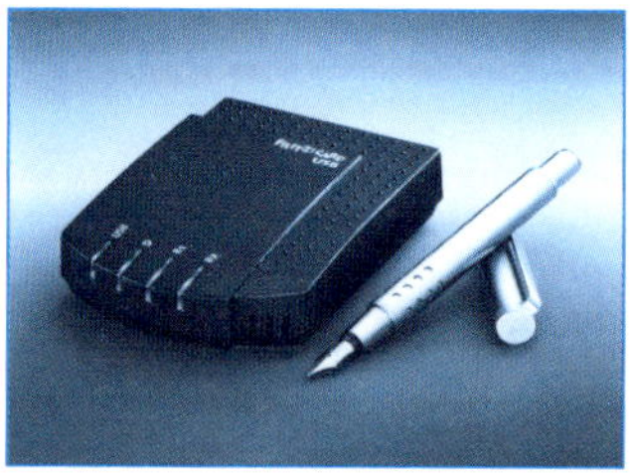

3 Auf ins WWW! 110

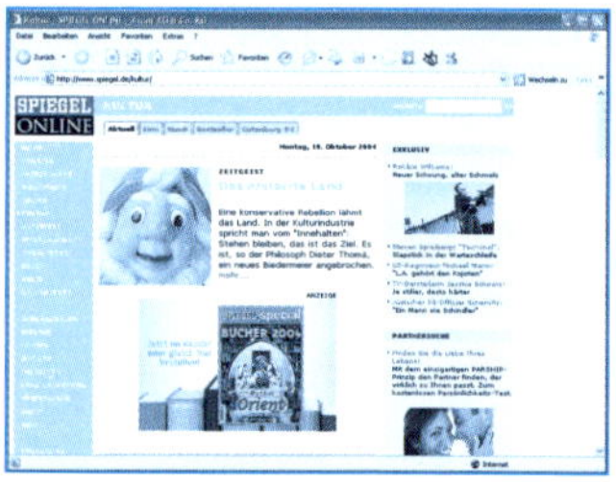

7 Einkaufen und Bankgeschäfte 230

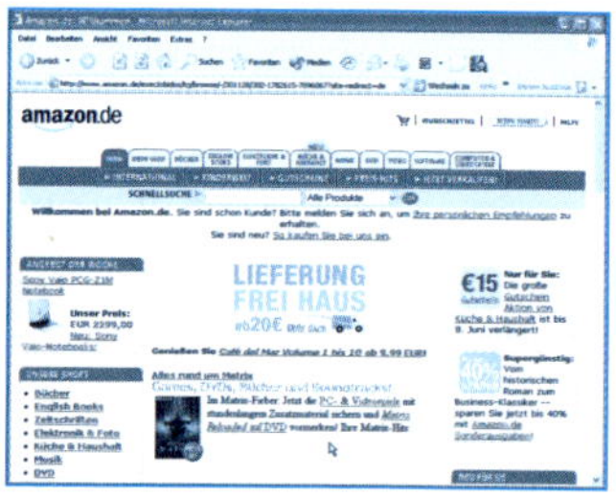

8 Webmail 242

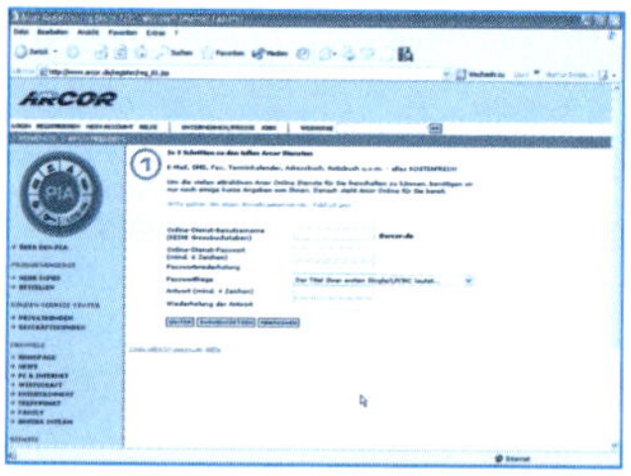

9 Outlook Express 258

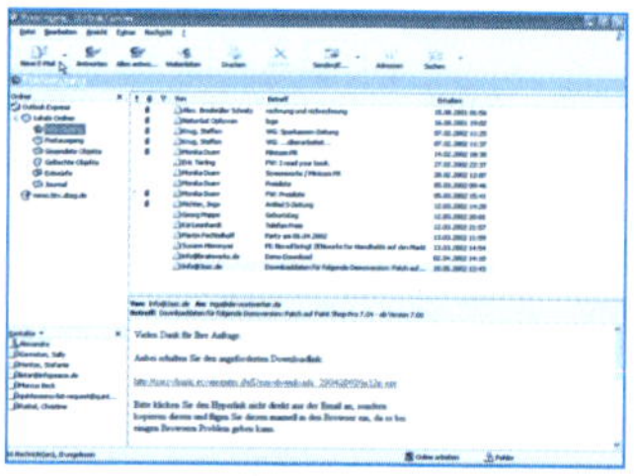

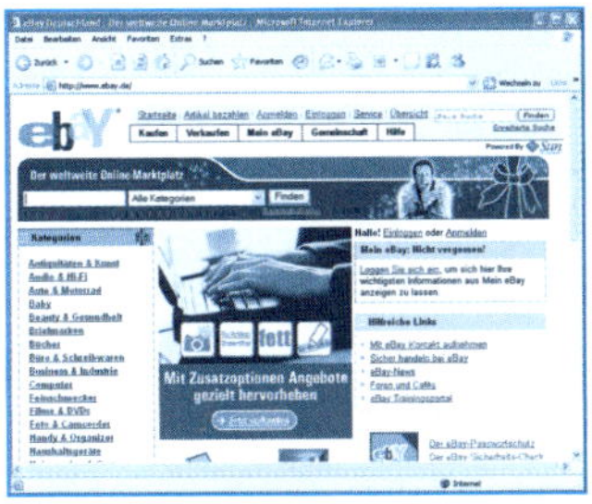
Mit Zusatzoptionen Angebote gezielt hervorheben

Liebe Leserin, lieber Leser!

In den letzten Jahren haben immer mehr Menschen ein neues Hobby für sich entdeckt – das virtuelle Reisen im Internet. Online-Surfer überbrücken binnen Sekunden Tausende von Kilometern an ihrem PC, ohne auch nur einen Fuß vor die Tür zu setzen. Auf diesen Reisen werden neue Wissensgebiete entdeckt und Bekanntschaften geschlossen. Es hat schon etwas von Entdeckertum, wenn man sich in den Tiefen des Internet bewegt, während die Zeit nur so davonrast und man plötzlich Stunden später der Realität wieder gewiss wird.

Der Computer hat eine neue Evolutionsstufe erreicht. Die globale Erreichbarkeit von Informationen per Mausklick ist vielleicht die nächste technologische Revolution nach der Erfindung der Dampfmaschine, die im viktorianischen Zeitalter unsere moderne Epoche einläutete. Es ist bis dato noch gar nicht absehbar, welche einschneidenden Veränderungen diese Situation mit sich bringen könnte. Soziale, politische und technologische Umwälzungen könnten die Folgen sein. Medienwissenschaftler und Soziologen stehen einerseits begeistert und andererseits ablehnend dieser Entwicklung gegenüber. Wichtig ist es, die reale Welt nicht aus den Augen zu verlieren und soziale Kontakte weiterhin aufrecht zu erhalten und entsprechend zu pflegen.

Dieses Buch richtet sich an all jene, die in unterhaltsamer Art und Weise den Umgang mit den modernen Kommunikationsmöglichkeiten erlernen und eine neue Welt für sich entdecken möchten. Es soll den Anfänger an die Hand nehmen und sukzessive in die neuen Möglichkeiten und Wege des Internet geleiten. Das Buch soll Ihnen die wichtigsten Grundelemente der Bedienung und Handhabung des Internet sowie der wichtigsten Internet-Dienste mit auf den Weg geben. Oberstes Gebot stellt das oft zitierte Motto »Learning by Doing« dar, denn nur so ist ein spielerischer und experimentierfreudiger Einstieg in die Online-Welt möglich.

Während der Entstehung eines Buches ist der Autor weitestgehend auf sich alleine gestellt. Bis aber ein fertiges Buch neben Ihrem Computer liegt, leisten noch eine ganze Reihe weiterer Menschen einen wichtigen Beitrag dazu. Dank gilt daher allen Internet-Anwendern, die dieses Buch zu dem gemacht haben, was es heutzutage ist.

Nun möchte ich Ihnen viel Spaß sowohl beim Stöbern in diesem Buch als auch beim Online-Surfen im Internet wünschen und der Hoffnung Ausdruck verleihen, dass möglichst viele Informationen und neue Freunde Ihren Weg begleiten mögen. Und falls Sie mit uns in Kontakt treten möchten: Schicken Sie mir einfach eine E-Mail an *ingolackerbauer@arcor.de*.

Wir sehen uns online!

Ihr Ingo Lackerbauer

Die Tastatur

Auf den folgenden drei Seiten sehen Sie, wie Ihre Computertastatur aufgebaut ist. Damit es für Sie übersichtlich ist, werden Ihnen immer nur bestimmte Tastenblöcke auf einmal vorgestellt.
Ein großer Teil der Computertasten funktioniert wie bei der Schreibmaschine. Es gibt aber noch einige zusätzliche Tasten, die auf Besonderheiten der Computerarbeit zugeschnitten sind.
Sehen Sie selbst …

Schreibmaschinen-Tastenblock

Diese Tasten bedienen Sie genauso wie bei der Schreibmaschine.
Mit der Eingabetaste schicken Sie außerdem Befehle an den Computer ab.

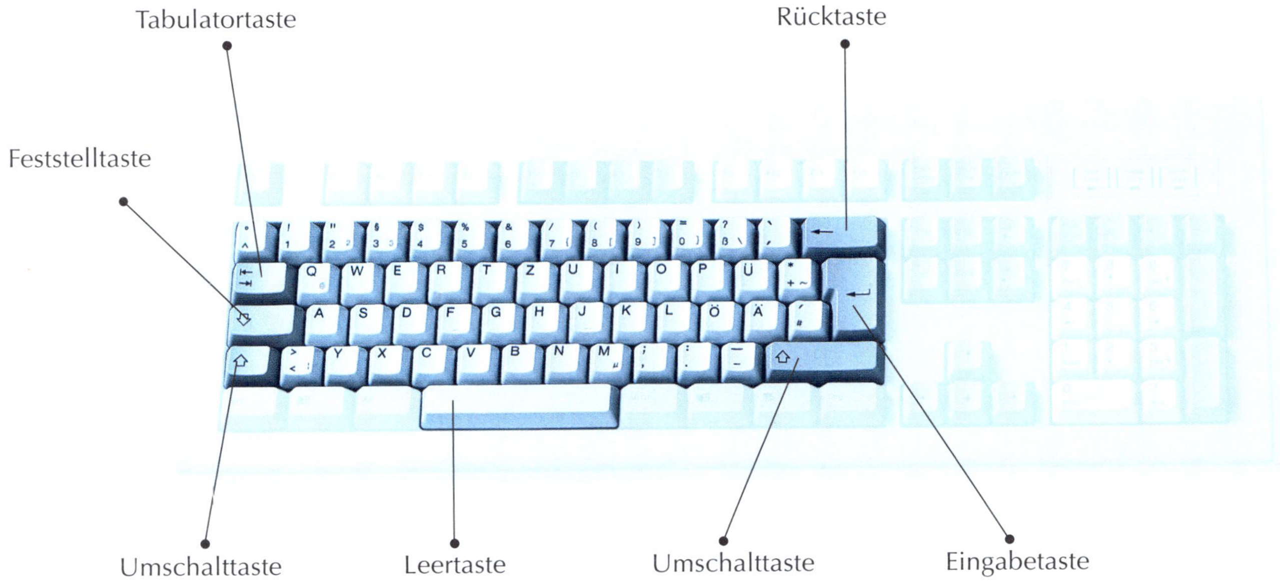

Sondertasten, Funktionstasten, Kontrollleuchten, Zahlenblock

Sondertasten und Funktionstasten werden für besondere Aufgaben bei der Computerbedienung eingesetzt. Strg-, Alt- und AltGr-Taste meist in Kombination mit anderen Tasten. Mit der Esc-Taste können Sie Befehle abbrechen, mit Einfügen und Entfernen u.a. Text einfügen oder löschen.

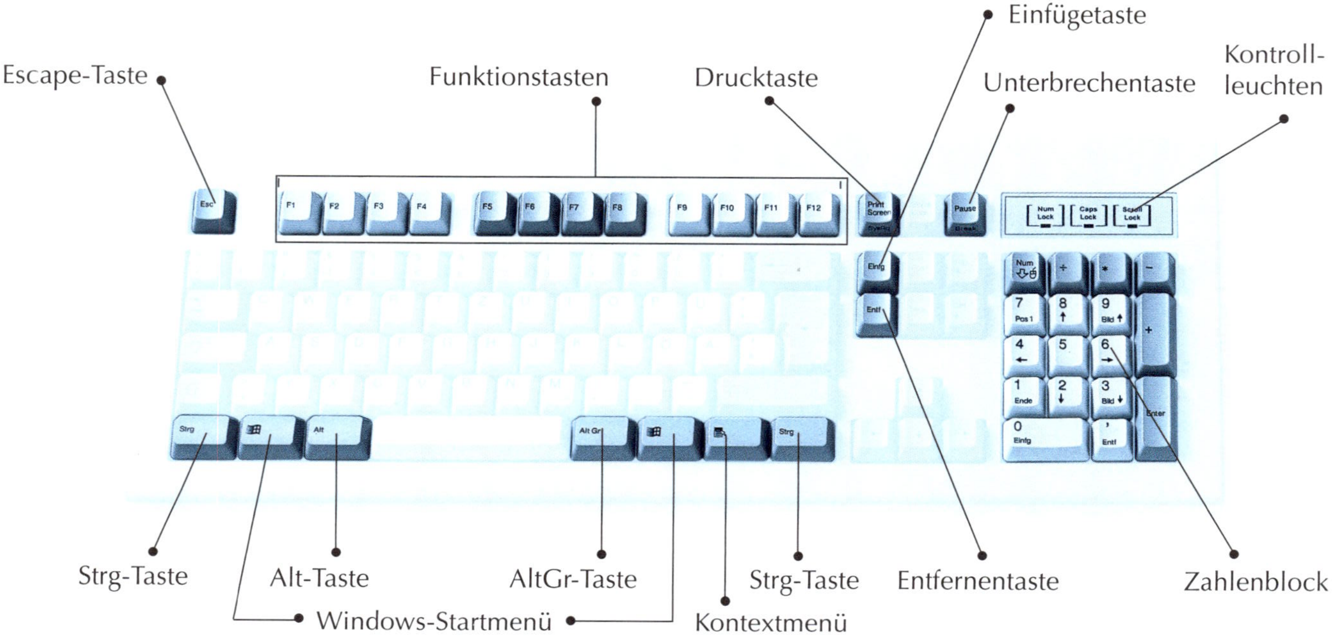

Navigationstasten

Mit diesen Tasten bewegen Sie sich auf dem Bildschirm.

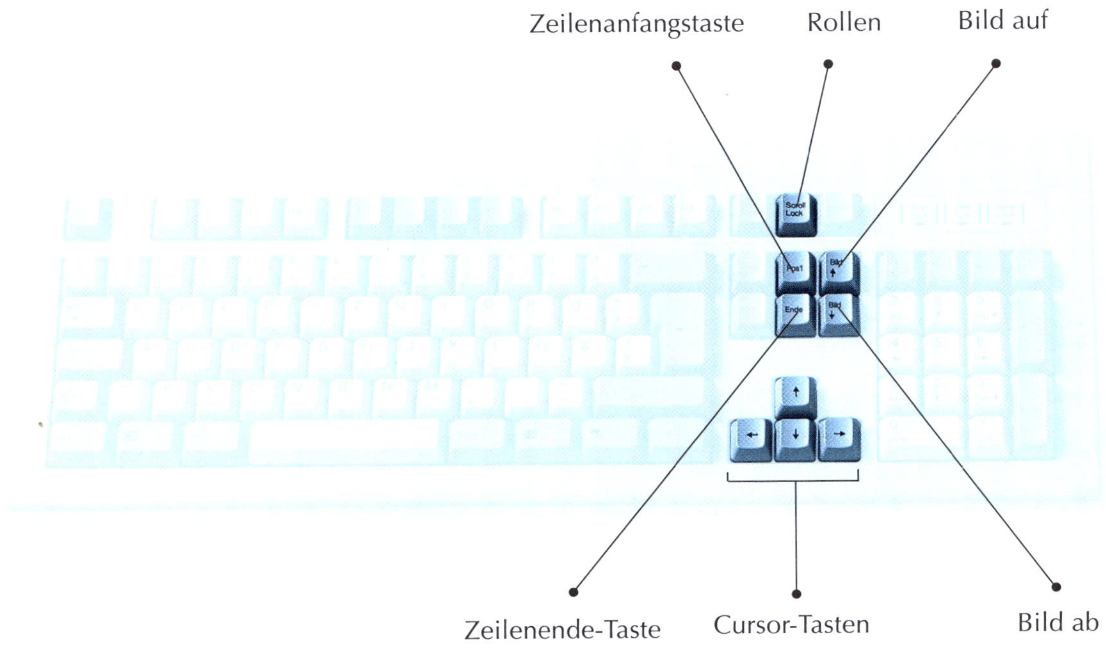

Die Maus

»Klicken Sie ...«

heißt: einmal kurz
auf eine Taste drücken.

Mit der
linken Maustaste
klicken ...

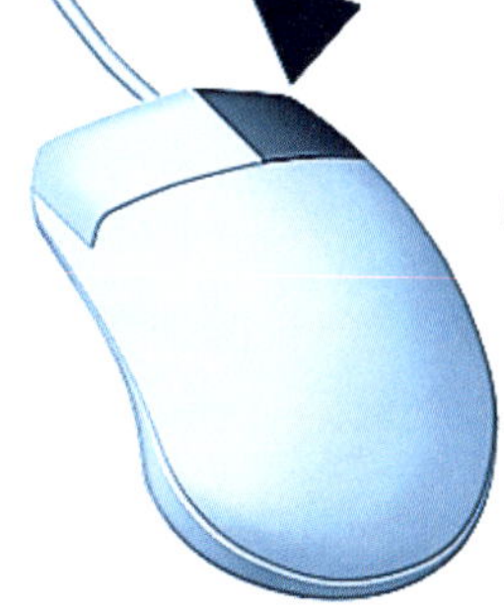

Mit der
rechten Maustaste
klicken ...

»Doppelklicken Sie ...«

heißt: die linke Taste zweimal schnell hintereinander ganz kurz drücken.

Doppelklicken

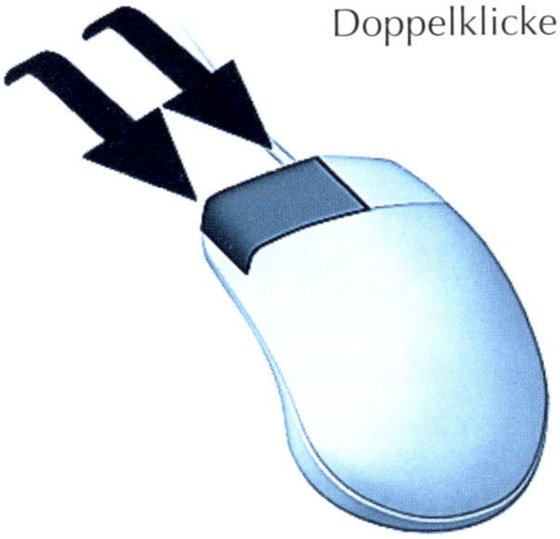

»Ziehen Sie ...«

heißt: auf bestimmte Bildschirmelemente mit der linken Maustaste klicken, die Taste gedrückt halten, die Maus bewegen und dabei das Element auf eine andere Position ziehen.

Ziehen

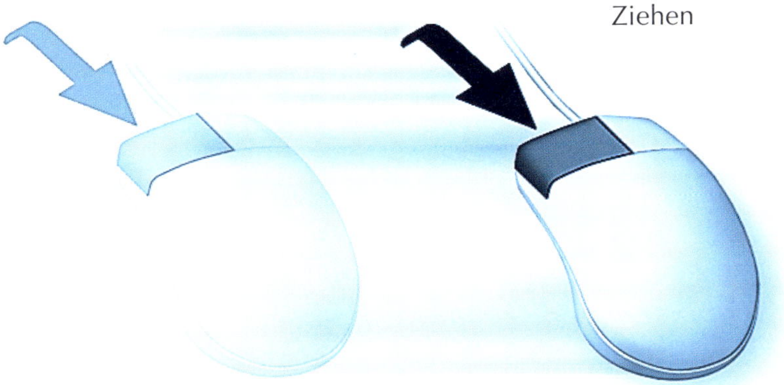

Kapitel 1

Das Internet – eine kurze Einführung

Das folgende Kapitel möchte Sie in die Historie und Möglichkeiten des Internets einführen. Zudem erhalten Sie ein wenig technisches Hintergrundwissen, das Sie benötigen, damit Sie bei Ihren Streifzügen durch das Netz auch dessen Begrifflichkeiten verstehen.

Das lernen Sie neu:

Das Internet ist mittlerweile so allgegenwärtig wie die tägliche Zeitung, das Fernsehen, Radio oder Video. Von Litfaßsäulen prangt es herab, in TV-Shows wirbt man damit, und unzählige Veröffentlichungen beschäftigen sich mit dem Thema, das nach der Dampfmaschine und dem elektrischen Strom unser aller Leben so grundlegend verändern soll – das Internet. Keine TV-Show vergeht, in der nicht der Moderator auf eine Internetadresse hinweist, unter der zusätzliche Informationen und Aspekte zur gerade ablaufenden Sendung zu finden sind oder an die Sie eine Zuschauerreaktion versenden können. Sie liegen bequem auf dem heimischen Sofa und können sich per Internet in die entlegensten Winkel unserer Erde bewegen, ohne nur einen Fuß vor die Tür zu setzen. Da werden Reisen geplant und direkt über das Internet gebucht, die neuesten Fußballergebnisse abgefragt, Kinoprogramme gewälzt, ein paar Weinkisten direkt vom Erzeuger in Australien bestellt, in Bücher hineingeschnuppert, neue CDs angehört, ein Plausch mit Gleichgesinnten in aller Herren Länder gehalten oder unerschöpfliche Datenquellen zu einem bestimmten Thema angezapft. Im Internet gibt es nichts, was es nicht gibt! Die Möglichkeiten, die dieses neue Medium bietet, sind so vielfältig wie die Menschen mit all ihren Interessen und Vorlieben selbst.

Das Internet zu definieren ist genauso schwierig, wie die Welt zu beschreiben, in der wir leben. Am ehesten hält das Internet einem Vergleich mit einem Marktplatz stand: Auf den Marktplatz Internet kann jeder kommen, sei es als Zuschauer, als Verkäufer oder als Kunde – egal ob dieser Mensch Heinz Mustermann oder der Prince of Wales ist. Standesunterschiede gibt es in diesem Medium nicht. Jeder hat die Möglichkeit, sich etwas anzuschauen, etwas zu kaufen oder vielleicht sogar seine eigenen Waren dort anzubieten.

Und die nächste Internetrevolution steht schon vor der Tür – das Internet wird mobil. Was wir derzeit verfolgen können, nämlich dass viele Handybenutzer einen Abstecher ins Internet mit ihrem Handy machen, ist dabei nur der Anfang. Mobile Internetzugänge mit Handy und Co werden von Jahr zu Jahr schneller. Mit der Einführung und Weiterentwicklung von UMTS, dem Breitbandzugang für mobile Endgeräte, wird es jedermann möglich sein, im Internet zu surfen, wo immer er sich auch gerade aufhält – Audio und Video inklusive.

Geschichte des Internets

Wer denkt, dass das Internet eine Erfindung der neunziger Jahre ist, der irrt. Alles begann im Jahre 1957, als die damalige Sowjetunion den ersten Satelliten mit der Bezeichnung Sputnik ins All beförderte. Mit dieser technischen Meisterleistung wurden Amerikas schlimmste Befürchtungen wahr: Der Gegner im kalten Krieg hatte die Vorherrschaft über das All übernommen! Die Alarmglocken im Pentagon läuteten Sturm. Die RAND Corporation, Amerikas Denkfabrik Nummer Eins während des Kalten Krieges, wurde mit einem strategischen Problem konfrontiert. Wie könnte die amerikanische Regierung nach einem nuklearen Angriff noch kommunizieren? Ein Rechenzentrum mit der geballten Ansammlung aller High-Tech-Computer der damaligen Zeit könnte noch so bewaffnet und beschützt werden, die Leitungen würden dennoch durch einen Nuklearangriff zerstörbar sein.

Was ist das?

*Ein **Netzwerk**, auch LAN (Local Area Network) genannt, verbindet mehrere Rechner über ein Kabel miteinander. Der Verbund mehrerer Netzwerke, die quer über den Erdball verstreut sind oder sich nur in verschiedenen Städten befinden, nennt man WAN (Wide Area Network).*

Die Mitarbeiter von RAND grübelten und grübelten, bis sie schließlich zu einem gewagten Schluss kamen: In erster Linie sollte ein Netzwerk keine zentrale Autorität mehr besitzen. Praktisch hieß dies, dass es kein zentrales Rechenzentrum mehr geben sollte, in dem die Fäden zusammenliefen. Das neuartige Netzwerk sollte nach den Vorstellungen von RAND auch dann funktionsfähig sein, falls große Teile davon ausfallen. Das Prinzip war einfach: Die einzelnen Computer im Netzwerk, die quer über die USA verstreut und alle miteinander verbunden sein sollten, haben im Vergleich zu allen anderen den gleichen Status beim Versenden, Weitergeben und Empfangen von Nachrichten.

Was ist das?

*Als **Paket**, auch Datenpaket genannt, bezeichnet man die Informationen, die zu einem Versand über ein Netzwerk anstehen. Die Informationen, wie beispielsweise elektronische Briefe, werden in kleine handliche Einheiten »zusammengeschnürt», um diese bequem über das Netzwerkkabel übertragen zu können.*

Die Nachrichten selbst werden in kleine Datenpakete aufgeteilt. Diese kleinen Informationspakete bekommen eine Adresse aufgeklebt (wie Sie dies auch vom Postamt kennen). Alle Pakete starten von einem gemeinsamen Computer und werden am Ziel wieder zu einer einheitlichen Information, dem elektronischen Brief, zusammengefügt. Doch jetzt kommt der Clou: Jedes Paket sucht sich seinen eigenen Weg durch das Netzwerk, mit dem einzigen Ziel, den Adressaten zu erreichen. Der Weg jedes einzelnen Pakets ist unwichtig, nur das Ergebnis zählt. Wenn nun ein Großteil des Netzwerkes zerstört wäre, würde es keine Rolle spielen, da die Nachricht immer einen Weg ins Ziel findet. Dies resultiert aus der Tatsache, dass jeder Computer bzw. jedes Netzwerk mit allen anderen verbunden ist.

In den sechziger Jahren wurde dieses »bombensichere«, Pakete verschickende Netzwerk von der RAND Corporation verschiedenen staatlichen Institutionen vorgestellt, die natürlich von seinen Fähigkeiten mehr als begeistert waren. Nur kurze Zeit später beschlossen die USA, die »Advanced Research Project Agency« (ARPA) zu gründen, die direkt dem amerikanischen Verteidigungsministerium (DoD) unterstehen sollte. ARPA startete daraufhin ein noch größeres und ehrgeizigeres Projekt in den USA und vollzog nun langsam den Wandel weg vom militärischen Netz hin zur wissenschaftlichen Nutzung. Im Herbst 1969 wurde der erste Supercomputer (oder was man damals dafür hielt) an der Universität von Los Angeles installiert, und zwar mit dem Ziel, ein Netzwerk aufzubauen, das nach den erarbeiteten Spezifikationen der RAND Corporation funktionieren sollte.

Was ist das?

*Als **Knoten** bezeichnet man auch einen Computer in einem Netzwerk.*

Im Dezember 1969 waren es schon insgesamt vier Knoten in einem kleinen Netzwerk, das über die USA verteilt war und nach dem staatlichen Sponsor aus dem Pentagon genannt wurde – das ARPANET war geboren.

Dank des ARPANET konnten nun Wissenschaftler und Forscher die Computereinrichtungen anderer Institute auch über große Distanzen nutzen. Das war eine sehr nützliche Einrichtung, da zwischen den Universitäten nun ein reger Informationsaustausch stattfinden konnte. Von nun an ging es Schlag auf Schlag: 1971 gab es schon 15 Knoten im ARPANET, 1972 sogar 37. In den 70ern wurde das ARPANET immer umfangreicher. Bis zum Jahr 1983 wuchs das Gebilde ARPANET zu einem internationalen Netzwerk heran, an das sich nun immer mehr Universitäten und Hochschulen anschlossen. 1983 wurde es den Sponsoren aus dem Pentagon wohl ein wenig zu bunt, und man lief Gefahr, die Übersicht zu verlieren. Dies war der Grund, das ARPANET in das MILNET, das der militärischen Kommunikation diente, und das ursprüngliche ARPANET für weitere Forschungseinrichtungen aufzuteilen. Weltweit entwickelten Forscher und Ingenieure Netzwerke, die man ebenfalls an das ARPANET anschließen wollte. Beispiele dafür sind das CSNET oder BITNET. Auch hatten private Unternehmen Interesse an einem Zugang zum ARPANET. Obwohl das ARPANET wuchs, verschwand es immer mehr in der Fülle der weltweiten Netzwerke. Dank eines einheitlichen Standards für Paketübertragung wurden dem ARPANET immer mehr Netzwerke auf der Erde angegliedert – das Internet (Netz der Netze) war geboren. Heute, Jahrzehnte später, gibt es weltweit mehr als 500 Millionen Teilnehmer, die sich regelmäßig im Internet bewegen – Tendenz steigend.

Wer betreibt das Internet?

Diese Frage stellen sich Anfänger und Neueinsteiger immer wieder. Da tauchen Fragen nach den Firmen oder mächtigen Firmenbossen auf, die das Internet betreiben, dem Datenreisenden viel Geld abverlangen und das Gebilde Internet kontrollieren. Nichts Derartiges trifft zu: Das Netz der Netze ist, wie Sie bereits erfahren haben, dezentral aufgebaut und alles andere als straff durchstrukturiert. Vielmehr haben wir es an dieser Stelle mit einem großen, weltumspannenden Gespinst zu tun, das Hunderttausende von Computern und eine unschätzbare Anzahl von Teilnehmer unter einem Hut vereinigt. Im Internet ist jeder sein eigener Herr bzw. Betreiber. Sicherlich können Sie sich vorstellen, dass eine derartige Struktur chaotisch ist. Niemand steht im Internet an der Spitze, der allgemeingültige Anweisungen geben könnte oder etwa in der Lage wäre, Internetgesetze zu verabschieden.

Sollten die Betreiber eines Internetrechners einmal beschließen, den entsprechenden Computer vom Internet abzuklemmen, so ist dies noch lange kein Beinbruch, da die Informationen dank der kreuz und quer verwobenen Vernetzung sofort einen anderen Weg zum Ziel finden.

Das Internet baut nicht auf das Engagement professioneller Unternehmen, sondern vielmehr auf die vielen Tausend Informationsanbieter. Die Hauptarbeit des Internets lastet auf den Schultern vieler unbekannter Einzelpersonen, die sich an Universitäten, Unternehmen oder in den eigenen vier Wänden befinden und das Internet mit Informationen versorgen – und zwar unentgeltlich. Viele internetbegeisterte Privatleute helfen in ihrer Freizeit, dem Internet neue Server hinzuzufügen, vorhandene zu verbessern oder aufgetretene Fehler wieder ins richtige Lot zu bringen.

Sobald Sie im Internet sind, nutzen Sie also nicht den Dienst eines großen Unternehmens oder gar einer staatlichen Organisation, sondern verschiedene Angebote unterschiedlicher Menschen und Institutionen, die im Internet alle die gleichen Rechte und Pflichten haben. Durch die von ihnen eingebrachte Zeit und finanziellen Mitteln wird der Löwenanteil der zur Aufrechterhaltung des Internet anfallenden Kosten und Arbeiten getragen, sodass diese in der eigentlichen Kostenkalkulation für Ihren Internetzugang gar nicht erst ins Gewicht fallen. Dank dieser dezentralen und teilweise anarchischen Strukturen fallen lediglich Kosten für den Zugang in das Internet und Telefongebühren an – doch dazu später mehr.

Das kleine 1x1 des Internets

Bevor Sie tiefer in das Internet einsteigen, sollten Sie einige Begriffe kennen lernen, die Ihnen immer wieder begegnen werden.

Das Internet ist untrennbar mit den Begriffen TCP/IP und IP verbunden: Dabei handelt es sich um das Internet-Übertragungsprotokoll, das den Austausch der Daten im Internet von Computer zur Computer regelt.

Was ist das?

*Als **Protokoll** bezeichnet man einen Algorithmus, nach dem Daten über ein Medium wie beispielsweise das Internet übertragen werden. Man könnte dies mit der uns bekannten Allgemeinen Straßenverkehrsordnung vergleichen. Ein Protokoll sorgt also dafür, dass alle Daten korrekt abgeschickt und beim Empfänger wieder zusammengefügt werden.*

Für ein reibungsloses Funktionieren einer so komplexen Struktur wie der des Internets bedarf es klarer Richtlinien zur Identifizierung und Benennung von Geräten (etwa Computer, Drucker oder Internetkameras), die sich im Gebilde Internet befinden. Daher besitzt jede Ressource im Netz eine eindeutige Nummer – die so genannte IP-Adresse.

Was ist das?

*Im Internet besitzt jeder Computer, aber auch andere Geräte wie beispielsweise Internetkameras und Drucker mit einer so genannten **IP-Adresse** eine eindeutige Nummer, anhand derer ein Computer identifiziert werden kann.*

Diese Nummer hat die Form »aaa.bbb.ccc.ddd« und besteht immer aus vier Teilen. Jede einzelne Nummer darf dabei maximal dreistellig sein und Werte zwischen 0 und 255 haben. Diese Gesetzmäßigkeiten wurden von den Urvätern des Internet entwickelt und über die ganzen Jahre hinweg beibehalten. Eine mögliche IP-Adresse wäre beispielsweise 194.167.25.23.

Was ist das?

*Jede Privatperson oder Firma, die im Internet respektive WWW mit eigenen Seiten vertreten ist, besitzt eine Seite, die den Anwender bei einem Besuch als Erstes begrüßt – die so genannte **Homepage**.*

Da sich diese Nummern nur schwer merken lassen, verfügen FTP- und WWW-Server (dazu später noch mehr) über einen demgegenüber aussagekräftigen Namen. Die Microsoft-Leitseite (Homepage) im World Wide Web ist beispielsweise über *http://www.microsoft.com* erreichbar, was erheblich einfacher im Kopf zu behalten ist als eine der oben genannten Nummern.

Was ist das?

*Ein **DNS-Server** ist ein Computer im Internet, der die Adressen aller im Internet erreichbaren Rechner enthält. DNS-Server sind quer über den Erdball verstreut und führen in bestimmten Zeiträumen einen gegenseitigen Abgleich durch.*

Woher weiß das Internet nun wiederum, welche IP-Adresse welchem Namen entspricht? Verantwortlich für diese Namenszuordnung ist das so genannte »Domain Name System«, besser bekannt unter seiner Abkürzung DNS. Entsprechende DNS-Server, die sich im Internet befinden, gleichen in regelmäßigen Abständen ihre Datenbestände miteinander ab, sodass eine neue Zuordnung binnen weniger Stunden quer über den Erdball bekannt gemacht wird.

Die einzelnen Bestandteile eines Namens sind durch Punkte voneinander getrennt. Die links zu findenden Bestandteile des Namens bezeichnen beispielsweise den betreffenden Computer bzw. eine Firma. Je weiter Sie in einem solchen Namen nach rechts kommen, desto höher befinden Sie sich in der Organisationsstruktur des Internet. Der ganz rechts zu findende Namensbestandteil bezeichnet die so genannte Domäne (auch Top-Level-Domäne genannt); er beschreibt, welcher Organisations- oder Unternehmenskategorie der Betreiber des Webservers angehört bzw. in welchem Land sich der entsprechende Webserver befindet (geografische Domänen).

Die Top-Level-Domain ist die höchste Hierarchie. Von »meiers-pc.verkauf.firma.de« ist das die Endung »de«. Man unterscheidet zwischen Länder-Domains, wie z. B. »de« für Deutschland, »at« für Österreich, »ch« für Schweiz oder »uk« für Großbritannien, und den so genannten generischen Top-Level-Domains »com«, »net« oder »org«, die nach der Reorganisation um »firm«, »shop«, »arts«, »rec«, »info«, »nom« und »web« ergänzt werden. Daneben gibt es noch eine Reihe anderer Domains (wie z. B. »edu«, »mil«, »int«), deren Nutzbarkeit für die internationale Internetgemeinschaft jedoch sehr eingeschränkt ist. Nachfolgend sind einige der in Deutschland verfügbaren, so genannten generischen Domains aufgeführt:

.com	für kommerzielle Angebote
.edu	für Bildungseinrichtungen
.gov	für staatliche Einrichtungen
.mil	für militärische Einrichtungen
.org	für nichtkommerzielle Organisationen
.info	für Informationsdienste und jeden, der Nachrichten zu verbreiten hat
.biz	zur uneingeschränkten geschäftlichen Nutzung
.museum	für Museen und Ausstellungen
.name	zur persönlichen Nutzung, keine kommerzielle Nutzung erlaubt
.coop	für Verbände und Vereinigungen, wobei der Schwerpunkt auf nichtkommerzieller Nutzung liegt
.pro	für Freiberufler (Professionals)
.aero	für Unternehmen, die mit Flugverkehr zu tun haben; z. B. Fluggesellschaften, Flughäfen, Reiseveranstalter

Das Tor ins Internet – der Internet-Service-Provider

Das Internet ist zwar, wie bereits erwähnt, ein Gebilde, das keiner Instanz und keinem Unternehmen untersteht, jedoch in gewisser Weise von bestimmten Firmen kontrolliert wird – den Internet-Serviceprovidern. Hinter diesem Wort steht eigentlich nichts anderes als ein Unternehmen, das Ihnen den Weg in das Internet bereitet. Diese Unternehmen bieten Zugang zum Internet und stellen Ihnen umfangreiche Angebote in verschiedenen Servicepaketen bereit. Die meisten Unternehmen haben interessante Offerten, die Ihnen ein preiswertes Surfen ermöglichen sollen. Holen Sie sich ruhig einmal Angebote der verschiedenen Provider ein, um den Internetzugang herauszufinden, der Ihren Bedürfnissen am besten gerecht wird. Achten Sie an dieser Stelle darauf, dass der von Ihnen bevorzugte Provider über genügend Einwahlpunkte in Ihrer Nähe verfügt. Über diesen rufen Sie bzw. ruft Ihr Computer den Internetrechner des Internet-Serviceproviders über die Telefonleitung an, sodass eine Verbindung zwischen Ihrem heimischen PC und dem System des Providers aufgebaut wird. Da die Rechner des ISP (Internet-Serviceprovider) direkt mit dem Internet verbunden sind, werden Sie und Ihr Rechner während der gesamten Verbindungsdauer zum elementaren Bestandteil des Internet und können somit ungehindert Daten ins Netz der Netze versenden oder aus diesem empfangen. Diese Dienstleistung lassen sich die Provider natürlich bezahlen. Vor Jahren waren die Gebühren für die Einwahl in das Internet über ISPs relativ teuer und für Privatpersonen eher unattraktiv. Doch die Interneteuphorie hat auch vor diesen Kosten nicht Halt gemacht.

Heute kann jeder schon für wenig Geld im Monat ausgiebig im Internet stöbern. Dank so genannter Internet-by-Call-Anbieter zahlt der Internetsurfer einen festen Minutenpreis, der bei knapp über einem Cent pro Minute liegt (je nach Anbieter). Es fallen weder weitere Zugangsgebühren noch weitere monatliche Grundpauschalen an. Alles ist mit dem Minutenpreis abgegolten. Internet-by-Call-Anbieter haben bundesweit eine einheitliche Einwahlnummer, über die Sie sich stets zum preiswerten Einheitstarif ins Internet einwählen können – egal, wo Sie sich in der Bundesrepublik befinden. Übersichten aller Internet-by-Call-Anbieter finden Sie regelmäßig in den einschlägigen Fachzeitschriften inklusive der entsprechenden Tarife.

Was im Internet alles möglich ist – ein Überblick

Das Internet bietet einen großen Pool an Möglichkeiten bzw. Internetdiensten. Der bekannteste Vertreter ist sicherlich das World Wide Web. Neben diesem Klassiker gibt es jedoch eine Vielzahl weitere Möglichkeiten, wie beispielsweise E-Mail, Chat, Newsgroups, Video und Audio, sowie viele weitere Einsatzgebiete, die das Internet zu einem spannenden Informations- und Kommunikationsmedium machen. Diese Internetdienste sollen auf den folgenden Seiten in Kürze vorgestellt werden, damit Sie als Einsteiger erst einmal einen groben Überblick über die Möglichkeiten gewinnen, die Ihnen im Internet zur Verfügung stehen.

Das World Wide Web (WWW)

Die meisten Internetdienste wurden zu einer Zeit entwickelt, als es noch keine grafischen Benutzeroberflächen wie beispielsweise Windows oder

Mac OS gab. Dies war auch einer der Gründe, weswegen bis vor wenigen Jahren nur eine eingeschworene Gemeinde von Wissenschaftlern, Technikern und Freaks das Internet kannte. Dies änderte sich rapide 1992. In diesem Jahr wurde das World Wide Web erfunden, das auch WWW oder einfach nur Web genannt wird. Der Vorteil dieses neuen Dienstes liegt in seiner grafischen Benutzeroberfläche, die einfach bedient werden kann. Jeden Rechner im Internet, der per WWW erreichbar ist, bezeichnet man als WWW-Server oder Webserver. Jeder dieser Webserver enthält zahlreiche Seiten, auch Pages genannt, auf denen der Surfer Informationen zu allen nur erdenklichen Themen findet.

Was ist das?

Zum Abruf der Seiten eines WWW-Servers benötigen Sie ein entsprechendes Programm in Form eines ***Webbrowsers*** *oder WWW-Browsers. Bekannte Webbrowser sind beispielsweise der Internet Explorer von Microsoft oder der Navigator von Netscape.*

Das WWW ist ein neuer Internetdienst mit einem ganz neuen Merkmal, das kein anderer Internetdienst bietet: In der Vergangenheit bestand im Internet keine Möglichkeit, Informationen miteinander zu verknüpfen. Genau diese Möglichkeit bildet nun das WWW: Anstatt lediglich Texte und Grafiken auf einer Seite abzubilden, können dort auch Verweise enthalten sein – auf eine andere Stelle der Seite, eine andere Seite oder sogar einen anderen WWW-Server. Das WWW lässt Ihnen somit freie Hand, sich durch simples Anklicken eines Verweises – auch Hyperlink oder manchmal nur Link genannt – zu einer anderen Stelle im Internet zu begeben, ohne sich dafür Nummernkürzel oder sonstige Abkürzungsungetüme oder kryptische Zahlen-Buchstaben-Kombinationen merken zu müssen.

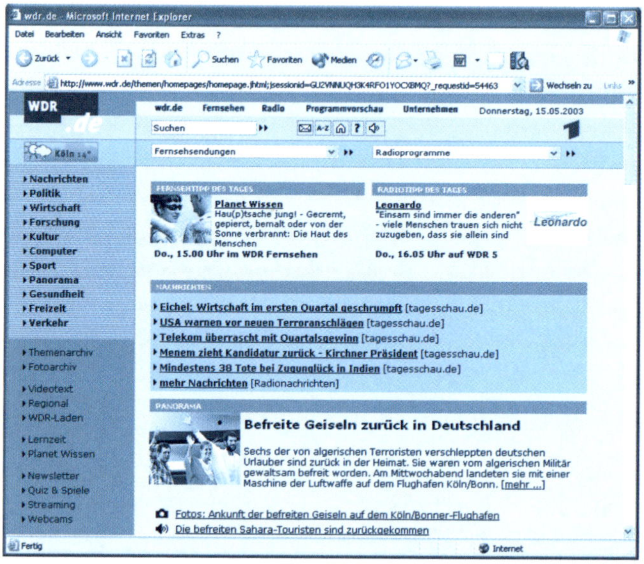

Abschließend noch ein Begriff, über den Sie Bescheid wissen sollten: Hypertext. Während sich normale Textdateien nur linear, also der Reihe nach, bearbeiten lassen, enthält ein Hypertext-Dokument zudem Hyperlinks zu anderen Dokumenten. Dadurch sind Sie in der Lage, in beliebiger Reihenfolge von einer Seite zur nächsten zu springen und von dort aus wieder zurück, um einem anderen Hyperlink nachzugehen. Hypertext bezieht dabei nicht nur Text, sondern auch Grafiken, Sounddateien und Videos mit ein.

Noch ein kleines Manko des WWW am Rande: Auf Grund des explosionsartigen Wachstums des WWW gibt es hier mittlerweile eine unüberschaubare Anzahl an Webseiten bzw. Websites. Nur ca. 30 % der verfügbaren Internetseiten sind über Suchmaschinen auffindbar, der Rest bleibt im Verborgenen. Zu den besten Suchmaschinen zählen derzeit Google (*http://www.google.de*), Yahoo (*http://www.yahoo.de*), Altavista (*http://www.altavista.de*) und ein eher unbekannter Newcomer mit der Bezeichnung Northern Light (*http://www.northernlight.com*). Um das gesamte Internet zu durchsuchen, bedarf es künftig neuer Denkansätze, neuer Strukturen und vor allem leistungsfähigerer Rechner.

Usenet/Newsgruppen

Die Newsgroups sind wohl neben dem World Wide Web der am häufigsten genutzte Dienst im Internet. Doch was sind eigentlich Newsgroups? Ganz einfach: Stellen Sie sich doch mal eine Zeitschrift vor, die sämtliche Leserbriefe veröffentlicht und diese der Allgemeinheit zur Verfügung stellt, damit alle Leser an dieser Diskussion teilnehmen können. Stellen Sie sich weiterhin vor, dass alle Zeitschriften zu jedem nur erdenklichen Thema nach dieser Art und Weise verfahren und ihre Leserreaktionen in einem Medium der Öffentlichkeit preisgeben. Sicherlich können Sie sich denken, dass eine solche Zeitschrift ein reges Interesse finden würde, jedoch in der Praxis kaum durchführbar wäre. Im Internet sieht dies schon ganz anders aus. Die Newsgroups im Internet bieten dieses Medium auf elektronischer Basis. Newsgroups sind Gruppen (Diskussionsforen), in denen Neuigkeiten ausgetauscht und Diskussionen zu bestimmten Sachverhalten geführt werden. Jeder Internetteilnehmer hat die Möglichkeit, aktiv am Geschehen teilzunehmen, und zwar durch die Veröffentlichung von Texten, die als elektronische Nachrichten vom Rest der Internetgemeinde gelesen werden können.

> **Was ist das?**
>
> *Als **Newsgroups** bezeichnet man im Internet Treffpunkte, innerhalb derer Sie sich mit anderen Menschen zu einem ganz bestimmten Thema austauschen können.*

Die elektronischen Nachrichten einer Newsgroup nennt man auch Artikel – und das hat seinen Sinn. Sie blättern durch die News genauso wie durch eine Zeitschrift. Haben Sie ein Gebiet gefunden, das Ihr Interesse geweckt hat, lesen Sie ihn. Jeder Artikel hat meistens eine aussagekräftige Überschrift, sodass Sie sofort wissen sollten, um was es geht. Haben Sie etwa eine Antwort auf ein Problem bzw. eine Frage, können Sie diese beantworten bzw. stellen.

Im Internet gibt es Zehntausende von Newsgroups zu den unterschiedlichsten Themen – von A wie Auto bis Z wie Zeppelin –, und täglich werden es mehr. Damit Sie in dieser Themenvielfalt nicht den Überblick verlieren, bedarf es eines Programms, des so genannten Newsgroup-Readers. Mit diesem Programm können Sie bequem und schnell nach bestimmten Newsgroups suchen, auf Fragen antworten und selbst Fragen stellen.

Der Informationsaustausch innerhalb einer Newsgroup geht so vonstatten, dass jeder Teilnehmer seine Nachricht als elektronischen Brief an die entsprechende Gruppe verschickt. Sämtliche Teilnehmer der jeweiligen Newsgroup können diesen Brief lesen. Weiterhin wandert Ihre Nachricht über das Netzwerk von Rechner zu Rechner, während die dort geschriebenen Nachrichten wiederum an die jeweils anderen Rechner weitergegeben werden. Dies hat zur Folge, dass jeder an das Internet angeschlossene Computer, der die Newsgroup abonniert hat, eine Kopie aller irgendwo verfassten Diskussionsbeiträge erhält. Die Teilnehmer können diese lesen oder neue Nachrichten verfassen, und der Kreislauf des Nachrichtenaustausches beginnt von vorn.

E-Mail

Das Schreiben von Briefen ist eine der ältesten Kommunikationsformen der Menschheit und erfreut sich auch heutzutage noch äußerster Beliebtheit. Im Internet erhält das Briefeschreiben eine ganz neue Dimension. Die elektronische Post erreicht den Empfänger schon nach wenigen Augenblicken – egal ob der Empfänger in Australien, Alaska oder eine Straße weiter sitzt. Der Empfänger kann ebenso schnell (falls es die Zeitverschiebung zulässt) antworten, sodass ein reger Informationsaustausch per E-Mail entsteht. Die Vorteile der elektronischen Post liegen klar auf der Hand: Ob es regnet, hagelt oder schneit, ob die Post streikt oder ob der Post-Pkw mit plattem Reifen am Straßenrand liegen geblieben ist – all diese Probleme lassen die E-Mail völlig kalt. Der elektronische Brief sucht sich seinen Weg durch die vielen Kabel quer über unseren Erdball oder auch per Satellit – es sei denn, der Strom ist ausgefallen. Kostenmäßig stellt die E-Mail den normalen herkömmlichen Briefverkehr in den Schatten. Eine E-Mail kostet im Normalfall immer genau eine Gebühreneinheit (es sei denn, Sie übermitteln mit dem elektronischen Brief Fotos, Musikstücke oder Videofilme Ihres letzten Urlaubs – dann kann es schon mal länger dauern), egal in welche Ecke der Welt diese E-Mail versandt werden soll. Und das ist noch nicht alles: Mit ein paar Tricks und Kniffen haben Sie die Möglichkeit, zusammen mit Ihrer E-Mail multimediale Nachrichten wie beispielsweise Bilder, Sprache, Sound, Dokumente oder Videosequenzen zu versenden – das bietet zurzeit kein anderes Kommunikationsmedium.

Eine besondere Spielart der Internet-Mail sind die so genannten Mailing-Listen. Dabei handelt es sich um einen Dienst, der eine E-Mail an alle Teilnehmer sendet, die sich auf einer bestimmten Verteilerliste befinden. Mailing-Listen benutzen als Transportmedium das Bitnet. Dieses Unternetz des Internets wurde 1981 ins Leben gerufen, um die Kommunikation zwischen Universitäten und ähnlichen Institutionen zu verbessern. Über die Jahre hinweg entwickelte sich das Bitnet immer mehr, sodass heute mehr als 1.200 Forschungsstätten in aller Welt über dieses Netzwerk kommunizieren. Daraus resultierend werden im Bitnet viele fachliche und wissenschaftliche Diskussionen auf sehr hohem Niveau geführt. Neben diesem wissenschaftlichen Schwerpunkt gibt es außerdem sehr viele Informationen, die von allgemeinem Interesse sind.

Das Prinzip der Mailing-Listen beruht auf dem Sammeln und Verteilen von E-Mails zu verschiedenen Themen. Dazu werden alle Teilnehmer zu einem bestimmten Diskussionsgebiet in einer Liste eingetragen. Um an diesem regen Informationsaustausch teilzunehmen, brauchen Sie lediglich ein E-Mail-Programm, das in der Lage ist, Internet-E-Mails zu empfangen. Sämtliche Nachrichten und Mitteilungen, die zu einem bestimmten Thema dieser Liste eintreffen, werden automatisch an alle Mitglieder dieser Mailing-Liste verteilt und per E-Mail zugestellt. Haben Sie das Bedürfnis, einen Kommentar oder eine Antwort auf einen dieser Beiträge zu verfassen, erreicht Ihre E-Mail den entsprechenden Mailing-Computer, der diese dann wiederum an die entsprechenden Mitglieder der Mailing-Liste weiterleitet. Somit entsteht eine weltweite Kommunikation, die schließlich den Charakter eines kontinuierlichen Gespräches annimmt.

Mailing-Listen sind jedoch nicht nur im Bitnet vertreten, vielmehr finden Sie Mailing-Listen mittlerweile auch außerhalb des Bitnet. Für Sie ist dies jedoch kaum von Bedeutung, da das Internet zu sämtlichen Netzen, die Mailing-Listen benutzen, Verbindungen unterhält. Dadurch bekommen Sie kaum mit, aus welchem Unterzweig des Internets Ihre Mitteilung stammt. Einen großen Unterschied gibt es jedoch bezüglich der Verwaltung der Mitglieder bzw. der Verteilung der Nachrichten: Die Mailing-Listen des Internets werden im Gegensatz zu denen des Bitnet nicht automatisch bearbeitet, sondern obliegen der Verantwortung eines Verwalters, der darauf achtet, dass alles seine Ordnung hat.

Wie im richtigen Leben muss sich auch der Datenreisende bei Mailing-Listen an gewisse Regeln und Gepflogenheiten halten. Viele der Mailing-Listen haben eigene Regeln, deren Nennung und Aufzählung an dieser Stelle den Rahmen sprengen würden. Sie werden sehr schnell feststellen, nach welchen Spielregeln Ihre Mailing-Liste abläuft. Dennoch gibt es einige allgemeingültige Regeln, die Sie an dieser Stelle beherzigen sollten.

Nachdem Sie sich in eine Mailing-Liste haben aufnehmen lassen, sollten Sie erst einmal lediglich Beiträge lesen, um ein Gefühl für dieses Medium zu bekommen. Vermeiden Sie es, den Rest der Internetgemeinde sofort mit Ihrem Wissen zu überhäufen – es könnte unter Umständen peinliche Situationen hervorrufen (denken Sie an den Elefanten im Porzellanladen). Auf diese Weise vermeiden Sie einige ungern gesehene Fehler, die des Öfteren (nicht immer) von Anfängern gemacht werden. Einer der am häufigsten fabrizierten Fehler ist der, dass Fragen gestellt werden, die erst vor kurzem beantwortet wurden.

Mailing-Listen sind wie die Kneipe an der Ecke. Dies trifft insbesondere auf den Umgangston und das dort vorherrschende Verhalten (den »Benimm«) zu. Da gibt es Gesprächsrunden, in denen es richtig zur Sache geht und wo die Emotionen schon einmal hochschwappen können, und wiederum andere, in denen es eher förmlich zugeht.

Eine weitere Möglichkeit von Diskussionen innerhalb von Mailing-Listen sind die moderierten Gesprächsrunden, denen strenge Regeln und Richtlinien zu Grunde liegen. Im Rahmen einer moderierten Diskussion werden Ihre Beiträge nicht direkt zu den entsprechenden Mitgliedern der Liste weitergeleitet, sondern zuerst von einem Moderator gelesen und gegebenenfalls, bei Nichtgefallen, aussortiert. Was im ersten Moment sehr nach Zensur klingt, soll jedoch helfen, die Anzahl der zirkulierenden Nachrichten durch Zusammenfassen mehrerer Mitteilungen mit dem selben Inhalt möglichst klein zu halten. Des Weiteren kann der Moderator, ähnlich wie der Leiter einer herkömmlichen Diskussion, auf diese Weise das Gespräch beim Thema halten und Ausschweifungen vermeiden.

FTP

FTP ist ein Internetdienst, dessen Aufgabe es ist, im Internet größere Dateien zwischen verschiedenen Rechnern schnell zu übertragen, und zwar unabhängig von ihrem Betriebssystem und Standort. Die Basis dafür bietet das TCP/IP-Protokoll. Als Gegenstück zum FTP-Client auf dem eigenen Rechner tritt ein FTP-Server im Internet auf. Moderne Browser haben einen einfachen FTP-Client integriert.

In den meisten Fällen wird FTP dazu benutzt, Dateien von anderen Rechnern auf den eigenen zu transferieren, es ist aber auch der umgekehrte Weg möglich, also das Übertragen von Dateien vom eigenen Rechner auf einen anderen, beispielsweise zur Pflege der eigenen Homepage. Dazu muss natürlich eine Zugangsberechtigung zum anderen Rechner vorhanden sein.

Diese Zugangsberechtigung kann eine ganz normale Anmeldung mit einem eigenen Benutzernamen und Passwort sein, die meisten Rechner bieten aber auch »Anonymous FTP« an. Das FTP (File Transfer Protocol) wird weitgehend für Anonymous FTP verwendet.

Telnet

Telnet ist ebenfalls ein Internetdienst, der eine Verbindung zu einem Server im Internet herstellt und dann praktisch als Eingabekonsole für den Server fungiert. Über eine Telnet-Verbindung lassen sich Computer im Internet fernsteuern. Dabei kann man Textkommandos an den entfernten PC verschicken, der seine Ausgaben als Text zurücksendet. Der Komfort erinnert an die DOS-Eingabeaufforderung von Windows. Unter UNIX-Computern ist diese Technik verbreitet, für PCs spielt sie kaum eine Rolle. Im Internet wird sie noch teilweise für die Recherche in Internetbibliotheken verwendet. Telnet ist ein aussterbender Internetdienst, da es kaum noch Telnet-Zugänge im Internet gibt.

Wer suchet, der findet

Das Internet ist riesig, und das Informationsangebot ist unüberschaubar geworden. Als Folge dieser Informationsvielfalt wird es zunehmend schwieriger, die gewünschte Information aus dem Wust an Informationen herauszufiltern. Aus genau diesem Grund gibt es zahlreiche Suchdienste, die sich auf ihre Fahnen geschrieben haben, Ihnen bei der Informationssuche zu helfen.

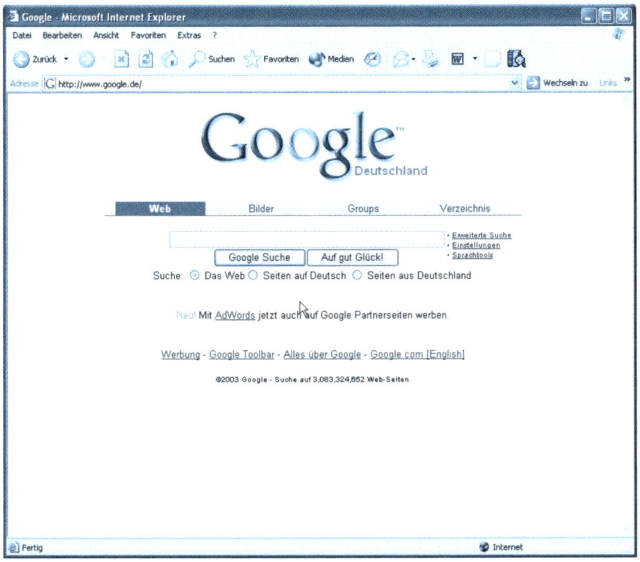

Dank der enormen Popularität des World Wide Web erfreuen sich auch die dort vertretenen Suchserver und Webkataloge großer Beliebtheit – und das aus gutem Grund. Das World Wide Web ist der Internetdienst, der das Internet erst so richtig bekannt gemacht hat. Entsprechend ist auch das Wachstum dieses neuen Mediums verlaufen. Pro Monat werden Tausende neuer Webserver an das Internet angeschlossen. Grund genug also, auch an dieser Stelle dem Internetreisenden beim Finden der richtigen Webadresse behilflich zu sein.

Im Rahmen dieses Buches wird an späterer Stelle näher auf die Bedienung und Funktionsweise einer WWW-Suchmaschine eingegangen.

Streaming Media im Internet

Das Internet ist gut geeignet, multimediale Daten für seine Teilnehmer bereitzustellen. Es kommt aber ebenso darauf an, akzeptable Antwortzeiten und genussvolle Präsentationen zu erhalten. Hier ist einerseits eine möglichst breite Auffahrt zur Datenautobahn gefragt und andererseits ein ebenso breiter Weg bis hin zu den Daten. Die Breitbandtechnologien DSL, UMTS und Wireless LAN bringen den Bildern im

Internet das Laufen bei. Das eröffnet der Werbung, Film- und Musikindustrie und Anwendern ganz neue Perspektiven.

Dank der Streaming-Technologie hat das Internet seine Textlastigkeit schon längst abgelegt und ist auf dem besten Weg, sich mittelfristig zu einem dem Fernsehen ebenbürtigen Bewegtbildmedium zu entwickeln. Damit verlieren die Unterschiede zwischen Internet, Fernsehen und Radio ihre Bedeutung und mit ihnen die traditionellen Rollen der Akteure.

Mit Streaming Media kommt eine neue Erlebnisqualität ins Internet. Bewegte Bilder, Musik, das gesprochene Wort – sie kommt der Art, wie die Mehrzahl der Menschen Information und Unterhaltung konsumieren will, näher als das Lesen von Texten.

Beispiel Internetradio: Mittlerweile gibt es Zehntausende von Radiostationen im Internet, die rund um die Uhr senden. Verfügen Sie über eine Flatrate, können Sie 24 Stunden am Tag Radio hören – egal ob sich der Internetsender im Pazifik auf den Osterinseln befindet oder aus heimischen Gefilden sendet.

> **Was ist das?**
>
> *Unter einer* ***Flatrate*** *versteht man eine Gebühr, die eine Leistung pauschal abdeckt – im Internetbereich ist damit meist ein Internetzugang einschließlich aller anfallenden Telefongebühren ohne weitere Kosten gemeint. Sie zahlen einen festen monatlichen Betrag und können so viel surfen wie, Sie möchten – egal ob eine Stunde oder 24 Stunden pro Tag, die monatliche Pauschale bleibt immer gleich.*

Die meisten TV-Stationen senden Auszüge aus ihrem Programm ebenfalls in das Internet, sodass Sie Nachrichten oder andere Sendungen entweder live mitverfolgen oder zu einem späteren Zeitpunkt anschauen können. Zudem haben Sie die Möglichkeit, die Audio- oder Videodaten auf Ihren PC zu speichern, um sie zu einem späteren Zeitpunkt anzuschauen. Der Windows Media Player von Microsoft ist ein Programm, mit dessen Hilfe Sie Live-Sendungen im Internet verfolgen können.

Mobiles Internet

Das mobile Internet ist eines der wichtigsten unserer Tage und wird künftig immer mehr an Bedeutung gewinnen. Unterwegs mal schnell online Informationen abrufen – nach Ansicht der Hersteller von Endgeräten und der Netzbetreiber ist das kein Problem mehr. Doch tatsächlich ist das mobile Internet nach wie vor recht teuer, unkomfortabel und langsam. Derzeit gibt es vier Möglichkeiten, unterwegs online zu gehen:

Mit dem Notebook ins Netz: Nach wie vor ist das Surfen im Internet mit einem »normalen« Rechner (etwa Dekstop-PC, Notebook oder Subnotebook) am komfortabelsten. Notebooks verdrängen zunehmend die »grauen« Kisten von den Schreibtischen, da die transportablen Rechner mittlerweile in puncto Leistungsfähigkeit ihren stationären Kollegen in nichts nachstehen. Wer regelmäßig mit seinem Notebook unterwegs ist und dabei auf einen Internetzugang nicht verzichten möchte, der sollte sich eine Mobilfunk-Steckkarte anschaffen: Es handelt sich dabei von der Technik her um ein vollwertiges Handy, das in den PC-Card-Schacht eines Notebooks passt und via Mobilfunk die Verbindung zum Internet herstellt. Die Alternative: ein Bluetooth-Adapter.

Was ist das?

Bluetooth *ist ein Standard für die drahtlose Übermittlung von Sprache und Daten. Bluetooth heißt übersetzt »Blauzahn« und wurde von IBM, INTEL, Ericsson, Nokia und Toshiba (Bluetooth Special Interest Group) entwickelt.*

Er stellt drahtlos Kontakt zum Bluetooth-fähigen Handy her. Für E-Mail-Korrespondenz reicht's. Wer so im Web surfen will, wird jedoch schnell viel Geld los.

Online mit einem Handheld-Computer: Hier gibt es zwei Varianten: Auf dem persönlichen digitalen Assistenten (PDA) läuft entweder ein vollwertiger Browser oder einer, der nur speziell für ihn aufbereitete Webseiten anzeigen kann. Im ersten Fall ist das Surfen noch halbwegs erträglich. Wenn allerdings komplexere Seiten angesteuert werden, müssen PDA-Browser oft passen, weil nicht alle im Web gängigen Erweiterungen auch auf PDAs funktionieren. Die Verbindung ins Internet erfolgt per Kabel oder Infrarot über ein Handy. Das ist umständlich und noch immer viel zu teuer.

Surfen mit einem Smartphone: Ein Smartphone ist ein besonders leistungsfähiges Handy, in dem ein PDA steckt. Das Prinzip ist das gleiche wie beim Surfen mit PDA und separatem Handy – mit dem Unterschied, dass ein Gerät ausreicht. Auch hier gilt: Nur wenn der eingebaute Browser alle Webseiten anzeigen kann, macht es Sinn. Praktisch sind die Geräte aber für E-Mails: Wenn die Internetverbindung per GPRS besteht, meldet sich das Smartphone, sobald eine Nachricht eingetroffen ist.

Was ist das?

*Der General Packet Radio Service (**GPRS**) ist ein drahtloser, mobiler Datenaustauschdienst, der vor allem bei Handys Einsatz findet, damit diese sich drahtlos ins Internet einwählen können. Die Verbindungsgeschwindigkeit beträgt im Idealfall 56.600 Bits pro Sekunde. GPRS-Handys sind nach dem Einschalten ununterbrochen online. GPRS ist der erste mobile Datendienst, der nicht nach Zeit, sondern nach Datenvolumen abgerechnet wird.*

Online mit dem Handy: Surfen im Web ist mit dem Handy nicht möglich – das Display wäre dafür auch viel zu klein. Manche Mobiltelefone besitzen aber zumindest einen vollwertigen eingebauten E-Mail-Client, mit dem der Besitzer nach seinen E-Mails schauen kann. Da der interne Speicher eines Handys jedoch meist viel zu klein ist, können höchstens die Betreff-Zeilen der Mails abgerufen werden. Wer die ganze Nachricht lesen will, muss den Download extra starten. Ist die abgerufene E-Mail länger, passt sie nicht in den Handyspeicher, ist also nur etwas für den absoluten Notfall.

Größtes Hindernis für den Durchbruch des mobilen Surfens sind und bleiben die nach wie vor viel zu hohen Kosten und die zu langsamen Verbindungen. Bis UMTS kommt, eignen sich die mobilen Geräte daher vor allem für die E-Mail-Korrespondenz. Wer sie unbedingt braucht, sollte zu einem Smartphone greifen.

Was ist das?

UMTS: *Der »Universal Mobile Telephone Service« soll das bisherige GSM-Netz ablösen. UMTS bringt Anwendern Datenübertragungsraten von bis zu 2 MBit/s. Allerdings ist auch dieser Wert theoretisch: Halten sich viele Benutzer in einer Funkzelle auf, reduziert sich die maximal mögliche Datenübertragungsrate entsprechend. Dasselbe gilt für den Fall, dass sich der Mobilfunker bewegt. Bei einer Geschwindigkeit von bis zu 120 km/h werden lediglich 384 KBit/s garantiert, bei einer Reisegeschwindigkeit von bis zu 500 km/h nur noch 144 KBit/s.*

Einkaufsparadies Internet

Einkaufen im Internet ist trendy und bequem. Hier gibt es keine überfüllten Läden, keine unfreundlichen Ladenöffnungszeiten, keine genervten Verkäufer, und einen teuren Parkplatz für Ihr Auto brauchen Sie auch nicht. Stattdessen können Sie bequem von zu Hause aus im Sortiment der Online-Shops stöbern. Ständig erreichbare Hotlines, gut sortierte Angebote und einfache Bestellzettel sind längst Standard in der virtuellen Einkaufswelt.

Im Internet können Sie alles kaufen, angefangen beim Buch oder einer CD über den nächsten Urlaub bis hin zum Auto, Flugzeug oder zur

Traumvilla – es gibt nichts, was es nicht gibt. Bezahlt wird mittlerweile sehr sicher mit Kreditkarte, Nachnahme oder auf Rechnung.

Apropos verkaufen: eBay, das Online-Aktionshaus, liegt voll im Trend, um Waren zu ersteigern bzw. zu verkaufen. Mit 46,1 Millionen Käufern und Verkäufern ist eBay der weltweit größte Online-Marktplatz. Mit eBay steht Ihnen eine Website zur Verfügung, die auf die Bedürfnisse von Händlern, Sammlern und Online-Shoppern maßgeschneidert ist. Ständig finden sich auf dem weltweiten Marktplatz mehr als zehn Millionen Artikel, eine Million Artikel werden jeden Tag bei eBay neu eingestellt. Sie können Ihren Artikel innerhalb von wenigen Minuten zum Verkauf einstellen und sprechen mit Ihrem Angebot Millionen potenzielle Käufer an. Die Abwicklung ist ganz einfach!

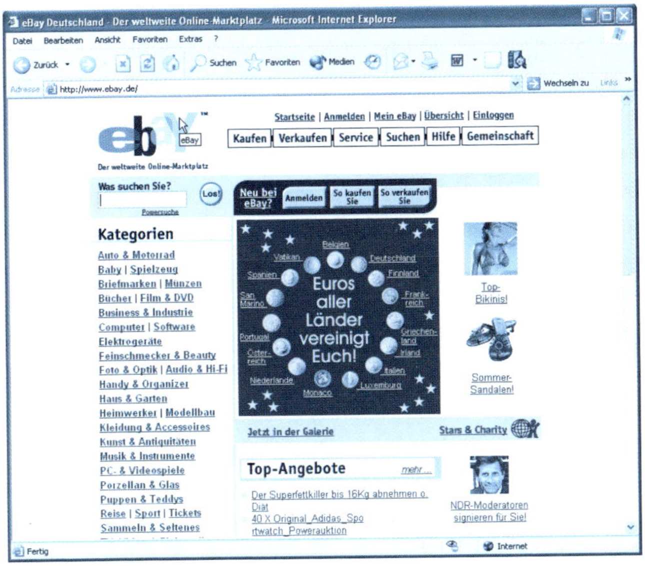

Erfolgskontrolle

- Was ist ein Netzwerk?
- Was sind Pakete?
- Was versteht man unter einem Knoten?

Die Antworten zu diesen Fragen finden Sie im Anhang dieses Buches im Kapitel »Antworten«.

Kapitel 2

So wird Ihr PC fit fürs Internet

Auf den folgenden Seiten lesen Sie, welche Voraussetzungen Ihr Computer mitbringen muss, damit Sie aktiv am Internetgeschehen teilnehmen können. Sie werden verschiedene Modemtypen und Möglichkeiten des Zugangs in das Internet kennen lernen und einen Internetzugang unter Windows XP installieren und konfigurieren.

Das können Sie schon:

Das lernen Sie neu:

Modem und Co

Um einen Computer in die Lage zu versetzen, mit dem Internet Kontakt aufzunehmen, bedarf es einiger technischer Grundlagen und einigen Basiswissens. Doch keine Panik, »Hardwarefreaks« und »Softwarejunkies« sind an dieser Stelle nicht gefragt. Vielleicht denken Sie an teure Spezialgeräte und Hochleistungsrechner mit kraftvollen Prozessoren sowie komplizierte Anpassungsarbeiten – vergessen Sie ganz schnell diese Vorurteile.

> **Was ist das?**
>
> *Der **Prozessor** ist das Herz Ihres Computers, der sämtliche mathematischen Operationen innerhalb von Sekundenbruchteilen erledigt – sozusagen das Arbeitspferd in Ihrem Rechner.*

Hätten Sie vor, sagen wir mal, 20 Jahren, dieses Buch vor sich gehabt, dann wäre dieses Kapitel vom Umfang her so ausgefallen wie das gesamte Buch. Die technischen Voraussetzungen, die damals notwendig waren, um sich am Internet anzumelden, haben den Benutzern ein wochenlanges Studium abverlangt. Rechner füllten in jenen Tagen ganze Räume und waren nur sehr schwer zu bedienen. Doch die Zeiten haben sich geändert – und zwar gewaltig. PCs sind heute in fast jedem Kaufhaus und Lebensmittel-Discounter erhältlich und preislich mehr als akzeptabel. Wem diese Anschaffung immer noch zu teuer erscheint, der kann auf unzähligen Computer-Flohmärkten preiswerte Computer für wenig Geld bekommen. Um sich als Datenreisender im Internet zu bewegen, bedarf es keinesfalls eines Rechners für mehrere 1.000 Euro, der nur so vor Leistung strotzt. Um es bildlich auszudrücken: Was Sie brauchen, ist kein »arabischer Zuchthengst«, sondern ein solides »Arbeitspferd«. Achten Sie lediglich darauf, dass das entsprechende Betriebssystem, in unserem Falle Windows XP Home Edition, stabil und fehlerfrei läuft. Ist dies gegeben, kann eigentlich nichts mehr schief gehen. Im Folgenden erfahren Sie, welche Hard- und Softwarevoraussetzungen erfüllt sein müssen, damit Sie »schmerzfrei« ins Internet gelangen.

> **Was ist das?**
>
> *Das **Betriebssystem** stellt das Gesicht des Computers nach außen hin dar. Ein Betriebssystem übersetzt Ihre Eingaben, die Sie über die Tastatur oder die Maus tätigen, in Nullen und Einsen, sodass der Prozessor diese Eingaben auch versteht.*

Der Computer ist unsere Hardwarekomponente Nummer eins. Vergessen Sie bestimmte Marken und Firmen. Die Hauptsache stellt das Betriebssystem dar. Das vorliegende Buch bezieht sich auf Windows XP Home Edition, da es sich dabei um Microsofts neueste Entwicklung im Bereich der Betriebssysteme handelt. Natürlich ist es auch möglich, mit anderen Betriebssystemen wie beispielsweise Mac OS oder Linux das Internet zu erobern.

Der Blick in die Telefondose

Die Grundvoraussetzung, damit Sie Ihren Computer an das Internet anschließen können, ist ein Telefonanschluss, wie Sie ihn in Millionen deutscher Haushalte vorfinden – also nichts Besonderes. Günstig wäre in diesem Fall ein so genannter Doppelanschluss, sodass Sie auf einer Leitung nach wie vor telefonieren könnten, also erreichbar wären, während der zweite Anschluss rein zum Internetsurfen dienen könnte. Diese Ausführung deluxe ist aber nicht notwendig, ein einfacher Telefonanschluss leistet uns ebenso wertvolle Dienste. Bei der Telefondose müssen Sie jedoch einiges beachten. Ein Modem (was das ist, klären wir gleich) benötigt eine bestimmte Art von Anschlussbuchsen. Die Deutsche Telekom hat dafür auch schon eine passende Bezeichnung parat: die »Telekommunikations-Anschluss-Einheit« mit sechs Datenleitungen, abgekürzt TAE-6. Das klingt alles viel komplizierter, als es wirklich ist! Diese Anschlussdosen verlegt die Telekom automatisch, wenn Sie einen Telefonanschluss beantragen – Sie haben aller Wahrscheinlichkeit nach eine solche Dose irgendwo an Ihrer Wand.

Um die Sache nun doch noch ein bisschen komplizierter zu machen, gibt es zwei Arten von TAE-Anschlüssen: die TAE-F- und die TAE-N-Buchsen. »F« steht dabei für Fernsprecher – dieser Steckkontakt ist für unsere ganz normalen Telefone gedacht –, »N« steht für Nebenstelle – an diesen Anschluss werden Geräte wie beispielsweise Anrufbeantworter oder eben ein Modem angeschlossen. Damit Sie nun nicht Ihre ganze Wand mit Telefondosen bestücken müssen, bietet die Telekom so genannte TAE-Mehrfach-Anschlüsse mit drei Steckkontakten an – also ideal für uns »Netzsurfer«. Dort ist die mittlere Buchse ein TAE-F-Anschluss, und die beiden seitlichen Kontakte sind TAE-N-Kontakte. Alle drei Buchsen nutzen dieselbe Telefonleitung, das heißt, Sie können von einem solchen Anschluss aus sowohl telefonieren als auch ein Modem betreiben. Allerdings nicht gleichzeitig: Ein Umschalter in der Dose sorgt dafür, dass Modem und Telefon einander nicht ins Gehege kommen.

Das Modem ist Ihr Tor zur Welt

Jetzt wird's technisch, also aufgepasst! Sie lernen jetzt das erste High-Tech-Gerät kennen, das Sie benötigen, um ins Internet zu gelangen. Also Vorhang auf für unseren ersten Kandidaten – das Modem. Das Modem verbindet Ihren PC mit dem Telefonnetz. Sie haben dadurch die Möglichkeit, Programme und Texte über die Telefonleitung an andere Computer-Anwender zu übertragen, aber auch umgekehrt Daten zu empfangen. Man kann sagen, dass ein Modem als Dolmetscher zwischen der Sprache des PC und der des Telefons vermittelt, damit diese beiden Welten sich miteinander unterhalten können.

Was tun Sie eigentlich, wenn Sie telefonieren? Ganz einfach, Sie übertragen Töne, um mit dem Gegenüber am anderen Ende der Leitung ein Gespräch zu führen. Was an dieser Stelle so einfach und simpel klingt, ist für unseren PC jedoch ein großes Problem. Computer speichern Informationen digital in Form von Nullen und Einsen. Sprache allerdings wird analog, mit elektrischen Schwingungen, durch die Telefonleitung übermittelt. Dies bedeutet für Ihren PC aber, dass seine Daten erst einmal in passende Tonsignale umgewandelt werden müssen, bevor er sie über die Telefonleitung in alle Welt schicken kann. Des Weiteren müssen auf der Empfängerseite die eintreffenden Töne wieder in die entsprechenden Daten zurückverwandelt werden, die Ihr Computer versteht. Für diese Umwandlung ist das Modem zuständig. Das Modem ist der Mittler zwischen diesen beiden Verfahren. Das Wort Modem ist ein Kunstwort, das aus den beiden Wörtern **Mo**dulator und **Dem**odulator gebildet ist, da das Modem beim Senden die elektrischen Signale in der Telefonleitung entsprechend den ausgehenden Daten ändert (moduliert) beziehungsweise beim Empfang die eingehenden Signale entschlüsselt (demoduliert).

Wie schnell soll das Modem sein?

Modems gibt es mittlerweile wie Sand am Meer – Sie haben die Qual der Wahl.

> **Tipp**
>
> *Ein schnelles Modem macht sich bezahlt! Wenn Sie sich also ein neues Modem anschaffen wollen, sollten Sie mindestens eines mit einer Geschwindigkeit von 56.000 Bit/s kaufen. Das kostet vielleicht in der Anschaffung etwas mehr, macht sich aber schon nach kurzer Zeit bezahlt, da Sie wesentlich kürzere Ladezeiten aus dem Internet haben.*

Das oberste Entscheidungskriterium beim Kauf eines Modems ist mit Sicherheit die Geschwindigkeit. Generell kann man sagen: Je schneller ein Modem Daten über die Telefonleitung »jagen« kann, desto mehr Spaß kommt beim Internetsurfen auf. Die Geschwindigkeit eines Modems misst man in Bit pro Sekunde (bps).

> **Was ist das?**
>
> *Ein **Bit** ist die kleinste Informationseinheit, die ein PC verarbeiten kann. Die Zustände eines Bit können Null oder Eins sein.*

Ein Computer benötigt acht Bit, um ein Zeichen (Buchstabe oder Ziffer) zu speichern. Um herauszufinden, wie viele Zeichen ein Modem in einer Sekunde überträgt, muss man seine Übertragungsrate durch acht teilen. Ein kleines Beispiel dafür: Ein 56.000-bps-Modem sendet beziehungsweise empfängt 7.000 Zeichen pro Sekunde (56.000/8=7000). Modems mit Geschwindigkeiten, die geringer als 56.000 bps sind, sollten Sie meiden, da das Surfen im Internet sonst zur Geduldsprobe wird. Da die Preise für Modems in den vergangenen Jahren und Monaten immer wieder gefallen sind, können Sie heute schon für unter 50 Euro Modems mit einer Geschwindigkeit von 56.000 bps kaufen. In den meisten Computern, speziell in Notebooks, sind Modems dieser Geschwindigkeitskategorie schon standardmäßig eingebaut.

Doch freuen Sie sich nicht zu früh! Die eben errechneten Übertragungsraten sind lediglich Höchstwerte, die in der Praxis nur selten erreicht werden. Schuld daran sind nicht selten schlechte Telefonverbindungen mit dem allseits bekannten Knistern und Knacken. Ein anderer Grund liegt darin, dass Sender und Empfänger neben den reinen Daten Informationen darüber austauschen, ob sämtliche Daten auch korrekt beim Empfänger angekommen sind.

Schneller geht's mit ISDN

Im Vergleich zu einem analogen Modem sind Sie mit ISDN schneller im Internet unterwegs. ISDN ermöglicht Ihnen höhere Übertragungsraten als analoge Modems. Sie können über ISDN mit einer Geschwindigkeit von 64.000 Bit/s ins Internet (zum Vergleich: Die schnellsten analogen Modems bringen es nur auf 56.000 Bit/s).

Haben Sie sich für einen ISDN-Anschluss entschieden und diesen von der Deutschen Telekom installieren lassen, ist es an der Zeit, sich für eine ISDN-PC-Karte zu entscheiden. Hier splittet sich das Angebot in aktive oder passive Karten. Aktive ISDN-Karten beherbergen einen eigenen Prozessor, der die meisten Tätigkeiten während einer Datenübertragung übernimmt und den Prozessor des Computers entlastet. Der Nachteil ist, dass solche Karten wesentlich teurer sind als die passiven Karten.

Preiswerter sind die passiven Karten, die sich auf ihrer »faulen Haut« ausruhen. Diese Karten haben keinen eigenen Prozessor und bemühen für die Tätigkeiten der Datenübertragung den Prozessor des Computers. Deshalb empfiehlt sich für große Datenmengen, etwa Videokonferenzen, auf jeden Fall der Einsatz einer aktiven ISDN-Karte.

Die Installation einer ISDN-Karte erfolgt genauso wie bei einem Modem (wir werden später noch sehen, wie das geht). In aller Regel werden ISDN-Karten mit einem Installationsprogramm ausgeliefert, das Ihnen die meiste Installationsarbeit abnimmt. Bei der Einführung des ISDN gab es nur in Deutschland ein nationales digitales Netz, das nach dem Verfahren 1TR6 arbeitete. Im Laufe der Jahre benutzten immer mehr europäische Länder das ISDN-Netz, sodass man sich auf einen einheitlichen Standard einigen musste. Das Ergebnis hieß E-DSS1 oder auch Euro-ISDN. Viele der am Markt verfügbaren ISDN-Karten unterstützen beide Standards.

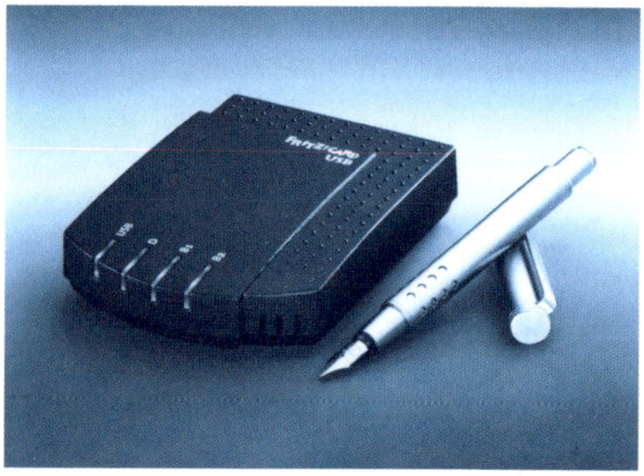

Im Trend sind externe ISDN-Adapter, die Sie an den USB-Port Ihres Computers anschließen. Sie sind genauso schnell wie die eingebauten ISDN-Karten, bieten aber den entscheidenden Vorteil, dass Sie Ihren Rechner nicht aufschrauben müssen. Besonders beliebt sind derartige Geräte für Notebooks. Zudem sind diese externen ISDN-Adapter meist nicht größer als eine Zigarettenschachtel.

Noch schneller geht's mit DSL

Mit der Zeit hat sich das WWW zu einem Multimedia-Medium entwickelt. Fast keine Seite kommt mehr ohne Bilder, Sounds oder kleine Filmchen aus – das hat allerdings den Nachteil, dass sich die Ladezeiten bei langsamen Modems ins Unerträgliche steigern.

Während bei einem schnellen 56K-Modem die Verbindung mit 56 KBit/s etabliert wird, sind es bei einer ISDN-Verbindung schon 64 KBit/s. Da ein ISDN-Anschluss über zwei so genannte B-Kanäle mit je 64 KBit/s verfügt, können Sie beide Kanäle zu einem logischen Kanal mit 128 KBit/s zusammenfassen. Doch Achtung: Bei Kanalbündelung sind Sie quasi mit gleichzeitig zwei ISDN-Anschlüssen im Internet unterwegs. Sie müssen also auch doppelte Verbindungsgebühren bezahlen. Trotzdem stößt der Internetsurfer heute auch mit ISDN-Kanalbündelung schnell an die technischen Grenzen seines Anschlusses. Die Verbindungen sind zu langsam, und viele Inhalte des Internets können nicht sinnvoll genutzt werden. So werden beispielsweise Videos im Internet angeboten, die teilweise mehrere Megabyte groß sind. Hier macht es keinen Sinn, sich die Videos direkt im Internet anzuschauen, da die Verbindung per Modem oder ISDN nicht schnell genug ist, um die Bilder zum Laufen zu bringen. Oder der Internetanwender findet einen interessanten Download. Dieser Download ist allerdings 100 Megabyte groß und würde so beispielsweise mit einem Modem mehrere Stunden dauern.

Der Download einer 1 Megabyte großen Datei dauert mit einem herkömmlichen 56KBit/s-Modem ungefähr 150 Sekunden. Allerdings nur, wenn der Download mit 7 KByte/s erfolgt. In der Realität tritt dieser Fall allerdings nur selten auf, weil die Leitungsqualität trotzt Digitalisierung des Leitungsnetzes nicht ausreicht. Viel eher sind in der Regel 4 bis 5 KByte/s möglich. Eine 1 Megabyte große Datei bräuchte also über 200 Sekunden, bis sie ihren Weg über die Weiten des Internets auf Ihren Rechner gefunden hat. Somit wären 10 Megabyte in einer halben Stunde auf Ihrem Rechner.

Ein ISDN-Modem ist da schon ein wenig schneller. In der Regel sind hier Raten von bis zu 8 KByte pro Sekunde möglich. Ein Megabyte bräuchte jetzt also knapp über 130 Sekunden. Die 10 Megabyte sind in kapp 21 Minuten auf Ihrem Rechner.

Um ein Vielfaches schneller ist DSL. Voraussetzung dafür ist, dass die von Ihnen angesteuerte WWW-Site die hohen Übertragungsraten unterstützt. Ist dies der Fall (und das ist die Regel), können Sie mit ihrem DSL-Anschluss Übertragungsraten von bis zu 100 KByte pro Sekunde und mehr erreichen. Der Download einer 1 Megabyte großen Datei würde also nur noch knapp 13 Sekunden dauern. Die 10 Megabyte große Datei wäre nach knapp zwei Minuten heruntergeladen.

Aber nicht nur beim Download schont ein DSL-Anschluss die Nerven. Bei Webseiten mit vielen Bildern und anderen Multimedia-Inhalten macht sich der Highspeed-Zugang per DSL schnell bemerkbar. Auch Video- und MP3-Dateien sind per DSL schneller auf Ihren Rechner heruntergeladen.

Was ist DSL? Zunächst einmal ist DSL nicht gleich DSL. Wenn heutzutage von DSL gesprochen wird, ist oft ADSL gemeint. Erst die Telekom hat es mit einer groß angelegten Kampagne geschafft, in Deutschland den Begriff »T-DSL« zu etablieren. Hier steht das »T« für (Deutsche) Telekom und ist lediglich als Marketing-Name zu verstehen. Denn T-DSL ist ADSL. ADSL bedeutet »Asymmetric Digital Subscriber Line«. ADSL ist in dem Sinne nicht neu, vielmehr begann die Entwicklung schon in den 80er Jahren. Mit Hilfe von ADSL ist es möglich, in sehr hoher Geschwindigkeit Daten zwischen der Vermittlungsstelle Ihres Telefonanbieters und Ihrem Telefonanschluss zu übertragen. Und dies, obwohl eine herkömmliche Kupferleitung genutzt wird.

Dabei ist aber zu unterscheiden, in welche Richtung die Daten gesendet werden. Vom Anbieter zum eigenen Anschluss – »Downstream« genannt – sind rasche 8 MBit/s möglich. Dies sind allerdings nur die Werte, die theoretisch möglich sind. Die Deutsche Telekom begrenzt die Möglichkeiten von ADSL für ihre Kunden: Der Downstream ist auf 768 KBit/s bzw. 1,5 MBit/s gedrosselt, je nachdem welchen DSL-Tarif Sie bei der Deutschen Telekom gebucht haben. Beim Upstream ist eine doppelte ISDN-Geschwindigkeit möglich – also 128 Kilobit pro Sekunde.

Wie schon erwähnt, erlaubt DSL einen schnelleren Down- und Upstream als das allseits bekannte ISDN. Doch wie erreicht DSL die hohen Geschwindigkeiten über das herkömmliche Kupferkabel? Wer im Internet surft, weiß, dass überdurchschnittlich viele Daten empfangen, aber nur wenige Daten gesendet werden. Diesen Effekt nutzt die ADSL-Technik aus. Alle Daten werden digital über die Kupferleitungen verschickt. Dies geschieht über unterschiedliche Frequenzen. Für den Downstream steht dabei ein wesentlich größerer Frequenzbereich zur Verfügung als für den Upstream. Deshalb können mit DSL in einer viel größeren Geschwindigkeit Daten heruntergeladen als verschickt werden.

Im Gegensatz zum herkömmlichen analogen und zum ISDN-Anschluss stellt der DSL-Anschluss dabei keinen Telefonanschluss dar. Der DSL-Anschluss ist lediglich ein Zugang ins Netz. Der Anwender erhält für den DSL-Anschluss keine eigene Telefonnummer. Der DSL-Anschluss nutzt aber das selbe Kupferkabel von zu Hause zur Vermittlungsstelle.

Daher spielt es auch keine Rolle, ob der Nutzer eines DSL-Anschlusses einen analogen Anschluss oder einen ISDN-Anschluss besitzt. Wenn allerdings ein DSL-Anschluss in Verbindung mit einem analogen Anschluss genutzt wird, können Sie gleichzeitig surfen und telefonieren – da Ihr Telefonanschluss ja nicht für das Surfen benötigt wird. Dies war bisher nur mit ISDN möglich. Besitzer eines ISDN-Anschlusses können sogar surfen und haben gleichzeitig alle ihre ISDN-Nummern (beispielsweise für Telefonieren und gleichzeitiges Faxen) frei.

Mittlerweile gibt es neben der Telekom sehr viele regional aktive DSL-Anbieter. Dies resultiert aus der Tatsache, dass T-DSL nicht flächendeckend in Deutschland verfügbar ist. Vor allem ländliche Regionen warten immer noch auf einen breitbandigen DSL-Zugang zum Internet. Hier sehen lokal tätige Telekommunikationsunternehmen ihre Chance und bauen zunehmend Telekom-unabhängige DSL-Angebote auf. Diese unterscheiden sich in der bereitgestellten Bandbreite und vor allem in den Tarifen. Schauen Sie einfach in den einschlägigen Fachmagazinen nach, um einen Anbieter mit gutem Preis-Leistungs-Verhältnis zu finden.

Windows-XP-Modeminstallation

Grundlage unserer Ausflüge in das Internet ist Windows XP Home Edition. Mit diesem Betriebssystem aus dem Hause Microsoft haben Sie erstmals die Möglichkeit, bei der Kommunikation aus dem Vollen zu schöpfen. Bei Windows XP handelt es sich um ein grafisches Betriebssystem, das Sie mit der Maus bedienen können.

Einbau und Installation eines Modems sind in aller Regel ohne großen Aufwand zu erledigen und sollten selbst für Anfänger keine Schwierigkeit darstellen. Viele der heutzutage verfügbaren Modems erkennt Windows XP automatisch. Diesen Vorgang nennt man Plug&Play. In der Praxis bedeutet dies, dass das Modem nicht nur nach dem Einbau bzw. externen Anschluss an die USB-Schnittstelle des Computers erkannt wird, sondern der zum Modem zugehörige Treiber automatisch aus der XP-Datenbank installiert wird. Sollte es einmal vorkommen, dass Windows keinen Treiber in seiner Datenbank finden kann, so fordert das Betriebssystem Sie auf, die CD-ROM oder Diskette zum Modem in das entsprechende Laufwerk einzulegen. Diese Medien sollten zum Lieferumfang des Modems gehören. Leider funktioniert diese Methode auch nicht immer, sodass Sie ein Modem möglicherweise manuell installieren müssen.

Um ein Modem manuell zu installieren, müssen Sie den Hardware-Assistenten bemühen.

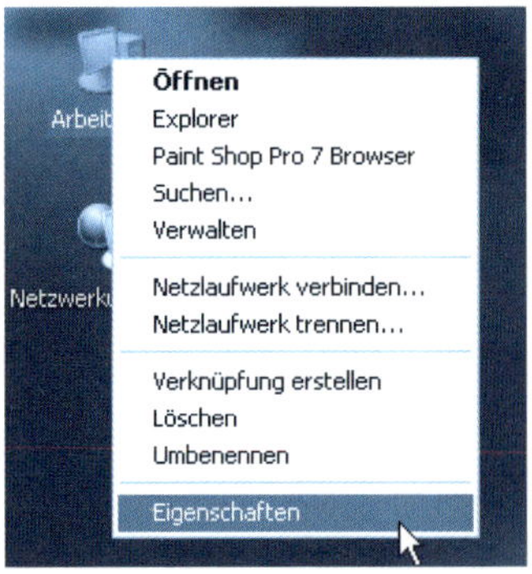

1 Öffnen Sie das Kontextmenü des Desktop-Objekts *Arbeitsplatz*.

2 Klicken Sie im Kontextmenü auf den Menüeintrag *Eigenschaften*.

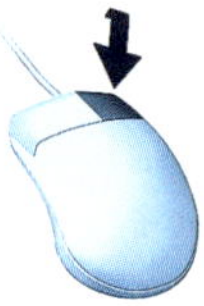

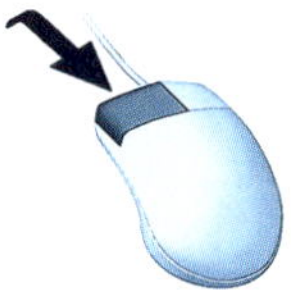

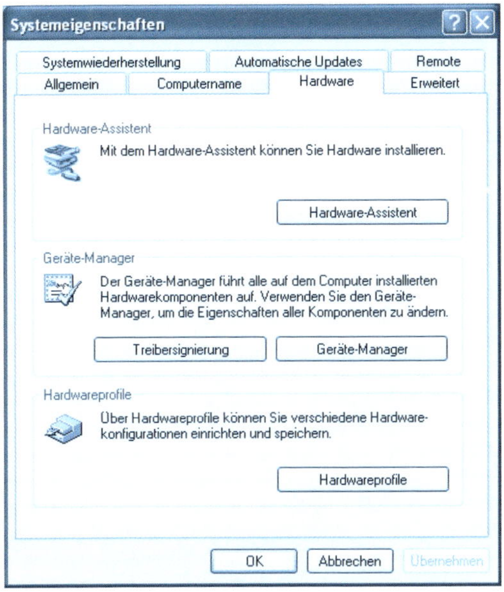

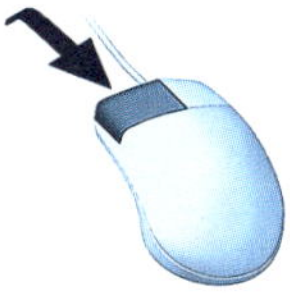

3 Aktivieren Sie die Registerkarte *Hardware* und klicken Sie auf die Schaltfläche *Hardware-Assistent.*

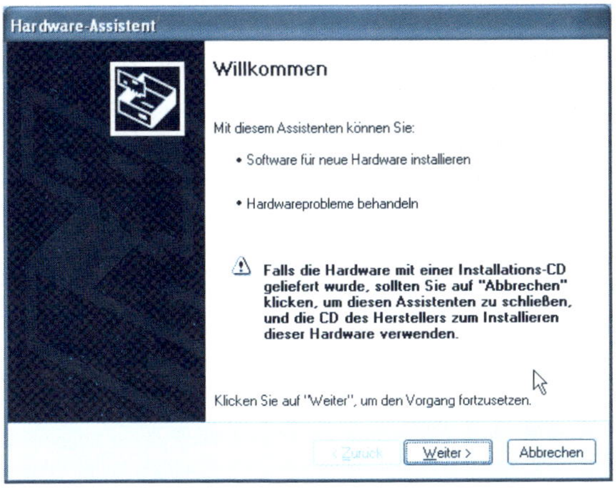

4 Der Hardware-Assistent heißt Sie nun willkommen; er begleitet Sie durch die Installation eines Modems. Klicken Sie auf die Schaltfläche *Weiter.*

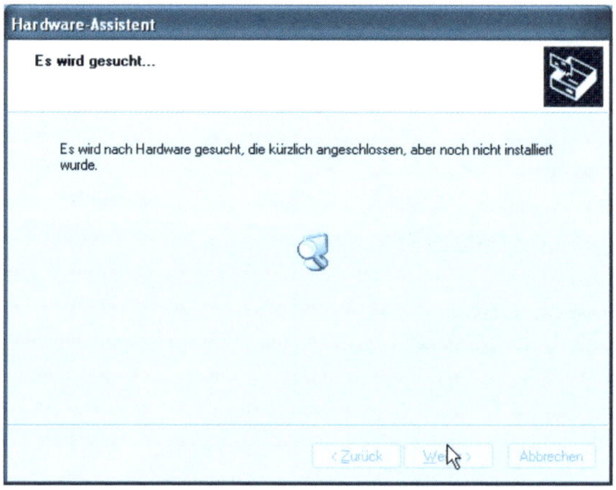

5 Ihr Rechner sucht nun nach einem neu angeschlossenen Modem. Dieser Vorgang dauert nur wenige Augenblicke.

6 In der Liste *Installierte Geräte* sollte nun Ihr Modem erscheinen. Klicken Sie auf die Schaltfläche *Fertig stellen*.

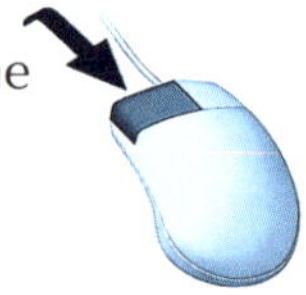

7 Klicken Sie abschließend im Dialogfeld *Systemeigenschaften* auf die Schaltfläche *OK*. Ihr Modem sollte nun funktionsfähig sein.

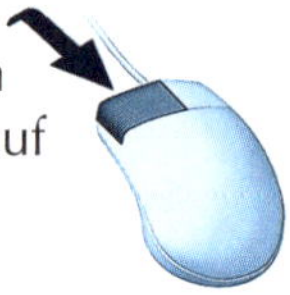

Während der Installation des Modems erscheint am unteren rechten Rand Ihres Monitors eine Sprechblase, die Sie darüber informiert, dass ein Modem gefunden wurde und dieses nun einsatzbereit ist.

Um ein nicht erkanntes Modem zu installieren, gibt es noch einen anderen Weg unter Windows XP. Gehen Sie dabei wie folgt vor:

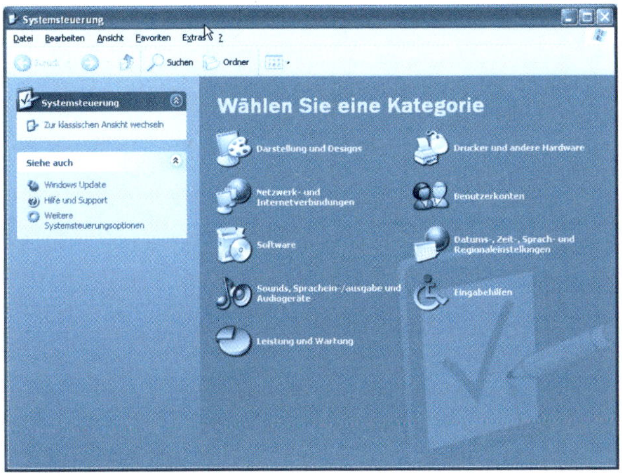

1 Öffnen Sie bitte die Systemsteuerung über das Startmenü. Klicken Sie im geöffneten Fenster der Systemsteuerung auf die Kategorie *Netzwerk- und Internetverbindungen.*

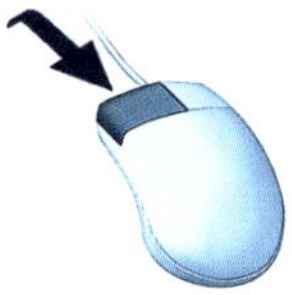

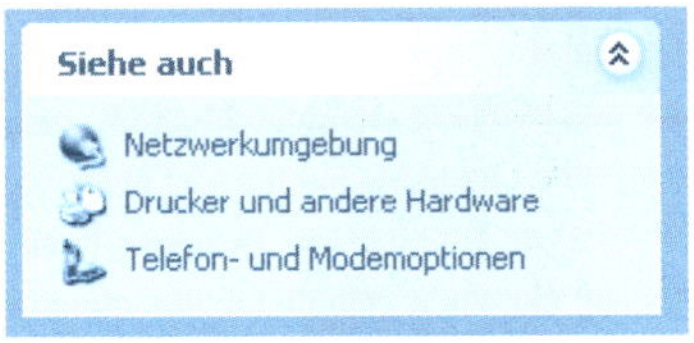

2 Im folgenden Fenster klicken Sie rechts in der Aufgabenleiste auf *Telefon- und Modemoptionen.*

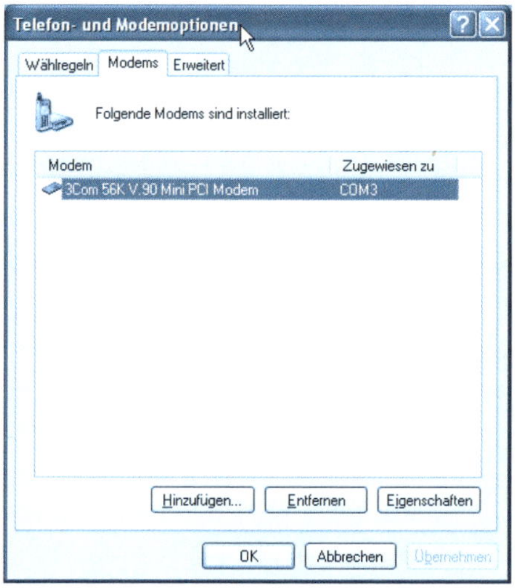

3 Es erscheint das Dialogfeld *Telefon- und Modemoptionen* (hier finden Sie unter Umständen bereits installierte Modems), in dem Sie die Registerkarte *Modems* aktivieren. Klicken Sie hier auf die Schaltfläche *Hinzufügen*.

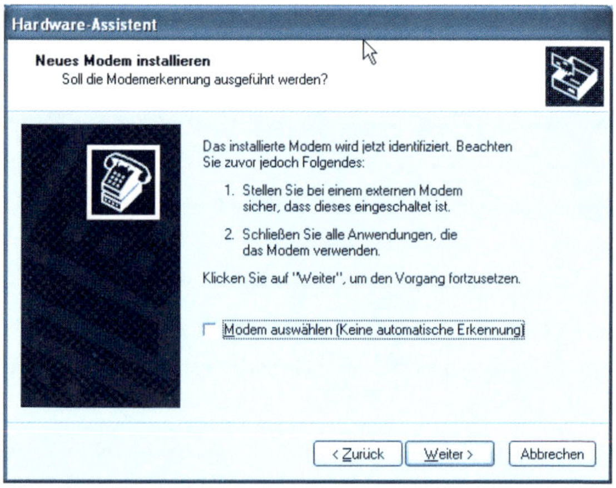

4 Es öffnet sich der Hardware-Assistent für die Modeminstallation. Klicken Sie auf die Schaltfläche *Weiter*.

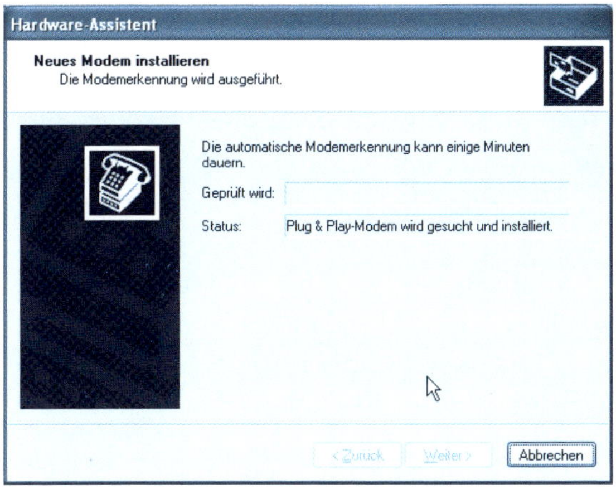

5 Der Computer sucht nun nach einem angeschlossenen Modem. Dieser Vorgang dauert ein paar Augenblicke.

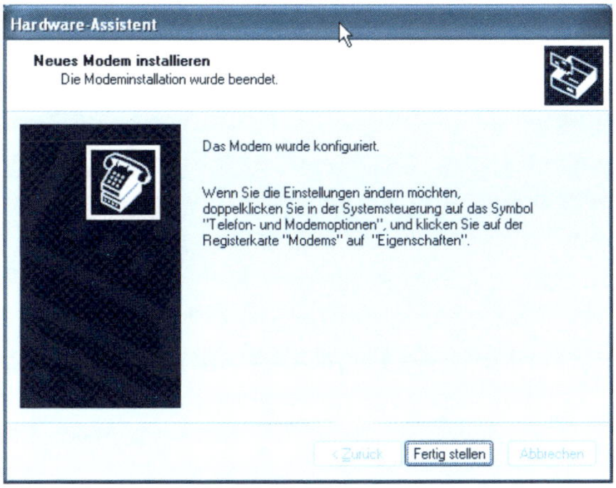

6 Klicken Sie abschließend mit der Maus auf die Schaltfläche *Fertig stellen*.

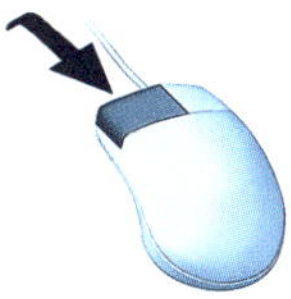

Installation eines externen USB-Modems

Die Verkaufsrenner unter den Modems sind zurzeit jene mit einem USB-Anschluss, da deren Installation binnen weniger Augenblicke abgeschlossen ist. Sobald Sie das Modem mit der Telefondose verbunden und eingeschaltet haben, verbinden Sie das Modem mit dem Computer. Im Anschluss daran erfolgt die Treiberinstallation für das Modem. USB-Modems erkennt XP automatisch, sodass eine Installation im eigentlichen Sinn nicht mehr erfolgt, da XP über eine sehr umfangreiche Treiberdatenbank verfügt. Die Installation erfolgt völlig automatisch. Sollte ein USB-Modem einmal nicht erkannt werden, gehen Sie bitte wie oben beschrieben vor.

Erstellen einer Internetverbindung mit Windows XP

Im folgenden Kapitel erfahren Sie, wie Sie eine manuelle Internetverbindung einrichten. Sollten Sie ein Neueinsteiger in Sachen Internet sein, so ist fast immer ein Call-by-Call-Zugang zu empfehlen. Bei dieser Art des Zugangs fällt keine Grundgebühr an. Sie zahlen wirklich nur die reinen Telefongebühren, die während Ihrer Streifzüge durch das Internet anfallen. Doch Achtung: Einige Internet-Service-Provider verlangen eine separate Einwahlgebühr, die jedes Mal anfällt, wenn Sie sich ins Internet einwählen. Achten Sie in diesem Fall darauf, in welchem Zeittakt Ihr Anbieter abrechnet, und stellen Sie sicher, dass die Telefongebühren in den Online-Kosten schon enthalten sind. Call-by-Call-Anbieter werben immer mit dem Slogan »Keine Vertragsbindung, keine Grundgebühren«. Abgerechnet wird dabei entweder über die Deutsche Telekom oder direkt über den Anbieter. Um eine Übersicht aller Call-by-Call-Anbieter zu bekommen, sollten Sie die eine oder andere Fachzeitschrift zu Rate ziehen, die regelmäßig Übersichten und Bewertungen von Call-by-Call-Anbietern veröffentlichen.

Um eine Verbindung zu einem Call-by-Call-Anbieter einzurichten, gehen Sie wie folgt vor:

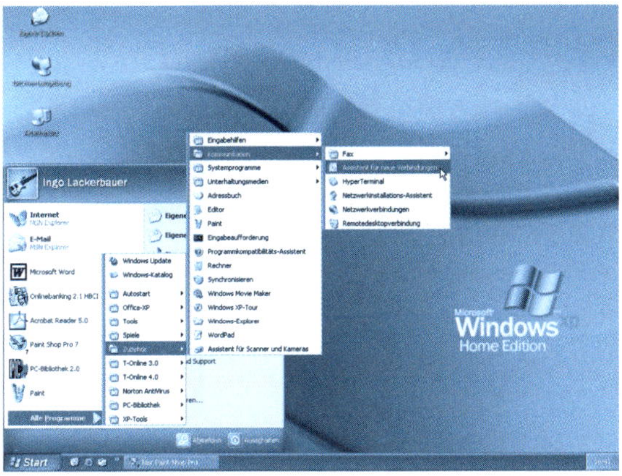

1 Öffnen Sie den Assistenten für neue Verbindungen über *Start/Alle Programme/Zubehör/Kommunikation* und den Menüeintrag *Assistent für neue Verbindungen*.

Achtung

Falls sich bei Ihnen das Dialogfeld Standortinformationen öffnet, befinden sich auf Ihrem PC noch keinerlei Standortinformationen. Wie Sie einen Standort einrichten, erfahren Sie in diesem Kapitel im Lernschritt »Die Standortinformationen«. Schauen Sie in diesem Kapitel nach, welche Einstellungen Sie tätigen müssen, und fahren Sie anschließend an dieser Stelle fort. Erscheint das Dialogfeld Standortinformationen nicht, wurde bereits ein Standort festgelegt, und der Assistent startet mit der Willkommensseite.

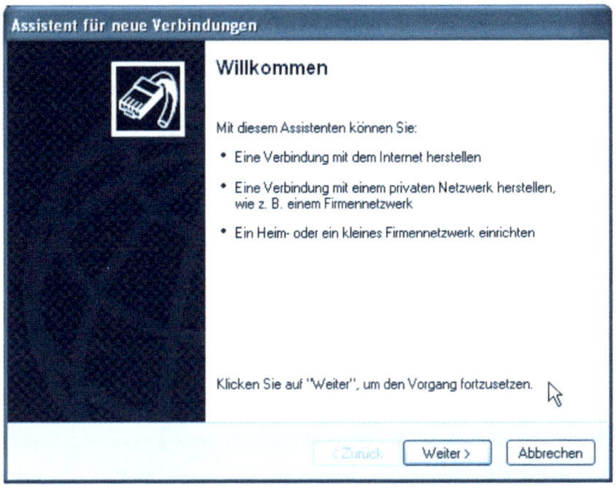

2 Bestätigen Sie das Begrüßungsfenster mit einem Klick auf *Weiter*.

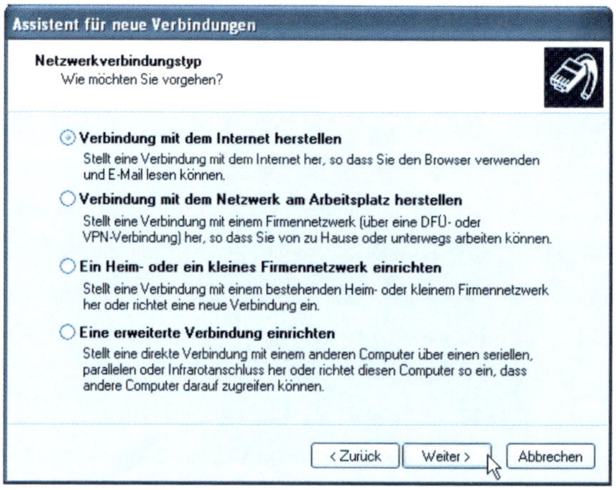

3 Es öffnet sich das Dialogfeld *Netzwerkverbindungstyp*. Hier müssen Sie die Option *Verbindung mit dem Internet herstellen* aktivieren. Klicken Sie auf *Weiter*.

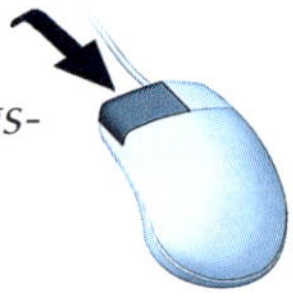

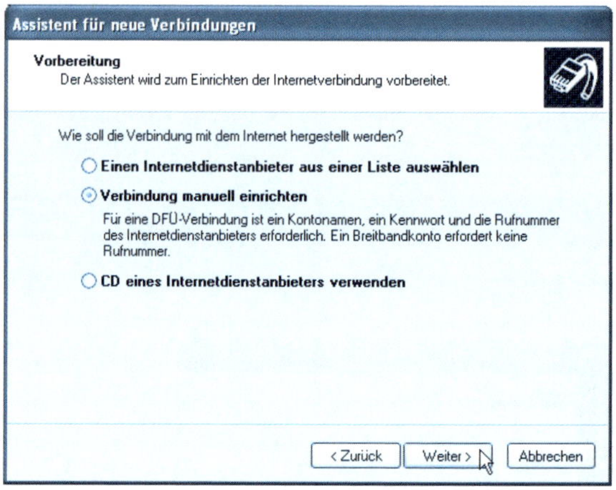

4 Im folgenden Dialogfeld wählen Sie die Option *Verbindung manuell einrichten* aus. Über die erste Option *Einen Internetdienstanbieter aus einer Liste auswählen* stellt Ihnen der Assistent eine vorkonfektionierte Liste mit Internet-Serviceprovidern zur Verfügung, aus der Sie Ihren bevorzugten Provider auswählen können. Liegt Ihnen eine CD-ROM mit einer Zugangssoftware eines Call-by-Call-Anbieters vor, wählen Sie die Option *CD eines Internetdienstanbieters verwenden*. Daraufhin installiert der Assistent die Zugangssoftware. Klicken Sie anschließend auf *Weiter*.

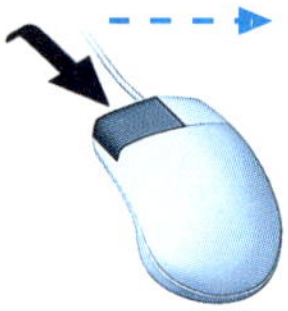

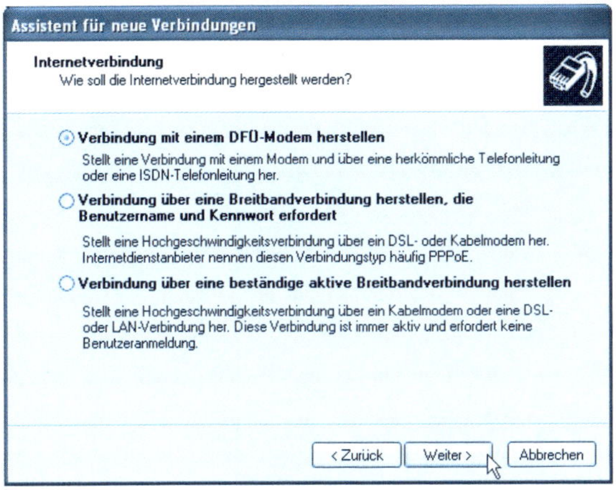

5 Im folgenden Dialogfeld *Internetverbindung* legen Sie fest, auf welcher Hardwarebasis (etwa Modem oder DSL) die Verbindung etabliert werden soll. Aktivieren Sie die erste Option *Verbindung mit einem DFÜ-Modem herstellen*. Klicken Sie auf *Weiter*.

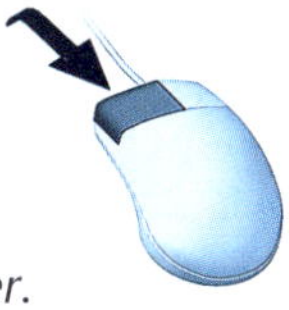

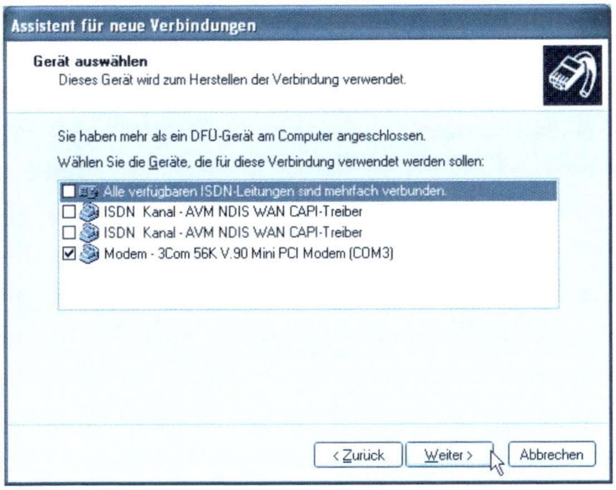

6 Im folgenden Dialogfeld wählen Sie ein Gerät aus, das Sie mit dem Internet verbinden soll. Hier sind alle Modems oder ISDN-Geräte aufgelistet, die derzeit unter XP installiert sind. Setzen Sie ein Häkchen in das Kontrollkästchen vor jenem DFÜ-Gerät, mit dessen Hilfe Sie ins Internet gelangen möchten. Klicken Sie anschließend auf *Weiter*.

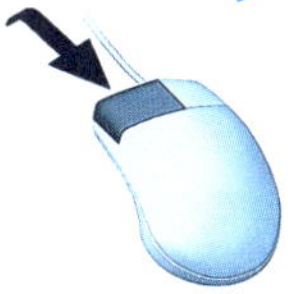

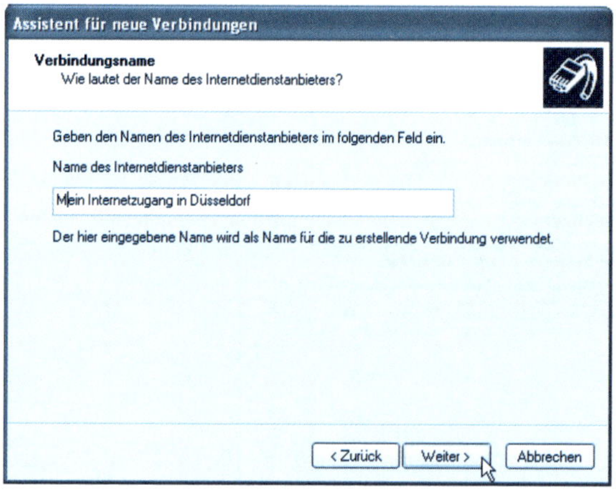

7 Geben Sie im nächsten Dialogfeld mit der Bezeichnung *Verbindungsname* den Namen Ihren Internetdienstanbieters ein. Anhand dieses Namens können Sie später Ihre Internetverbindung jederzeit identifizieren. Besonders hilfreich ist dies, wenn Sie über mehrere Call-by-Call-Verbindungen verfügen. Klicken Sie anschließend auf *Weiter*.

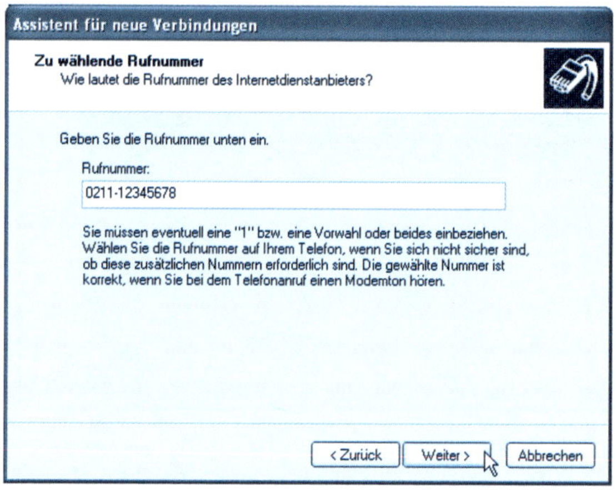

8 Das Dialogfeld *Zu wählende Rufnummer* verlangt nun nach der Telefonnummer Ihres Call-by-Call-Anbieters. Diese Rufnummer wählt Ihr Modem an, um eine Verbindung mit dem Internet herzustellen. Entnehmen Sie bitte die Rufnummer den Unterlagen zu Ihrem Provider oder den Marktübersichten diverser Fachzeitschriften. Klicken Sie auf *Weiter*.

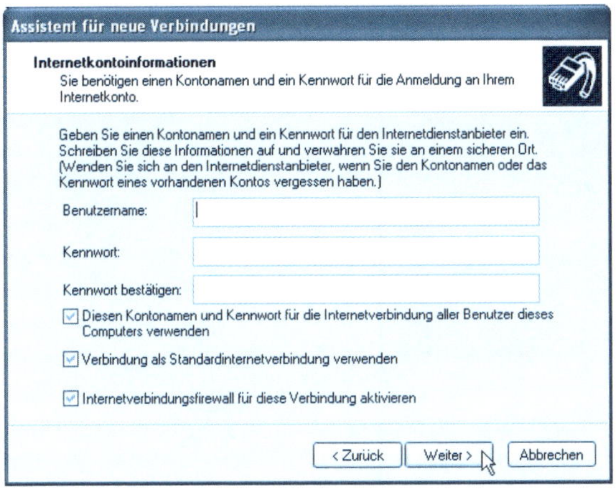

9 Das nächste Dialogfeld *Internetkontoinformationen* fragt Sie nach einem Benutzernamen und einem Kennwort. Unter *Kennwort bestätigen* müssen Sie das Kennwort noch einmal eingeben. Dies dient zur Sicherheit, falls sich Tippfehler eingeschlichen haben. Die für die Eingabe notwendigen Daten entnehmen Sie bitte den Unterlagen Ihres Providers oder der Fachpresse. Klicken Sie dann auf *Weiter*.

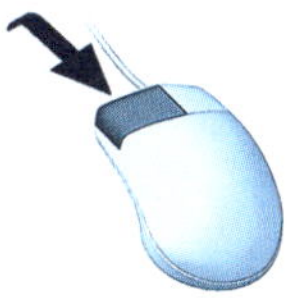

10 Zu guter Letzt folgt noch eine Zusammenstellung der Daten Ihrer Verbindung. Indem Sie das Kontrollkästchen *Verknüpfung auf dem Desktop hinzufügen* aktivieren, wird eine Verknüpfung der neu angelegten Verbindung auf dem Desktop positioniert. Klicken Sie auf die Schaltfläche *Fertig stellen*, um den Vorgang abzuschließen.

Führen Sie nun einen Doppelklick auf die neu erstellte Verbindung auf Ihrem Desktop aus.

1 Unter *Benutzername* ist bereits der definierte Benutzername eingetragen. Das Kennwort kennt der Verbindungs-Assistent, sodass Sie dieses Eingabefeld frei lassen können. Nur wenn Sie ein anderes Kennwort als das bereits definierte haben, müssen Sie es hier eingeben. Aktivieren Sie die Option *Benutzernamen und Kennwort speichern für*, dann werden Benutzername und Kennwort gespeichert, sodass Sie diese Angaben künftig nicht mehr eintippen müssen.

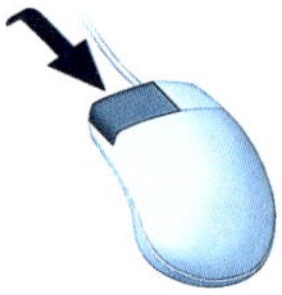

2 Klicken Sie abschließend auf *Wählen*.

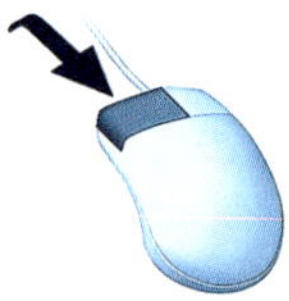

Mit Hilfe des oben beschriebenen Assistenten können Sie so viele neue Verbindungen anlegen, wie Sie möchten bzw. müssen. Indem Sie mit der rechten Maustaste auf *Netzwerkumgebung* klicken und anschließend aus dem Kontextmenü den Eintrag *Eigenschaften* aufrufen, erhalten Sie eine Übersicht über alle DFÜ- und LAN-Verbindungen. Unterhalb von *DFÜ* finden Sie alle Verbindungen, die Sie mittels der oben beschriebenen Methode erstellt haben.

Die Standortinformationen

Haben Sie auf Ihrem PC noch nie eine Internetverbindung eingerichtet, so erscheint das Dialogfeld *Standortinformationen* automatisch, sobald Sie den *Assistent für neue Verbindungen* aufrufen (siehe dazu Lernschritt »Erstellen einer Internetverbindung mit Windows XP« in diesem Kapitel).

Tragen Sie im Dialogfeld *Standortinformationen* unter *Ortsnetzkennzahl* Ihre Vorwahl ein. Ist Ihr Modem bzw. Telefon an einer Telefonanlage (Nebenstellenanlage) angeschlossen, und müssen Sie eine Ziffer vorwählen (beispielsweise eine Null), so müssen Sie diese Information dem Computer ebenfalls über das Dialogfeld *Standortinformationen* mitteilen. Geben Sie dazu im Eingabefeld *Amtskennziffer* die Nummer ein, die Sie benötigen, um »ein Amt« (Freizeichen) zu bekommen.

Haben Sie diese beiden Informationen eingegeben, klicken Sie auf die Schaltfläche *OK*. Damit legt Windows XP einen neuen Standort an, den Sie ab jetzt bei der Einwahl ins Internet per Modem berücksichtigen können.

Falls das Dialogfeld *Standortinformationen* im Rahmen der Konfiguration einer neuen Internetverbindung geöffnet wurde, fährt der Assistent für neue Verbindungen wie unter »Erstellen einer Internet-Verbindung mit Windows XP« fort.

Modem an einer Nebenstellenanlage

Betreiben Sie Ihr Modem an einer Nebenstellenanlage, die eine Amtskennziffer benötigt, um ein Freizeichen bekommen, kann es vorkommen, dass Ihr Modem den Dienst versagt, da es auf ein Freizeichen wartet, dieses aber nie bekommen wird. Sie haben also keine Chance, sich ins Internet einzuwählen. Damit dies nicht passiert, ist eine kleine Einstellungsänderung notwendig:

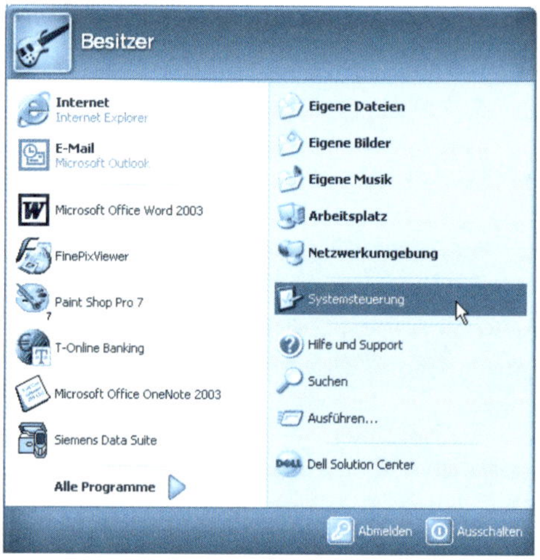

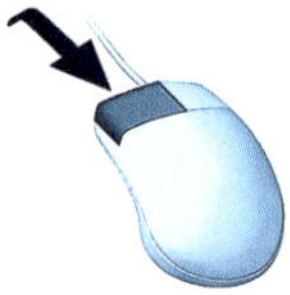

1 Starten Sie die Systemsteuerung über *Start/Systemsteuerung*.

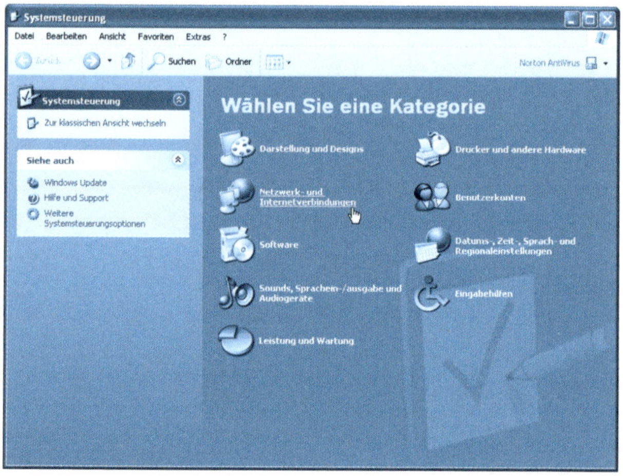

2 Klicken Sie auf die Kategorie *Netzwerk- und Internetverbindungen*.

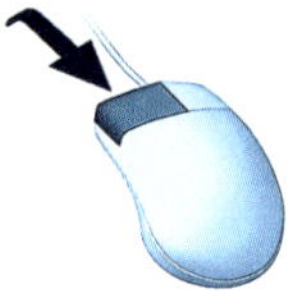

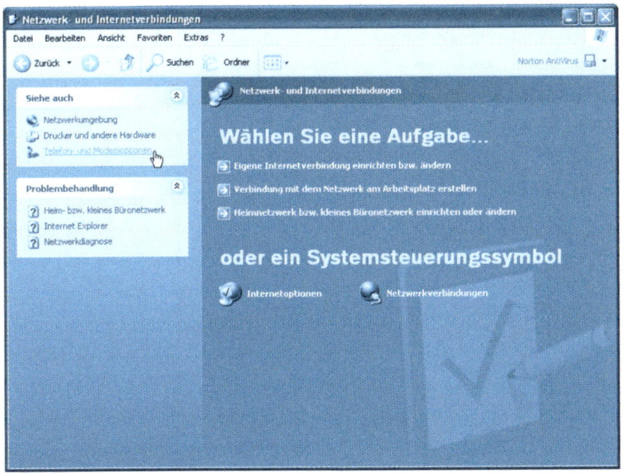

3 Klicken Sie im Aufgabenbereich auf *Telefon- und Modemoptionen.*

Es öffnet sich das Dialogfeld *Telefon- und Modemoptionen.*

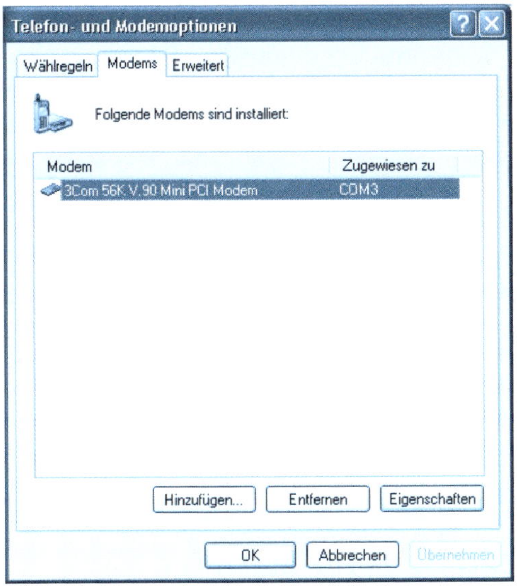

4 Holen Sie die Registerkarte *Modems* in den Vordergrund und markieren Sie das Modem, das an Ihrem Computer angeschlossen ist und über das Sie sich ins Internet einwählen. Klicken Sie anschließend auf die Schaltfläche *Eigenschaften.*

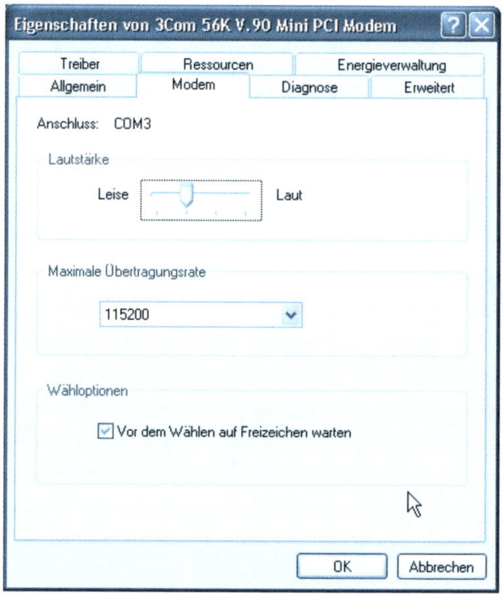

5 Aktivieren Sie das Kontrollkästchen *Vor dem Wählen auf Freizeichen warten*, sodass ein grünes Häkchen in dem Kontrollkästchen erscheint. Klicken Sie abschließend auf *OK*. Von nun an sollte Ihr Modem auch an einer Nebenstellenanlage betrieben werden können.

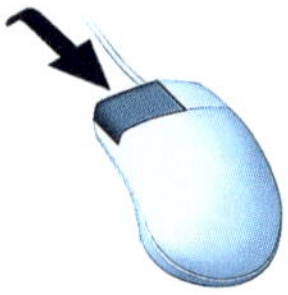

Hinweis

Übrigens: Anhand des Schiebereglers im Bereich Lautstärke der Registerkarte Modems können Sie die Lautstärke des Modems einstellen. Anhand der Pfeiftöne beim Aufbau der Internetverbindung können Sie stets kontrollieren, ob Ihr Modem etwas tut oder nicht. Aus diesem Grund sollten Sie stets zumindest eine Grundlautstärke eingestellt haben.

Standort ändern oder hinzufügen

Wieso sollte man eigentlich seinen Standort ändern? Ganz einfach: Viele Internetreisende pendeln in der realen Welt sehr oft zwischen verschiedenen Standorten (Freund, Freundin, Arbeitsstelle in einer anderen Stadt) hin und her. Somit ändern sich bei diesen Menschen oft die Vorwahlen der entsprechenden Telefonnummer, um ins Internet zu gelangen. Damit sie nun nicht jedes Mal die Rufnummer ändern müssen, bietet Windows XP die Möglichkeit, mehrere Standorte mit verschiedenen Einwahlnummern und Amtskennziffern zu definieren, die Sie dann bequem und schnell bei der Einwahl ins Internet auswählen können. Und so geht's:

1 Klicken Sie in der Taskleiste von Windows XP auf *Start* und anschließend im rechten Bereich des Startmenüs auf *Systemsteuerung*.

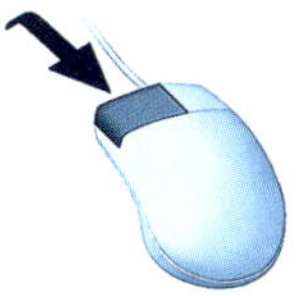

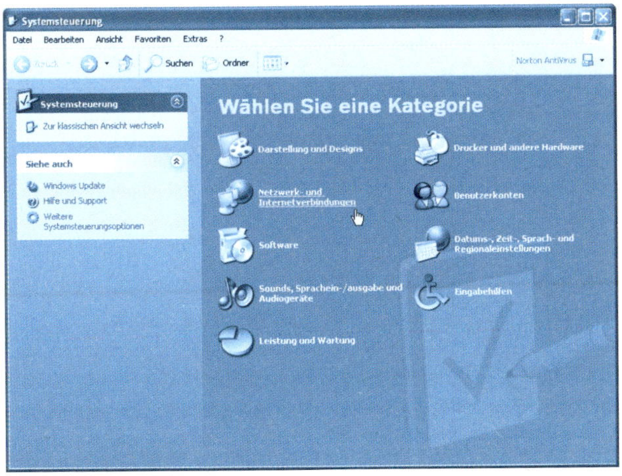

2 Wählen Sie im folgenden Dialogfeld die Kategorie *Netzwerk- und Internetverbindungen* aus.

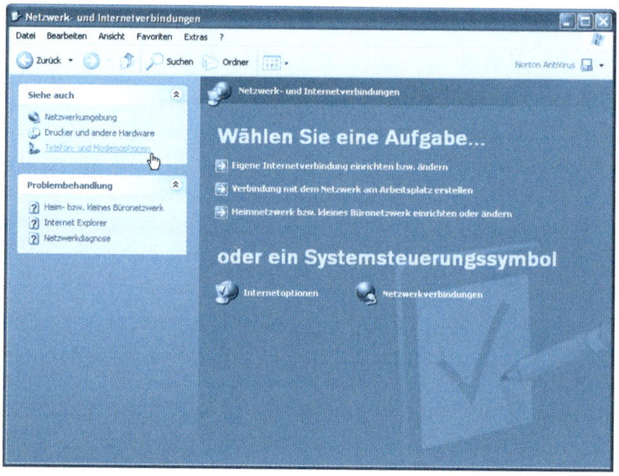

3 Nun müssen Sie im Aufgabenbereich des Dialogfeldes *Netzwerk- und Internetverbindungen* im Bereich *Siehe auch* auf *Telefon- und Modemoptionen* klicken.

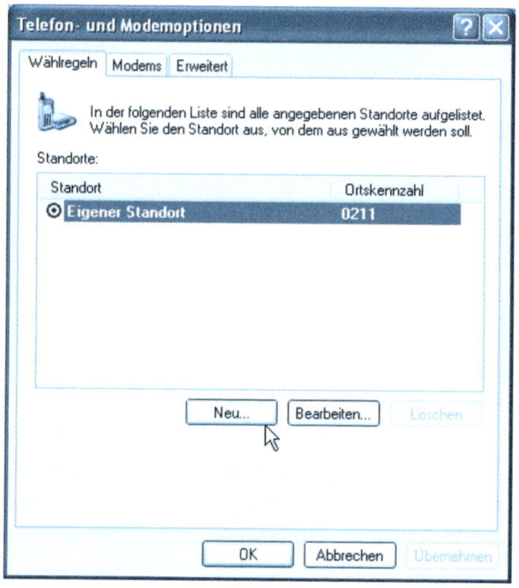

4 Windows XP öffnet das Dialogfeld *Telefon- und Modemoptionen*. Markieren Sie hier einen Standort und klicken Sie auf *Bearbeiten*, um bestehende Standortinformationen zu ändern, oder klicken Sie auf *Neu*, um einen neuen Standort anzulegen. An dieser Stelle können Sie nun einen neuen Standort anlegen.

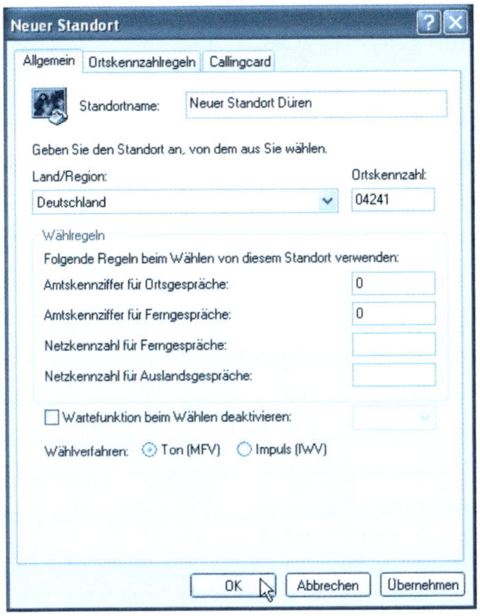

5 Weisen Sie dem neuen Standort im Eingabefeld *Standortname* einen Namen zu. Unter *Ortskennzahl* und den beiden Eingabefeldern für die vorzuwählende Amtskennziffer können Sie nun die entsprechenden Daten eintragen. Klicken Sie abschließend auf *OK*. Schließen Sie anschließend das Dialogfeld *Telefon- und Modemoptionen*.

Windows XP hat die Änderungen der Standortinformationen übernommen und einen neuen Standort angelegt. Im Folgenden sehen Sie, wie Sie den soeben neu angelegten Standort bei der Einwahl in das Internet berücksichtigen.

Standort bei der Interneteinwahl berücksichtigen

Im letzten Kapitel haben Sie einen neuen Standort angelegt, den Sie nun bei der Interneteinwahl berücksichtigen wollen. Voraussetzung dafür ist eine bereits angelegte Verbindung ins Internet.

1 Klicken Sie auf die Schaltfläche *Start*, bewegen Sie dann den Mauszeiger auf den Startmenüpunkt *Verbinden mit* und wählen Sie Ihre Internetverbindung aus.

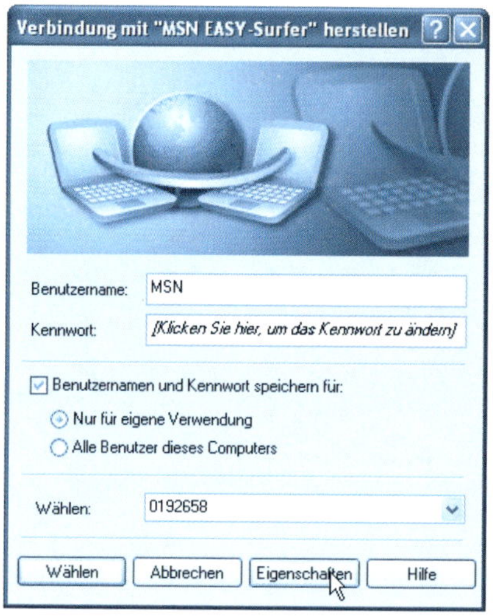

2 Klicken Sie auf die Schaltfläche *Eigenschaften.*

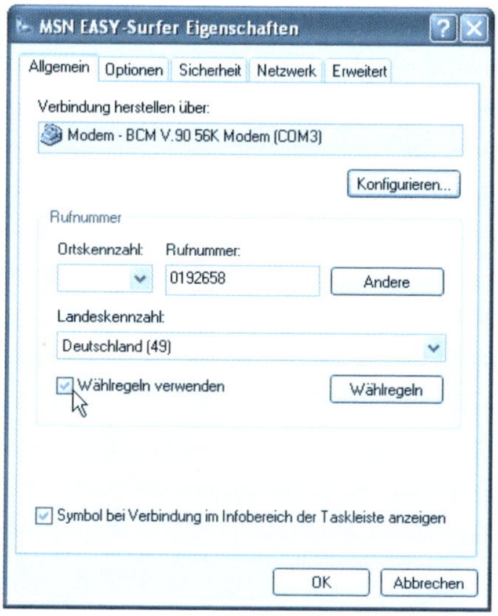

3 Setzen Sie ein Häkchen in das Kontrollkästchen *Wählregeln verwenden.* Damit verwendet XP die Wählregeln des Standorts bei der Einwahl ins Internet. Ihnen stehen dann entsprechende Einstellmöglichkeiten im Verbindungsdialogfeld zur Verfügung, über die Sie Ihren aktuellen Standort auswählen können. Klicken Sie auf *OK.*

4 Über das Listenfeld *Wählen von* können Sie nun Ihren aktuellen Standort mit den entsprechenden Standortinformationen auswählen. Klicken Sie anschließend auf *Wählen*, um eine Internetverbindung aufzubauen.

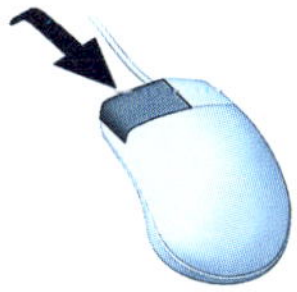

Herstellen einer Internetverbindung

In den letzten Kapiteln haben Sie ein Modem eingerichtet, eine Internetverbindung konfiguriert sowie einen Standort definiert. Nun ist es an der Zeit, eine Verbindung ins Internet aufzubauen. Stellen Sie sicher, dass Ihr Modem angeschaltet ist und ordnungsgemäß unter Windows XP funktioniert.

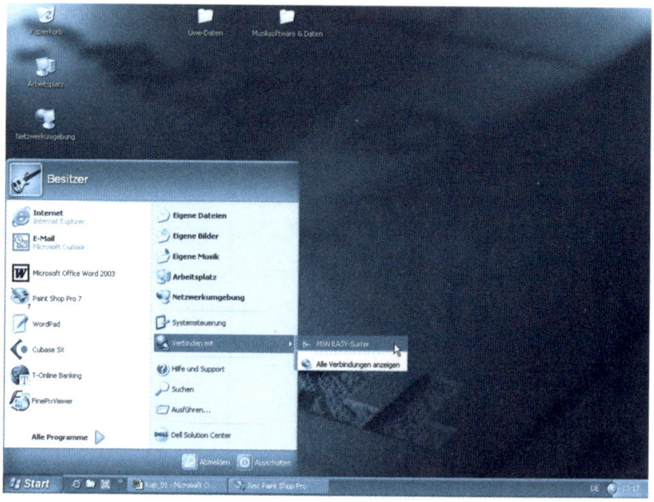

1 Öffnen Sie das Startmenü von Windows XP, und bewegen Sie den Mauszeiger auf den Startmenüeintrag *Verbinden mit*. Das entsprechende Untermenü öffnet sich automatisch. Aus diesem wählen Sie die Internetverbindung aus, mit der Sie sich ins Internet einwählen möchten.

Hinweis

Sie haben die Möglichkeit, eine Internetverbindung auch über die Systemsteuerung zu starten. Klicken Sie dazu im XP-Startmenü auf den Menüeintrag Systemsteuerung. Klicken Sie anschließend auf die Kategorie Netzwerk- und Internetverbindungen. Im folgenden Dialogfeld klicken Sie auf das Systemsteuerungssymbol Netzwerkverbindungen. Daraufhin öffnet XP ein weiteres Dialogfeld. Hier finden Sie im Bereich DFÜ alle Internetverbindungen, die auf Ihrem PC eingerichtet sind. Klicken Sie mit der rechten Maustaste auf eine der Verbindungen und wählen Sie den Kontextmenüeintrag Verbinden aus. Dann geht's weiter, wie folgend beschrieben.

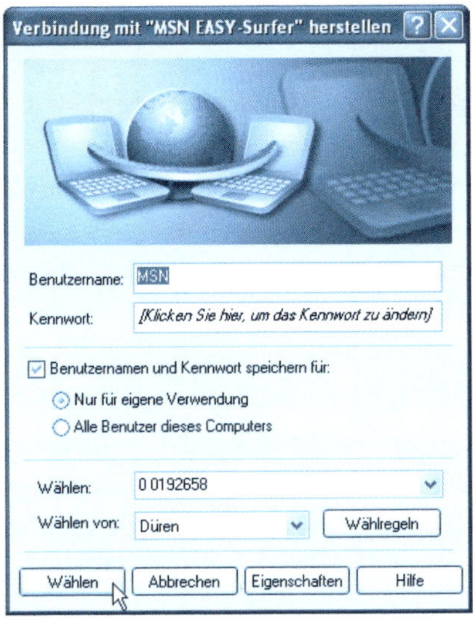

2 Geben Sie im Eingabefeld *Benutzername* den Benutzernamen und im Eingabefeld *Kennwort* das Kennwort ein. Mit diesen beiden Informationen identifizieren Sie sich bei Ihrem Internet-Serviceprovider. Diese Informationen entnehmen Sie bitte den Unterlagen zu Ihrem Internetzugang bei Ihrem Internet-Serviceprovider. Beide Angaben – Benutzername und Kennwort – müssen Sie jedes Mal neu eingeben. Haben Sie darauf keine Lust, markieren Sie einfach das Kontrollkästchen *Benutzernamen und Kennwort speichern für* und aktivieren Sie eine der beiden darunter befindlichen Optionen. Klicken Sie auf *Wählen*, um eine Verbindung ins Internet aufzubauen.

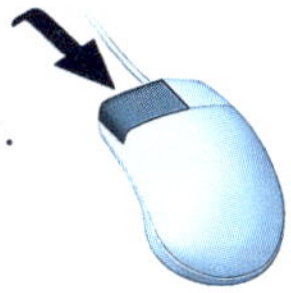

Die Option *Nur für eigene Verwendung* gestattet es ausschließlich Ihnen, den Benutzernamen und das Kennwort zu speichern. Interessant ist diese Option, wenn sich mehrere Teilnehmer an Ihrem Rechner anmelden dürfen. Ist diese Option aktiviert und meldet sich ein anderer Teilnehmer als Sie an dem Rechner an, muss er beim Herstellen einer Internetverbindung den Benutzernamen und das Kennwort immer wieder neu eingeben. Somit behalten Sie die Kontrolle, wer mit Ihrem PC ins Internet darf und wer nicht. Nur wer das Kennwort und den Benutzernamen kennt, kann sich beim ISP anmelden. Mit Hilfe der zweiten Option *Alle Benutzer dieses Computers* kann jedermann sich mit dem gespeicherten Benutzernamen und Kennwort am Internet anmelden.

> **Hinweis**
>
> *Eine bestehende Internetverbindung erkennen Sie daran, dass am rechten unteren Bildschirmrand ein kleines Symbol mit zwei Bildschirmen angezeigt wird. Werden Daten ins oder vom Internet übertragen, leuchten die Bildschirmsymbole hellgrün auf.*

Ein kurzer Ausflug ins Internet

Im letzten Lernschritt haben Sie eine Verbindung ins Internet aufgebaut. So weit, so gut. Um nun im WWW erste Schritte zu gehen bzw. zu surfen, bedarf es eines so genannten Browsers. Dieser ist in Form des Internet Explorers bereits standardmäßig in Windows XP enthalten.

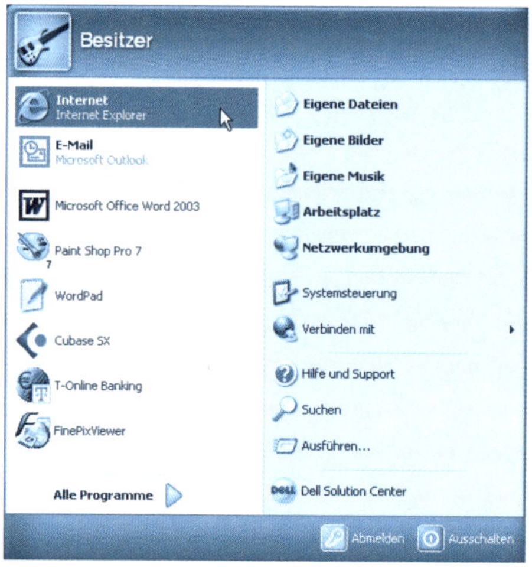

1 Starten Sie den Internet Explorer über das Startmenü von Windows XP, indem Sie links oben auf das blaue *e* klicken oder den Mauszeiger auf *Alle Programme* bewegen und aus dem sich öffnenden Menü den Menüeintrag *Internet Explorer* aufrufen. Des Weiteren können Sie den Internet Explorer per Schnellstartleiste von Windows XP starten. Diese befindet sich rechts neben der Schaltfläche *Start*. Auch hier finden Sie das blaue *e*, das für den Internet Explorer steht.

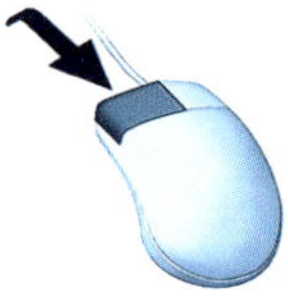

Der Internet Explorer überprüft automatisch, ob eine Verbindung ins Internet besteht, und nutzt diese für sich.

> **Hinweis**
>
> *Übrigens: Sie brauchen eine Internetverbindung nicht separat vom Internet Explorer zu öffnen. Starten Sie einfach den Internet Explorer wie beschrieben. Findet dieser keine geöffnet Internetverbindung, wird automatisch ein Dialogfeld geöffnet, mit dem Sie sich im Internet anmelden können.*

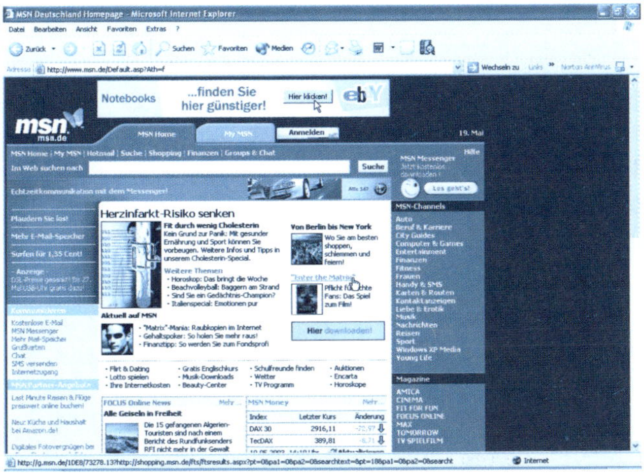

2 Der Internet Explorer öffnet kurze Zeit später die als Startseite definierte Webseite (also den Ausgangspunkt Ihrer Internet-Exkursionen). Standardmäßig ist dies für den Internet Explorer das MSN-Portal (MSN steht für Microsoft Network).

Wenn Sie nun den Mauszeiger über die Seite bewegen, werden Sie feststellen, dass dieser manchmal sein Aussehen verändert. Das Mauszeigersymbol verwandelt sich von einem Pfeil in eine Hand mit ausgestrecktem Zeigefinger. Passiert dies, dann handelt es sich bei diesem Bild oder Text um einen so genannten Hyperlink, der bei einem Mausklick zu einer weiteren Seite führt. Diese enthält weiterführende Informationen zu einem Thema. Häufig sind Hyperlinks unterstrichen bzw. blau dargestellt – ein untrügliches Zeichen dafür, dass sich dahinter weiterführende Informationen verbergen. Auf diese Art und Weise tauchen

Sie in die Tiefen einer Website ein oder »hangeln« sich von Webserver zu Webserver.

Aufrufen einer bestimmten Webseite

Wie Sie bereits erfahren haben, startet der Internet Explorer standardmäßig immer mit einer bestimmten Internetseite (*http://www.msn.de*). Sie haben aber auch die Möglichkeit, in die Adresszeile des Internet Explorers eine andere Adresse einzugeben, die Ihnen vielleicht ein Bekannter als Tipp zum Vorbeischauen gegeben hat oder die Sie in einer Zeitung als weiterführende Lektüre gelesen haben. Und so geht's:

1 Stellen Sie eine Verbindung mit dem Internet her und öffnen Sie den Internet Explorer.

2 Klicken Sie mit der Maus in die Adresszeile des Internet Explorers (rechts neben *Adresse*) und geben Sie die neue Webadresse ein. Auf das http:// am Anfang können Sie verzichten. In unserem Beispiel wäre das *www.spiegel.de*, um auf die Webseite des Nachrichtenmagazins »Der Spiegel« zu gelangen. Haben Sie die Adresse eingegeben, betätigen Sie entweder die [↵]-Taste oder Sie klicken auf die Schaltfläche *Wechseln zu* rechts neben der Adresszeile des Internet Explorers.

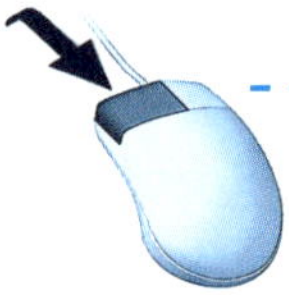

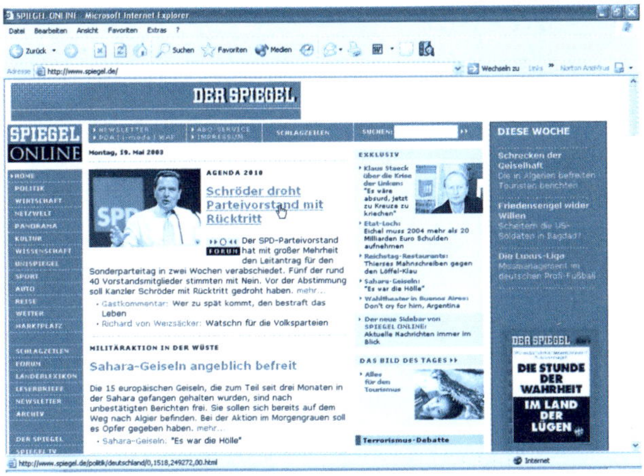

3 Die neue Seite wird im Internet Explorer nach wenigen Augenblicken angezeigt.

Internetausflug beenden

Um den Ausflug ins Internet zu beenden, schließen Sie einfach den Internet Explorer. Klicken Sie anschließend mit der rechten Maustaste auf das Verbindungssymbol mit den zwei kleinen grünen Monitoren in der Taskleiste von Windows XP (rechts unten).

Wählen Sie aus dem Kontextmenü den Menüeintrag *Verbindung trennen* aus. Daraufhin trennt XP die Verbindung ins Internet, und das Verbindungssymbol verschwindet aus der Taskleiste von Windows XP.

Einrichten eines T-Online-Zugangs

T-Online ist einer der größten Internet-Serviceprovider Deutschlands, der seine Popularität vor allem durch sein Online-Banking begründet hat. Über diesen ISP haben Sie die Möglichkeit, wie bei vielen anderen ISPs ebenfalls, sich bundesweit zu einem einheitlichen Ortstarif ins Internet einzuwählen. Prinzipiell gibt es drei Möglichkeiten, sich per T-Online am Internet anzumelden:

1. per Internet-by-Call ohne Anmeldung
2. per vertraglicher Bindung
3. per T-DSL-Zugang

T-Online-by-Call einrichten

T-Online bietet einen Internet-by-Call-Tarif ohne Grundgebühr an. Im Gegensatz zu vielen anderen Internet-by-Call-Tarifen, bei denen Sie sofort loslegen können, müssen Sie den T-Online-Zugang jedoch erst einmal in einem T-Punkt-Laden für Ihre Rufnummer beantragen. Ist dies geschehen, bekommen Sie kurze Zeit später Unterlagen zugeschickt, welche die Zugangsdaten sowie eine CD-ROM mit der T-Online-Software enthalten.

Bei den Zugangsdaten ins Internet per T-Online gibt es eine kleine Besonderheit, was den Benutzernamen betrifft. Den Benutzernamen müssen Sie selbst aus vier Einzelinformationen, die sich in Ihren Unterlagen befinden, zusammensetzen:

1. die zwölfstellige Anschlusskennung
2. Ihre T-Online-Nummer
3. ein #-Zeichen
4. Ihre Mitbenutzerkennung (lautet im Normalfall immer 0001)

Lautet Ihre Anschlusskennung also 001234522134 und Ihre T-Online-Nummer 345633786512, ergibt sich daraus folgender Benutzername: 001234522134345633786512#0001.

Um nun eine neue Verbindung ins Internet auf Grundlage von T-Online anzulegen, verfahren Sie wie in Lernschritt »Erstellen einer Internetverbindung mit Windows XP« weiter oben in diesem Kapitel.

1 Starten Sie den Verbindungs-Assistenten über *Start/Alle Programme/Assistent für Verbindungen.*

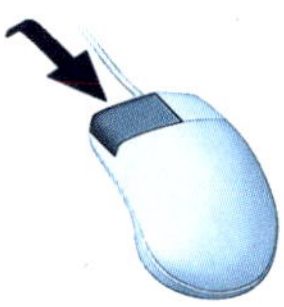

2 Wählen Sie eine neue *Verbindung mit einem DFÜ-Modem herstellen* aus, und geben Sie dieser Verbindung beispielsweise den Namen *T-Online-by-Call.*

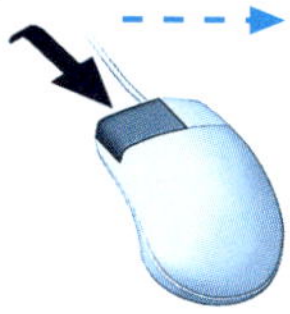

3 Tragen Sie als zu wählende Rufnummer *0191011* ein.

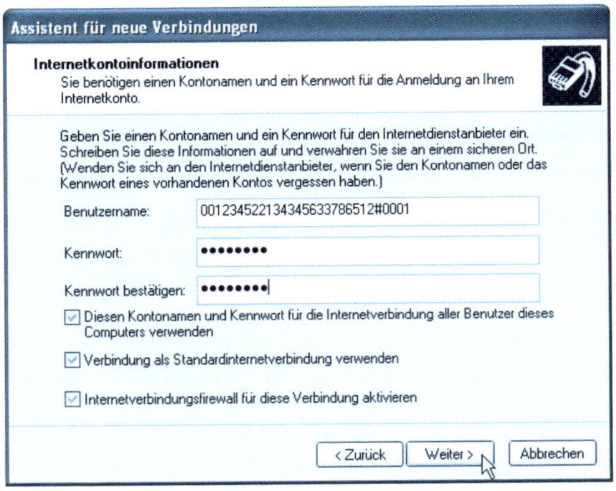

4 Geben Sie als Benutzerkennung die bereits erwähnte Zahlenkombination aus Anschlusskennung, T-Online-Nummer und Mitbenutzerkennung ein. Geben Sie anschließend zweimal hintereinander das T-Online-Kennwort ein.

5 Beenden Sie den Assistenten, und lassen Sie im letzten Schritt am besten eine Verknüpfung auf Ihrem Desktop erstellen.

Hinweis

Sind Sie pro Tag sehr viel über T-Online im Internet unterwegs, kann es wesentlich günstiger sein, wenn Sie einen Tarif mit monatlicher Grundgebühr wählen. Dann nämlich sind die Kosten je Verbindungsminute merklich geringer als beim T-Online-by-Call-Tarif.

Die Verbindung ins Internet per T-Online rufen Sie wie jede andere Internetverbindung auch auf. Öffnen Sie das Startmenü von Windows XP und bewegen Sie den Mauszeiger auf den Startmenüeintrag *Verbinden mit*. Das entsprechende Untermenü öffnet sich automatisch. Aus diesem wählen Sie die Internetverbindung aus, mit der Sie sich ins Internet einwählen möchten. Oder: Führen Sie einen Doppelklick auf die Verknüpfung der neuen Verbindung auf Ihrem Desktop aus. Geben Sie im daraufhin erscheinenden Verbindungsfenster im Eingabefeld *Kennwort* das Kennwort ein. Im Eingabefeld *Benutzername* müsste der Benutzername bereits eingetragen sein.

T-Online-Kennwort ändern

Mit Ihren Unterlagen zum T-Online-Internetzugang haben Sie ein Kennwort erhalten. Dieses sollten Sie aus Sicherheitsgründen so schnell wie möglich durch ein eigenes ersetzen. Im Folgenden ersetzen Sie das per Post erhaltene Kennwort durch ein eigenes.

1 Stellen Sie über die neu angelegte T-Online-by-Call-Verbindung eine Verbindung mit dem Internet her und geben Sie im Browser die Adresse *http://www.t-online.de* ein. Bestätigen Sie Ihre Eingabe mit der [↵]-Taste oder einem Mausklick auf *Wechseln zu*.

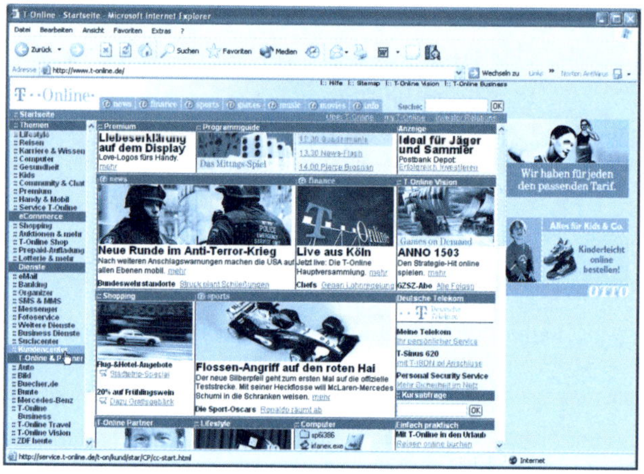

2 Klicken Sie im linken Navigationsbereich der Webseite auf *Kundencenter*.

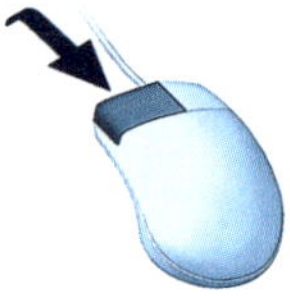

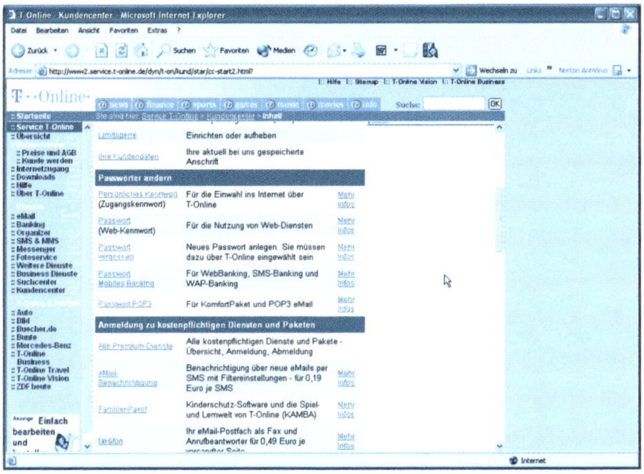

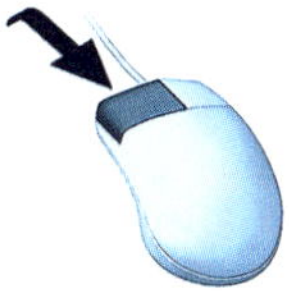

3 Blättern Sie in der Webseite nach unten, bis Sie den Bereich *Passwörter ändern* erreichen. Klicken Sie hier auf *Persönliches Kennwort.*

Hinweis

Da Webseiten keine statischen Gebilde sind und sich von Zeit zu Zeit in ihrem Aussehen und Aufbau ändern, kann es durchaus sein, dass Sie die in diesem Buch angesprochenen Bereiche auf Webseiten durchaus an anderen Stellen antreffen können. Überfliegen Sie deshalb erst einmal eine Webseite in ihrer Gesamtheit, um einen groben Überblick zu gewinnen. Sie werden dann schnell fündig werden.

4 Geben Sie nun im Eingabefeld *Zugangskennwort* Ihr bisheriges Kennwort ein und klicken Sie auf *Weiter.*

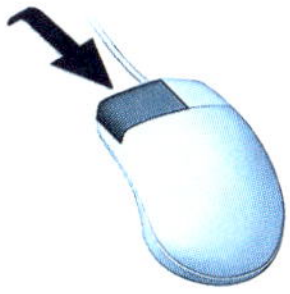

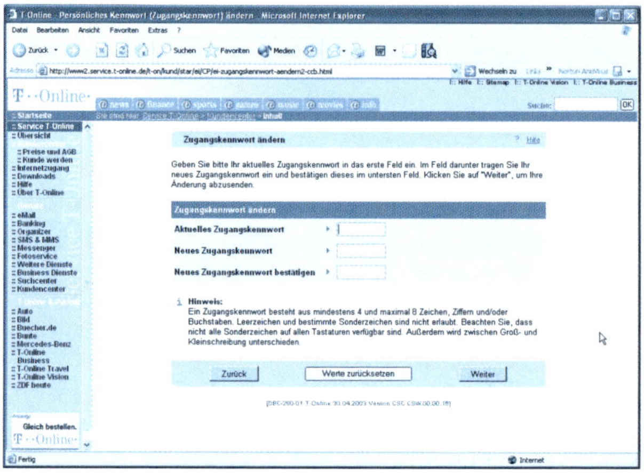

5 Geben Sie im folgenden Fenster noch einmal Ihr altes Kennwort in das Eingabefeld *Aktuelles Zugangskennwort* ein. Denken Sie sich nun eine möglichst kryptische Buchstaben-Zahlen-Kombination aus (minimal vier Zeichen, maximal acht Zeichen), und geben Sie Ihr neues Kennwort in die beiden darunter liegenden Eingabefelder ein. Klicken Sie anschließend auf *Weiter*.

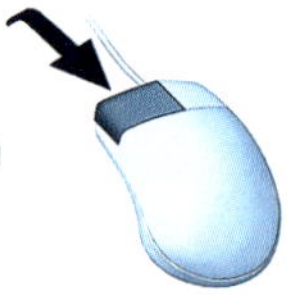

T-Online setzt nun Ihr altes Kennwort zurück und benutzt künftig zur Verifizierung Ihr neues Kennwort. Vergessen Sie nicht, das neue Kennwort auch in der T-Online-by-Call-DFÜ-Verbindung einzutragen. Wählen Sie dazu die entsprechende Internetverbindung aus (entweder über einen Doppelklick auf das entsprechende Symbol auf dem Desktop oder über *Start/Verbinden mit*).

Tragen Sie anschließend im Eingabefeld *Kennwort* Ihr neu definiertes Kennwort ein und klicken Sie auf *Wählen*, um eine Verbindung mit den neuen Zugangsdaten zu etablieren.

Einrichten einer T-DSL-Verbindung

Wenn Sie sich für den Turbo unter den Internetzugängen entschieden haben, sollten Sie die folgenden Seiten aufmerksam lesen. Vorausgesetzt, die Hardwareinstallation wurde erfolgreich durchgeführt, müssen Sie dem Rechner nun noch mitteilen, dass Sie künftig per T-DSL im Internet unterwegs sind.

Windows XP verfügt über einen integrierten DSL-Treiber, der für Ihre Zwecke hervorragend geeignet ist und reibungslos funktioniert. Die ersten Schritte entsprechen dem bisher beschriebenen Vorgehen beim Einrichten einer ganz normalen Internet-by-Call-Verbindung. Deshalb die ersten Schritte in Kürze:

1 Klicken Sie in der Windows-Taskleiste auf *Start* und dann auf *Alle Programme/ Zubehör/Kommunikation/ Assistent für neue Verbindungen*.

2 Klicken Sie im ersten Dialogfeld auf *Weiter*.

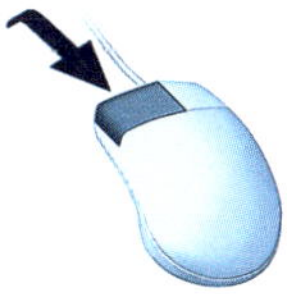

3 Wählen Sie anschließend die Option *Verbindung mit dem Internet herstellen* und klicken Sie auf *Weiter*.

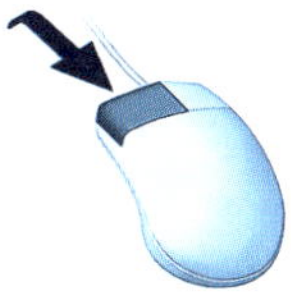

4 Markieren Sie die Option *Verbindung manuell einrichten* und klicken Sie auf *Weiter*.

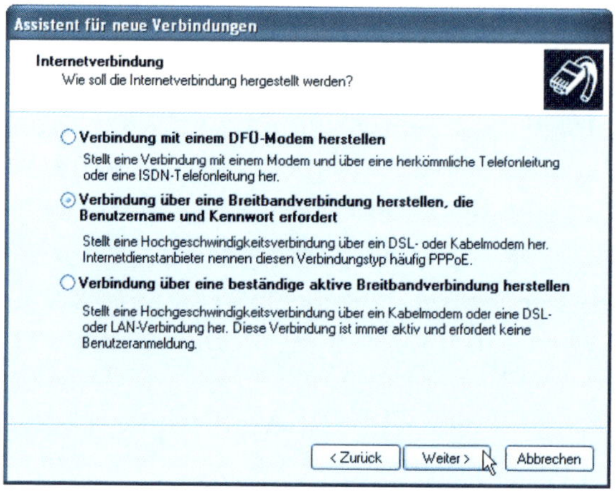

5 Wählen Sie nun die Option *Verbindung über eine Breitbandverbindung herstellen, die Benutzername und Kennwort erfordert*. Klicken Sie auf *Weiter*.

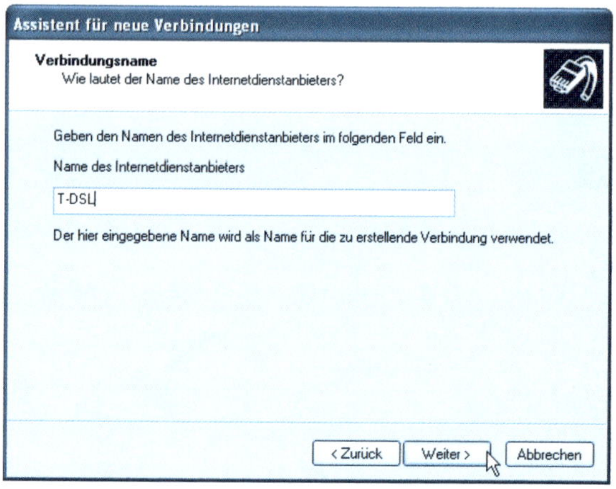

6 Geben Sie der Verbindung einen aussagekräftigen Namen und klicken Sie auf *Weiter*.

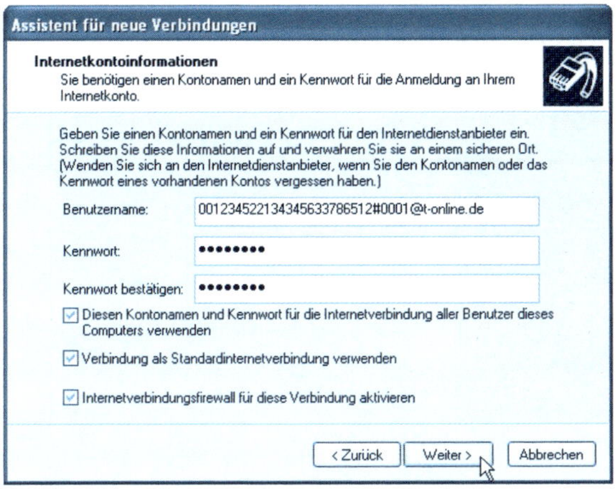

7 Geben Sie im folgenden Dialogfeld den Benutzernamen und das Kennwort ein. Der Benutzername setzt sich genauso, wie bereits weiter oben im Kapitel »T-Online-by-Call einrichten« beschrieben, zusammen. Einzige Ausnahme bzw. Ergänzung: Zum Schluss des »Zahlenwurms« müssen Sie noch ein *@t-online.de* ergänzen. Klicken Sie auf *Weiter*.

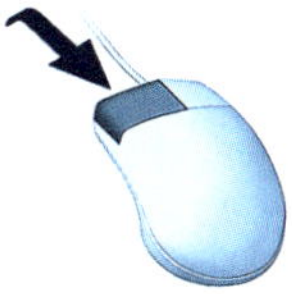

Hinweis

Wenn Sie das Häkchen des Kontrollkästchens Diesen Kontonamen und Kennwort für die Internetverbindung aller Benutzer dieses Computers verwenden entfernen, werden die Daten für die Internetverbindung per T-DSL nur für den gerade an XP angemeldeten Benutzer gespeichert. Andere Mitbenutzer desselben Rechners sind nicht in der Lage, sich mit den entsprechenden Daten per T-DSL am Internet anzumelden.

8 Aktivieren Sie das Kontrollkästchen *Verknüpfung auf dem Desktop hinzufügen*. Damit sagen Sie dem Assistenten, dass dieser eine Verknüpfung auf dem Desktop anlegen soll. Bequem für Sie: Sie müssen lediglich einen Doppelklick auf diese Verknüpfung ausführen, um per T-DSL ins Internet zu gelangen. Klicken Sie abschließend auf *Fertig stellen*.

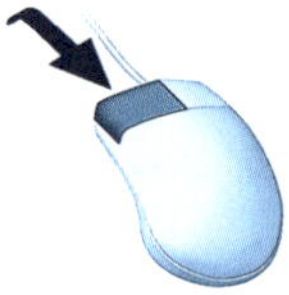

Um nun per T-DSL ins Internet zu gelangen, genügt entweder ein Doppelklick auf die entsprechende Verknüpfung auf Ihrem Desktop, oder Sie rufen über *Start/Verbinden mit* die neue T-DSL-Verbindung auf. Ein Mausklick auf *Wählen* genügt, und schon sind Sie »turbomäßig« im Internet unterwegs.

Der mobile Internetzugang

Der Mensch ist ein mobiles Wesen – Notebooks und PDAs tragen diesem Bestreben nach Unabhängigkeit des Arbeitsplatzes Rechnung. Nun kann es jedoch durchaus vorkommen, dass Sie sich mit Ihrem Notebook in einer Umgebung befinden, wo weit und breit kein Telefonanschluss zu finden ist. Um dennoch im Internet surfen oder E-Mails abrufen zu können, bietet sich das Handy an, sofern es über eine Infrarotschnittstelle sowie ein eingebautes Modem verfügt (was bei Geräten der mittleren Preisklasse heutzutage eine Selbstverständlichkeit ist).

Ältere Handys bieten dabei eine »magere« Übertragungsgeschwindigkeit von 9.600 Bit pro Sekunde – eine Modemgeschwindigkeit aus den Anfangstagen der EDV. Trotzdem können Sie selbst mit dieser Geschwindigkeit im Internet surfen oder E-Mails empfangen bzw. senden. Der Vorgang dauert dann nur ein wenig länger.

Besser dran sind die Besitzer moderner Handys, die Daten nach dem GPRS- oder HSCSD-Standard übertragen. Diese mobilen Telefone erreichen Geschwindigkeiten von bis zu 40 KBit/s. Laut Aussagen diverser Handyhersteller soll die Zukunft UMTS gehören – die Zeit wird zeigen, ob sie Recht behalten. Hier sollen Geschwindigkeiten erreicht werden, die jenseits der eines ISDN-Anschlusses liegen. Dann werden Sie keinen Unterschied mehr bemerken, ob Sie mit einem Handy im Internet surfen oder mit einem Festanschluss verbunden sind. Spüren werden Sie dies lediglich an Ihrer Geldbörse, da UMTS-Verbindungen in der Anfangsphase noch sehr teuer sein werden.

Um ein Handy zur Datenübertragung nutzen zu können, müssen Sie Ihrem Dienstanbieter (D1, D2, E-Plus etc.) mitteilen, dass er die Datendienste freischalten soll – dies ist in aller Regel kostenlos. Ist dies geschehen, können Sie Ihr Handy per seriellem Kabel oder über die Infrarotschnittstelle (IrDA) mit Ihrem Notebook verbinden. Da immer mehr Handys mit einer Infrarotschnittstelle ausgestattet sind, ist die drahtlose Verbindung zwischen Notebook und Handy zu einer sehr beliebten Verbindungsart geworden. Aus diesem Grund wird im Folgenden diese Art der Verbindung einmal näher betrachtet.

Die Installation besteht prinzipiell aus mehreren Schritten. Zum einem muss das Handy erst einmal als Modem unter Windows XP eingerichtet werden, und zum anderen müssen Sie anschließend überprüfen, ob Ihr Handy auch als Modem funktioniert. Anschließend ist es notwendig, eine neue Verbindung anzulegen, mit der Sie per Handy ins Internet gelangen.

Hinweis

Bei vielen Notebooks ist die Infrarotschnittstelle standardmäßig im BIOS des Gerätes deaktiviert. Booten Sie Ihr Notebook neu, und rufen Sie das Setup auf (meistens über die Funktionstaste [F2] *während des Bootvorgangs). Aktivieren Sie hier nun den Infrarotanschluss. Nähere Informationen entnehmen Sie bitte dem Handbuch zu Ihrem Notebook.*

Handyeinrichtung unter XP

Damit Ihr Notebook und Windows XP in der Lage ist, Daten per Handy zu versenden und zu empfangen, müssen Sie das Handy unter dem Betriebssystem installieren. Dies geht in aller Regel sehr einfach und unproblematisch. Gehen Sie dabei wie folgt vor:

1 Aktivieren Sie zuerst die Infrarotschnittstelle Ihres Handys. Wie dies genau geht, entnehmen Sie bitte dem Handbuch zu Ihrem mobilen Telefon.

2 Positionieren Sie nun die aktivierte Infrarotschnittstelle Ihres Handys gegenüber der Infrarotschnittstelle Ihres Notebooks. Windows XP sollte das Handy nur wenige Augenblicke später erkennen und das neue Gerät in Form einer QuickInfo (gelbe Sprechblase) im rechten Bereich der Taskleiste melden.

3 Kurze Zeit später erscheint eine Meldung in der Taskleiste, dass die neue Hardware installiert wurde und nun verwendet werden kann. Anschließend erscheint das Infrarotsymbol in der Taskleiste, das Sie darauf hinweist, dass das Handy in Reichweite des Infrarotanschlusses ist. Apropos Reichweite: Die beiden Infrarotschnittstellen müssen einander immer genau gegenüber liegen, damit ein Datenaustausch stattfinden kann. Wenn Sie das Handy aus der Reichweite des Infrarotanschlusses (das sind nur wenige Zentimeter) entfernen, bricht Windows XP die Verbindung ab und zeigt eine entsprechende Meldung an.

Achtung

Viele mobile Telefone unterbrechen die Infrarotverbindung nach einer bestimmten Zeit der Inaktivität. Wundern Sie sich also nicht, wenn plötzlich die Infrarotverbindung beendet wird. Entfernen Sie daraufhin das Handy aus dem »Dunstkreis« der Infrarotschnittstelle des Notebooks und legen Sie es dann wieder genau gegenüber der Infrarotschnittstelle des Notebooks ab.

Funktionstest des Modemhandys

Nachdem Ihr Handy erfolgreich mit Windows XP bekannt gemacht wurde, ist es nun an der Zeit, das Modem in Ihrem Handy einem Funktionstest zu unterziehen:

1 Bringen Sie Handy und Notebook so in Stellung, dass beide Infrarotschnittstellen genau aufeinander zeigen.

2 Rufen Sie aus dem Startmenü die *Systemsteuerung* auf und klicken Sie dort auf die Kategorie *Drucker und andere Hardware*. Es erscheint das Dialogfeld *Drucker und andere Hardware*, wo Sie im unteren Bereich des Fensters einen Mausklick auf *Telefon- und Modemoptionen* ausführen müssen.

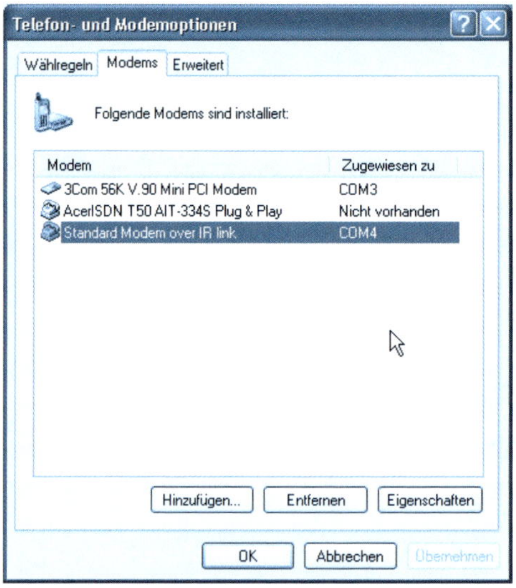

3 Aktivieren Sie im Dialogfeld *Telefon- und Modemoptionen* die Registerkarte *Modems*. Markieren Sie hier Ihr Handy bzw. die Bezeichnung *Standard Modem over IR link*. IR link bedeutet in diesem Zusammenhang nichts anderes als eine Verbindung zu einem Modem per Infrarot.

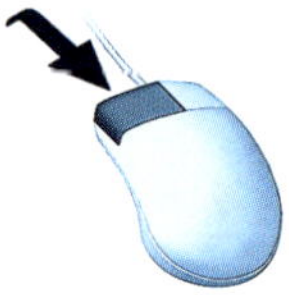

4 Haben Sie das Modem markiert, klicken Sie auf die Schaltfläche *Eigenschaften* und anschließend auf die Registerkarte *Diagnose*.

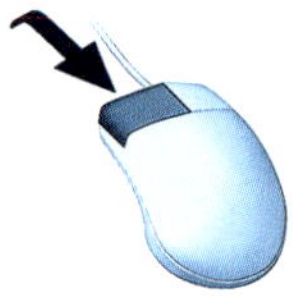

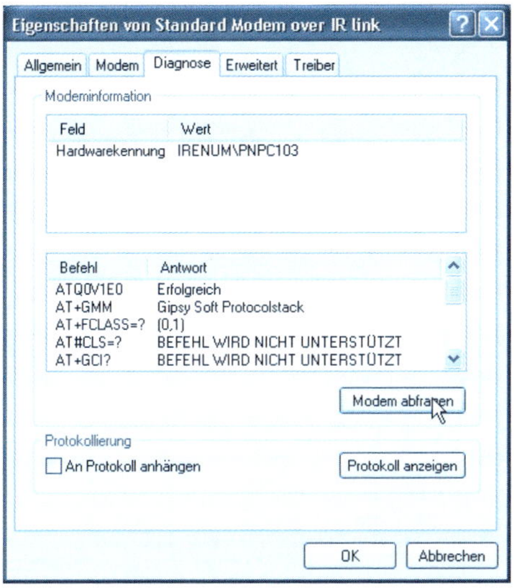

5 Klicken Sie in der Registerkarte *Diagnose* auf die Schaltfläche *Modem abfragen*. Daraufhin fragt der Rechner per Infrarotverbindung die einzelnen Modembefehle des im Handy eingebauten Modems ab – übrigens ein sicheres Zeichen dafür, das die Infrarotverbindung »steht«.

Einrichten einer neuen Handy-DFÜ-Verbindung

Bisher haben Sie die Grundlagen für eine reibungslose Datenübertragung per Handy geschaffen. Nun ist es an der Zeit, eine DFÜ-Verbindung unter Windows XP einzurichten, über die Sie sich bei Ihrem Handydienstanbieter einwählen. Dazu benötigen Sie dessen Einwahlnummer für Handydatendienste (für D2 wäre das z. B. die 0172/22 90 00), zudem muss der Datendienst für Ihr Handy freigeschaltet werden.

1 Rufen Sie die *Systemsteuerung* aus dem Startmenü auf. Klicken Sie anschließend auf die Kategorie *Netzwerk- und Internetverbindungen*. Im folgenden Dialogfeld führen Sie einen Mausklick auf das Symbol *Netzwerkverbindungen* aus.

2 Klicken Sie im Dialogfeld *Netzwerkverbindungen* innerhalb der Aufgabenleiste auf den Befehl *Neue Verbindung erstellen.* Daraufhin erscheint der *Assistent für neue Verbindungen,* dessen Willkommensbildschirm Sie mit einem Klick auf *Weiter* überspringen können.

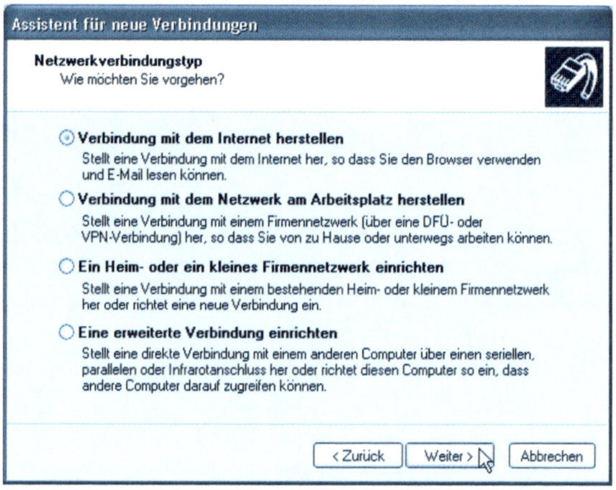

3 Markieren Sie im folgenden Dialogfeld die Option *Verbindung mit dem Internet herstellen* und klicken Sie auf *Weiter.*

4 Im nächsten Dialogfeld mit der Bezeichnung *Verbindungstyp* müssen Sie die zweite Option mit der Bezeichnung *Verbindung manuell einrichten* aktivieren. Klicken Sie auf *Weiter.*

5 Markieren Sie im nächsten Dialogfeld die Option *Verbindung mit einem DFÜ-Modem herstellen.* Klicken Sie auf *Weiter.*

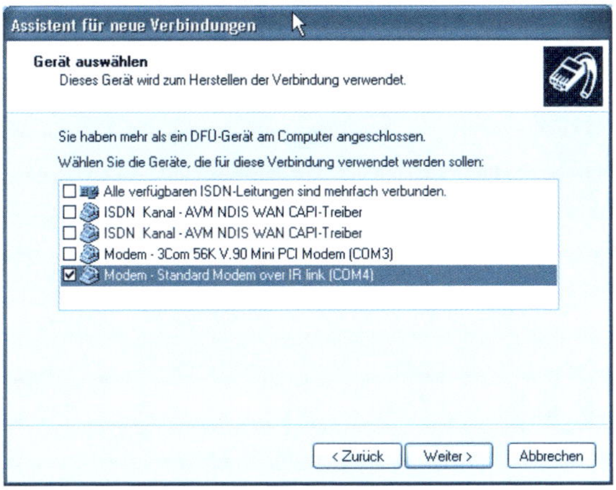

6 Wählen Sie im folgenden Dialogfeld das DFÜ-Gerät aus, mit dem Sie eine Verbindung zu Ihrem Dienstanbieter aufnehmen wollen. In unserem Beispiel wäre dies der Eintrag *Modem – Standard Modem over IR link (COM4)*. An dieser Stelle könnte auch die Modellbezeichnung Ihres Handys stehen. Klicken Sie auf *Weiter*.

7 Geben Sie im folgenden Dialogfeld nun den Namen Ihres Dienstanbieters ein, über den Sie eine Handy-Internetverbindung aufbauen wollen. Klicken Sie nach Abschluss der Eingabe auf *Weiter*.

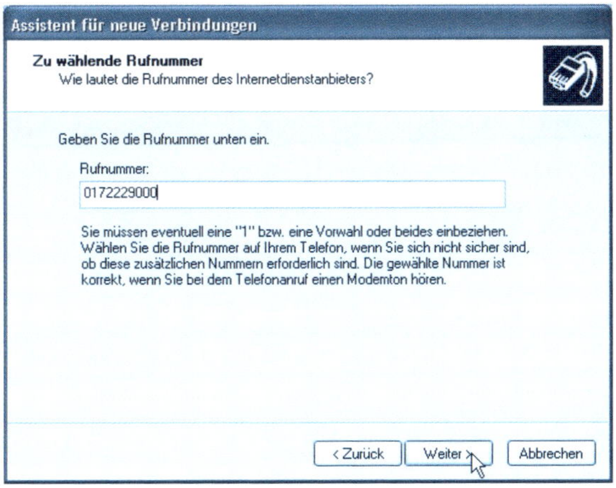

8 Das folgende Dialogfeld verlangt die Eingabe der Rufnummer, mit der Sie Ihren Dienstanbieter erreichen. Diese Telefonnummer erfahren sie bei der Hotline Ihres Mobilfunkanbieters. Klicken Sie auf *Weiter*.

9 Es erscheint das Dialogfeld *Internetkontoinformationen*. Hier müssen Sie einen Benutzernamen sowie ein Kennwort angeben, mit dem Sie sich bei Ihrem Dienstanbieter identifizieren. Sind alle Eingaben abgeschlossen, klicken Sie auf *Weiter*.

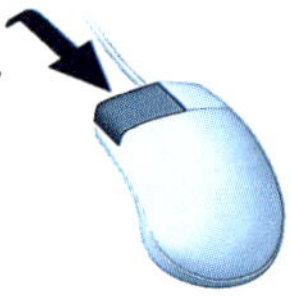

10 Zu guter Letzt erscheint eine kleine Zusammenfassung. Klicken Sie auf *Fertig stellen*, um die Konfiguration abzuschließen. Nach kurzer Zeit erscheint das Dialogfeld, um sich beim Mobilfunkanbieter anzumelden. Klicken Sie hier erst einmal auf die Schaltfläche *Abbrechen*.

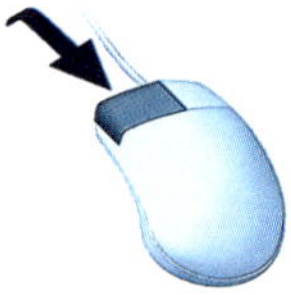

Nun haben Sie eine Verbindung zum Internet per Handy installiert und konfiguriert. Sie sehen jetzt innerhalb des Dialogfeldes *Netzwerkverbindungen* unterhalb von DFÜ Ihre neue Verbindung mit dem Namen, den Sie im Assistenten definiert haben.

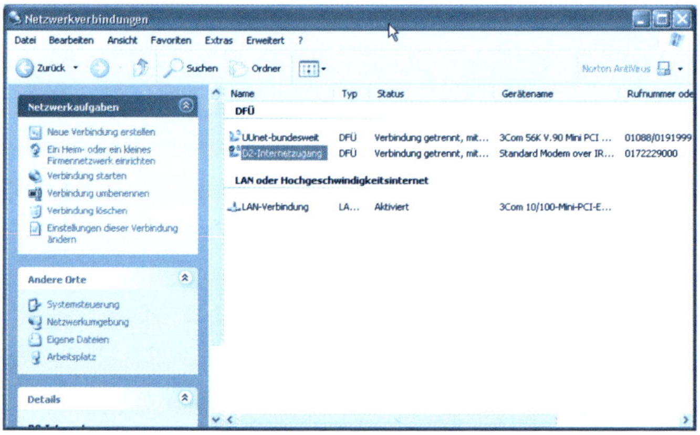

Die Einwahl ins Internet per Handy

Jetzt ist es so weit. Sie haben ein funktionierendes Handy per Infrarot mit dem Notebook verbunden und den Internetzugang für Ihr Handy eingerichtet. Um nun eine Verbindung per Handy ins Internet zu etablieren, gehen Sie bitte wie folgt vor:

1 Aktivieren Sie die Infrarotschnittstelle Ihres Handys und legen Sie dieses genau gegenüber die Infrarotschnittstelle Ihres Notebooks. Nach einer kurzen Dauer des Erkennens zwischen Notebook und Handy steht Ihnen das Infrarotsymbol von XP in der Taskleiste zur Verfügung – ein sicheres Zeichen dafür, das die Infrarotverbindung zwischen beiden Geräten klappt.

2 Rufen Sie aus dem Startmenü das Untermenü *Verbinden mit* auf. Wählen Sie hier die DFÜ-Verbindung aus, die Ihre Handyverbindung darstellt und die Sie soeben konfiguriert haben.

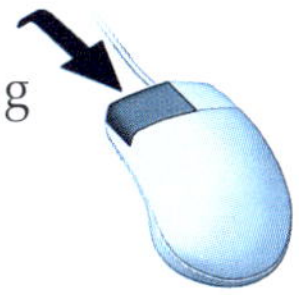

3 Geben Sie nun im Anmeldedialogfeld Ihren Benutzernamen und das Kennwort ein. Klicken Sie anschließend auf die Schaltfläche *Wählen*.

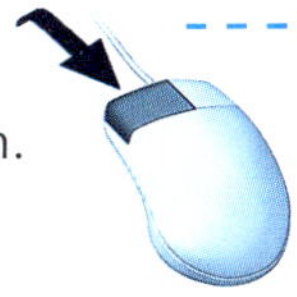

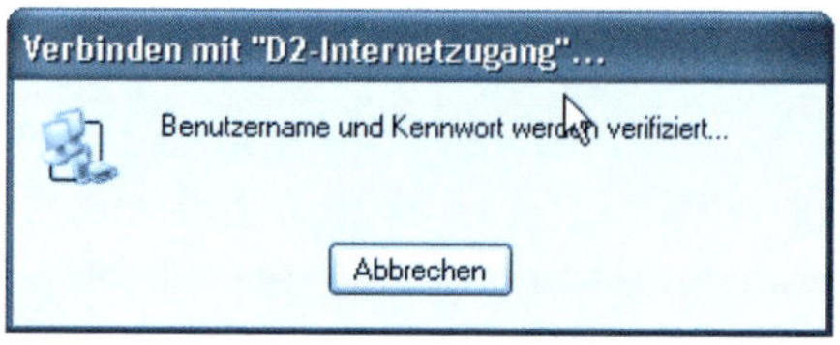

4 Hat Windows XP eine Verbindung hergestellt, bekommen Sie dies in Form einer QuickInfo am rechten unteren Bildschirmrand angezeigt. Hier sollte dann die Übertragungsrate von 9,6 KBit/s bei einem ganz normalen Handy erscheinen.

Anti-Dialerschutz

Verwenden Sie ein analoges Modem oder einen ISDN-Zugang, um sich bei Ihrem Internet-Serviceprovider anzumelden, besteht stets die Gefahr, dass Sie sich bei Ihren Streifzügen durch das Internet einen so genannten Dialer einfangen. Dies ist ein kleines Programm, dass ohne Ihr Wissen auf den Computer eingeschleust wird und Ihre aktuellen Einwahleinstellungen unbemerkt ersetzt. Meist wird die reguläre Einwahlnummer Ihres Internet-Serviceproviders durch eine teure 0190er- oder 0900er Nummer ersetzt, mit der sich dann in das Internet einwählen. Sie merken den Dialerbefall erst am Ende des Monats, wenn die Telefonrechnung ins Haus flattert und dort horrende Summen an Gebühren aufgeführt sind. Hat ein Dialer die Herrschaft über Ihre Internetverbindung übernommen, surfen Sie über eine 0190-Nummer, die statt der üblichen zwei bis vier Cent Kosten von bis zu 1,86 Euro (3,63 DM) pro Minute, manchmal sogar über 900 Euro pro Einwahl, verursacht. Meist verändern die Wählprogramme dauerhaft die Einstellungen des Computers, sodass alle künftigen Internet-Sitzungen über eine 0190-Nummer laufen. Die gefährlichsten Dialer, besonders die, welche bis zu 900 Euro pro Einwahl veranschlagen, löschen sich selbst automatisch nach der ersten Einwahl. Sie haben somit keine Chance zu beweisen, dass Ihr Rechner von einem Dialer befallen war.

Warum gibt es überhaupt Dialer?

Internet-Dialer sind eigentlich eine prima Sache für seriöse Anbieter von kostenpflichtigen Inhalten im Internet. Dazu zählen unter anderem Seiten mit erotischen Inhalten, für speziellen PC-Support oder zum Download von Handylogos etc.

Normalerweise werden Dienstleistungen und Einkäufe im Internet per Kreditkarte abgerechnet. Für kleinere Beträge sind Kreditkarten jedoch aufgrund der relativ hohen Gebühren zu teuer. Außerdem bestünde die Gefahr des Datenmissbrauchs durch Dritte, die Ihre Kreditkartendaten per Datenklau im Internet ausspionieren. Bankeinzug oder Überweisung sind auch nicht die passenden Bezahlmodalitäten an dieser Stelle, da Sie für einen Spontaneinkauf im Internet nicht geeignet sind. Aus diesem Grund haben sich die bereits im Telefonbereich etablierten Telefonmehrwertdienste über 0190-Nummern in dem Bereich für Kleineinkäufe im Internet verbreitet.

Die Vorteile seriöser 0190er-Nummern liegen auf der Hand: Sie surfen im Internet anonym und nutzen die angebotenen Dienstleistungen, indem Sie sich über eine 0190-Nummer einwählen und für die Nutzungsdauer zahlen. Bezahlt wird am Monatsende über die Telefonrechnung. Während die Gebühren für die 0190-Nummern von der Bonner Regulierungsbehörde für Telekommunikation und Post (Reg TP) vorgegeben sind, können die Anbieter der neuen 0190-(0)-Nummern die Preise selbst festlegen - und dabei leider auch hemmungslos abkassieren. Satte 900 Euro für wenige Verbindungssekunden musste schon so mancher ahnungslose Surfer bezahlen.

Seriöse Anbieter von 0190-Nummer als Einwahl einer Internetdienstleistung geben immer die anfallenden Kosten auf Ihrer Website bekannt. Manchmal sind diese Tarife zwar etwas versteckt, Sie entdecken Sie aber meist in den allgemeinen Geschäftsbedingungen.

Das können Dialer nicht

Dialer greifen nicht, wenn Sie über DSL im Internet surfen. Dies liegt vor allem in der Tatsache begründet, dass Sie sich bei DSL nicht bei einem Internet-Serviceprovider einwählen, sondern eine Netzwerkverbindung zu diesem etabliert haben, die bei Bedarf aktiviert oder deaktiviert wird. Neu im DFÜ-Netzwerk Ihres Rechners eingetragene teure 0190er-Rufnummern fruchten hier nicht.

Doch Achtung: Benutzen Sie eine DSL-/ISDN-Kombikarte, geht Ihr Schutz verloren. Hier schleicht sich ein Dialer unbemerkt ein und schaltet für Sie unbemerkt auf ISDN um. Wenn Sie das anschließend merken, können unter Umständen schon 900 Euro verloren sein. Benutzen Sie deshalb eine reine DSL-Karte oder einen DSL-Router.

So schützen Sie sich

Klicken Sie nicht auf Links in Werbe-Mails oder auf beworbenen Webseiten und installieren Sie keine Programme, die aus unsicheren oder dubiosen Quellen stammen. Sollte ein Download aus heiterem Himmel beginnen, brechen Sie ihn sofort ab.

Darauf können Sie außerdem achten:

- Sperren Sie die 0190- Nummern bei Ihrem Telekommunikationsdienstleister.
- Beantragen Sie einen Einzelverbindungsnachweis, der meist kostenlos ist.
- Richten Sie keinen automatischen Internetzugang ein. Speichern Sie Ihr Zugangspasswort nicht ab.
- Installieren Sie ein Dialer-Schutzprogramm, einen so genannten »0190-Warner«
- Meiden Sie unbekannte Software, E-Mails oder vermeintlich »kostenlose« Dialer.
- Deaktivieren Sie ActiveX und andere Aktive Inhalte, über die sich Dialer unbemerkt einnisten können (siehe Kapitel »Sicherheit beim Surfen«).
- Schalten Sie Ihr externes Modem – soweit vorhanden – ab.
- Ziehen Sie bei seltener Internetnutzung gegebenenfalls das Kabel aus der Telefondose.

Daran erkennen Sie einen Dialer

Da es sich bei Dialern um »legitime« Software handelt, werden sie von Virenscannern in der Regel nicht erkannt bzw. gemeldet. Auch eine Firewall-Software bietet keinen Schutz vor Dialern. Es gibt jedoch Programme, die Ihr DFÜ-Netzwerk überwachen und Ihnen Verbindungen zu 0190-Nummern melden, ehe Sie aufgebaut sind. Die wenigsten dieser Schutzprogramme schaffen es aber, die Einwahl in allen Fällen zu verhindern, bevor eine Verbindung zustande kommt. Verlassen Sie sich also deshalb nicht darauf! Dennoch, besser ein nicht 100prozentig funktionierendes Anti-Dialer-Programm als gar keines.

Folgende Aufzählung enthält Symptome für einen Dialerbefall:

- neue und unbekannte Symbole auf dem Bildschirm
- Modem wählt sich von selbst ein
- Browser hat eine neue Startseite
- 0190-Nummer im DFÜ-Netzwerk
- zu hohe Telefonrechnung enthält den Posten *Servicedienste*

Was tun, wenn es zu spät ist?

Hat sich trotz aller getroffenen Vorsichtsmaßnahmen bei Ihnen ein Dialer eingeschlichen, beachten Sie unbedingt folgende Regeln:

1. Sichern Sie so schnell wie möglich die Beweise:
   - Internetseite speichern, von welcher der Dialer stammt
   - Bildschirmausdruck und Screenshot der Internetseite
   - Dialer auf Diskette oder CD-ROM sichern
   - Ermitteln Sie den Besitzer der Internetadresse und den Anbieter des Dialers (*www.denic.de* für .de-Domains, *www.ripe.net* für europäische Adressen oder *www.networksolutions.com* für com/.net/.org-Domains)
   - Vollständige 0190-Rufnummer ermitteln
2. Erstatten Sie Strafanzeige bei der Polizei!

3. Erheben Sie Einspruch gegen die Telefonrechnung!

- Um die Fristen zu wahren, müssen Sie dem entsprechenden Posten auf der Rechnung Ihres Telekommunikationsanbieters innerhalb von 14 Tagen schriftlich widersprechen.

4. Holen Sie rechtlichen Rat ein!

0900er-Nummern

Neben den 0190er-Nummern haben sich in letzter Zeit verstärkt 0900er-Nummern zur Internet-Einwahl etabliert. Wie bei den 0190-0-Nummern und den Vorwahlen 0191, 0192, 0193 gibt es bei den 0900-Nummern ebenfalls kein festes Tarifschema (leider). Der Anbieter einer solchen Nummer kann die Kosten derzeit ohne feste Obergrenze völlig frei festlegen.

Die neuen Nummern bieten aber auch Vorteile: Der Anbieter dieses Premium-Rate-Dienstes ist nicht anonym und kann bei Missbrauch ermittelt werden. Zusätzlich werden die Nummern in Kategorien unterteilt, die dem Anwender die Art des Dienstes anzeigen soll. Diese Einteilung ist für den Betreiber allerdings freiwillig und damit nicht verpflichtend.

Die Nummern sind folgenden Angeboten zugeordnet:

- 0900-1 Informationsdienste
- 0900-3 Unterhaltungsdienste
- 0900-5 »sonstige Dienste« (d. h. auch Erotikangebote)

Die deutsche Telekom versucht, den Verbraucher bei den neuen Nummern besser zu schützen. Es wurde eine Obergrenze von 2,50 € pro Minute bei Blocktarifen von 5 € pro Minute festgelegt. Jeder höhere Betrag muss vom Kunden durch einen Tastendruck bestätigt werden. Zusätzlich ist es für alle Netzbetreiber Pflicht, bestehende Verbindungen nach 60 Minuten zu unterbrechen. Hierdurch sollen unnötig hohe Rechnungen vermieden werden. Vom Mobiltelefon sind die neuen Nummern vorerst noch nicht erreichbar. Hier ist die Rechnungslegung noch nicht geklärt.

Die 0900-Nummern erreichen Sie nicht nur über Ihr Telefon, sondern auch über den PC. Den schützen Sie vor unliebsamen Überraschungen am besten, indem Sie Ihre Anti-Dialer-Software um den Eintrag 0900 erweitern.

Die Gesetzeslage

Anfang März 2004 hat der Bundesgerichtshof ein entscheidendes Dialer-Urteil gefällt. Danach müssen unbemerkt entstandene Dialer-Kosten nun nicht mehr bezahlt werden.

Voraussetzung ist, dass die Anwahl zu der teuren Nummer über einen heimlich im Computer des Geschädigten installierten Dialer erfolgte. Der Kunde muss dann nur die Standard-Verbindungskosten bezahlen. Dieses Urteil ändert die bisherige Rechtslage erheblich – zugunsten des Verbrauchers.

Wenige Monate zuvor war das Gesetz zur Bekämpfung des Missbrauchs von 0190er und 0900er-Mehrwertdiensterufnummern in Kraft getreten.

Einfache Ermittlung des Anbieters einer (0)190er Rufnummer: Sie haben von nun an einen Auskunftsanspruch gegenüber der Regulierungsbehörde für Telekommunikation und Post (RegTP) und können die Herausgabe von Namen und Anschrift der Anbieter fordern. Die Anbieter wiederum sind verpflichtet, vor Beginn der kostenpflichtigen Verbindung auf den Preis des Telefonates hinzuweisen.

Maximale Entgelte: Einwahlen für mehrere Hundert Euro sind nun tabu: Für eine Verbindung darf nur noch ein Entgelt von maximal zwei Euro pro Minute erhoben werden. Bei Blocktarifen, d. h. zeitunabhängigen Dienstleistungen / pro Anruf, liegt die Obergrenze bei 30 Euro pro Einwahl. Nach spätestens einer Stunde muss die Verbindung automatisch getrennt werden.

Dialer werden registriert: Neu ist auch das Registrierungsverfahren für Dialer. Sie müssen nun – im Sinne des Verbraucherschutzes – bestimmte Mindestvoraussetzungen erfüllen. Darüber hinaus sind Internet-Dialer auf eine einzige Rufnummerngasse beschränkt, das heißt die Vorwahl ist auf 0900-9 festgelegt. Das macht es für Sie einfacher, diese Nummernfolge sperren zu lassen. Die RegTP hat dank dem neuen Gesetz die Befugnis, die Nummern bei rechtswidrigem Missbrauch zu entziehen.

Mit dem neuen Gesetz gehören die spektakulären Fälle, in denen Dialer fast 5000 Euro pro Stunde oder 900 Euro pro Einwahl abzockten, der Vergangenheit an. Als Verbraucher sind Sie jetzt auf jeden Fall besser geschützt. Trotzdem gilt: **Wachsam bleiben!**

So kontrollieren Sie Ihre Einwahlnummer

Kontrollieren Sie von Zeit zu Zeit, am besten vor jedem Internetausflug, ob die Einwahlnummer noch mit der ursprünglich eingegebenen übereinstimmt. Und das geht so:

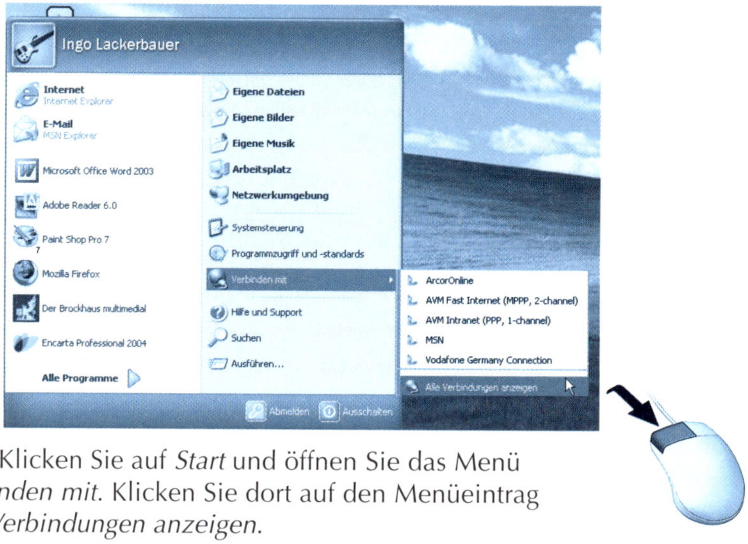

1 Klicken Sie auf *Start* und öffnen Sie das Menü *Verbinden mit*. Klicken Sie dort auf den Menüeintrag *Alle Verbindungen anzeigen*.

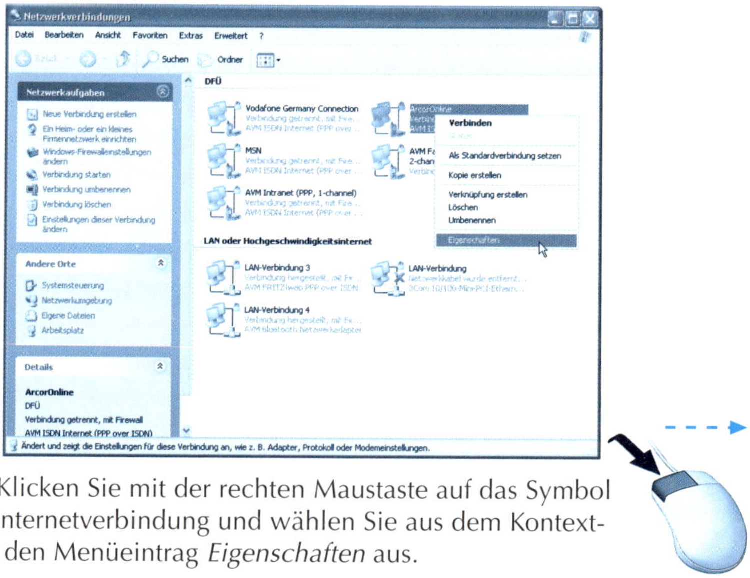

2 Klicken Sie mit der rechten Maustaste auf das Symbol Ihrer Internetverbindung und wählen Sie aus dem Kontextmenü den Menüeintrag *Eigenschaften* aus.

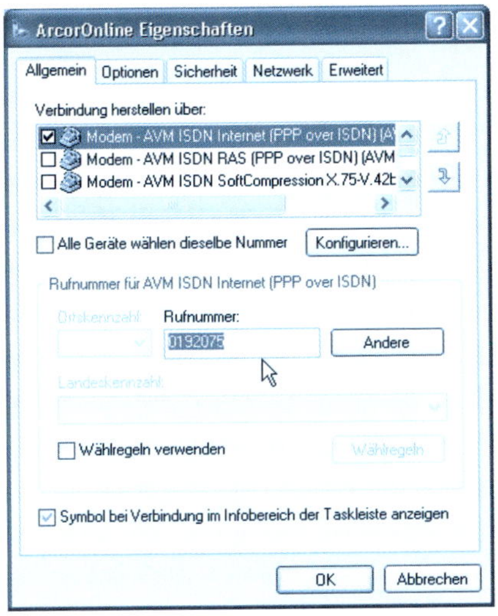

3 Kontrollieren Sie im Eingabefeld *Rufnummer*, ob die eingetragene Nummer mit der einstmals eingegebenen noch übereinstimmt. Ist die der Fall, klicken Sie auf *OK*, um das Dialogfenster zu schließen.

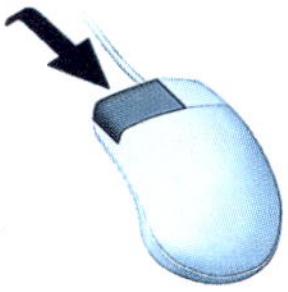

Ein Anti-Dialer-Schutzprogramm

Programme, die vor einem nicht genehmigten Internetzugriff auf Basis einer 0190er-Nummer warnen, gibt es meist kostenlos im Internet. Wenn Sie in Google einmal den Begriff »0190er Warner« eingeben, werden Sie eine Vielzahl von Suchergebnissen bekommen, die auf eine entsprechende Freeware verweisen. Achten Sie jedoch darauf, dass Sie sich das Programm von einer Website downloaden, die Ihr Vertrauen genießt. Nicht selten kommt es vor, dass Sie sich per Download einer Anti-Dialer-Software einen boshaften Dialer einfangen. Eine gute Anlaufstelle sind beispielsweise Webseiten von Fachzeitschriften wie Chip, c't usw. Viele Anti-Viren-Programme besitzen ebenfalls eine Funktion, die Dialer erkennt und bei entsprechender Aktivierung anzeigen.

Beispielsweise der 0190 Warner, den Sie über die Chip-Website herunterladen können. Dieser überwacht den Aufbau von DFÜ-Netzwerk-Verbindungen. Jeder Verbindungsaufbau wird mit Angaben zu Datum,

Zeit, Namen und Rufnummer der DFÜ-Netzwerk-Verbindung in einer Log-Datei gespeichert.

Erkennt das Programm eine 019x-Vorwahl, dann gibt die Freeware sofort eine Meldung aus und ermöglicht es, die Verbindung sofort zu trennen. Der 0190 Warner erkennt den Verbindungsaufbau von Modem und ISDN. Das Programm erkennt Verbindungen auf beiden ISDN-Kanälen sowie alle CAPI-Dialer.

Laden Sie die Datei aus dem Internet herunter und folgen Sie den Installationsschritten des Programms. Da diese meist relativ übersichtlich sind und über eine integrierte Hilfefunktion verfügen, sollten Sie die Funktionsweise der Freeware schnell verstehen.

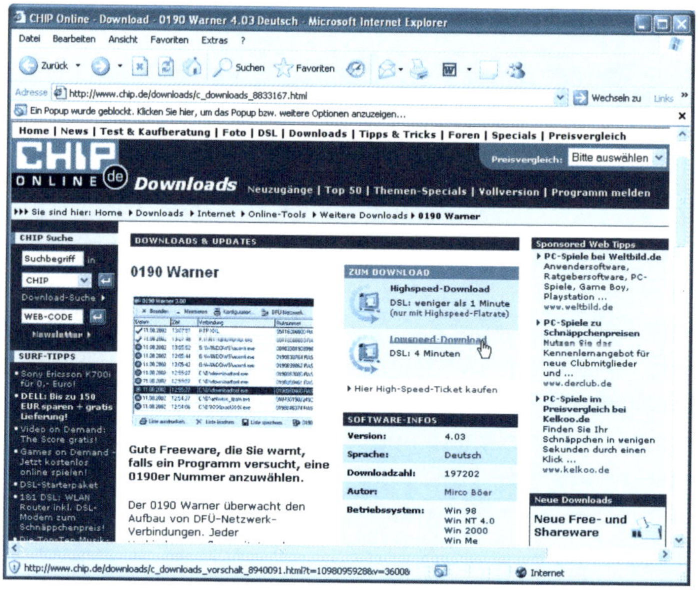

Erfolgskontrolle

- Was ist ein Bit?
- Worin liegt der Vorteil eines Modems mit USB-Schnittstelle?
- Welche Aufgabe erfüllt ein Modem?

Die Antworten zu diesen Fragen finden Sie im Anhang dieses Buches im Kapitel »Antworten«.

Kapitel 3

Auf ins WWW!

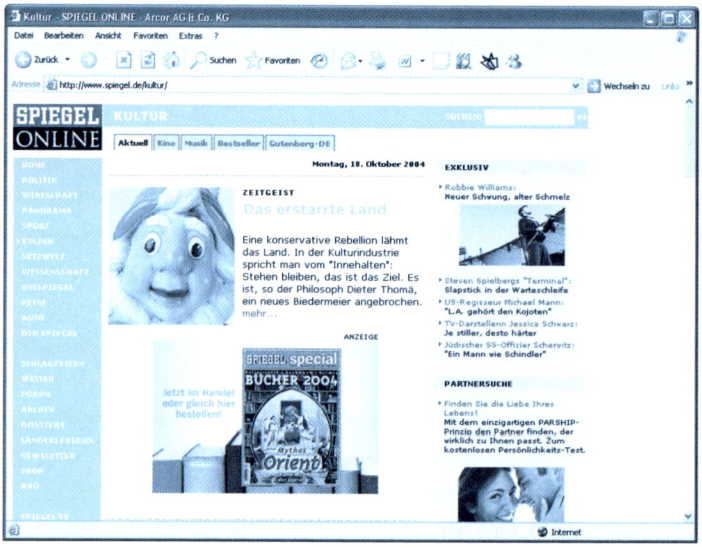

Nachdem Sie in den bisherigen Kapiteln alle Voraussetzungen geschaffen haben, um sich in das Internet einzuwählen, ist es an der Zeit, den WWW-Browser kennen zu lernen. Damit haben Sie Zugriff auf einen der beliebtesten Internetdienste – Surfen pur! Weiterhin werden Sie den Umgang mit dem WWW-Browser erlernen, sodass Sie schon nach wenigen Augenblicken in die Tiefen des WWW hinabtauchen können. Als Webbrowser werden Sie den Microsoft Internet Explorer 6 verwenden, der standardmäßig in Windows XP Home Edition enthalten ist.

Das können Sie schon:

Das lernen Sie neu:

Erste Gehversuche im World Wide Web

Sie können sich das World Wide Web als überdimensionalen Kiosk vorstellen, der die gesamte Welt umspannt. Die im Rahmen dieses Internetdienstes angebotenen Services sind ähnlich wie Zeitschriften aufgebaut – sie bestehen aus einzelnen Seiten, durch die Sie mit Ihrem Internet Explorer blättern können.

Damit der Webbrowser weiß, woher er die gewünschten Seiten bzw. Inhalte holen soll, braucht er eine Zieladresse. Diese sieht folgendermaßen aus: *http://www.microsoft.com*

Sicherlich haben Sie in vielen Medien wie beispielsweise Zeitungen, Funk und Fernsehen schon einmal eine Zeile wie diese gesehen. Doch was verbirgt sich hinter diesem mysteriösen Kürzel? Die Gesamtheit aus Punkten, Schrägstrichen (englisch: Slash, »Släsch« gesprochen) und Wortkürzeln heißt »Uniform Resource Locator«, kurz URL. Eine URL ist nichts anderes als die genaue Adresse eines Dokumentes bzw. Webservers im Internet.

Da es im Internet kein Inhaltsverzeichnis aller Webseiten gibt, mussten die Erfinder des Verfahrens die URL als eine Art Wegbeschreibung (Locator) zum Ziel (Resource) definieren, und zwar so, dass diese überall auf der Welt gleich aussieht (Uniform).

Das »http://« am Anfang der Adresse besagt, dass alle Daten nach dem so genannten »Hypertext Transfer Protocol« übertragen werden sollen. Gemeint ist damit ein Standardverfahren, mit dem Seiten aus dem World Wide Web (also der Hypertext einer Webseite) auf Ihren Computer geholt werden. Was ein Protokoll ist, wissen Sie ja bereits aus den vergangenen Kapiteln. Trotzdem noch einmal zur Auffrischung: Ein Protokoll regelt den Transport der Daten über ein Kabelmedium (in unserem Fall das Internet), sodass beim Empfänger alle Daten wieder ordnungsgemäß ankommen und unterwegs nichts verloren geht. Auch im Falle des Datenverlustes beschreibt ein Übertragungsprotokoll genau, wie zu verfahren ist. Von all dem bekommen Sie natürlich nichts mit – sämtliche Funktionen eines Übertragungsprotokolls laufen für Sie unsichtbar im Hintergrund ab.

Zerlegen Sie doch mal eine URL in ihre Bestandteile:

http://www.uni-bielefeld.de/techfak/fun/helgeschneider.html

1. Am Kürzel »http://« erkennt der Microsoft Internet Explorer, dass als Übertragungsverfahren HTTP zum Einsatz kommt. Das heißt für uns, dass die gewünschten Daten in Form eines WWW-Dokumentes vorliegen.
2. Die Angabe ».de« verrät uns, dass dieser WWW-Server in Deutschland steht.
3. Weiter geht's mit »uni.bielefeld«, was bedeutet, dass Sie sich weiter zur Universität Bielefeld bewegen.
4. Einmal dort angekommen, werden Sie zum Ordner »techfak« weitergeleitet.
5. In dieser Abteilung steht ein Internetserver (genauer gesagt Webserver – WWW), der das gewünschte Dokument bereithält.
6. Das entsprechende Dokument liegt auf dem Computer im Verzeichnis »fun«.
7. Schließlich kann auf das Dokument »helgeschneider.html« zugegriffen werden.

Der Internet Explorer 6

Der Internet Explorer zeigt eine im Windows-XP-Design gestaltete Benutzeroberfläche und ist in der derzeit aktuellen Version 6 Bestandteil von Windows XP. Im Rahmen der Installation wird der Internet Explorer automatisch als Standardbrowser angelegt und umfassend in Windows XP integriert. So haben Sie beispielsweise auch vom Windows Explorer aus die Möglichkeit, Webseiten anzusteuern.

Der Internet Explorer 6 ist auch über das Internet erhältlich und neben Windows XP für die Betriebssysteme Windows 98, Windows 98 SE, Windows Me, Windows 2000 Professional/Server sowie Windows NT 4.0 geeignet. Benutzer der Windows 95-Version können den Internet Explorer 6 leider nicht benutzen. In den Genuss der neuen Optik kommen allerdings nur Anwender mit Windows XP.

Programmstart

Nachdem Sie Ihren Internetzugang konfiguriert haben, starten Sie den Internet Explorer, indem Sie das entsprechende Symbol in der Schnellstartleiste am unteren Bildschirmrand rechts neben der *Start*-Schaltfläche betätigen. Alternativ dazu können Sie auch im Startmenü den Menüeintrag *Alle Programme* wählen und dort auf *Internet Explorer* klicken. In beiden Fällen erscheint kurz nach dem Programmstart ein Dialogfeld, mit dessen Hilfe Sie eine Verbindung ins Internet aufbauen.

Hinweis

Internet Explorer und Outlook Express befinden sich als angelegte Verknüpfung immer im oberen linken Bereich des Startmenüs. Ein Klick auf die beiden Einträge genügt, um den Internet Explorer bzw. Outlook Express zu starten.

Sobald der Browser die Verbindung aufgebaut hat, wird die im Vorfeld definierte Startseite geladen.

Erste Schritte

Der Browser ist horizontal in verschiedene Funktionsbereiche gegliedert, die hier von oben nach unten aufgezählt werden:

Die Titelleiste zeigt den Titel der aktuellen Webseite. Rechts außen befinden sich die drei Funktionsfelder *Minimieren*, *Maximieren* und das *Schließen*-Feld. In der Menüleiste finden Sie die Menüs des Internet Explorers. Die Symbolleiste beinhaltet häufig genutzte Funktionen, auf die mit einem Klick zugegriffen werden kann. Das Adressleiste zeigt die Webadresse der aktuell dargestellten Seite an. In derselben Zeile sind rechts die Schaltfläche *Wechseln zu* sowie die Link-Leiste zu sehen.

Das Browser-Fenster stellt die Inhalte von Websites dar. Je nach Bildschirmgröße bzw. Skalierung des Browserfensters werden seitlich und/oder unten Bildlaufleisten eingeblendet, mit denen nicht sichtbare Bereiche angesteuert werden können. Unterhalb des Browserfensters befindet sich die Statusleiste, in der beim Überfahren von Links mit dem Mauszeiger (roll-over) die entsprechende Webadresse zu sehen ist.

Um eine bestimmte Webseite anzeigen zu lassen, deren Adresse Ihnen bekannt ist, tippen Sie diese einfach in die Adressleiste ein. Entfernen Sie jedoch zunächst die Adresse der bisher angezeigten Seite, indem Sie z. B. einen einfachen Mausklick auf die eingetragene Adresse oder auf eine leere Stelle der Adressleiste ausführen. Die alte Adresse wird dann markiert und kann überschrieben werden. Das manuelle Löschen der Adresse mit der [⇦]-Taste ist insofern ungünstig, als bereits ein einziges falsches Zeichen in der Webadresse dazu führt, dass die gewünschte Seite nicht angezeigt werden kann. Bei der Adresseingabe muss daher peinlich genau auf die korrekte Schreibweise geachtet werden. Die Unterscheidung in Groß- oder Kleinschreibung spielt dabei allerdings keine Rolle. Die Adresse einer Webseite wird auch als URL bezeichnet, die Abkürzung für Uniform Resource Locator.

Die ersten vier Funktionen der Symbolleiste werden Sie vergleichsweise häufig nutzen.

Die Schaltfläche *Zurück* bewirkt, dass der Browser die zuletzt angezeigte Webseite erneut darstellt. Klicken Sie auf das rechts neben der Schaltfläche befindliche abwärts gerichtete Dreieck, so erscheint eine Liste der fünf zuletzt besuchten Seiten. Ein Klick auf die gewünschte Seite genügt, um diese anzusteuern. Ein erneuter Klick auf das kleine Dreieck schließt die Liste wieder. Das *Zurück*-Symbol ist nur dann aktiv, wenn Sie bereits eine andere Webseite besucht haben, sodass ein rückwärtiger Schritt überhaupt möglich ist.

Das *Vorwärts*-Symbol verfügt ebenso wie die Schaltfläche *Zurück* über eine Auswahlliste, die mittels des rechts neben dem Symbol befindlichen abwärts gerichteten Dreiecks geöffnet werden kann. In diese Liste werden solche Webseiten aufgenommen, von denen aus Sie die Funktion *Zurück* benutzt haben.

Die Ladezeit variiert je nach Leistungsfähigkeit Ihres Internetzugangs bzw. je nach aktueller Bandbreite und ist darüber hinaus abhängig vom Umfang der darzustellenden Seite. Mit der Zeit entwickeln Sie jedoch ein Gefühl dafür, wenn der Seitenaufbau unverhältnismäßig lange dauert. Mögliche Ursache hierfür kann z. B. ein überlasteter Server sein, der den eingehenden Anforderungen nicht schnell genug nachkommen kann. Brechen Sie in einem solchen Fall die Aktion ab, indem Sie auf *Abbrechen* klicken. Diese Funktion kann auch hilfreich sein, wenn Sie bereits anhand der ersten Elemente einer Webseite feststellen, dass Sie die Seite doch nicht besuchen wollten. So müssen Sie nicht abwarten, bis die gesamte Seite aufgebaut ist.

Besuchte Internetseiten werden als »Temporäre Internetdateien« in einem speziellen Ordner (*Temporary Internet Files*) gespeichert. Die Funktion *Aktualisieren* bewirkt, dass eine Seite, obwohl sie bereits besucht wurde und somit temporär gespeichert ist, erneut aus dem Internet geladen wird. So gehen Sie sicher, tatsächlich die aktuelle Fassung einer Seite zu erhalten. Auch wenn eine Webseite nicht geladen werden kann oder der Vorgang sehr lange dauert, können Sie die Seite mit *Aktualisieren* erneut anfordern.

Ein Klick auf dieses Symbol führt zur definierten Startseite.

Einstellen einer neuen Startseite

Der Begriff Startseite bezeichnet die Webseite, die bei jedem Starten des Internet Explorer automatisch geladen wird. Standardmäßig ist die Adresse *http://www.msn.de/* als Startseite eingetragen, die Sie jedoch beliebig ändern können. Geben Sie dazu zunächst die Webadresse der gewünschten Seite in das Adressfeld ein. Ziehen Sie dann das vor der Adresse erscheinende Webseitensymbol bei gedrückter linker Maustaste auf das Startseitensymbol in der oberhalb des Adressfelds befindlichen Symbolleiste.

In dem anschließend erscheinenden Dialogfeld bestätigen Sie mit Betätigen der Schaltfläche *Ja*, dass die gewählte Seite als Startseite festgelegt werden soll.

Wahlweise können Sie eine neue Startseite auch auf anderem Wege definieren:

1 Rufen Sie den Menübefehl *Internetoptionen* aus dem Menü *Extras* auf.

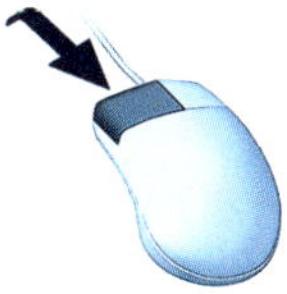

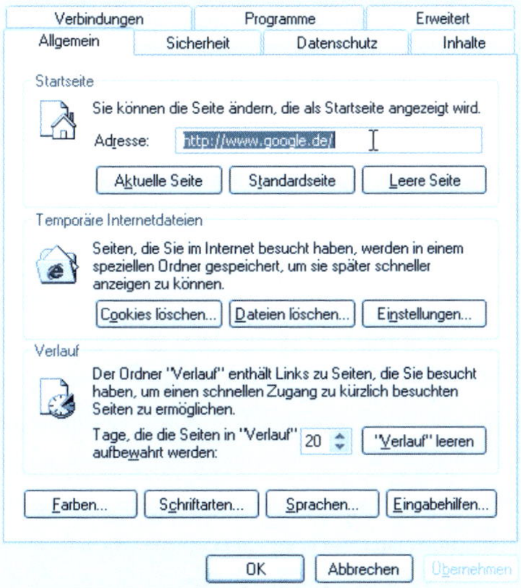

2 Geben Sie auf der Registerkarte *Allgemein* unter Adresse im Bereich *Startseite* die Webadresse der gewünschten Seite ein bzw. verwenden Sie die Schaltfläche *Aktuelle Seite*, um die derzeit geladene Seite als Startseite einzutragen.

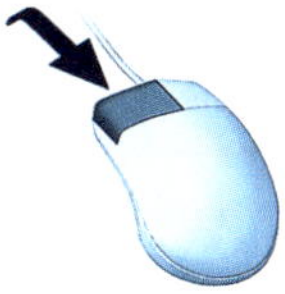

3 Bestätigen Sie die Angaben mithilfe der Schaltfläche *OK* oder per [↵]-Taste.

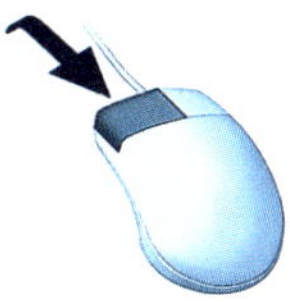

Wenn Sie die Option *Leere Seite* wählen, startet der Internet Explorer schneller, da eine definierte Startseite je nach Umfang eine gewisse Ladezeit benötigt. Die Schaltfläche *Standardseite* führt dazu, dass die eingangs erwähnte voreingestellte Seite wieder zur Startseite wird.

Hinweis

Während der Übertragung von Daten bewegt sich in der rechten oberen Ecke des Programmfensters das Explorer Symbol. Dies hat den Vorteil, dass Sie immer wissen, ob Ihr Internet Explorer aktiv oder inaktiv ist.

Hinweis

Sie haben auch die Möglichkeit, nur Teile einer Webseite zu laden. Dauert Ihnen der Ladevorgang zu lange, was bei großen Datenmengen schon einmal vorkommt, können Sie über die Schaltfläche Abbrechen die Übertragung abbrechen. Alle bis zu diesem Zeitpunkt eingegangenen Daten werden Ihnen anschließend angezeigt.

Die Suchfunktion des IE6

In Anbetracht des stetigen Wachstums und laufender Veränderungen im Internet ist die Suche nach Webseiten ein zentrales Thema. Der Internet Explorer verfügt über eine integrierte Suchfunktion, die Sie mit der Schaltfläche *Suchen* auf der Symbolleiste starten.

1 Klicken Sie mit der Maus auf die Schaltfläche *Suchen* in der Symbolleiste des IE6.

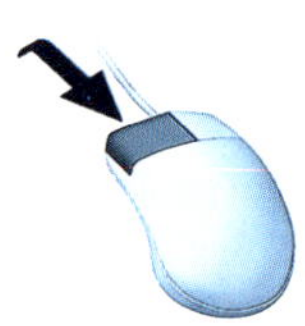

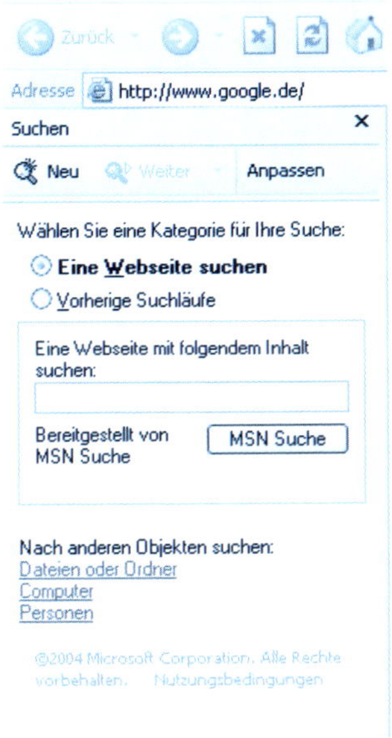

2 Klicken Sie auf die Option *Eine Webseite suchen*, falls diese Option noch nicht aktiv geschaltet sein sollte. Geben Sie nun in das Eingabefeld einen oder mehrere Begriffe ein, die das gesuchte Thema treffend beschreiben, und klicken Sie anschließend auf *Los*.

Für das folgende Beispiel habe ich den Begriff *Musik* eingegeben. Für die gezielte Suche ist dieser Begriff zu allgemein, es müssten also weitere Begriffe ergänzt werden, mit deren Hilfe die Suchergebnisse weiter eingeschränkt würden. Die Suchergebnisse werden unter Angabe des verwendeten Suchdienstes innerhalb der Suchleiste aufgeführt. Wenn Sie nun eines der Suchergebnisse auswählen, wird die entsprechende Seite im rechten Bereich des Browserfensters dargestellt.

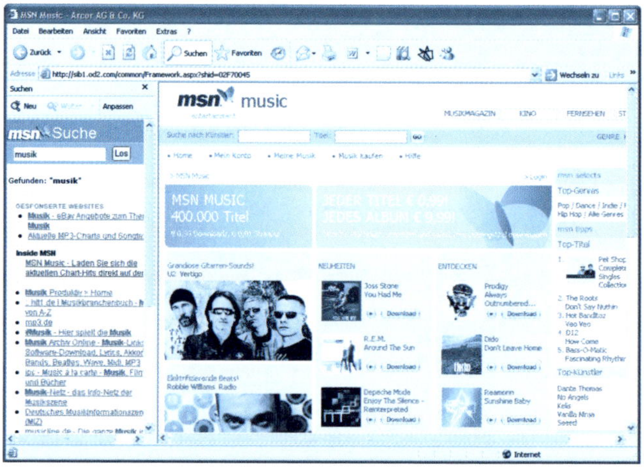

3 Im linken Suchbereich des IE6 werden nun die Ergebnisse der Suche in Form von Hyperlinks dargestellt. Klicken Sie auf einen entsprechenden Hyperlink. Das Ergebnis wird kurze Zeit später im Hauptfenster des Browsers angezeigt.

Die Favoriten und die Link-Leiste

Die Suche nach einer bestimmten Webseite ist unter Umständen langwierig und somit nicht immer schnell nachvollziehbar. Daher können Sie Webseiten bzw. deren Adressen als Favorit oder als Link speichern. Auf derart gespeicherte Webadressen können Sie einfach und schnell zugreifen, ein Klick auf den Favoriten oder Link genügt.

Favoritenliste und Favoritenleiste

Beim Öffnen des Menüs *Favoriten* aus der Menüleiste des IE 6 können Sie feststellen, dass unterhalb der Menübefehle *Zu Favoriten hinzufügen* und *Favoriten verwalten* bereits favorisierte Webseiten bzw. Ordner in der Favoritenliste gespeichert sind.

Ein einfacher Klick auf einen Favoriten genügt, um die entsprechende Webseite anzusteuern.

Ähnlich der im vorigen Abschnitt beschriebenen Suchleiste lassen sich die Favoriten auch in einer eigenen Leiste im linken Bereich des Browsers aufrufen. Klicken Sie dazu einfach in der Symbolleiste auf die Schaltfläche *Favoriten*.

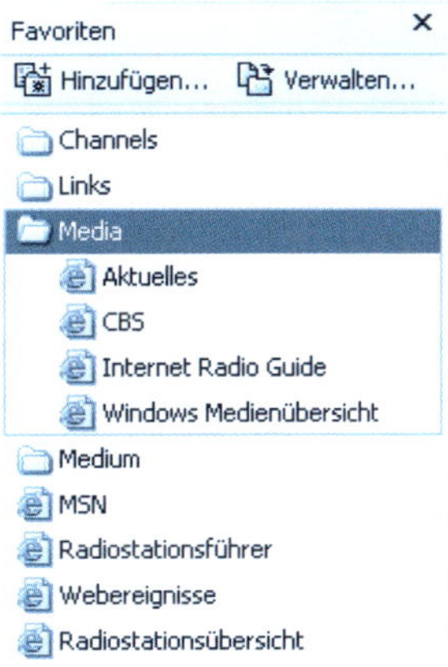

Die Ordner der Favoritenliste lassen sich durch Anklicken öffnen bzw. schließen. Auch hier genügt ein Klick auf einen Favoriten, um die dazugehörige Webseite zu laden. Die Übersicht über Ihre Favoriten bleibt Ihnen dabei erhalten. Zum Schließen der Favoritenleiste klicken Sie entweder auf das Schließkreuz der Leiste oder in der Symbolleiste auf die Schaltfläche *Favoriten*.

Favoriten hinzufügen

Um der Favoritenliste eine Seite hinzuzufügen, stehen Ihnen verschiedene Methoden zur Verfügung:

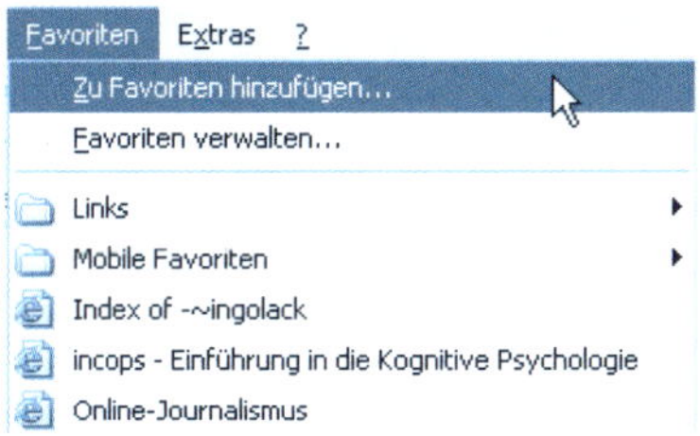

1 Wählen Sie den Befehl *Zu Favoriten hinzufügen* aus dem Menü *Favoriten*. Es öffnet sich das Dialogfeld *Zu Favoriten hinzufügen*.

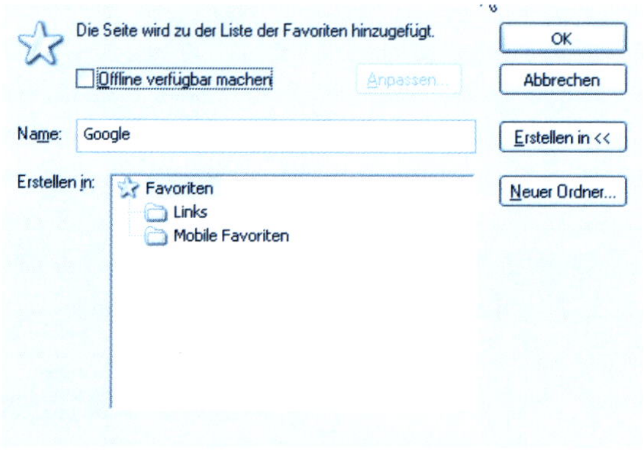

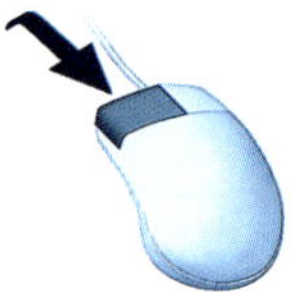

2 Geben Sie nun im Eingabefeld *Name* einen Namen ein, unter dem der Favorit abgespeichert werden soll, oder belassen Sie es bei dem vorgeschlagenen Namen.

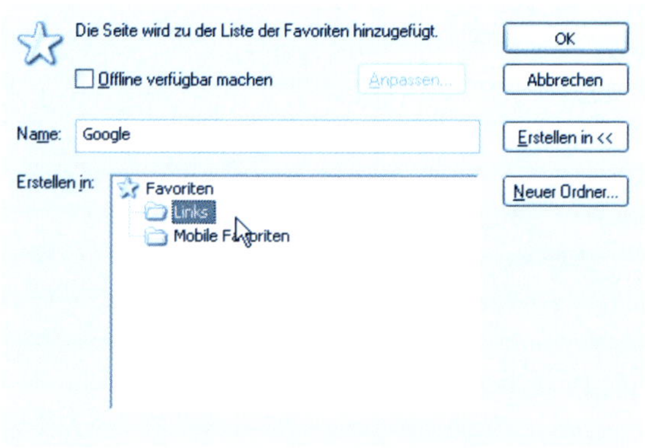

3 Führen Sie nun einen Mausklick auf den Ordner im Bereich *Erstellen in:* aus, in dem der neue Favorit abgelegt werden soll. Klicken Sie abschließend auf *OK*.

Wie bereits erwähnt, gibt es auch noch andere Wege, einen Favoriten anzulegen:

1. Rufen Sie im Browserfenster mit der rechten Maustaste das Kontextmenü auf. Achten Sie dabei darauf, dass der Mauszeiger sich nicht versehentlich auf einem Link befindet. Wählen Sie den Menübefehl

Zu Favoriten hinzufügen, sodass sich das dazugehörige Dialogfeld öffnet.

2. Rufen Sie die Favoritenleiste mithilfe der Schaltfläche *Favoriten* in der Symbolleiste auf. Von hier aus können Sie nach Betätigen der Schaltfläche *Hinzufügen* ebenfalls das Dialogfeld *Zu Favoriten hinzufügen* aufrufen.
3. Ziehen Sie das Webseitensymbol aus der Adressleiste in die Favoritenliste (entweder im Menü *Favoriten* oder in der Favoritenleiste). Eine waagerechte Einfügemarke zeigt die Position, an die der neue Favorit eingefügt wird.
4. Verwenden Sie das Tastaturkürzel [Strg] + [D], um die aktuelle Seite zur Liste der Favoriten hinzuzufügen. Da dieser Weg nicht über das Dialogfeld *Zu Favoriten hinzufügen* geht, können Sie weder den Namen ändern noch den neuen Favoriten in einen Ordner speichern bzw. einen neuen Ordner anlegen. Trotzdem macht dieses Vorgehen Sinn, da es auch im Nachhinein vorgenommen werden kann. Gerade dadurch, dass kein Dialogfeld erscheint, ist die Tastenkombination [Strg] + [D] eine sehr schnelle Methode, einen Favoriten anzulegen. Die den Inhalten der Seite gewidmete Aufmerksamkeit wird kaum unterbrochen. Allerdings empfiehlt es sich, vor allem bei umfangreicheren Favoritenlisten, die neu hinzugekommenen Favoriten mithilfe von Ordnern oder geeigneter Positionierung einzusortieren. Eine unübersichtliche Favoritenliste ist für den schnellen Zugriff auf einzelne Seiten eher ungeeignet.
5. Auch Links können als Favorit gespeichert werden, ohne dass die dazugehörige Seite geöffnet ist. Ziehen Sie den Link im Menü *Favoriten* oder in der Favoritenleiste in die Favoritenliste. Eine waagerechte Einfügemarke zeigt die Zielposition des neuen Favoriten.

Die Link-Leiste

Die Link-Leiste befindet sich neben der Adressleiste und der Schaltfläche *Wechseln zu* oberhalb des Browser-Fensters. Hier können Verknüpfungen zu oft besuchten Webseiten gespeichert werden. Ähnlich der Favoritenliste sind auch in der Link-Leiste bereits Links gespeichert, die mit einem Klick zu der verknüpften Webseite führen.

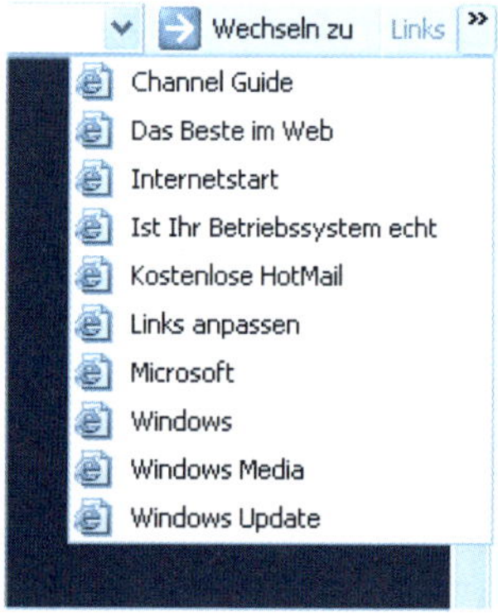

Um der Link-Leiste eine Webseite hinzuzufügen, können Sie einen der folgenden Wege verwenden:

- Ziehen Sie das der URL vorangestellte Symbol aus der Adressleiste in die Link-Leiste. Ein »Geht nicht«-Symbol hilft Ihnen dabei, einen geeigneten Ort zum Ablegen des Link zu finden.
- Auch Links einer Webseite können in die Link-Leiste übernommen werden. Ziehen Sie den Link einfach in die Link-Leiste. So können Sie Links festhalten, ohne die dazugehörige Seite geöffnet zu haben.
- Ziehen Sie das Webseiten-Symbol oder den Link auf das Menü *Favoriten* und dort in den Ordner *Links*. Eine waagerechte Einfügemarke zeigt die Position, an der der neue Link eingefügt wird. Ein so abgelegter Link kann auch über die Link-Leiste verfolgt werden, sprich: Der Inhalt des Ordners *Links* im Menü *Favoriten* stimmt mit dem Inhalt der Link-Leiste überein.

Um eine Webseite aufzurufen, die in der Link-Leiste abgelegt wurde, genügt ein einfacher Klick. Die Reihenfolge der in der Link-Leiste befindlichen Links lässt sich einfach verändern, indem Sie die Links an die gewünschte Position ziehen, die durch eine Einfügemarke erkennbar wird.

Das Verwalten der Links funktioniert im Wesentlichen via Kontextmenü. Um einmal angelegte Links wieder aus der Link-Leiste zu entfernen, klicken Sie mit der rechten Maustaste auf den betreffenden Link. Wählen Sie anschließend den Menübefehl *Löschen* aus dem Kontextmenü des Link. Neben dem Menübefehl *Löschen* stehen hier unter anderem die Befehle *Umbenennen, Nach Namen sortieren* und *Offline verfügbar machen* zur Verfügung.

Der Verlauf

Zusätzlich zu Favoritenliste und Link-Leiste werden alle bereits besuchten Internetseiten automatisch im *Verlauf* dokumentiert. So lassen sich besuchte Seiten auch dann wieder zum Vorschein holen, wenn Sie nicht als Favorit oder Link gespeichert wurden. Klicken Sie in der Symbolleiste auf die Schaltfläche *Verlauf*, um die Verlaufsleiste im linken Teil des Browsers zu öffnen.

Der Verlauf enthält Verknüpfungen zu den in den letzten Tagen und Wochen besuchten Webseiten. Standardmäßig ist der Verlauf des aktuellen Tages geöffnet. Die angesteuerten Webseiten werden automatisch in Ordnern organisiert. Klicken Sie auf eine Verknüpfung, um die entsprechende Webseite aufzurufen.

Ein einfacher Klick auf die Ordner des Verlaufs führt dazu, dass diese sich öffnen. Um eine Webseite anzusteuern, muss eine einzelne Seite mit Webseitensymbol angeklickt werden.

Sie können selbst bestimmen, über welchen Zeitraum die Adressen im Verlauf gespeichert werden. Je größer dieser Zeitraum ist, desto mehr Speicherplatz nimmt der Verlauf in Anspruch. Arbeiten Sie zunächst mit der Standardeinstellung (20 Tage), um abschätzen zu können, ob für Sie eine kürzere Speicherdauer in Frage kommt bzw. ein längerer Zeitraum erforderlich ist. Wenn Sie diesen Zeitraum verändern möchten, gehen Sie wie folgt vor:

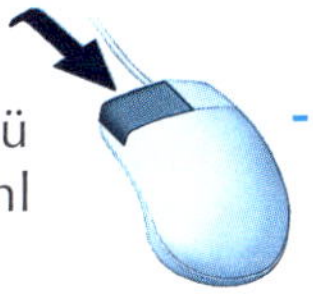

1 Rufen Sie aus dem Menü *Extras* des IE6 den Menübefehl *Internetoptionen* auf.

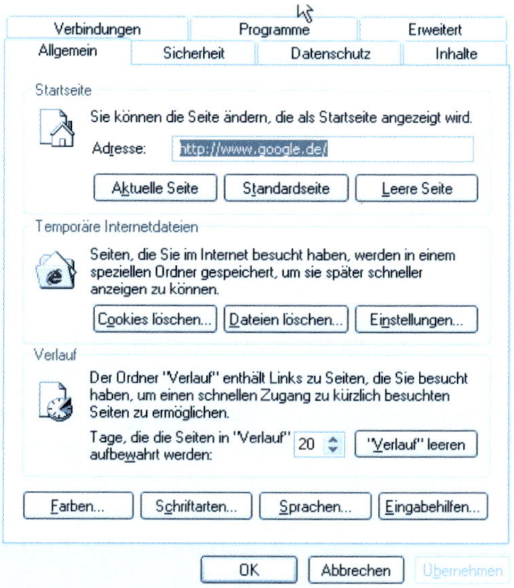

2 Auf der Registerkarte *Allgemein* finden Sie den Bereich *Verlauf*. Legen Sie fest, wie lange besuchte Webseiten gespeichert werden sollen, indem Sie die Anzahl der Tage ändern. Klicken Sie abschließend auf *OK*.

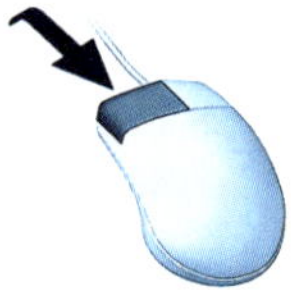

Wählen Sie den Zeitraum nicht zu groß (maximal können 99 Tage angegeben werden), da Ihre Festplatte dadurch stärker belastet würde. Zudem wirken zu viele Einträge im Verlauf unübersichtlich.

Speichern einer Webseite

Der Internet Explorer 6 lädt Daten, die Sie aus dem Internet empfangen, in Ihren Webbrowser. Das hat den Vorteil, dass sich die entsprechenden Seiten nun auf Ihrem Computer befinden. Somit bietet es sich geradezu an, wichtige und interessante Dokumente auf Ihrer Festplatte abzuspeichern, damit Sie diese zu einem späteren Zeitpunkt erneut aufrufen können, ohne ins Internet zu müssen.

Und es ist noch weit mehr möglich: Der Internet Explorer kann die gespeicherten Dokumente nicht nur im Original-Layout anzeigen, selbst

Hyperlinks auf andere Dokumente oder WWW-Server funktionieren noch.

Einen Schönheitsfehler hat die ganze Sache jedoch. Da die in einer Webseite enthaltenen Bilder und Grafiken stets getrennt als eigenständige Dateien auf dem entsprechenden WWW-Server vorliegen, werden diese nicht lokal auf Ihre Festplatte mit abgespeichert. Sie fehlen somit also, wenn Sie die abgespeicherte Seite erneut von Ihrer Festplatte aufrufen. Dies dürfte jedoch kein so gravierender Mangel sein, da die wichtigen Informationen meistens im Text enthalten sind.

Starten Sie Ihren Webbrowser wie gehabt, indem Sie einen Doppelklick mit der Maus auf das Symbol des Internet Explorer auf Ihrem Desktop oder in der Taskleiste ausführen.

Nachdem Sie den Menüeintrag *Speichern unter* geöffnet haben, erscheint ein Fenster, in dem Sie das geladene Webdokument auf Ihrer Festplatte abspeichern können.

Für das Speichern von Webseiten stehen Ihnen verschiedene Wege zur Verfügung:

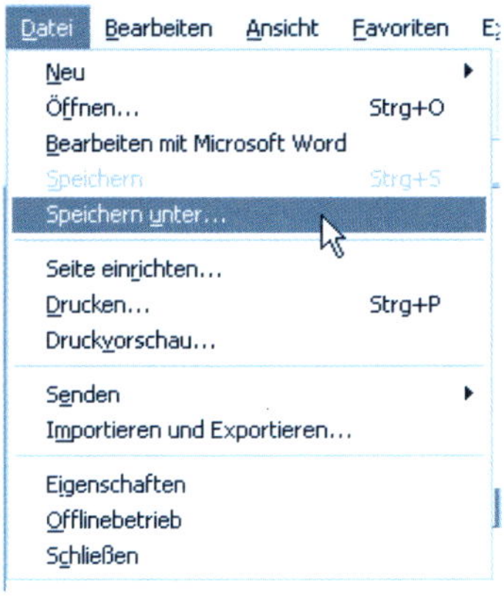

1 Wählen Sie den Befehl *Speichern unter* aus dem Menü *Datei* des IE6 aus.

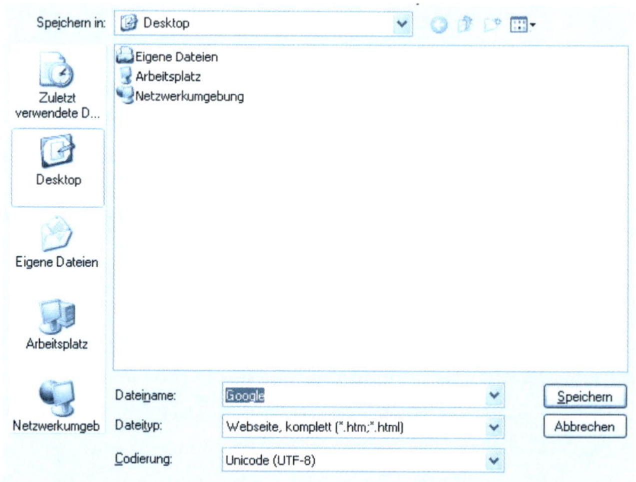

2 Das Dialogfeld *Webseite speichern* zeigt den Dateinamen, Dateityp, und die Kodierung an. Akzeptieren Sie den vorgegebenen Speicherort oder bestimmen Sie einen anderen. Klicken Sie anschließend auf *OK*.

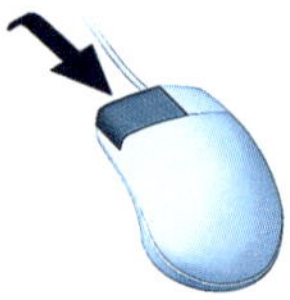

Um die Webseite anschließend zu starten, genügt ein Doppelklick mit der Maus auf die entsprechende Datei. Sie wird anschließend im Browser als Offline-Datei dargestellt.

Möchten Sie die Zielseite eines Hyperlinks speichern, rufen Sie mit der rechten Maustaste das Kontextmenü eines Links auf. Wählen Sie den Menüeintrag *Ziel speichern unter*. Im Dialogfeld *Speichern unter* werden Dateiname und Dateityp angegeben sowie ein Speicherort vorgeschlagen. Eine derart gespeicherte Webseite kann nun offline betrachtet werden.

Auch solche Favoriten oder Links, die offline verfügbar gemacht wurden, sind lokal gespeichert. Sie finden diese Dateien unter *Windows/ Offline Web Pages*.

Drucken einer Webseite

Sofern Sie einen Drucker angeschlossen und diesen eingerichtet haben, können Sie auch Webseiten ausdrucken. Die verschiedenen Methoden, eine Webseite auszudrucken, führen zunächst dazu, dass das Dialogfeld *Drucken* geöffnet wird. Eine Ausnahme bildet die Schaltfläche *Drucken* der Symbolleiste, hier wird das Dialogfeld nicht geöffnet. Wenn Sie diese Schaltfläche der Symbolleiste betätigen, wird der Druckvorgang unmittelbar gestartet. Gehen Sie zum Drucken einer Webseite wie folgt vor:

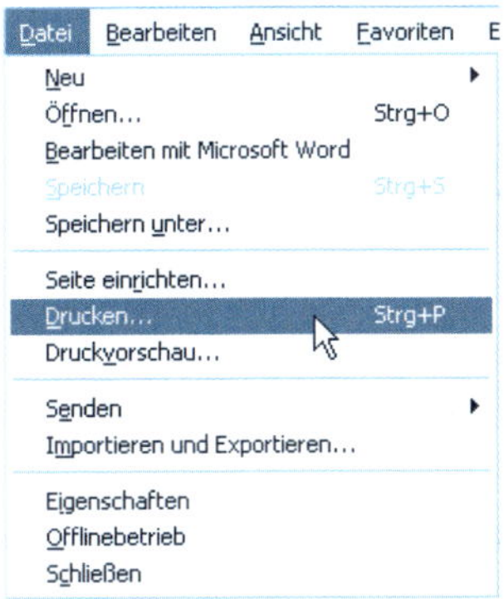

1 Wählen Sie den Befehl *Drucken* aus dem Menü *Datei*.

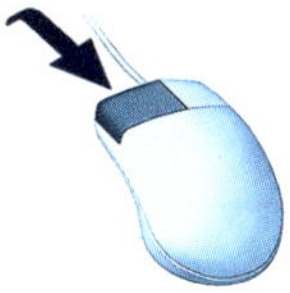

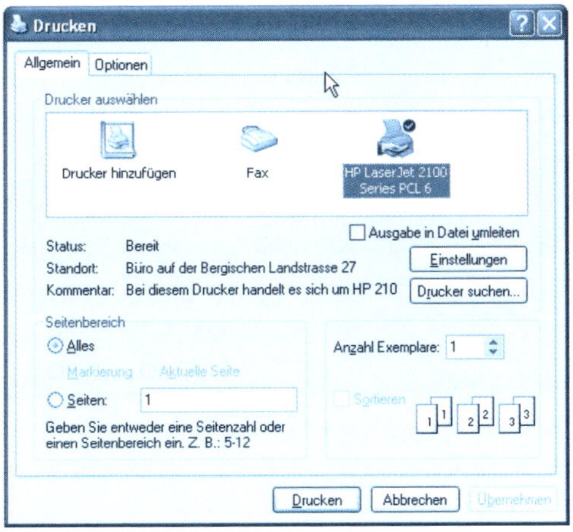

2 Es öffnet sich das Dialogfeld *Drucken*, in dem Sie den Drucker auswählen und weitere Angaben machen können. Betätigen Sie abschließend die Schaltfläche *Drucken*. Der Drucker beginnt nun damit, die aktuelle Webseite auszudrucken.

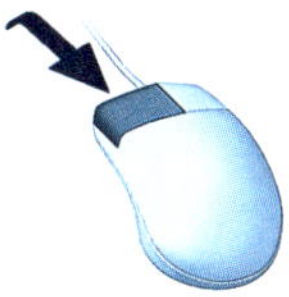

Das Dialogfeld *Drucken* erscheint ebenfalls, wenn Sie im Kontextmenü einer Webseite den Menübefehl *Drucken* aufrufen.

Darüber hinaus können einzelne Bilder einer Webseite mithilfe der Bildsymbolleiste ausgedruckt werden. Verfügt eine Webseite über Frames, können Sie individuell festlegen, wie diese gedruckt werden sollen. Rufen Sie das Dialogfeld *Drucken* auf und wechseln Sie mit einem Klick auf die Registerkarte *Optionen*. Der obere Bereich dieser Registerkarte ist nur dann aktiv, wenn die aktuelle Webseite tatsächlich Frames beinhaltet.

Was ist das?

Frames: Webseiten bestehen mitunter aus unabhängigen Bereichen, die voneinander mit einem Rahmen abgetrennt sind und unterschiedliche Inhalte enthalten können.

Die Option *Nur den markierten Frame* ist nur dann aktiv, wenn Sie zuvor in einen der Frames geklickt haben, sodass es einen markierten Frame gibt. Einzelne Frames können auch mithilfe ihres Kontextmenüs ausgedruckt werden.

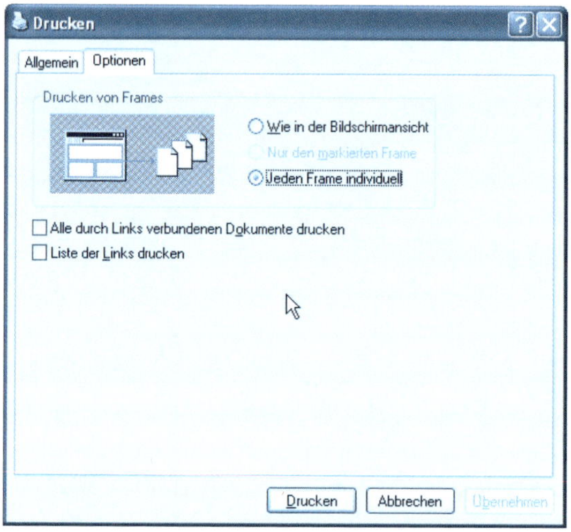

Auf der Registerkarte *Optionen* des Dialogfelds *Drucken* finden Sie zwei weitere Optionen für den Druck. *Alle durch Links verbundenen Dokumente drucken* sollten Sie mit Vorsicht genießen, da dies unter Umständen zum Druck extrem vieler Dokumente führen kann. Lassen Sie sich vorher eine Liste aller auf der Seite verfügbaren Links ausdrucken, um den Umfang abschätzen zu können. Markieren Sie dazu das Kontrollkästchen *Liste der Links drucken*.

Um sich vor dem Druck ein Bild davon machen zu können, wie eine Webseite ausgegeben wird, wählen Sie *Druckvorschau* aus dem Menü *Datei* des IE6.

Die Bildsymbolleiste

Die Bildsymbolleiste erscheint automatisch beim Zeigen auf Bilder ab einer Größe von 200x200 Pixel. Mit ihrer Hilfe kann das jeweilige Bild mit einem Klick gespeichert, gedruckt, per E-Mail versandt oder der Ordner *Eigene Bilder* geöffnet werden. Betätigen Sie dazu einfach das entsprechende Symbol der Bildsymbolleiste. Beim Versenden per E-Mail wird das Bild mit dem standardmäßig von Ihnen verwendeten Mailprogramm verschickt. Sofern Sie noch kein E-Mail-Programm konfiguriert haben, führt ein Klick auf dieses Symbol zu einem Konfigurations-Assistenten.

Um das Erscheinen der Bildsymbolleiste zu verhindern, kann diese wie folgt deaktiviert werden:

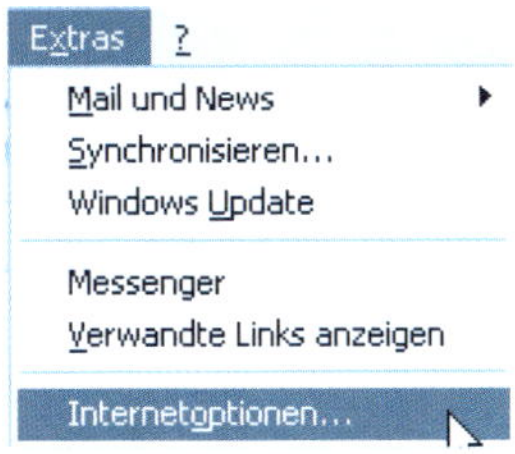

1 Rufen Sie im Menü *Extras* den Menübefehl *Internetoptionen* auf.

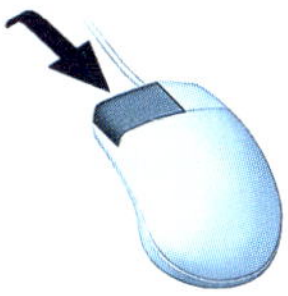

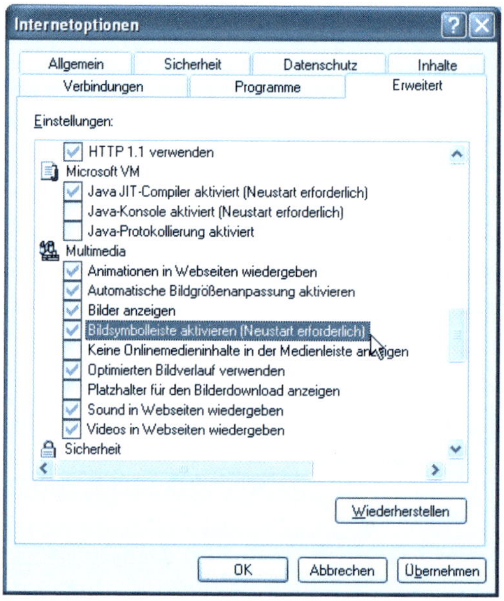

2 Holen Sie die Registerkarte *Erweitert* in den Vordergrund. Deaktivieren Sie im Bereich *Multimedia* das Kontrollkästchen *Bildsymbolleiste aktivieren*. Klicken Sie auf *OK*.

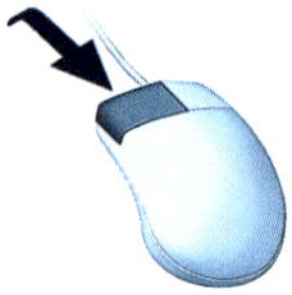

3 Starten Sie den Internet Explorer neu, damit die Einstellung übernommen wird.

Auch wenn Sie das Einblenden der Bildsymbolleiste aktiviert haben, können Sie auf Grafiken treffen, bei denen trotz der Mindestgröße von 200 x 200 Pixel keine Bildsymbolleiste erscheint. Manche Webseiten-Gestalter stehen der Bildsymbolleiste skeptisch gegenüber, da sie das Speichern von Grafiken und damit den Bilderklau vereinfacht. Daher gibt es für Programmierer von HTML-Seiten die Möglichkeit, die Einblendung der Bildsymbolleiste zu unterdrücken. Auch solche Grafiken, die nicht über eine Bildsymbolleiste verfügen, können gespeichert, gedruckt oder versendet werden. Rufen Sie dazu mit der rechten Maustaste das Kontextmenü zu der gewünschten Grafik auf und wählen Sie daraus die gewünschte Option.

Eine weitere Funktion des Internet Explorer 6 besteht darin, dass Grafiken, die aufgrund ihrer Ausmaße im Browserfenster nicht komplett dargestellt werden können, automatisch verkleinert werden. Das hat den Vorteil, dass Sie ein Gesamtbild erhalten, wenn auch mit kleineren Abmessungen. Um diese Verkleinerung rückgängig zu machen, betätigen Sie das Resize-Symbol, das beim Überfahren der Grafik in der rechten unteren Ecke eingeblendet wird. Im Ergebnis wird die Grafik in ihrer originalen Größe angezeigt, und derzeit nicht sichtbare Bereiche lassen sich mithilfe von Bildlaufleisten ansteuern.

Unterbinden der Bildanzeige während des Ladevorgangs

Besonders bei analogen Verbindungen mit Modem erreichen Sie wesentlich schnellere Ladezeiten, wenn Sie Animationen, Videos und Bilder zunächst nicht anzeigen lassen. Stattdessen sehen Sie dann einen Platzhalter, der bei sorgfältig programmierten Webseiten auch eine kurze Beschreibung des Bildes enthält. Um das Laden derartiger Inhalte zu unterbinden, gehen Sie wie folgt vor:

1 Rufen Sie den Befehl *Internetoptionen* aus dem Menü *Extras* auf.

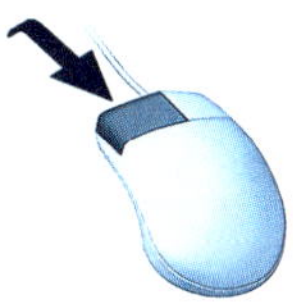

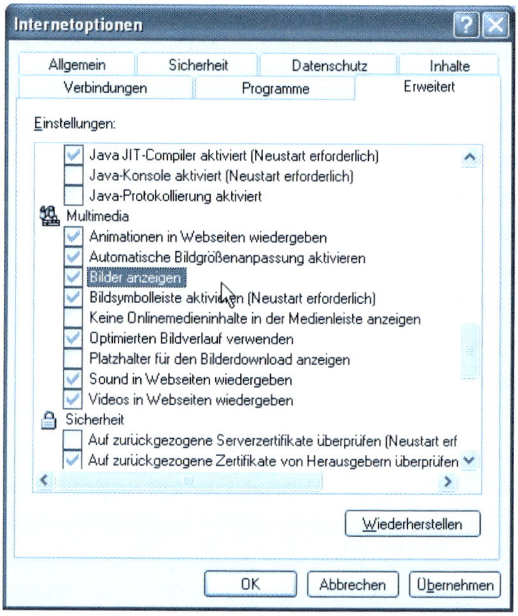

2 Holen Sie die Registerkarte *Erweitert* in den Vordergrund. In der unteren Hälfte der aufgeführten Einstellungen finden Sie im Abschnitt *Multimedia* unter anderem die Optionen *Animationen in Webseiten wiedergeben, Bilder anzeigen* und *Videos in Webseiten wiedergeben*. Deaktivieren bzw. aktivieren Sie diese Optionen mit einem Mausklick. Klicken Sie auf die Schaltfläche *OK*.

So können Sie bereits nach relativ kurzer Ladezeit feststellen, ob Sie eine aufgerufene Webseite überhaupt eingehend betrachten möchten. Falls dies der Fall ist und Sie nun doch die Bilder der Seite angezeigt bekommen möchten, klicken Sie mit der rechten Maustaste auf den Platzhalter und wählen aus dem Kontextmenü den Eintrag *Bild anzeigen*.

Herunterladen einer Datei (Download)

Der Dateidownload kann prinzipiell auf verschiedene Arten erfolgen:

- Sofern die Datei ausführbar ist, können Sie mithilfe eines Dialogfelds entscheiden, ob die Datei gestartet oder auf Ihren Rechner heruntergeladen wird. Das gilt beispielsweise für Audio- und Videodateien, die entweder im Media Player abgespielt oder dauerhaft auf Ihrem Computer gespeichert werden können.
- Nicht ausführbare Dateien lassen sich an einem beliebigen Ort Ihrer Festplatte speichern. Dies kann z. B. ein umfangreiches Textdokument, eine gepackte Datei oder eine Treiberdatei sein.
- Sollte sich (nachdem die Datei angeklickt wurde) kein Dialogfeld öffnen, besteht noch die Möglichkeit, die Datei über den Befehl *Speichern unter* des Kontextmenüs herunterzuladen.
- Nachdem Sie einen Download eingeleitet und den Speicherort angegeben haben, werden Sie in einem Dialogfeld darüber informiert, wo die Datei abgelegt wird und wie lange der Download voraussichtlich dauern wird.

WWW-Seiten durchsuchen

Im Laufe der Zeit werden Sie sicherlich einiges an Webseiten auf Ihren Computer herunterladen. So entsteht nach und nach ein Archiv mit Informationen zu den unterschiedlichsten Themen. Wie das nun mal so ist mit Archiven, nach einiger Zeit werden Sie sicherlich den Überblick verlieren und sich fragen, wo denn der eine oder andere Sachverhalt abgelegt ist. Damit Sie nicht Ihre ganze Zeit mit Suchen »verplempern«, haben die Microsoft-Entwickler in den Internet Explorer eine Suchfunktion integriert, die es Ihnen ermöglicht, eine Webseite nach Schlüsselwörtern zu durchsuchen. Das werden Sie jetzt einmal ausprobieren!

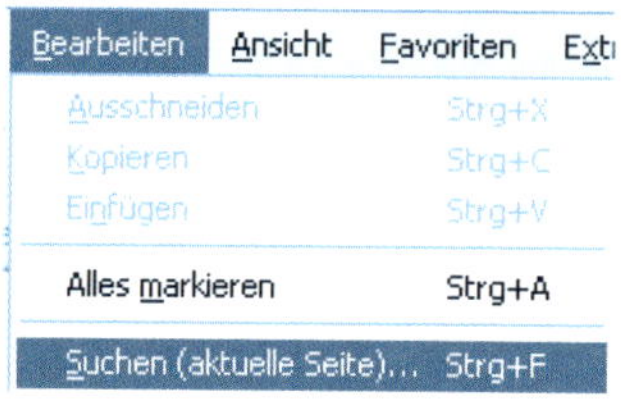

1 Starten Sie den Internet Explorer, und wählen Sie aus dem Menü *Bearbeiten* den Eintrag *Suchen (aktuelle Seite)* aus.

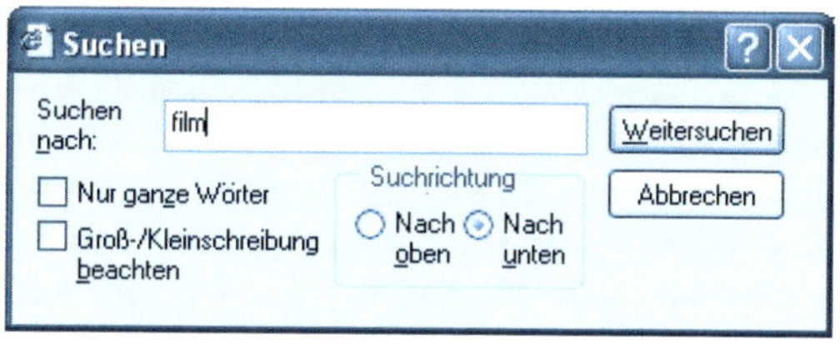

2 Geben Sie im Feld *Suchen nach* den entsprechenden Suchbegriff – in unserem Fall »film« – ein. Klicken Sie anschließend auf *Weitersuchen*.

Sie können über die Option *Gross-/Kleinschreibung beachten* den Suchvorgang bezüglich der Groß- und Kleinschreibung steuern. Der Internet Explorer durchsucht nun das gesamte Dokument nach dem entsprechenden Begriff. Ist der Internet Explorer fündig geworden, stoppt er den Suchvorgang und markiert den Begriff im Dokument.

3 Klicken Sie auf *Weitersuchen*, um den Suchvorgang fortzusetzen.

IE auf Updates prüfen

Damit Sie sicherheitstechnisch stets auf dem neuesten Stand sind, was den Internet Explorer betrifft, sollten Sie regelmäßig prüfen, ob es neue Updates für den IE gibt. Da der Internet Explorer elementarer Bestandteil des Windows XP-Betriebssystems ist, wird das Programm im Rahmen der allgemeinen Systemupdates mit versorgt. Und das geht so:

1 Klicken Sie auf *Start*.

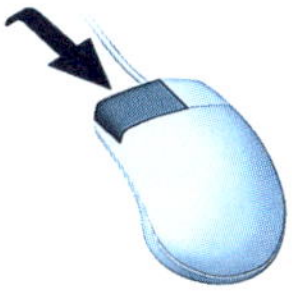

2 Zeigen Sie auf *Alle Programme*.

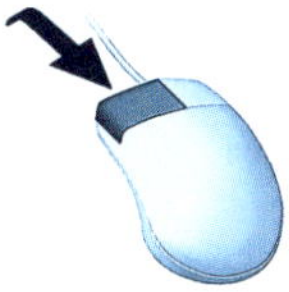

3 Klicken Sie auf den ersten Eintrag *Windows Update*.

Windows XP verbindet Sie nun mit dem Internet und startet im Internet Explorer automatisch Microsofts Update-Seite. Diese Seite untersucht Ihren Rechner auf eventuell fehlende Updates. Wird die Update-Routine fündig, werden die entsprechenden Updates zur Installation angeboten. Folgen Sie den Installationsschritten.

Automatisch geht's, wenn Sie das Service Pack 2 installiert haben. Ist dies der Fall, können Sie wie folgt nachprüfen, wann XP auf Microsofts Updateseiten nachschaut, ob Aktualisierungen vorhanden sind.

1 Klicken Sie auf *Start*.

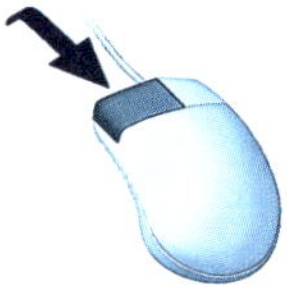

2 Klicken Sie im rechten Bereich des Startmenüs auf *Systemsteuerung*.

3 Klicken Sie in der Systemsteuerung auf *Sicherheitscenter.*

4 Klicken Sie unterhalb von *Sicherheitseinstellungen verwalten für:* auf *Automatische Updates.*

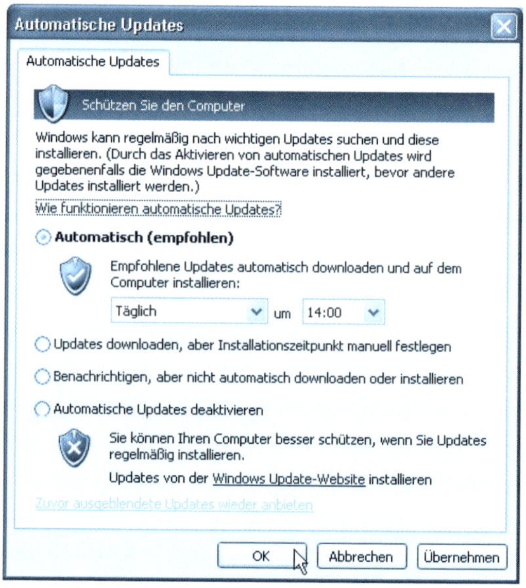

5 Aktivieren Sie, falls nicht ohnehin schon aktiviert, die Option *Automatisch (empfohlen)* und stellen Sie einen Tag und Uhrzeit ein, an dem Ihr Rechner Microsofts Website auf Updates prüfen soll.

6 Klicken Sie auf *OK*, um das Dialogfenster Automatische Updates zu schließen, und schließen Sie anschließend die Systemsteuerung.

Ist Ihr Rechner zu der eingestellten Uhrzeit bzw. Wochentag eingeschaltet, verbindet er sich mit dem Internet und schaut auf Microsofts Website nach, ob es Updates für eine bei Ihnen installierte Microsoft Systemkomponente gibt.

Ist Ihr Rechner zu dem definierten Zeitpunkt nicht eingeschaltet, verbindet er sich zum nächstmöglichen Zeitpunkt mit dem Internet, um nach neuen Updates zu schauen.

Alternativen zum Internet Explorer

Sicherlich haben auch Sie es schon mitbekommen – Microsofts Internet Explorer ist nicht der Sicherste seiner Art. Speziell in letzter Zeit ist der Internet Explorer massiv ins Gerede gekommen. Laut unabhängigen Fachleuten ist es für Hacker und andere unsichere Zeitgeister ein Leichtes, über den Internet Explorer Viren, Würmer und Spyware auf Ihrem Rechner zu platzieren. Mittlerweile raten Unternehmen und staatliche Institutionen weltweit vom Einsatz des IE ab. Schade eigentlich, ist der IE doch im Lieferumfang von Windows XP standardmäßig enthalten und nach der Installation des Betriebssystems direkt einsatzbereit. Doch genug der Schwarzmalerei. Sie können den Internet Explorer durchaus benutzen, wenn Sie entsprechende Vorsichtsmaßnahmen treffen und stets alle Microsoft Sicherheitsupdates und das Service Pack 2 auf Ihrem Rechner installieren. Näheres zum Absichern des IE 6 erfahren Sie im Kapitel 4 sowie im Kapitel zum Thema Service Pack 2 in diesem Buch. Bedenken Sie aber, dass es die absolute Sicherheit, trotz aller Sicherheitsmaßnahmen, niemals geben wird.

In diesem Lernschritt wollen wir uns einmal die gebräuchlichsten Alternativen zum Internet Explorer anschauen. Alle vorgestellten Webbrowser sind als Freeware, also kostenlos über das Internet, verfügbar. Im Großen und Ganzen gleicht die Bedienung der Browser-Alternativen, bis auf wenige Ausnahmen, der des IE 6.

Firefox

Firefox ist ein kleiner, schmaler und dadurch sehr schneller Browser, der kostenlos im Internet verfügbar ist (http://firebird-browser.de/). Er beinhaltet weder E-Mail-Client, Newsreader noch Chat-Programm. Durch den bewussten Verzicht auf all diese Programmbestandteile wurden Sicherheitsrisiken minimiert. Außerdem belegt Firefox deshalb weniger Hauptspeicher während des Betriebs unter Windows XP.

Die Popularität des kleinen Firefox-Browsers liegt in der Tatsache begründet, dass er wie kein anderer Webbrowser Wert auf den Schutz und die Sicherheit Ihrer persönlichen Daten legt. Firefox lädt keine ActiveX-Kontrollelemente, unterstützt kein VBScript und ist nicht direkt in Windows integriert – selbst wenn ein Hacker eine Lücke im Browser-Code fände, wäre nicht gleich das ganze System bloßgelegt.

Vorzüge Firefox:

- Firefox ist bislang noch kaum ein Ziel für Hackerangriffe wie etwa der Internet Explorer.
- Fehlende Unterstützung von ActiveX und VBScript als Standardeinstellungen machen Firefox von Installation ab sehr viel sicherer als den Internet Explorer.
- Ihre Bookmarks und Favoriten können aus dem Internet Explorer importiert werden.
- Firefox blockiert standardmäßig Pop-Ups.

Nachteile Firefox:

- Keine hundertprozentige Kompatibilität zu Outlook Web Access.
- Probleme mit Sites, die proprietäre Erweiterungen des Internet Explorers nutzen.
- Google-Toolbar, Crazy Browser und sonstige IE-Add-Ons nicht nutzbar (allerdings entstehen derzeit eigene Firefox-Erweiterungen)
- Windows Update nicht möglich

Mozilla

Der kostenlose Browser Mozilla (http://www.mozilla-europe.org/de/) ist der große Bruder von Firefox. Mozilla besteht aus einer ganzen Produktsuite für die Kommunikation. Unter Mozillas Programmoberfläche finden Sie Einzelanwendungen wie etwa Chat, News, Mail und natürlich den Browser selbst. Nützliche Tools, wie das Speichern von Passwörtern, Cookie-Kontrolle, Download-Manager oder HTML-Editor ergänzen den Mozilla-Browser zu einer vollständigen Internet-Kommunikationsumgebung.

Netscape

Noch ein Verwandter von Firefox und Mozilla: Netscape (http://www.netscape.de) beruht auf derselben Programmgrundlage wie Firefox und Mozilla. Auch hier findet der Anwender eine umfangreiche Ausstattung vor – Popup-Blocker, Tabs, HTML-Editor, Mail-Client und weiter hilfreiche Tools gehören zu Grundausstattung des Browsers. Eine Reihe von Programmen von Drittherstellern runden das Paket noch ab – darunter der RealPlayer von Real Networks.

Mit Netscape ist es wie mit dicken Autos – manche lieben den Komfort, aber den meisten ist er weniger wichtig und der benötigte Sprit zu teuer. Rationale Gründe für Netscape gibt es kaum, außer dass er sicherer als der Internet Explorer und vielleicht etwas stabiler als Mozilla ist.

Opera

Eine weitere Alternative zum Internet Explorer ist Opera aus Norwegen (http://www.opera.com/lang/de/). Obwohl die Oberfläche etwas überfrachtet ist und gelegentlich Sicherheitspatches anfallen, hat Opera in den letzten Monaten und Jahren eine große Schar von Benutzern für sich gewinnen können.

Genau wie Firefox verzichtet Opera auf unnötigen Ballast und ist dadurch sehr schlank und vor allem sehr schnell im Internet unterwegs. Trotzdem wollten Operas Entwickler nicht auf einen integrierten E-Mail-Client verzichten. Opera unterstützt eine Vielzahl von Sprachen, darunter neuerdings auch Arabisch und Hebräisch, und kann digitale Fotos als Diashow abspielen. Der eingebaute E-Mail-Client verfügt über einen Spam-Filter sowie Verschlüsselung, und IRC-Chat wird auch unterstützt.

Welchen Browser nehmen?

Der führende Browser für all jene, die einen sicheren und schnellen Browser suchen, der eine vernünftige Alternative zum Internet Explorer darstellt, ist derzeit sicherlich Firefox. Natürlich ist es besonders für Unternehmensumgebungen im Moment kaum möglich, den Internet Explorer komplett abzuschaffen. Dennoch kann man überlegen, Firefox als Standard-Browser einzurichten und den IE nur noch für Seiten zu nutzen, die in Firefox nicht funktionieren.

Beschränkt man die Nutzung des Explorers auf Windows Update, Outlook Web Access und andere Quellen, von denen man weiß, dass sie sicher sind, sinkt die Gefährdung durch Löcher in der Microsoft-Software.

Erfolgskontrolle

- Was bedeutet das »http://« am Anfang einer Webadresse?
- Wozu dient die Schaltfläche *Zurück*?
- Wozu dient die Link-Leiste?

Die Antworten zu diesen Fragen finden Sie im Anhang dieses Buches im Kapitel »Antworten«.

Kapitel 4

Sicherheit beim Surfen

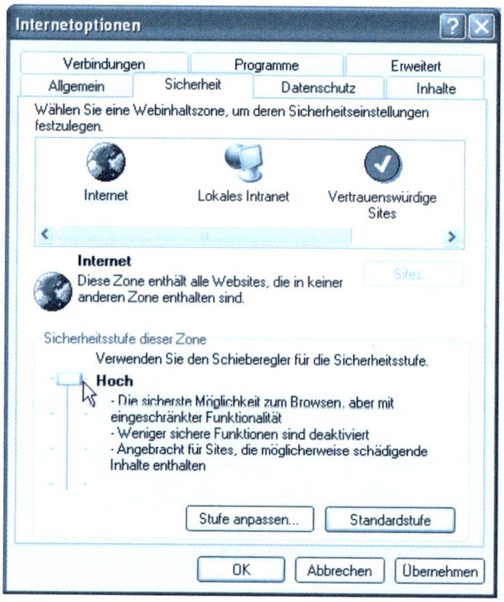

Die folgenden Seiten sollen Sie für den Sicherheitsaspekt während Ihrer Internetausflüge sensibilisieren. Sie sollen lernen, Einstellungen am Internet Explorer zu treffen, die verhindern, dass Sie sich unabsichtlich schädliche Programme auf Ihren Rechner aus dem Internet einfangen. Zudem sollen Sie verhindern lernen, dass gegen Ihren Willen persönliche Informationen während Ihrer Ausflüge im Internet preisgegeben werden. Aber eines müssen Sie stets bedenken: Die absolute Sicherheit gibt es nicht.

Das können Sie schon:

Das lernen Sie neu:

Eines müssen sich immer vergegenwärtigen, wenn Sie im Internet unterwegs sind – Sie laufen konstant Gefahr, dass irgendjemand Ihre Privatsphäre verletzen möchte. Damit dies nicht geschieht bzw. diese Gefahr auf ein Minimum reduziert wird, bietet der Internet Explorer Möglichkeiten, Ihre Privatsphäre zu schützen. Außerdem stehen Funktionen zur Verfügung, die Ihren Computer sowie Ihre persönlichen Daten schützen. Sie bestimmen über die Datenschutzeinstellungen, ob Websites Cookies auf Ihrem Computer einrichten dürfen.

Die Vielfalt und Freiheit des Internets hat seinen Preis. Noch vor Jahren, als die Popularität des Internets eher gering war, war das Betrachten von Internetseiten relativ gefahrlos. Mit zunehmender Verbreitung des Kommunikations- und Informationsmedium Internet ging eine technologische Entwicklung einher, im Rahmen derer Internetseiten immer komplexer und ausgefeilter wurden. Dies gipfelt darin, dass heutzutage kaum mehr eine Internetsite ohne eingebaute Skripte, menügesteuerte Java-Applets oder gar multimedial aufbereitete Präsentationen auskommt.

So schön, interessant und schillernd diese Funktionserweiterungen von Internetsites auch sein mögen, die damit verbundenen Browser-Funktionen erfordern, dass unbekannter Code auf Ihrem Rechner ausgeführt wird. Im Klartext bedeutet dies, dass unbemerkt auf Ihrem PC ein oder mehrere Programme ausgeführt werden, um die Funktionalität der entsprechenden Website zu gewährleisten, ohne dass Sie etwas davon merken. Und genau da liegt die Gefahr: Hier setzen böse Zeitgenossen an, um in Ihren Rechner einzubrechen. Noch dazu ist es bei den Browsern nicht viel anders als bei den normalen Programmen: Sie werden laufend weiterentwickelt, Sicherheitslücken werden geschlossen, neue Lücken tun sich auf.

Sicherlich erwarten Sie, dass Sie auf den folgenden Seiten die korrekten Browsereinstellungen erfahren, um dieser Misere wirksam entgegenzutreten. Doch leider muss ich Sie enttäuschen - die ideale Browsereinstellung für alle Surfer gibt es nicht. Wenn Sie Ihren Rechner nur zum Spielen benutzen und nebenher ein wenig im Internet surfen, haben Sie niedrigere Ansprüche an die Sicherheit als jemand, der darauf wichtige geschäftliche Unterlagen speichert oder Online-Banking betreibt. Und wenn Ihre persönliche Lieblings-Internetseite nur mit Java funktioniert, müssen Sie abwägen, ob Sie zugunsten der Sicherheit ganz darauf verzichten oder das damit verbundene Risiko in Kauf nehmen wollen.

Leider ist es so, dass die Hersteller der ausgelieferten Browsersoftware die Sicherheitseinstellungen auf einen vermuteten Sicherheitsbedarf einstellen. Aus diesem Grund sollten Sie regelmäßig auf der Seite des Browser-Herstellers vorbeischauen, ob nicht ein Update oder ein Patch für den Browser herausgegeben wurde. Außerdem empfiehlt es sich, immer die neueste Browserversion auf dem PC zu installieren, weil sich die Hersteller meistens um die Sicherheit der älteren Versionen nicht mehr kümmern. Eigentlich ist das auch kein Problem, schließlich ist die Browsersoftware für Sie kostenlos und kann heruntergeladen werden.

Der Internet Explorer weist folgende Datenschutzfunktionen auf:

- Im Rahmen der Datenschutzeinstellungen legen Sie fest, wie der Internet Explorer mit Cookies umgehen soll. Cookies sind Dateien, die von einer Website erstellt werden und die Informationen lokal auf Ihrem Computer speichern. Dazu gehören beispielsweise Einstellungen, die Sie beim Besuch einer Webseite definiert haben. Cookies besitzen des Weiteren die unangenehme Eigenschaft, dass Sie Ihre persönlichen Identifikationsinformationen, z. B. Ihren Namen oder Ihre E-Mail-Adresse speichern.
- Weiter geht es mit den Datenschutzwarnungen. Der Internet Explorer gibt immer dann eine Warnmeldung aus, wenn Sie auf eine Website zugreifen möchten, die nicht den Kriterien Ihrer Datenschutzeinstellungen entspricht.
- Auf Basis der Sicherheitsfunktionen des Internet Explorers unterbinden Sie (falls Sie es wünschen) den Zugriff von Unbefugten auf sicherheitssensible Informationen (z. B. Kreditkartendaten, die Sie beim Einkauf im Internet eingeben). Weiterhin dienen die Sicherheitsfunktionen dem Schutz Ihres Computers vor unsicherer Software.

Zu den Sicherheitsfunktionen des Internet Explorer zählen:

- Zertifikate, welche die Identität einer Person oder die Sicherheit einer Website überprüfen.

- Sichere 128-Bit-Verbindungen, um sichere Websites nutzen zu können.
- Microsoft-Authenticode-Technologie, welche die Identität heruntergeladener Programme überprüft.

Der Internet Explorer und seine Zonen

Der Internet Explorer teilt die Internetwelt in Zonen auf. Sie können eine Website einer Zone mit einer geeigneten Sicherheitsstufe zuweisen. Um festzustellen, welcher Zone eine gerade aufgerufene Website angehört, genügt ein Blick auf die rechte Seite der Statusleiste des Internet Explorer. Sobald Sie Inhalte aus dem Web öffnen oder laden möchten, wendet der Internet Explorer die eingestellte Sicherheitsstufe für die entsprechende Website an.

Insgesamt gibt es vier verschiedene Zonen:

- **Internetzone:** Dies Zone enthält schlichtweg alles, was sich nicht auf dem Computer oder in einem Intranet befindet oder einer anderen Zone zugewiesen ist. Die Standardsicherheitsstufe für die Internetzone ist *Mittel*. Sie können die Datenschutzeinstellungen für die Internetzone auf der Registerkarte *Datenschutz* der *Internetoptionen* ändern.
- **Lokale Intranetzone:** Diese Zone enthält in der Regel Adressen, für die kein Proxyserver erforderlich ist und die vom Administrator definiert wurden. Die Standardsicherheitsstufe für die lokale Intranetzone ist *Mittel*, daher wird im Internet Explorer zugelassen, dass alle Cookies von Websites innerhalb dieser Zone auf dem Computer gespeichert und von den erstellenden Websites gelesen werden können.
- **Zone für vertrauenswürdige Sites:** Diese Zone enthält Sites, denen Sie vertrauen. Sie fügen Websites dieser Zone hinzu, von denen Sie glauben, dass ein Download oder das Ausführen von Dateien, die von diesen Sites stammen, keine Risiken hinsichtlich der Beschädigung des Computers oder der Daten birgt. Die Standardsicherheitsstufe für vertrauenswürdige Sites ist *Niedrig*. Eine gefährliche Stufe, da der Internet Explorer zulässt, dass alle Cookies von Websites innerhalb dieser Zone auf dem Computer gespeichert und von den

erstellenden Websites gelesen werden können. Also, Vorsicht mit dieser Zone.

- **Zone für eingeschränkte Sites:** Diese Zone enthält Sites, denen Sie nicht vertrauen – Sites, bei denen Sie nicht sicher sind, ob der Download oder das Ausführen von Dateien ohne Risiken hinsichtlich der Beschädigung des Computers oder der Daten möglich ist. Sie können dieser Zone Sites zuweisen. Die Standardsicherheitsstufe für die Zone für eingeschränkte Sites ist *Hoch*, daher werden im Internet Explorer alle Cookies von Websites innerhalb dieser Zone gesperrt.

Wenn Sie möchten, können Sie die Sicherheitsstufe für eine Zone ändern. So sollten Sie möglicherweise die Sicherheitseinstellungen für die lokale Intranetzone in *Niedrig* ändern. Sie können die Einstellungen für jede Sicherheitszone anpassen. Sie können die Einstellungen für eine Zone auch anpassen, indem Sie eine Datei mit Datenschutzeinstellungen importieren, die von einer Zertifizierungsstelle angelegt wurde.

Wenn Sie im Internet surfen, verwendet der Internet Explorer automatisch die Sicherheitseinstellungen der Zone *Internet*. Praktisch bedeutet das für Sie, dass Sie alle Webseiten problemlos angezeigt bekommen. Sie müssen allerdings Abstriche in Sachen Sicherheit in Kauf nehmen. Nachfolgend erfahren Sie, wie Sie für mehr Sicherheit sorgen können.

Was passiert eigentlich, wenn Sie die Sicherheitseinstellungen der Zone *Internet* erhöhen? Ganz einfach: Sie werden bei einer Vielzahl von Webseiten dahingehend Schwierigkeiten bekommen, dass diese nur teilweise oder gar nicht angezeigt werden. Das liegt in der Tatsache begründet, dass sich der Internet Explorer aufgrund der hohen Sicherheitseinstellungen weigert, Programmcode der angewählten Webseite auszuführen. Bei manchen Internetsites enthält der Programmcode (das sind kleine ausführbare Programme der Webseite) so genannte Schadfunktionen, die Unheil auf Ihrem Rechner anrichten können oder Ihre privaten Daten ausspionieren.

Allerdings unterbinden Sie mit hohen Sicherheitseinstellungen auch die Ausführung von harmlosem Programmcode und Skripten, die sehr häufig zur Verbesserung der Funktionalität einer Webseite dienen.

Aus diesem Grund sollten Sie eine sichere Internetzone mit vertrauenswürdigen Sites kombinieren. Halten Sie eine Website für vertrauenswürdig, so fügen Sie diese zur Zone *Vertrauenswürdige Sites* hinzu. In der

Zone *Vertrauenswürdige Sites* können Sie dann für die entsprechende Website eine großzügige Sicherheitsstufe wählen. Standardmäßig ist hier die Sicherheitsstufe *Sehr niedrig* eingestellt, sodass sämtlicher Programmcode der entsprechenden Website vom Internet Explorer ausgeführt werden kann. Allerdings genügt es, wenn Sie auch hier die Stufe *Mittel* einstellen.

Generell gilt: Für das Anzeigen unbekannter Webseiten sollten Sie in der Zone *Internet* die Sicherheitsstufe *Hoch* festlegen, dann gehen Sie kein Risiko ein. Und so geht's:

1 Starten Sie den Internet Explorer.

2 Rufen Sie aus dem Menü *Extras* des Internet Explorer den Menüeintrag *Internetoptionen* auf.

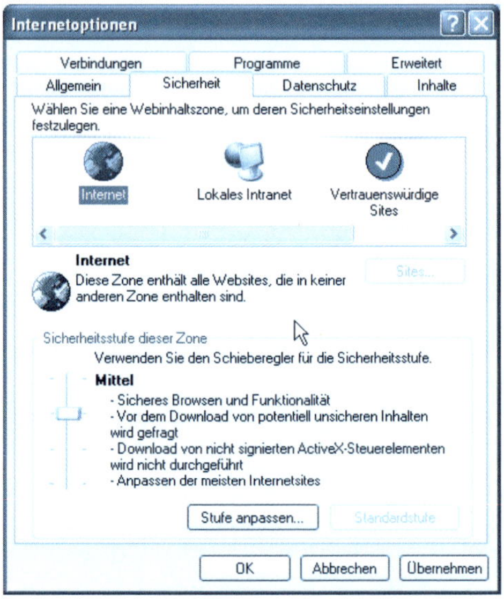

3 Holen Sie die Registerkarte *Sicherheit* in den Vordergrund. Standardmäßig sehen Sie hier die Einstellungen für die Zone *Internet*. Die Sicherheitsstufe für diese Zone ist *Mittel*.

Indem Sie mit der Maus eine Zone markieren und anschließend auf die Schaltfläche *Standardstufe* klicken, können Sie die Einstellungen für die entsprechende Stufe einsehen.

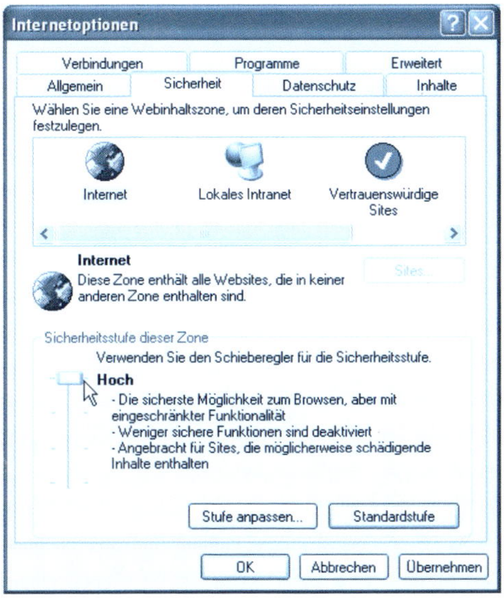

4 Um die Sicherheitsstufe auf *Hoch* zu setzen, müssen Sie den Schieberegler im Bereich *Sicherheitsstufe dieser Zone* bis zum Anschlag nach oben bewegen.

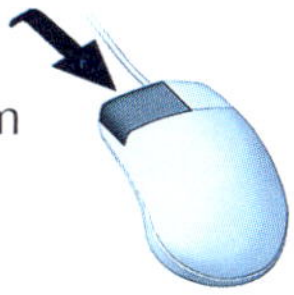

5 Klicken Sie auf *OK*, um die neue Sicherheitsstufe *Hoch* für die Zone *Internet* zu übernehmen.

Sollten Sie künftig auf eine Webseite stoßen, die nicht angezeigt wird, die Sie aber für vertrauenswürdig halten, müssen Sie diese Site zu den *Vertrauenswürdigen Sites* hinzufügen. Wie das geht, erfahren Sie im folgenden Abschnitt.

Hinzufügen vertrauenswürdiger Websites

Haben Sie zu einer Webseite starkes Vertrauen und ein gutes Gefühl, so können Sie diese in den Reigen der vertrauenswürdigen Webseiten aufnehmen.

1 Starten Sie den Internet Explorer und rufen Sie die entsprechende Website auf.

2 Ist die gewünschte Seite im Browser geladen, klicken Sie in die *Adresse*-Zeile und markieren Sie die Adresse der Webseite. Kopieren Sie die Adresse mit [Strg]+[C] in die Zwischenablage von Windows XP.

3 Führen Sie einen Doppelklick in der Statusleiste des Internet Explorer auf das Symbol der Internetzone aus.

> **Hinweis**
>
> *Sollte die Statusleiste nicht sichtbar sein, so klicken Sie im Menü Ansicht des Internet Explorer den Menüeintrag Statusleiste an, sodass ein Häkchen davor erscheint. Nun sollte die Statusleiste am unteren Rand des Internet Explorer erscheinen.*

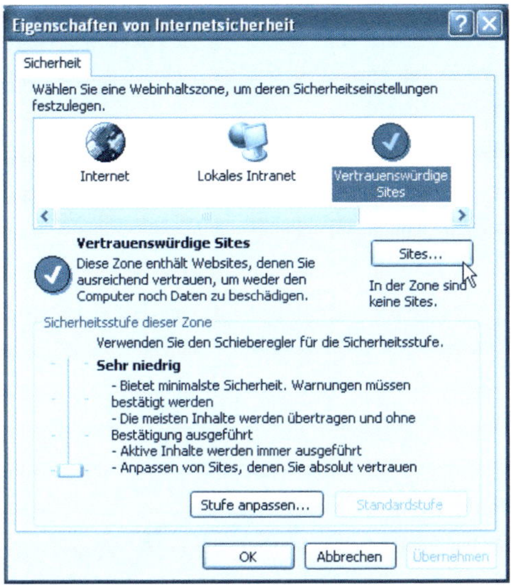

4 Markieren Sie auf der Registerkarte das Symbol *Vertrauenswürdige Sites* und klicken Sie anschließend auf die Schaltfläche *Sites*.

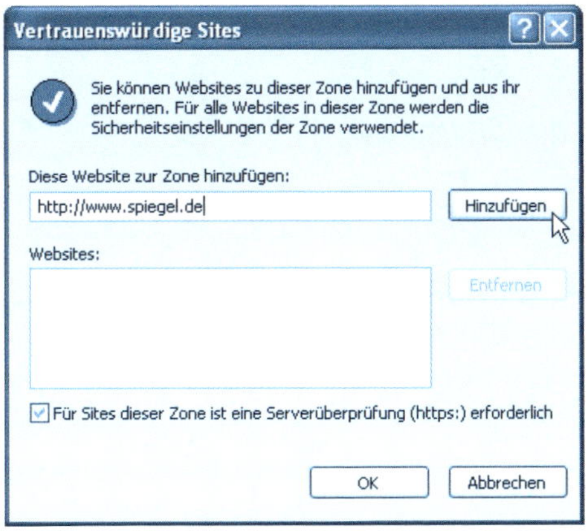

5 Geben Sie im Eingabefeld unterhalb von *Diese Website zur Zone hinzufügen* die Adresse der Website ein bzw. betätigen Sie Strg+V, um die Adresse aus der Zwischenablage in dieses Eingabefeld einzufügen. Deaktivieren Sie das Kontrollkästchen *Für Sites dieser Zone ist eine Serverüberprüfung (https:) erforderlich*. Klicken Sie anschließend auf *Hinzufügen*.

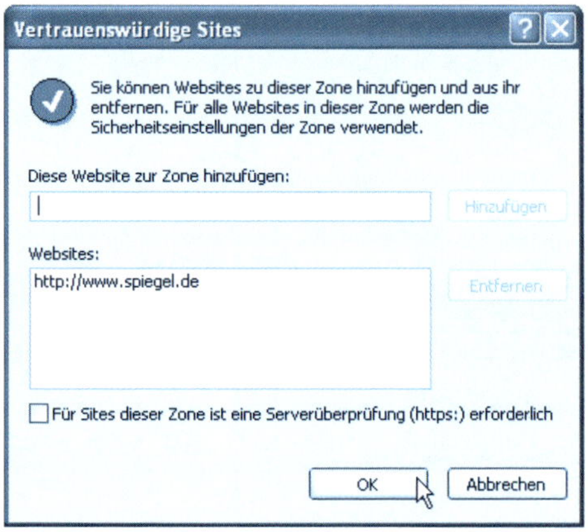

6 Die Adresse der neuen Website wird nun in den Bereich unterhalb von *Websites* eingetragen. Möchten Sie eine Website aus der Liste entfernen, markieren Sie diese im Bereich *Websites* und klicken Sie dann auf *Entfernen*. Bestätigen Sie abschließend mit *OK*.

Ab sofort gelten für die neu eingetragene Website die Sicherheitseinstellungen der Zone *Vertrauenswürdige Sites*. Sie erkennen es am entsprechenden Eintrag in der Statusleiste.

Feintuning der Sicherheit

Möchten Sie die Sicherheit einer Zone erhöhen, so sind Sie nicht unbedingt auf den Schieberegler und eine höhere Sicherheitsstufe angewiesen. Es gibt Möglichkeiten, ausgehend von der Zone *Internet* und der Sicherheitseinstellung *Mittel*, Änderungen vorzunehmen, ohne dass die Sicherheitsstufe auf *Hoch* gesetzt wird. Sie profitieren also von besseren Sicherheitseinstellungen, ohne von den Einbußen einer höheren Sicherheitsstufe (*Hoch*) blockiert zu werden. Und so geht's:

1 Öffnen Sie den Internet Explorer und rufen Sie aus dem Menü *Extras* den Menüeintrag *Internetoptionen* auf. Wechseln Sie zur Registerkarte *Sicherheit*.

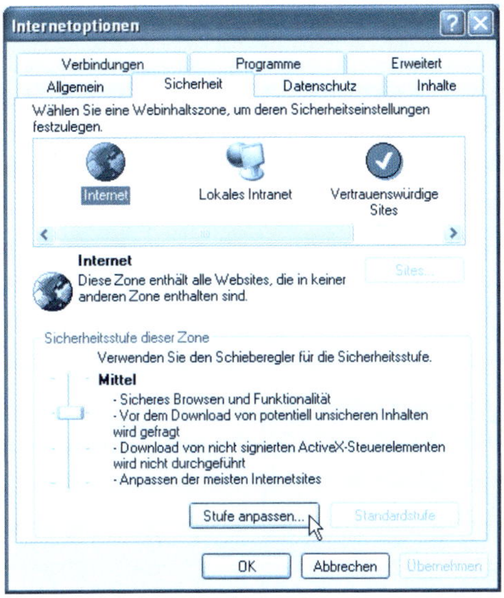

2 Die Sicherheitseinstellungen der Zone *Internet* werden angezeigt. Sollte die Sicherheitsstufe *Mittel* nicht eingestellt sein, klicken Sie auf die Schaltfläche *Standardstufe*. Der Internet Explorer stellt dann den Standardwert *Mittel* ein. Klicken Sie anschließend auf die Schaltfläche *Stufe anpassen*.

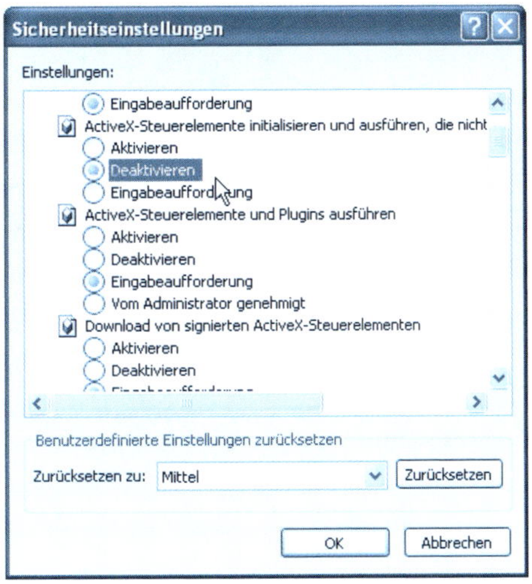

3 Der Internet Explorer öffnet das Dialogfenster *Sicherheitseinstellungen*. Die ersten fünf Punkte dieses Dialogfensters beschäftigen sich mit ActiveX-Steuerelementen. Um eine hohe Sicherheit zu gewährleisten, müssen Sie hier jeweils die Option *Deaktivieren* setzen.

Achtung

Die Optionen ***Download von unsignierten ActiveX-Steuerelementen*** *und* ***ActiveX-Steuerelemente initialisieren und ausführen, die nicht sicher sind*** *sollten Sie unbedingt deaktivieren. Etwas großzügiger können Sie mit den drei anderen ActiveX-Einstellungen umgehen. Hier genügt in aller Regel die Option Eingabeaufforderung. Soll Ihr Internet Explorer ein derartiges ActiveX-Steuerelement ausführen, öffnet sich ein kleines Dialogfeld, bei dem Sie sich entscheiden können, ob es ausgeführt werden soll oder nicht.*

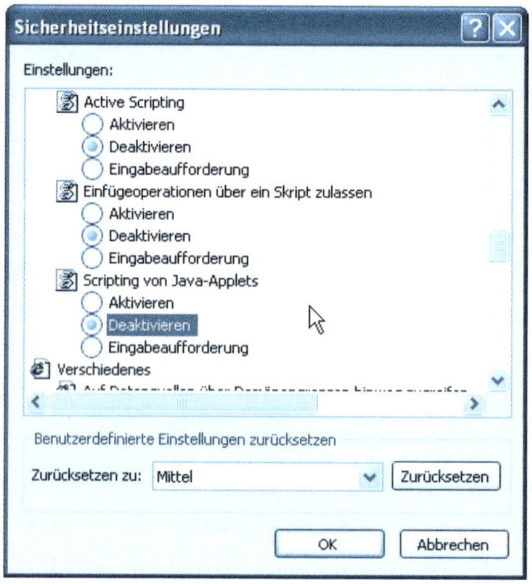

4 Blättern Sie nun den Inhalt des Bereichs *Einstellungen* weiter nach unten, bis Sie die Einstellungen für das *Scripting* erreichen. Hier sollten Sie für eine hohe Sicherheit alle drei Einstellungen deaktivieren. Klicken Sie abschließend auf *OK*.

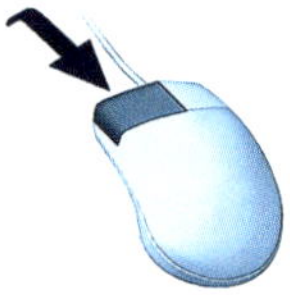

5 Beantworten Sie die folgende Sicherheitsabfrage mit *Ja* und schließen Sie die Internetoptionen mit *OK*.

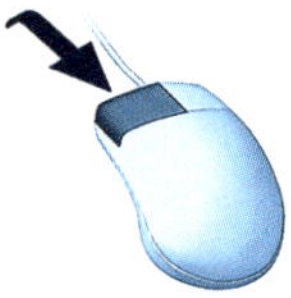

Sicherheitsrisiko ActiveX

Wenn Sie die Grundeinstellungen Ihres Browsers unverändert lassen, erlauben diese meist die Ausführung unbekannter Codes, die in die Informationsangebote der Server-Betreiber eingebunden sind. Diese Programme oder Scripte werden auf Ihren Rechner heruntergeladen. Sie als Benutzer haben dabei keinerlei Kontrolle darüber, was die Programme eigentlich auf Ihrem PC anstellen.

Solche Programme oder Scripte werden als aktive Inhalte bezeichnet und sind meist mit den Programmiersprachen Java, JavaScript oder ActiveX erstellt.

ActiveX ist von Microsoft als Konkurrenz zu Java entwickelt worden. ActiveX finden Sie mittlerweile in fast allen Microsoft-Produkten integriert. Es ist sogar so, dass ActiveX dafür sorgt, dass Windows-Anwendungen mit dem Internet zusammenarbeiten – es ist also unverzichtbarer Bestandteil des Windows-Betriebssystems und all seiner Komponenten bzw. Microsoft-Produkte. Bei Microsoft geht ohne ActiveX nichts mehr! Internetseiten können mit ActiveX um eine Vielzahl von multimedialen Effekten, unterschiedlichen Layouts und ausführbaren Applikationen, die über das Internet geladen werden, erweitert werden. Und genau da besteht die Gefahr bzw. der Angriffspunkt für Internet-Einbrecher.

Die Technologie besteht aus den Elementen: ActiveX-Controls, Active Documents und Active Scripting:

- ActiveX-Controls werden auch Steuerelemente genannt und sind Programme, die auf einer Internetseite dargestellt oder als eigene Programme aufgerufen werden können. Die Steuerelemente laufen direkt auf dem Rechner ab und haben Zugriff auf die Hardware und das Betriebssystem.
- Active Documents sind dazu da, Nicht-HTML-Dokumente (z. B. Word- oder Excel-Dateien) innerhalb eines Browsers anzuzeigen.
- Active Scripting verwaltet die ActiveX-Controls und ermöglicht, dass die Steuerelemente miteinander kommunizieren können.

Der Knackpunkt von ActiveX ist, dass es keine richtigen Sicherheitsrichtlinien gibt. Es gibt zwar signierte ActiveX-Steuerelemente, die versprechen aber nur einen Hauch von Sicherheit. Läuft das ActiveX-Programm erst einmal, dann ist sein Funktionsumfang in keiner Weise eingeschränkt oder kontrollierbar. Das ActiveX-Programm läuft mit allen Rechten des angemeldeten Benutzers - ohne jede Einschränkung! Es ist demnach ein Leichtes, private oder sicherheitsrelevante Daten auszulesen, zu löschen, zu manipulieren, den Rechner umzukonfigurieren, einen Virus oder ein Trojanisches Pferd zu installieren.

Die korrekten ActiveX-Einstellungen für sicheres Surfen, um Ihr System grob gegenüber vor Eindringlingen zu schützen, haben Sie im letzten Lernschritt erfahren.

Java oder nicht Java?

Bei Java handelt es sich um eine von der Firma Sun entwickelte Programmiersprache. Mit ihrer Hilfe können kleine Programme, so genannte Java-Applets, geschrieben werden, die auf einigen Webseiten vom Internet Explorer ausgeführt werden. Derartige Java-Applets erhöhen die Funktionalität einer Webseite, können aber auch massiven Schaden auf Ihrem Rechner anrichten.

In der Vergangenheit wurden im Sicherheitskonzept von Java diverse Sicherheitslücken entdeckt. Aus diesem Grund sollten Sie Java in der Zone *Internet* deaktivieren und lediglich für *Vertrauenswürdige Sites* zulassen. Und so deaktivieren Sie Java:

1 Öffnen Sie den Internet Explorer und rufen Sie aus dem Menü *Extras* den Menüeintrag *Internetoptionen* auf. Wechseln Sie zur Registerkarte *Sicherheit*.

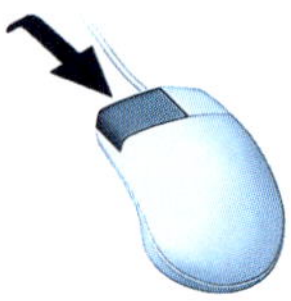

2 Die Sicherheitseinstellungen der Zone *Internet* werden angezeigt. Sollte die Sicherheitsstufe *Mittel* nicht eingestellt sein, so klicken Sie auf die Schaltfläche *Standardstufe*. Der Internet Explorer stellt dann den Standardwert *Mittel* ein. Klicken Sie anschließend auf die Schaltfläche *Stufe anpassen*.

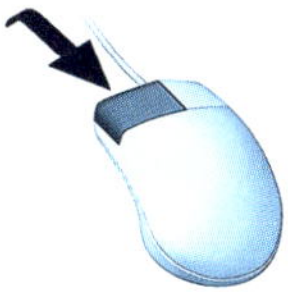

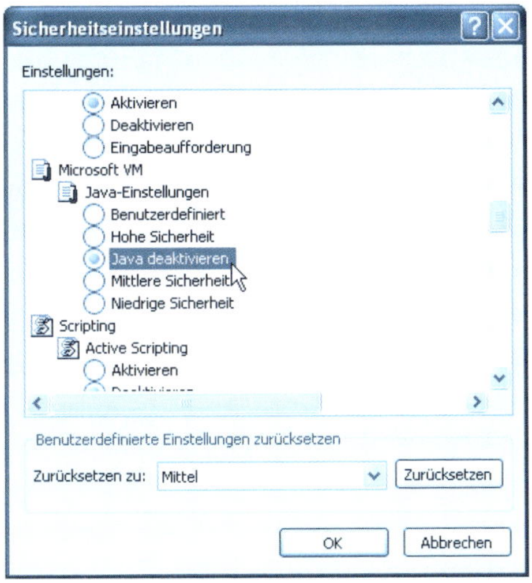

3 Suchen Sie im Bereich *Einstellungen* den Eintrag *Microsoft VM* und aktivieren Sie hier die Option *Java deaktivieren*. Klicken Sie auf *OK*.

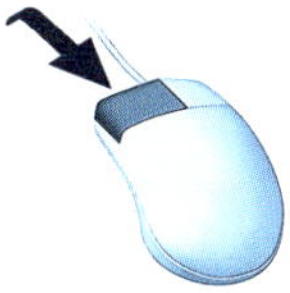

4 Schließen Sie die Internetoptionen mit einem Klick auf die Schaltfläche *OK*.

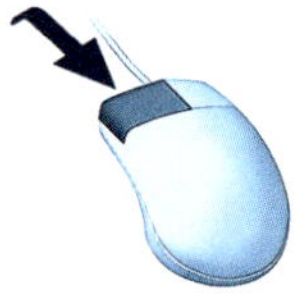

Cookies – Fluch oder Segen?

Ursprünglich wurden von Netscape die Cookies zur Erleichterung für den Anwender entwickelt. Sie sollten persönliche Informationen enthalten, die der Anwender beim nächsten Besuch eines Online-Angebots nicht mehr eingeben musste, z. B. für den Zugriff auf Angebote, die eine Zugangskennung erfordern. Eine andere Anwendung wäre ein »Einkaufskorb«. Da jeder Seitenabruf einen abgeschlossenen Kommunikationsvorgang darstellt, kann der Server nicht speichern, welche Waren ein Kunde schon in seinen Korb gelegt hat. Cookies bieten hier die Möglichkeit, den Inhalt des Einkaufskorbes beim Kunden zu speichern, bis die abschließende Bestellung durch eine Bestätigung erfolgt. Normalerweise lassen sich Cookies auch keinen spezifischen Identitäten zuordnen, sofern der Besucher nicht woanders seine Identität preisgibt.

Problematisch wird es, wenn Cookies mit langer Lebensdauer eingesetzt werden. Durch persistente Cookies ist es möglich, einen Benutzer über mehrere Sitzungen hinweg zu identifizieren. Dadurch erhöht sich die Informationsmenge, und die Zuordnung einer Personenidentität wird einfacher. Das ist ohne Cookies nicht möglich. Mittlerweile gibt es eine Reihe von Shareware-Tools, mit denen sich Cookies auf dem Computer identifizieren und löschen lassen. Normalerweise befindet sich im Verzeichnisbaum des Browsers irgendwo eine Datei namens *cookies.txt*.

Cookies speichern persönliche Identifikationsdaten. Doch was sind eigentlich persönliche Identifikationsinformationen? Bei dieser Art von Informationen handelt es sich um Daten, mit denen Sie identifiziert werden können. Das wären beispielsweise Ihr Name, die E-Mail-Adresse sowie Ihre Privat- oder Büroadresse und Rufnummer. Wenn ein Cookie auf Ihrem Computer gespeichert wurde, kann es nur über jene Website gelesen werden, über die es auch erstellt wurde.

Prinzipiell gibt es zwei Arten von Cookies – dauerhafte Cookies und temporäre Cookies. Ein dauerhaftes Cookie wird als Datei auf Ihrem Computer gespeichert und verbleibt dort auch, wenn Sie den Internet Explorer geschlossen haben. Das Cookie wird beim nächsten Besuch der Website, die dieses Cookie eingerichtet hat, ausgelesen

Ein temporäres Cookie (auch Sitzungs-Cookie genannt) wird nur so lange auf Ihrem Rechner gespeichert, bis Sie Ihren Internet Explorer schließen bzw. die Internetverbindung beenden.

Hinweis

Bei nicht sicheren Cookies handelt es sich um solche, die möglicherweise einen Zugriff auf persönliche Identifikationsinformationen bieten und diese ohne Ihre Zustimmung für sekundäre Zwecke nutzen.

Ein Cookie besteht aus einem Namen, einem Wert (Zeichenkette) und einer URL. Zudem besitzt ein Cookie eine Lebensdauer. Wird der Ausflug ins Netz beendet und der Browser geschlossen, werden alle Cookies, deren Lebensdauer noch nicht abgelaufen ist, in einer Datei gespeichert. Künftig lässt sich dann mühelos verfolgen, wie oft genau dieser Anwender wiederkommt und was er tut.

Cookies löschen

Wie schützt man sich gegen das Ausspionieren durch Cookies? Ganz einfach, Sie müssen die Cookies nur löschen. Der Internet Explorer bietet die Möglichkeit, Cookies von der Festplatte zu löschen.

1 Öffnen Sie den Internet Explorer und rufen Sie aus dem Menü *Extras* den Menüeintrag *Internetoptionen* auf. Wechseln Sie zur Registerkarte *Allgemein*.

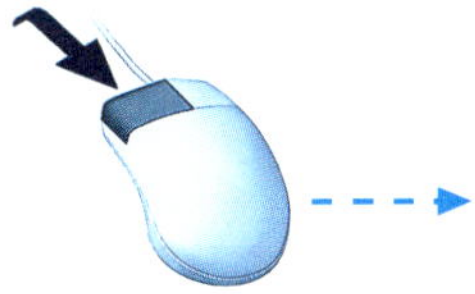

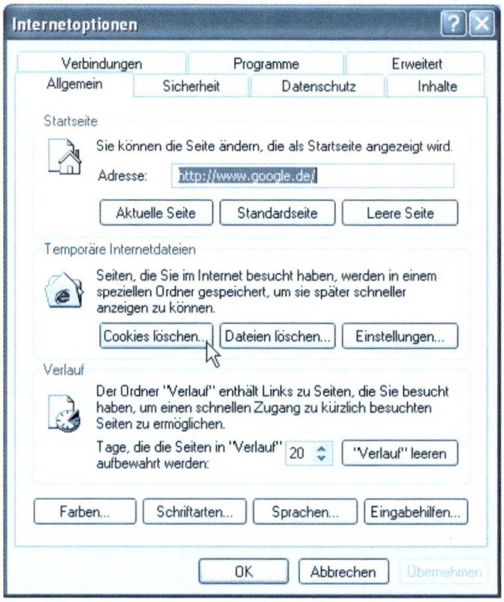

2 Klicken Sie auf der Registerkarte *Allgemein* auf die Schaltfläche *Cookies löschen*.

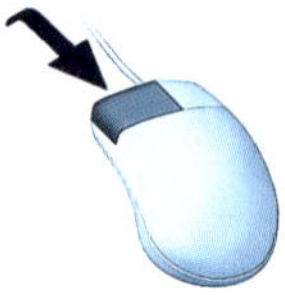

3 Klicken Sie auf die Schaltfläche *OK*, um die Cookies zu löschen. Alle Cookies, die sich im Lauf der Zeit angesammelt haben, werden nun auf einen Schlag gelöscht.

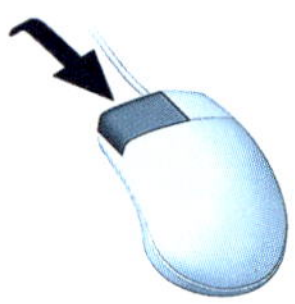

Sollten Sie nun auf eine Webseite mit Cookies stoßen, kann es vorkommen, dass Sie sich erneut anmelden müssen. Das sollte Ihnen aber Ihre Sicherheit wert sein.

Cookies annehmen

Der Internet Explorer bietet die Möglichkeit, Cookies gar nicht oder nur nach bestimmten Kriterien anzunehmen. Dazu müssen Sie im Internet Explorer einige wenige Einstellungen vornehmen.

1 Öffnen Sie den Internet Explorer und rufen Sie aus dem Menü *Extras* den Menüeintrag *Internetoptionen* auf. Wechseln Sie zur Registerkarte *Datenschutz*.

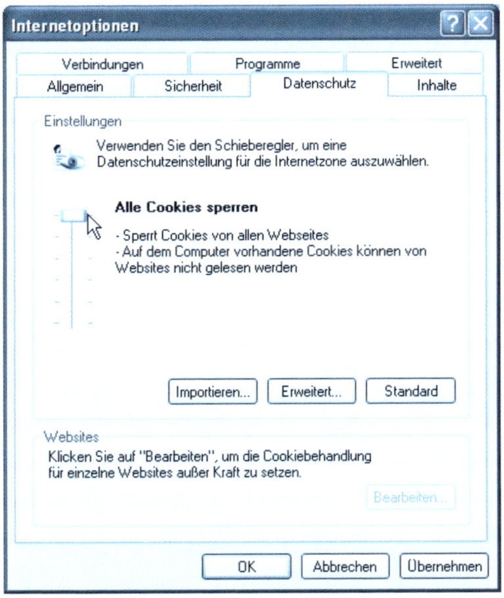

2 Stellen Sie mit dem Schieberegler ein, wie der Internet Explorer mit Cookies verfahren soll. Die Standardeinstellung ist *Mittel*. Möchten Sie keinerlei Cookies akzeptieren, so schieben Sie den Regler ganz nach oben (*Alle Cookies sperren*). Bestätigen Sie Ihre Einstellungen mit einem Klick auf *OK*.

Mit Sicherheits-Updates auf der sicheren Seite

Windows XP und der Internet Explorer sind komplexe Gebilde. Als Konsequenz dieser Tatsache kann es vorkommen, dass während des Betriebs Fehler und Sicherheitsrisiken entdeckt werden. Diese Sicherheitslücken könnten Angreifer ausnutzen, um auf Ihrem PC Schaden anzurichten. Entdeckt Microsoft derartige Sicherheitslöcher, werden vom Hersteller nach kurzer Zeit entsprechende Sicherheits-Updates zur Verfügung gestellt, die sich jeder aus dem Internet laden und lokal installieren kann.

1 Stellen Sie eine Verbindung ins Internet her und starten Sie den Internet Explorer.

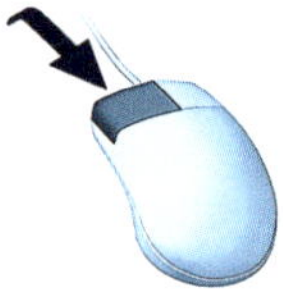

2 Öffnen Sie das Menü *?* und wählen Sie dort den Menüeintrag *Onlinesupport* an.

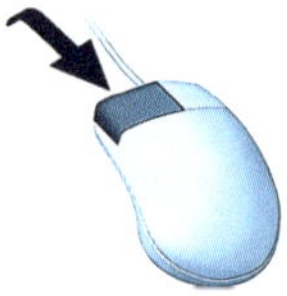

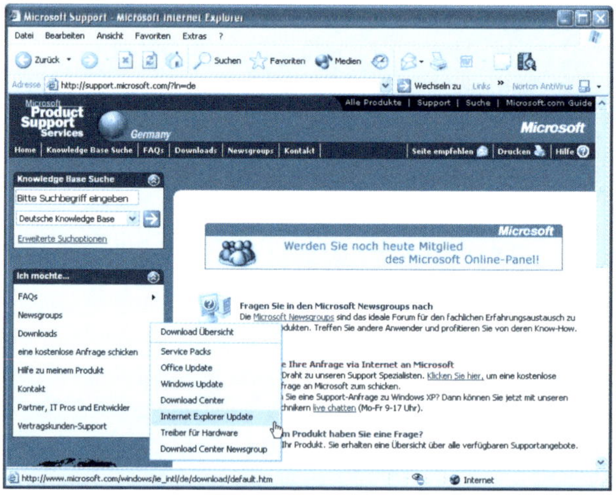

3 Klicken Sie im linken Bereich des Fensters auf das Menü *Downloads* und im sich öffnenden Untermenü auf *Internet Explorer Update*.

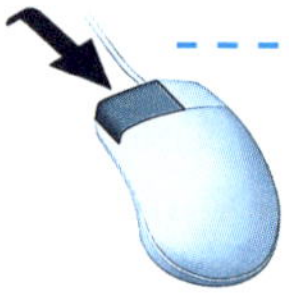

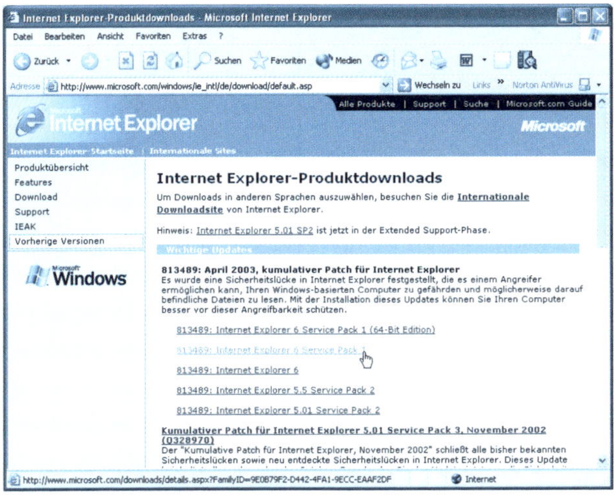

4 Auf der folgenden Webseite finden Sie alle aktuellen Sicherheits-Updates und Service Packs. Klicken Sie mit der Maus auf ein Update.

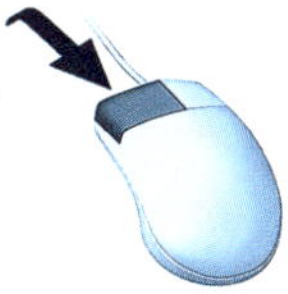

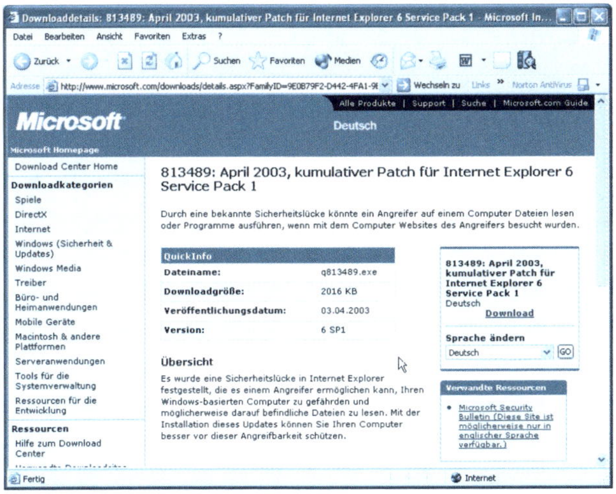

5 Die nächste Webseite erklärt im Detail, worum es sich bei diesem Update handelt und welche Fehler behoben werden. Klicken Sie anschließend im rechten Bereich des Fensters auf *Download*. Kontrollieren Sie jedoch vorher unter *Sprache ändern*, ob hier auch *Deutsch* gewählt wurde.

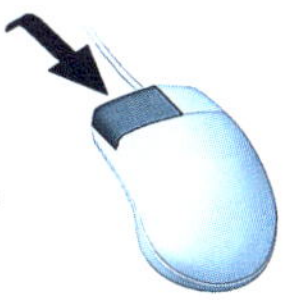

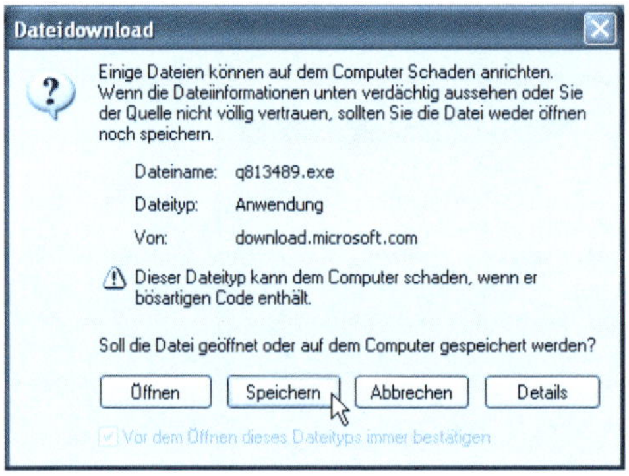

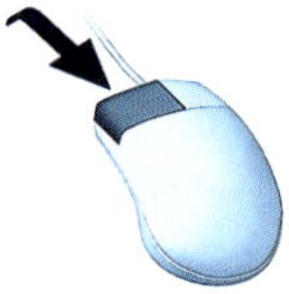

6 Klicken Sie im Dialogfeld *Dateidownload* auf *Speichern*.

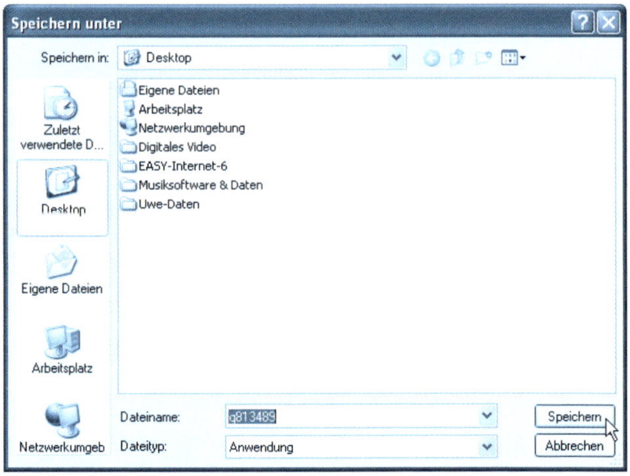

7 Wählen Sie einen Platz auf Ihrer Festplatte als Speicherort aus und klicken Sie auf die Schaltfläche *Speichern*.

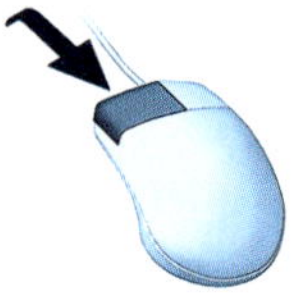

8 Die Datei wird auf Ihrer Festplatte abgelegt.

9 Führen Sie einen Doppelklick auf die aus dem Internet geladene Datei aus.

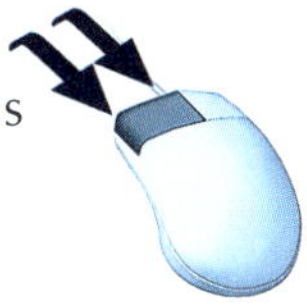

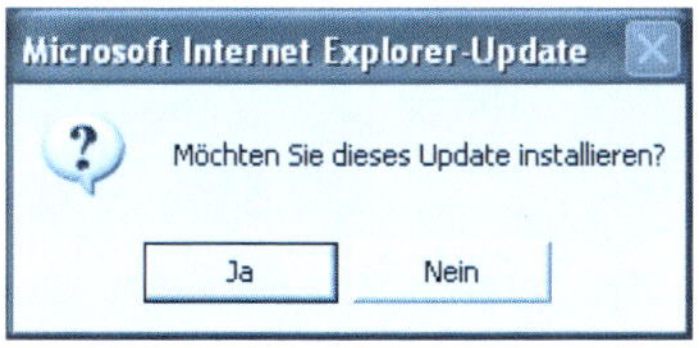

10 Klicken Sie auf *Ja* und folgen Sie den Schritten der Installation.

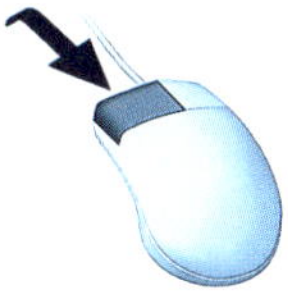

Viren und andere Schädlinge

Das Internet ist ein gefährlicher Ort, auch wenn dies nicht immer unbedingt auf den ersten Blick erkennbar ist. Gefahren, die Ihrem Rechner und damit auch Ihnen das Leben schwer machen können, lauern überall. Sobald Sie sich mit dem Internet verbinden, sollten Sie immer daran denken, wie Sie Ihre Daten vor Angriffen und Viren schützen können. Den besten Schutz bieten immer noch Virenscanner und Firewalls, die Sie aber in regelmäßigen Abständen aktualisieren sollten, damit Sie stets auf dem aktuellen Stand sind. Denn nichts ist schlimmer als ein Virenscanner, der Viren nicht erkennt. Die Hersteller von Antivirussoftware-Produkten veröffentlichen mehrmals im Monat so genannte neue Signaturen, die meist kostenlos verfügbar sind. Diese Signaturen enthalten Informationen zu den neuesten Viren, die Ihren Rechner bedrohen könnten. Erst wenn diese Signaturen in Ihrem Virenscanner installiert sind, ist dieser in der Lage, die aktuellen Viren zu erkennen und gegebenenfalls zu vernichten.

Wer seine Daten nicht schützt, macht es Angreifern einfach, diese bei der Übertragung mitzulesen, zu verändern oder sogar zu löschen. Man hört immer öfter von neuen Viren oder Würmern - Programmen also, die sich selbständig verbreiten oder über E-Mails versandt werden und Schäden auf Ihrem PC anrichten können. Aber auch von Trojanischen Pferden ist oft die Rede. Das sind dann Programme, die vom Nutzer unbemerkt sicherheitskritische Funktionen durchführen, indem sie beispielsweise Passwörter abfangen. Damit ein Virenangriff aber überhaupt stattfinden kann, benötigt das angreifende Programm in irgendeiner Art Zugang zu Ihrem PC - entweder über eine Netzwerk- oder Telefonverbindung oder über Datenträger, wie Disketten oder CD-ROMs.

Virentypen

Computer-Viren sind nichts anderes als kleine Programme. Sie lassen sich nach der Art ihrer Verbreitung in drei Hauptkategorien unterteilen:

- **Boot-Viren:** Diese Art von Viren setzen sich in dem Bereich einer Festplatte oder Diskette fest, der beim Starten eines Computers in den Arbeitsspeicher gelesen wird. Und das ist das Fatale: Immer, wenn Sie Ihren PC neu starten – egal ob Warm-Start oder Kalt-Start – laden Sie sich immer automatisch einen Virus.
- **Datei-Viren:** Datei-Viren infizieren Programmdateien, wie beispielsweise Betriebssysteme oder Spiele. Wenn der Anwender die befallene Datei startet, infiziert der Virus weitere Dateien und pflanzt sich so fort.
- **Makro-Viren:** Diese Art von Viren pflanzen sich unabhängig vom verwendeten Betriebssystem fort, und sind selbst für Anfänger leicht zu programmieren. Makros sind kleine Programme, die immer wieder-

kehrenden Aufgaben automatisieren, beispielsweise innerhalb von Textverarbeitungsprogrammen. Mittels Makrosprache können aber auch spezielle Benutzerbedürfnisse im Anwendungsprogramm installiert und angepasst werden. Makro-Viren nutzen die Makrosprache eines Anwendungsprogrammes – meistens das Textverarbeitungsprogramm Word für Windows. In erster Linie wird dabei die Dokumentvorlage NORMAL.DOT infiziert. Weil das Anwendungsprogramm den Virus bei jedem Start neu ausführt, können alle neu angelegten Dokumente mit dem Virus infiziert werden.

Verbreitungswege von Viren

Heutzutage werden die meisten Viren per E-Mail verbreitet. Diskette oder CD-ROM als Übertragungsmedium spielen mittlerweile keine Rolle mehr. Die meisten Infektionen entstehen durch E-Mail-Würmer. Große Verbreitung finden auch Makro-Viren – vorzugsweise in Office-Dokumenten. Nur wenige werden durch Boot- oder Datei-Viren verursacht. Je höher also die Anzahl der PCs und je mehr davon vernetzt sind, desto schneller können sich Computer-Viren ausbreiten. Da viele Dokumente als Anhang mit einer E-Mail verschickt werden, ist die großflächige Streuung der Viren zunehmend einfacher und deshalb tendenziell steigend. Das Internet ist für Viren auch deshalb attraktiv, weil es weltumspannend ist. Es bietet viele potentielle Infektionsopfer. Außerdem ist das Internet weitgehend unkontrolliert. Programme, die Viren enthalten, können leicht verbreitet werden. Die Viren-Autoren bleiben darüber hinaus noch weitgehend anonym, sodass es schwer ist, sie zu bestrafen. Dem nicht genug: Seit 1991 existieren Baukästen für die Programmierung von Viren, so genannte Virus Construction Kits. Damit kann jeder – auch ohne Fach- oder Programmierkenntnisse – Computer-Viren basteln und in Umlauf bringen.

Infektionsarten

Es gibt drei Infektionsarten:

- über das Booten
- beim Ausführen eines Programms (*.exe, *.com, usw.)
- über infizierte Dokumente

Die Infektionsarten unterscheiden sich in der Art, wie ein Virus sich in einem Programm festsetzt. Beispielsweise hängen viele Viren ihren eigenen Programmcode an das Ende einer ausführbaren Datei und setzen am Anfang einen Zeiger auf diesen Code. Wird das Programm gestartet, springt es vor der Ausführung seiner eigentlichen Aufgaben zuerst auf das Virusprogramm. Ist dieses ausgeführt, springt es wieder an die Stelle zurück, an der der Ablauf ursprünglich unterbrochen wurde. Sie merken dann nicht einmal, dass sich das Aufrufen des Programms minimal verzögert hat. Rufen Sie das Programm jetzt auf, startet zuerst der Virus. Er sucht von diesem Moment an nach nicht infizierten, ausführbaren Dateien, um diese auch noch zu befallen.

Würmer

Eine Variante von Viren, von denen man in letzter Zeit immer öfter hört, sind so genannte Würmer. Die Infektion erfolgt meist per E-Mail. Startet man eine angehängte Datei, wird der Virus aktiviert und verbreitet sich anschließend selbst weiter. Durch Sicherheitslücken in einigen E-Mail-Programmen können sich die Würmer besonders schnell verbreiten. Bei Outlook und Outlook Express von Microsoft ist es sogar möglich, die verseuchten E-Mails ohne Wissen des Benutzers an Personen aus dem Adressbuch zu versenden. Weil die Empfänger den Absender der E-Mail kennen, geraten sie in Versuchung, den Anhang zu öffnen, und der Wurm pflanzt sich fort.

Trojanische Pferde

Die Computerversion des Trojanischen Pferdes funktioniert nach demselben Prinzip, wie wir es alle aus dem Geschichtsunterricht kennen. Ein scheinbar nützliches Programm hat ein anderes sozusagen im Bauch, das dann unbemerkt eindringt und sich auf dem PC installiert. So können beispielsweise Passwörter und andere vertrauliche Daten ausgespäht, verändert, gelöscht oder bei der nächsten Datenübertragung an den Angreifer verschickt werden. Dieser Datendiebstahl bleibt in der Regel unbemerkt, weil im Gegensatz zum Diebstahl materieller Dinge nichts fehlt. Anders als Computer-Viren können sich Trojanische Pferde jedoch nicht selbständig verbreiten.

Hoaxes (Falschmeldungen)

Hoax ist die englische Bezeichnung für »schlechter Scherz«. Der Begriff Hoax hat sich im Internet als Bezeichnung für die zahlreichen falschen Warnungen vor bösartigen Computerprogrammen eingebürgert. Angeblich können diese Festplatten löschen, Daten ausspionieren oder anderweitig Schaden auf den Rechnern der Betroffenen anrichten. Nicht nur Neulinge im Netz, sondern auch erfahrene Administratoren fallen auf die schlechten Scherze herein, die via elektronische Post (E-Mail) wie ein Kettenbrief durch das Internet wandern. Die meisten »Hoaxes« sind nach dem gleichen Schema gestrickt:

- Sie beginnen mit einem Aufhänger, der Seriosität vermitteln soll
- Es folgt die angebliche Aufklärung über die Bedrohung aus dem Netz
- Gefolgt von der Bitte, diese Warnung möglichst allen Bekannten zukommen zu lassen.

Spyware – Achtung, Sie werden ausspioniert!

Unter dem Begriff Spyware fasst man Programme zusammen, die persönliche Daten von Computer-Nutzern ohne deren Wissen ins Internet versenden. Der Weg der Spyware führt meist über Internetseiten mit aktiven Inhalten (ActiveX) auf Ihre Festplatte. Aktive Inhalte sind nicht sichtbare Funktionen von Webseiten, die mit Unterstützung Ihres Browsers auf Ihrem Rechner ausgeführt werden. Eigentlich sollen aktive Inhalte Webseiten um Funktionen ergänzen, die dem Nutzer einen funktionalen Mehrwert bieten. Leider können aber auch ungewollte Aktionen auf Ihrem Rechner ausgeführt werden, wie beispielsweise das Installieren von unerwünschten Programmen oder das Auslesen von Benutzerdaten.

Ein weiterer Einschleuseweg für Spyware ist die Installation von Freeware oder Shareware. Neben den gewünschten Funktionen beinhalten diese manchmal noch »Spionage-Funktionen«. Aber auch die Großen der Softwarebranche integrieren in Ihre Programme Funktionen zur heimlichen Datenspionage. Erst einmal auf Ihrem PC gelandet, schnüffeln die Spyware-Programme dann nach unterschiedlichen Informationen wie etwa Angaben zur benutzten Software, über heruntergeladenen Dateien oder Konfiguration der Hardware. Diese Informationen können einerseits für die Installation der Software wichtig sein. Andererseits können sie zusammen mit Informationen, die beispielsweise während einer Registrierung gemacht wurden, zur Erstellung eines Verhaltensprofils verwendet werden. Es lässt sich oft schwer sagen, welche Daten nun zur Funktionalität der Software erforderlich sind und welche nicht.

Doch was geschieht eigentlich mit diesen Informationen? Sie werden an die Programmhersteller oder Werbefirmen weitergeleitet. Dort werden sie meist dazu genutzt, Werbung zielgerichtet zu den potenziellen Käufern zu bringen. Dies kann durch Faltblätter mit der Hauspost oder E-Mail-Werbung (Spam) geschehen. In der besonders aggressiven Form werden während des Internet-Surfens, zusätzliche Browserfenster – so genannte Pop-Ups – mit unerwünschtem Inhalt geöffnet. Auch die Startseite Ihres Browsers kann durch Zusatzprogramme verändert werden, so dass Sie beim Besuch des Internets nicht Ihre gewünschte Startseite sondern beliebige Werbeseiten vorfinden. Ein weiteres beliebtes Ziel sind die Favoritenordner Ihres Browsers, die durch die Spyware um Zusatzseiten ergänzt werden.

Um die ungewollte Weitergabe Ihrer Daten zu vermeiden, sollten Sie daher zusätzlich zu Antivirenschutzprogrammen, eine Firewall auf Ihrem PC einrichten. Darüber hinaus gibt es auch noch eine Reihe von Werkzeugen, mit denen Sie auch jene besonders gewieften Programme beseitigen können, die nicht von den Antivirenschutzprogrammen erkannt werden und die sich auch an der Firewall vorbeischleichen.

Besonders gefährlich sind jene Spyware-Programme, die Ihre Eingaben in die Tastatur kontrollieren (so genannte Keylogger) oder im schlimmsten Fall gleich alle Aktivitäten Ihres PC überwachen. Keylogger verbreiten sich immer öfter auch als Würmer oder Viren.

Ihr PC könnte mit Spyware infiziert sein, wenn eines oder mehrere der folgenden Symptome auftreten:

- Der PC funktioniert außergewöhnlich langsam, besonders beim Surfen im Internet.
- Der Internet-Explorer öffnet Werbefenster, die in keinem erkennbaren Zusammenhang zu von Ihnen besuchten Websites stehen.
- Ihre Browser-Startseite wurde geändert.

- Im Favoritenordner finden Sie Links, die nicht von Ihnen gespeichert wurden.
- Ihr PC verbindet sich selbständig mit dem Internet.
- Ihre Firewall meldet laufend Versuche von Programmen, eine Verbindung zum Internet herzustellen

So schützen Sie Ihren PC vor einer (neuerlichen) Infektion mit Spyware:

- Achten Sie darauf, dass sich auf Ihrem Rechner ein aktuelles Antivirenschutzprogramm mit den neuesten Signaturen befindet.
- Verhindern Sie die Ausführung von aktiven Inhalten durch entsprechende Einstellungen in Ihrem Browser.
- Richten Sie eine Firewall auf Ihrem PC ein.
- Installieren Sie nur solche Software aus dem Internet auf Ihrem PC, die Sie wirklich brauchen.
- Überprüfen Sie vor dem Herunterladen von Software aus dem Internet, ob in den Lizenz- oder Nutzungsvereinbarungen von »automatischen Kommunikationsfunktionen« oder ähnlichem die Rede ist. Wenn ja, suchen Sie nach alternativen Programmen.
- Öffnen Sie Links nur in vertrauenswürdigen E-Mails.

Ein Antispyware-Programm muss her

Damit Sie auf Ihrem Rechner Spyware erkennen und diese entfernen, müssen Sie sich ein Antispyware-Produkt besorgen. Ein entsprechendes kostenloses Produkt trägt die Bezeichnung »Ad-Aware Standard Edition« und ist im Internet unter http://www.lavasoft.de zu finden.

Ad-Aware Standard Edition durchsucht den Speicher, die Registry, die Festplatten sowie Wechselmedien nach bekannten schädlichen Daten, lästiger Werbung und Tracking-Komponenten.

Wenn Sie Ad-Aware das erste Mal benutzen, sollten Sie vor der ersten Verwendung der Software auf jeden Fall die Hilfedatei lesen. Anschließend sollte die Referenzdatei auf die neueste Version aktualisiert werden. Außerdem wird unbedingt empfohlen, die RefUpdate-Funktion so zu konfigurieren, dass automatisch einmal wöchentlich nach Updates gesucht wird.

Wer es etwas komfortabler möchte, der kann auf »Spybot – Search & Destroy« zurückgreifen. Diese Shareware ist unter http://www.safer-networking.org/de verfügbar. Spybot – Search & Destroy kann verschiedene Arten von Spyware oder ähnlichen Bedrohungen auf Ihrem Computer erkennen und entfernen. Es untersucht alle internen und externen Massenspeicher nach entsprechenden Spyware-Plagegeistern.

Microsofts Service Pack 2

Die Virus-Attacken mit MyDoom, Blaster, Sasser und Co haben es mehr als deutlich gezeigt – Windows XP ist alles andere als sicher, wenn es um den Schutz Ihrer Daten und vertraulichen Informationen geht. Das Betriebssystem Windows XP konnte erst durch eine Vielzahl an Betriebssystem-Updates und Patches einigermaßen sicher gemacht werden. Sicherlich, den perfekten Schutz wird es niemals geben, doch gewisse Schutzmechanismen gehören zu jedem guten Betriebssystem und dies erwartet auch der Käufer, wenn er ein modernes Betriebssystem wie Windows XP kauft. Microsoft hat die Zeichen der Zeit erkannt. Das Ergebnis: ein Sicherheitsupdate, das in Funktionalität und Dimension jedes andere Windows-Update verblassen lässt. Viele neue Sicherheitsfunktionen erwarten den Anwender nach der Installation des ungefähr 270 MByte großen Service Packs 2 (SP2). Im SP2 sind alle wichtigen Updates für Windows XP enthalten, die jemals das Licht der Welt erblickten. Das SP2 ergänzt Ihr aktuelles Betriebssystem in folgenden Bereichen:

- **Netzwerkschutz:** Die optimierte Internetverbindungs-Firewall aus dem Service Pack 2 bietet durch eine Reihe neuartiger Funktionen einen besseren Schutz vor netzwerkbasierten Angriffen. Die Verbesserungen an der Internetverbindungs-Firewall umfassen:
- **Speicherschutz:** Bei einigen Angriffen über schädliche Software werden Sicherheitsanfälligkeiten der Software ausgenutzt, die ein Kopieren von übermäßig vielen Daten in den Arbeitsspeicher des Computers zulassen. Diese Sicherheitslücken werden als Pufferüberläufe bezeichnet. Da diese Art von Sicherheitsanfälligkeiten nicht durch ein einziges Verfahren vollkommen beseitigt werden kann, setzt Microsoft eine Reihe von Sicherheitstechnologien ein, um eine Ge-

fährdung durch diese Angriffe aus unterschiedlichen Richtungen zu reduzieren.

- **Höhere Sicherheit bei E-Mail-Verarbeitung:** Sicherheitstechnologien unterbinden die Verbreitung von Viren per E-Mail und über Instant Messaging. Diese Sicherheitstechnologien umfassen sicherere Standardeinstellungen, eine verbesserte Kontrolle über Attachments in Outlook Express und Windows Messenger sowie eine höhere Sicherheit und Zuverlässigkeit von Outlook Express. Potenziell unsichere Attachments, die über E-Mail- und Sofortnachrichten gesendet werden, werden isoliert, sodass sie sich nicht auf andere Teile des Systems auswirken können.
- **Höhere Sicherheit beim Browsen:** Die Sicherheitstechnologien im Microsoft Internet Explorer bieten einen höheren Schutz vor schädlichen Inhalten im Web. Zu einer Verbesserung in diesem Bereich zählt die Einschränkung der Zone *Lokaler Computer*, die die Ausführung von schädlichen Skripts verhindert und den Schutz vor schädlichen Webdownloads verstärkt. Darüber hinaus wurden die Benutzersteuerelemente und die Benutzeroberfläche so erweitert, dass ein Ausführen von ActiveX-Steuerelementen und Spyware auf den Systemen der Benutzer ohne deren Wissen und Zustimmung nicht mehr möglich ist.
- **Verbesserte Computerverwaltung:** Ein äußerst wichtiger Bestandteil jedes Sicherheitsplans ist die laufende Aktualisierung der Computer mit der neuesten Software und den neuesten Updates. Darüber hinaus müssen Sie stets über die aktuellen Sicherheitsangriffe und -trends informiert sein. So waren beispielsweise zur Abwehr von vielen Viren und Würmern bereits entsprechende Softwareupdates vorhanden, bevor die Hauptangriffswelle erfolgte. Neue Angebote von Microsoft in diesem Zusammenhang sind das im Service Pack 2 integrierte Sicherheitscenter und der neue Windows Installer, der mehr Sicherheitsoptionen für die Softwareinstallation bietet.

Vor der Installation – Checkliste

Bevor Sie mit der Installation des Service Pack 2 beginnen, sollten Sie einige vorbereitende Maßnahmen treffen, damit das SP 2 erfolgreich und ohne Schwierigkeiten auf Ihrem Rechner zukünftig seine Arbeit versieht.

1. Besuchen Sie die Website Microsofts (http://www.microsoft.de) und suchen Sie den Bereich auf, der sich mit dem SP 2 beschäftigt. Hier finden Sie eine Liste mit Programmen, die sich derzeit noch nicht mit dem Service Pack 2 vertragen. Sollten Sie hier ein Programm entdecken, das Sie regelmäßig benutzen, verzichten Sie besser auf die Installation des SP 2. Derzeit arbeiten fast alle namhaften Software-Hersteller daran, ihre Programme an das SP 2 anzupassen. Haben Sie also noch ein wenig Geduld, wenn noch keine Anpassungen Ihrer installierten Programme an das SP 2 verfügbar sind.
2. Bevor Sie das SP 2 installieren, stellen Sie sicher, dass Sie als Benutzer angemeldet sind, der über administrative Rechte verfügt. Nur dann ist es möglich, das SP 2 zu installieren.
3. Das Service Pack 2 benötigt ungefähr 900 MByte Platz auf Ihrer Festplatte (Systempartition). Sollte Ihnen nicht mehr soviel Platz zur Verfügung stehen, entrümpeln Sie Ihre Festplatte. Hierfür gibt es eine Vielzahl von Free- und Shareware-Programmen, die Ihre Festplatte nach nicht mehr benötigten Dateien und Ordnern durchsuchen. Oder benutzen Sie erst einmal die Windows XP-eigene *Datenträgerbereinigung* (*Start/Alle Programme/Zubehör/Systemprogramme*). Von Vorteil ist es ebenfalls, im Vorfeld der SP 2-Installation eine Defragmentierung Ihrer Festplatte vorzunehmen, insbesondere dann, wenn Sie viele Programme und Dateien installiert haben.
4. Setzen Sie einen Systemwiederherstellungspunkt, bevor Sie das SP 2 installieren. So können Sie im Fall einer fehlerhaften oder nicht funktionierenden Installation zu dem Punkt zurückkehren, wo Ihr Windows XP noch einwandfrei funktionierte.
5. Führen Sie vor der Installation des SP 2 unbedingt eine Sicherung Ihrer Daten durch. Auch hierfür gibt es eine Vielzahl von Backup-Programmen. Oder brennen Sie eine CD oder DVD mit Ihren persönlichen

Daten. Das geht ohne Schwierigkeiten direkt aus dem Betriebssystem heraus, ohne das Sie ein zusätzliches Programm benötigen.

6. Führen Sie einen kompletten Virenscan Ihrer Festplatte durch, um sicherzustellen, dass keine Viren auf Ihrem Rechner vorhanden sind. Deaktivieren Sie anschließend das Virenprogramm. Virenprogramme sorgen sehr oft für Verwirrung bei zu installierenden Programmen.
7. Schließen Sie alle geöffneten Programme und beenden Sie eine gegebenenfalls bestehende Verbindung ins Internet.

Sind all diese Schritte erfüllt, kann es mit der Installation des SP 2 losgehen.

Das Sicherheitscenter

Nach der Installation des SP 2 finden Sie in den Systemeinstellungen ein neues Symbol mit der Bezeichnung *Sicherheitscenter*. Das Sicherheitscenter überprüft den Status eines Computers im Hinblick auf die drei weiter unten aufgeführten wichtigen Sicherheitsaspekte. Wenn bei einem dieser wichtigen Punkte ein Problem festgestellt wird (z. B. ein veraltetes Antivirusprogramm), sendet das Sicherheitscenter eine Warnung und stellt Empfehlungen bereit, wie Sie den Computer besser schützen können.

- Firewall: Die Windows-Firewall trägt zum Schutz des Computers bei, indem der Zugriff durch nicht autorisierte Benutzer auf den Computer über ein Netzwerk bzw. das Internet verhindert wird. Windows überprüft, ob der Computer durch eine Software-Firewall geschützt ist.
- Virenschutzsoftware: Antivirusprogramme schützen den Computer vor Viren und anderen Sicherheitsbedrohungen. Windows überprüft, ob auf dem Computer ein umfassendes, aktuelles Antivirusprogramm verwendet wird.
- Automatische Updates: Mithilfe von automatischen Updates kann Windows routinemäßig nach den neuesten wichtigen Updates für den Computer suchen und diese automatisch installieren.

Klicken Sie zum Öffnen des Sicherheitscenters im Startmenü auf *Systemsteuerung*, und klicken Sie dann auf *Sicherheitscenter*.

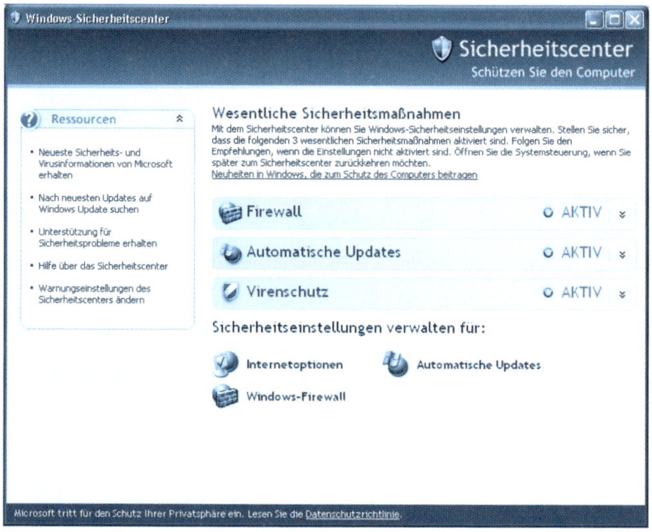

Das Sicherheitscenter von Windows XP überprüft Ihren Computer auf viele gängige, derzeit auf dem Markt erhältliche Antivirus- und Firewall-Programme. Dennoch ist es möglich, dass Sie ein Programm verwenden, das vom Sicherheitscenter noch nicht erkannt wird, da der Hersteller eine entsprechende SP 2-Unterstützung nicht bereitstellt. Hier sollten Sie beim Hersteller Ihrer Antivirus- bzw. Firewall-Software öfter mal im Web vorbeischauen, ob es schon eine Aktualisierung für das SP 2 gibt.

Das Sicherheitscenter ist in der Lage zu erkennen, ob auf dem Computer Firewall- oder Antivirusprogramme verwendet werden. Wie bereits erwähnt, werden jedoch nicht alle Firewall- und Antiviruslösungen erkannt.

- Bestimmte Antivirus- und Firewall-Lösungen können vom Sicherheitscenter grundsätzlich nicht erkannt werden. Zu dieser Gruppe gehören alle Hardware-Firewall-Lösungen, wie z. B. Netzwerkrouter.
- Einige Antivirus- und Firewall-Programme sind so konzipiert, dass Informationen zu den Programmen an das Sicherheitscenter gemeldet werden können. Solche Programme können spezielle Informationen zu ihrem Status liefern, z. B. ob die zugehörige Virensignaturdatei aktuell ist.

- Das Vorhandensein einiger anderer Firewall- oder Antivirusprogramme kann vom Sicherheitscenter erkannt werden, auch wenn diese keine Informationen zu ihrem Status liefern. Das Sicherheitscenter kann jedoch lediglich erkennen, ob ein solches Programm auf dem Computer installiert ist; Informationen zum Status des Programms werden nicht gemeldet.

Wenn Sie Zweifel bezüglich des Status Ihrer Antivirus- oder Firewall-Lösung haben oder wenn Sie eine scheinbar unzutreffende Benachrichtigung vom Sicherheitscenter erhalten, erkundigen Sie sich beim Hersteller der Antivirus- oder Firewall-Lösung, ob die ausgeführte Software im Sicherheitscenter unterstützt wird.

Konfiguration der Firewall

Windows XP verfügt schon seit jeher über eine eingebaute Firewall, die jedoch unglücklicherweise zwar installiert, jedoch nicht standardmäßig im Rahmen der Installation aktiviert wurde. Mit der Entwicklung des SP 2 hat Microsoft die betriebseigene Firewall stark verbessert. Sobald Sie das SP 2 installiert haben, ist die Firewall aktiviert und bietet zumindest einen Grundschutz gegen Angriffe von außen. Zudem können Sie einfache Regeln festlegen, welche Programme Anfragen aus dem Netzwerk oder Internet entgegennehmen dürfen.

Vorsicht ist dennoch geboten: Leider kontrolliert die XP-eigene SP 2-Firewall nur Daten, die in Ihren Rechner hinein wollen, aber keine Programme, die Daten ins Internet senden wollen. Somit ist es weiterhin möglich, dass Spyware-Produkte vertrauliche Daten ins Internet senden, ohne dass Sie davon etwas merken. Hier hilft nur eines der zahlreich verfügbaren Anti-Spy-Produkte bzw. Antiviren-Programme. So informiert die SP 2-Firewall den Benutzer nicht darüber, dass bestimmte Programme sang- und klanglos durchgelassen werden. So tragen sich der MSN Messenger oder das Musikprogramm iTunes automatisch in die Ausnahmeliste der Firewall ein.

Aus diesem Grund ist die SP 2-Firewall kein vollwertiger Ersatz für eine Desktop- oder gar Hardware-Firewall.

Wenn Sie die Windows-Firewall verwenden, müssen Sie einige Programme in die Ausnahmeliste eintragen, damit sie Daten aus dem Internet empfangen können. Und das geht so:

1 Klicken Sie auf *Start* und anschließen auf *Systemsteuerung*.

2 Klicken Sie im Dialogfenster *Systemsteuerung* auf *Sicherheitscenter* und anschließend im Dialogfenster *Windows-Sicherheitscenter* auf den Eintrag *Windows-Firewall* unterhalb von *Sicherheitseinstellungen verwalten für*.

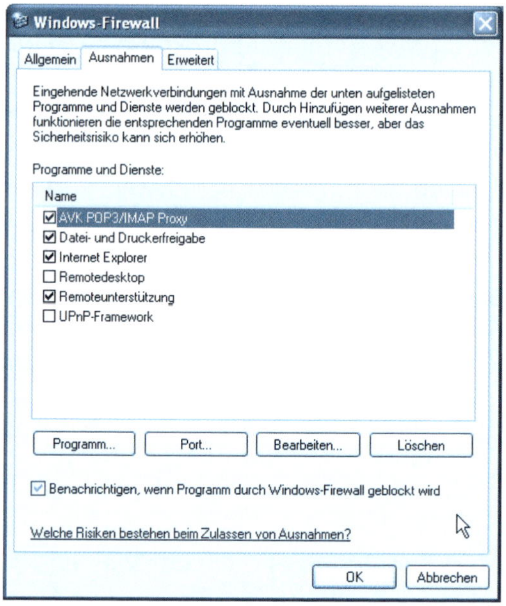

3 Es empfängt Sie das Dialogfenster *Windows-Firewall* mit den Registerkarten *Allgemein*, *Ausnahmen* und *Erweitert*. Bringen Sie die Registerkarte *Ausnahmen* zur Ansicht, indem Sie auf den entsprechenden Reiter der Registerkarte klicken.

Sie erhalten eine Liste mit Programmen, denen die Firewall standardmäßig erlaubt, Daten aus dem Internet oder lokalen Netzwerk zu empfangen.

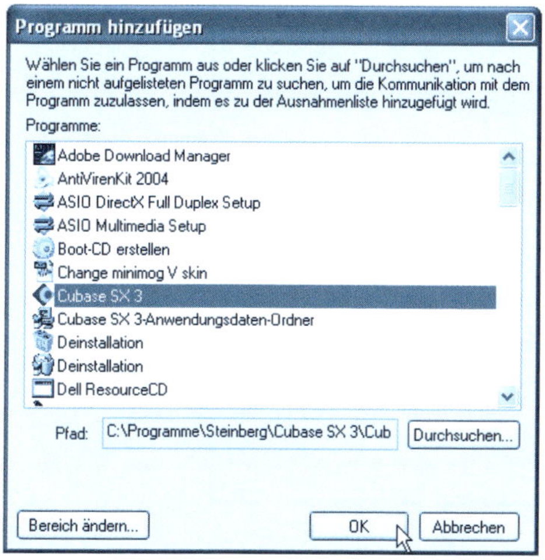

4 Um einem Programm zu erlauben, eine Verbindung ins Internet aufzubauen und von dort Daten zu empfangen, klicken Sie auf die Schaltfläche *Programm*. Es erscheint das Dialogfenster *Programm hinzufügen*, aus dem Sie die entsprechende Anwendung auswählen können.

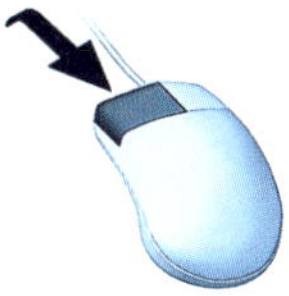

5 Markieren Sie im Fenster *Programm hinzufügen* im Bereich *Programme* das Programm und klicken Sie abschließend auf *OK*.

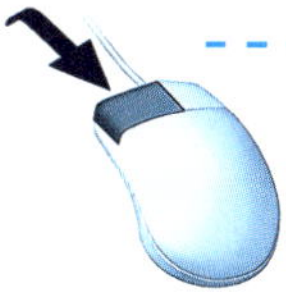

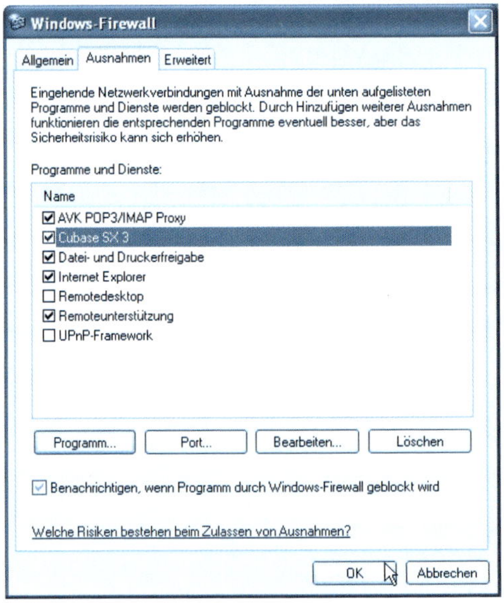

6 Das ausgewählte Programm wurde nun in die Liste der Programme aufgenommen, die ungefragt Daten aus dem Internet empfangen dürfen. Schließen Sie das Dialogfenster *Windows-Sicherheitscenter* mit einem Klick auf *OK*.

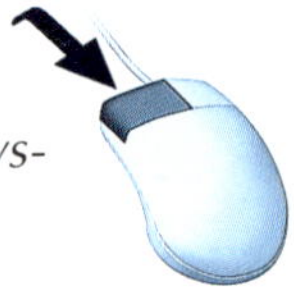

Wiederholen Sie die Schritte 1 bis 6 für jedes Programm, welche Sie in die Liste der Internet-empfangsberechtigten Programme aufnehmen möchten.

Möchten Sie Ihre Firewall bzw. Ihren Rechner wasserdicht machen, so rufen Sie im Dialogfenster *Windows-Firewall* die Registerkarte *Allgemein* auf. Aktivieren Sie auf dieser Registerkarte das Kontrollkästchen *Keine Ausnahmen zulassen*. Schließen Sie das Fenster Windows-Firewall mit einem Klick auf *OK*.

Besitzen Sie eine funktionstüchtige Desktop-Firewall eines anderen Herstellers, ist es keine Seltenheit, dass die integrierte SP 2-Firewall sich mit dieser Firewall »bekriegt«. Aus diesem Grund sollten Sie die XP-Firewall deaktivieren. Klicken Sie dazu im Dialogfenster *Windows-Firewall* auf der Registerkarte *Allgemein* auf die Option *Inaktiv (Nicht Empfohlen)*. Übrigens: Sollten sich Programme nach der Aktivierung der Firewall plötzlich merkwürdig verhalten, so kann dies auch an der Firewall von

Windows XP liegen. Deaktivieren Sie sie und überprüfen das entsprechende Programm erneut auf seine Funktionsfähigkeit.

Konfiguration der Firewall für den Internetzugang

Ist Ihr Computer mit dem Internet verbunden und nicht in ein Heimnetzwerk integriert, konfigurieren Sie die XP-Firewall wie folgt:

1 Klicken Sie auf *Start* und anschließen auf *Systemsteuerung*.

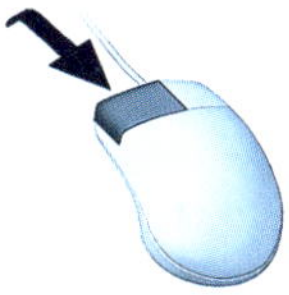

2 Klicken Sie im Dialogfenster *Systemsteuerung* auf *Sicherheitscenter* und anschließend im Dialogfenster *Windows-Sicherheitscenter* auf den Eintrag *Windows-Firewall* unterhalb von *Sicherheitseinstellungen verwalten für.*

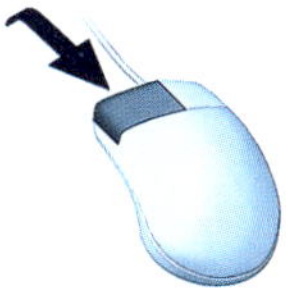

Es empfängt Sie das Dialogfenster *Windows-Firewall*. Bringen Sie die Registerkarte *Ausnahmen* zur Ansicht, indem Sie auf den entsprechenden Reiter der Registerkarte klicken.

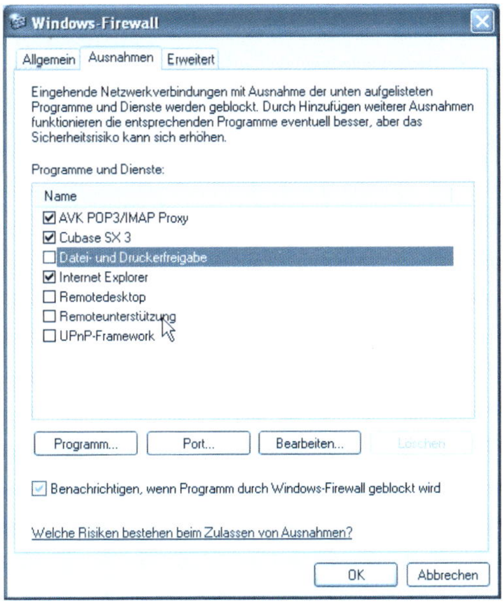

3 Deaktivieren Sie die Einträge *Datei- und Druckerfreigabe* sowie *Remoteunterstützung* indem Sie die Häkchen aus dem Kontrollkästchen entfernen.

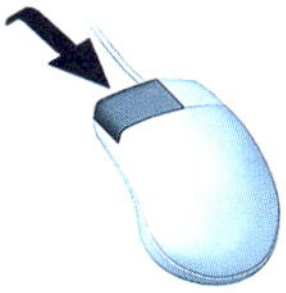

4 Bringen Sie die Registerkarte *Erweitert* zur Ansicht. Klicken Sie im Bereich *ICMP* auf die Schaltfläche *Einstellungen*. Es öffnet sich das Dialogfenster *ICMP-Einstellungen*.

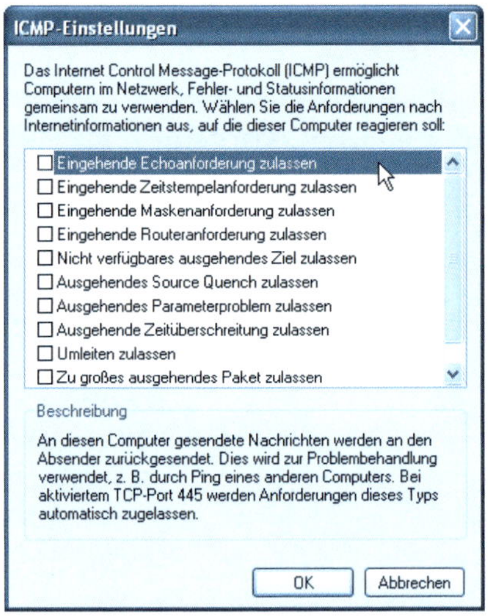

5 Stellen Sie sicher, dass das Kontrollkästchen *Eingehende Echoanforderung zulassen* deaktiviert ist.

6 Schließen Sie das Fenster *ICMP-Einstellungen* mit einem Klick auf *OK*. Schließen Sie das Dialogfenster *Windows-Firewall* mit einem Klick auf *OK*.

7 Schließen Sie abschließend das Sicherheitscenter von Windows XP.

Nun dürften Sie beim Internet-Surfen eigentlich relativ sicher sein, wenn Sie zusätzlich noch über einen leistungsfähigen Antiviren-Scanner verfügen, der konstant im Hintergrund arbeitet und den Datenverkehr überwacht.

Grundlegendes zur Informationsleiste

Der Internet Explorer zeigt (direkt unter der Adressleiste) eine Informationsleiste an, auf der Sie Informationen zu Downloads, gesperrten Pop-Upfenstern und anderen Aktivitäten sehen können. Mithilfe dieser Informationen können Sie potenziell schädliche Dateien aus dem Internet meiden, die Sie andernfalls möglicherweise akzeptiert hätten.

Wenn Sie die Standardeinstellungen von Internet Explorer verwenden, wird die Informationsleiste angezeigt, sobald eine Website Folgendes versucht:

- Installieren eines ActiveX-Steuerelements auf dem Computer.
- Öffnen eines Pop-Upfensters.
- Downloaden einer Datei auf den Computer.
- Ausführen aktiver Inhalte auf dem Computer.
- Unsicheres Ausführen eines ActiveX-Steuerelements auf dem Computer.

Sie werden benachrichtigt, wenn Internet Explorer Folgendes sperrt oder verhindert:

- Ein Steuerelement oder aktive Inhalte auf einer Webseite. Internet Explorer lässt weiterhin das Öffnen des übrigen Inhalts der Webseite zu, sodass Sie sehen können, wie die Webseite ohne Steuerelement funktioniert. Oftmals werden Sie keinen Unterschied bemerken; der Computer ist jedoch weniger anfällig, wenn Sie keine Steuerelemente installieren, die Sie nicht benötigen.
- Den von einer Website veranlassten Download einer Datei auf den Computer. Sie können die Datei immer noch downloaden, wenn Sie dies möchten, aber es wird verhindert, dass die Website Dateien ohne Ihr Wissen oder Ihr Einverständnis downloadet.

Der Pop-Up-Blocker

Im Folgenden geht es darum, wie Sie Pop-Ups blocken, temporär für eine Internet-Sitzung oder prinzipiell für eine Website freigeben können. Und so geht's:

Starten Sie den Internet Explorer und rufen Sie eine Webseite auf, die Sie besonders mit Pop-Ups nervt, deren Informationsgehalt Sie jedoch interessiert. Unterhalb der Adresszeile des Internet Explorers meldet dieser, dass ein Werbefenster blockiert wurde.

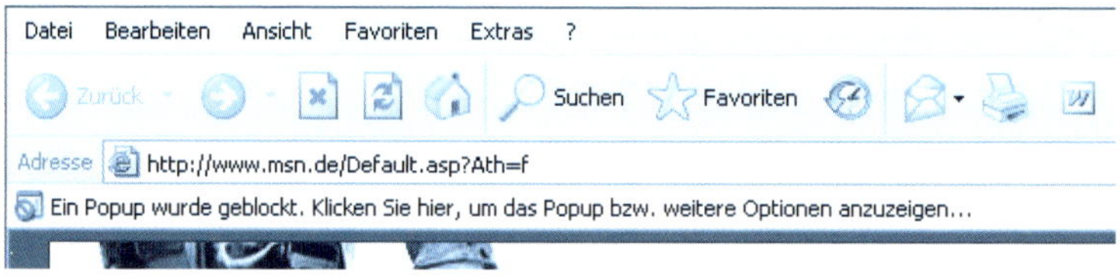

Sind Sie mit der Blockade einverstanden, brauchen Sie weiter nichts zu tun. Bei einigen Internet-Angeboten ist es jedoch so, dass Pop-Ups nützliche Informationen beinhalten. In diesem Fall müssen Sie dem Internet Explorer beibringen »gute« und »schlechte« Pop-Ups zu unterscheiden. Rufen Sie dazu wie gewohnt die entsprechende Website auf. Es erscheint die Blocker-Meldung unterhalb der Adresszeile des Internet Explorers. Klicken Sie doch einmal auf die Mitteilung mit der linken Maustaste Ihrer Maus.

Es erscheint ein kleines Menü, das Ihnen verschiedene Optionen bietet, wie mit den Pop-Ups weiter verfahren werden soll.

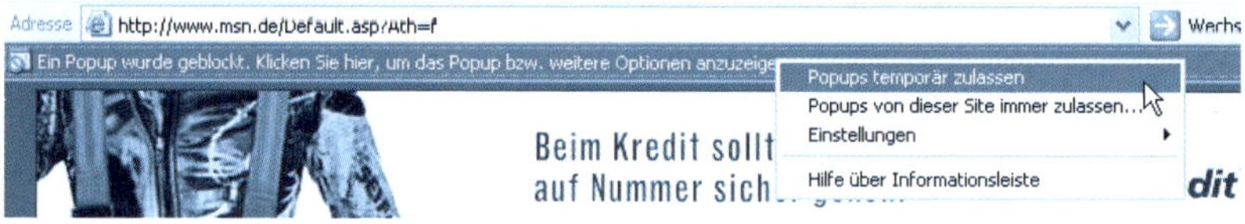

Um Pop-Ups der ausgewählten Site immer zuzulassen, klicken Sie auf den Menüeintrag *Popups von dieser Site immer zulassen*. Es öffnet sich ein kleines Dialogfenster, das Sie noch einmal fragt, ob Sie dies wirklich tun möchten. Klicken Sie auf *Ja*.

Möchten Sie Pop-Up-Fenster dieser Site nur für die aktuelle Sitzung zulassen, klicken Sie auf den Menüeintrag *Popups temporär zulassen*. Daraufhin werden sofort alle Pop-Ups dieser Site auf dem Bildschirm angezeigt.

Erfolgskontrolle

- Welche Zonen bietet der Internet Explorer?
- Welche Zone verwendet der Internet Explorer standardmäßig bei Ausflügen ins Internet?
- Was ist Java?

Die Antworten zu diesen Fragen finden Sie im Anhang dieses Buches im Kapitel »Antworten«.

Kapitel 5

Auf der Jagd nach Informationen

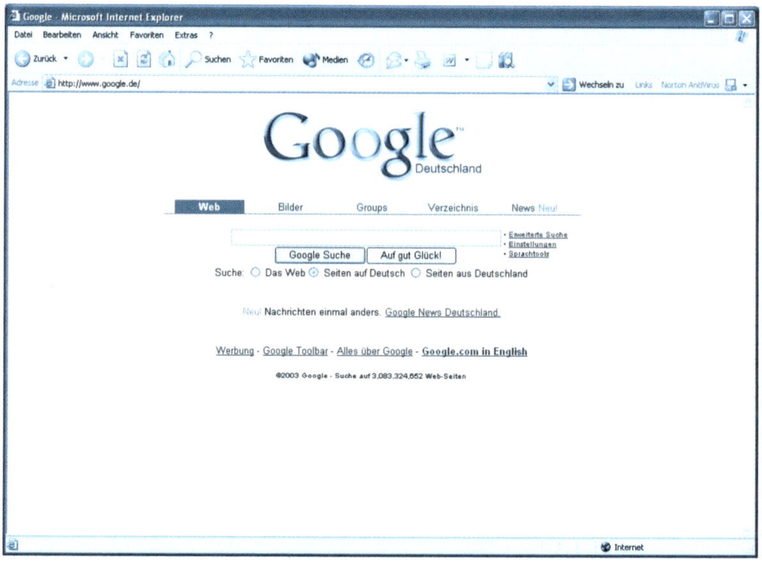

Nach Sie nun den Microsoft Internet Explorer in seinen Basisfunktionen beherrschen, erfahren Sie im folgenden Kapitel, wie ein Such-Server im World Wide Web zu bedienen ist. Sie werden exemplarisch einen Vertreter dieser Art unter die Lupe nehmen. Sie erfahren, wo die Unterschiede zwischen einem Such-Server und einem Web-Katalog liegen und wie Sie diese Möglichkeiten effizient einsetzen.

Das können Sie schon:

Das lernen Sie neu:

Wie funktioniert ein Such-Server?

Wie Sie bereits wissen, ist das Internet so umfangreich, dass es immer schwieriger wird, genau jene Information zu finden, die Sie suchen. Um dieses Problem in den Griff zu bekommen, gibt es im World Wide Web Suchwerkzeuge, so genannte »Suchmaschinen«. Diese Suchmaschinen werden in Internetkreisen auch »Web-Crawler« genannt, weil diese sich durch das Internet »krabbeln«, um die gewünschte Information zu finden. Suchmaschinen sind die im Internet am häufigsten frequentierten Plätze und in aller Regel der beste Ausgangspunkt für jede Webexkursion. Sie werden weiterhin oft im Zusammenhang mit Suchmaschinen den Begriff »Web-Spider« hören. Spider sind Programme, die das WWW nach Dokumenten durchstöbern, indem sie Hyperlinks auf den Webseiten folgen.

Eine Suchmaschine verwendet häufig derartige Spiders, die nach bestimmten Regeln Dokumente im Internet durchsuchen. Sobald ein Spider eine Homepage zur eingegebenen Thematik entdeckt, wird ein so genannter »Software-Agent« angewiesen, die URLs und das Dokument zu holen sowie Informationen darüber an eine Index-Software zu schicken. Die Index-Software erhält daraufhin vom Agenten die Dokumente und die URLs. Im Anschluss daran zieht das Programm aus den Dokumenten bestimmte Informationen zur Thematik heraus und setzt diese auf eine Liste – die Daten werden »indiziert«. In diesem Punkt unterscheiden sich die verschiedenen Suchmaschinen voneinander: Manche indizieren jedes einzelne Wort der Dokumente, andere nur bestimmte Wörter. Wieder andere nehmen nur den Titel und die Überschriften der verschiedenen Webseiten auf. All diese Informationen werden in einer Datenbank der Suchmaschine abgespeichert.

Was ist das?

Ein Software-Agent durchforstet das Internet nach bestimmten Informationen, die Sie ihm als Auftraggeber mit auf den Weg gegeben haben.

Wenn Sie mit einer Suchmaschine bestimmte Informationen suchen, geben Sie dafür in der Regel Stichwörter ein, mit der Sie Ihr Sachgebiet oder Thema umschreiben. Die Datenbank der Suchmaschine wird daraufhin nach den von Ihnen eingegebenen Informationen durchsucht. Wird der Such-Server fündig, werden die Ergebnisse als HTML-Seite zurückgeschickt. Auch in dieser Hinsicht unterscheiden sich die Suchmaschinen voneinander: Manche gewichten die Ergebnisse, um zu zeigen, welche WWW-Plätze dem eingegebenen Suchbegriff am ehesten entsprechen. Viele Such-Server zeigen die ersten Sätze aus dem Dokument an, damit Sie sofort sehen, worum es sich bei diesem WWW-Server handelt.

Wenn Sie nun auf den Link eines Dokumentes aus der Ergebnisliste klicken, wird eine Verbindung zu diesem Dokument bzw. WWW-Server hergestellt.

Wo liegen die Unterschiede zwischen Such-Server und Web-Katalog?

Ganz einfach: Ein Katalogsystem bietet bewertete Seiten, sortiert nach bestimmten Themen.

Die Suche nach Sachgebieten oder Firmen und Organisationen wird durch die klare Gliederung und Indizierung erleichtert. Hinter einem Web-Katalog steckt eine ganze Reihe fleißiger Geister. Diese sind stets auf der Suche nach neuen Webservern, die nach Themen sortiert in den Katalog aufgenommen und mit einer Beschreibung versehen werden. Es findet also eine redaktionelle Bearbeitung statt, um Ihnen die Suche möglichst zu erleichtern. Ein Web-Katalog durchsucht also nicht das Internet nach dem entsprechenden Suchbegriff, sondern er schöpft aus seinem ungeheuren Datenbestand an Webadressen – ähnlich einem Versandhauskatalog.

Was ist das?

Als Indizierung bezeichnet man eine Aufstellung von Daten, die während eines Suchvorganges gefunden wurden.

Ein Such-Server hingegen fischt aus dem gesamten Bestand des Internet jedes einzelne Wort heraus. Daher ist es an dieser Stelle ganz wichtig, die Suchwörter möglichst genau anzugeben.

Sie werden sehen, dass viele Suchmaschinen mit der Anzahl der eingetragenen Einträge werben – das können unter Umständen Millionen sein. Lassen Sie sich davon jedoch nicht täuschen. Ein gut geführter, redaktionell bearbeiteter Web-Katalog bringt zwar bedeutend weniger Suchtreffer als ein Such-Server (auch robotergenerierter Index genannt), die aufgeführten Einträge liegen jedoch meistens deutlich näher am gesuchten Thema.

Der Web-Katalog eignet sich gut zur Suche nach einem bestimmten Thema oder Sachgebiet. Weniger eignet er sich jedoch hingegen zur Klärung einer bestimmten Frage bzw. eines Sachverhaltes. Bekannte Such-Server sind »Lycos«, »Yahoo« oder »Web.de«, die jeweils mit einer übersichtlichen Tabelle mit verschiedenen Themengebieten des täglichen Lebens aufwarten.

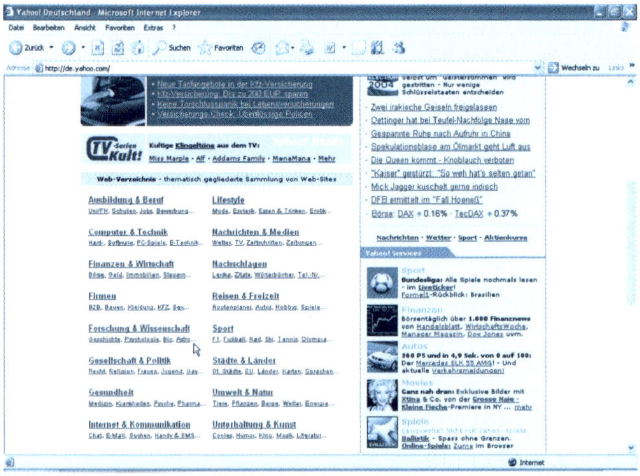

Sie kreisen Ihr gewünschtes Thema ein und steigen immer tiefer in der Hierarchie des Web-Kataloges hinab. Je genauer Sie Ihr Thema eingrenzen, desto exaktere Ergebnisse wird der Web-Katalog liefern. Oft bieten Web-Kataloge dieser Art Möglichkeiten der Verknüpfung. Damit ist gemeint, dass Sie zwei oder auch mehrere Suchbegriffe miteinander verknüpfen können. Um beispielsweise Informationen über die Geschichte des Internets zu erfahren, müssen Sie beide Begriffe – Internet und Geschichte – über eine UND-Operation verbinden. Diese Möglichkeit bieten jedoch nicht alle Web-Kataloge. Machen Sie sich hierzu beim jeweiligen Web-Katalog schlau.

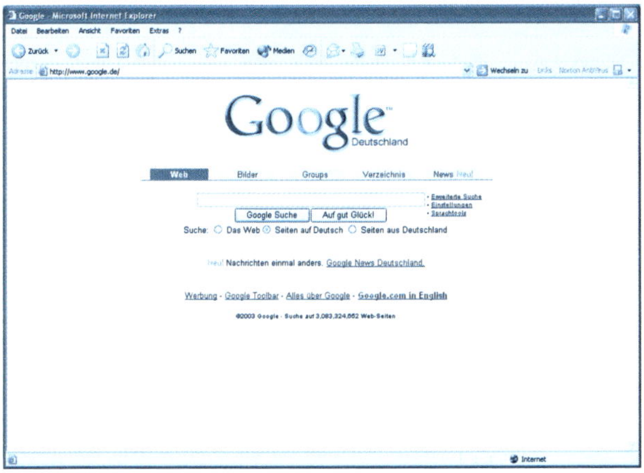

Eine Suchmaschine besteht im Wesentlichen aus drei Komponenten. Der erste Teil ist der so genannte Informationssammler, »Robot«, »Spider« oder auch »Crawler« genannt, der durchs Internet zieht und Seiten vollautomatisch absurft. Der dabei anfallende Informationsberg wird an die Verwaltung – den »Index« – geschickt. Die zweite Komponente ist eine Indizierungssoftware, die die übermittelten Daten strukturiert und durchsuchbar macht.

Die dritte und damit letzte Komponente wertet die anfallenden Suchanfragen aus und schickt die Anfrage an den Daten-Computer, um von dort aus die Suchergebnisse dem Anwender zu präsentieren.

Ein paar Tipps zur Suche

Sicherlich kennen Sie den sinnvollen Spruch, dass viele Wege nach Rom führen – besonders »gestandene« Internetanwender können davon ein Lied singen.

> **Hinweis**
>
> *Im Internet gibt es verschiedene WWW-Server, die Kontakt zu allen großen Suchmaschinen halten. Sie geben an dieser Stelle nur einmal einen Suchbegriff ein, und dieser wird an alle entsprechenden Such-Server und Web-Kataloge versandt, sodass Sie nicht mehr alle Such-Server und Web-Kataloge manuell abklappern müssen. Besonders Hochschulen und Universitäten haben derlei Services eingerichtet.*

Bei der Suche nach einer bestimmten Information im Internet müssen Sie Ihre Denkweise ein wenig umstellen. Gewöhnen Sie sich an, auf Computerebene zu denken: Die logische Verknüpfung von Suchbegriffen tritt in den Vordergrund; in den Hintergrund sollte der sachliche Gesamtinhalt des gewünschten Themas geraten. Gemeint ist damit, dass Sie sich spezielle Oberbegriffe zur Thematik ausdenken sollten. Zu diesem Zweck sollten Sie sich der erweiterten Suchoptionen von Such-Servern bedienen. Es wäre beispielsweise unsinnig, nach einem Begriff wie etwa »Internet« oder »Salz« zu suchen. Die Trefferliste würde in die Hunderttausende gehen. Vielmehr müssen Sie ein Umfeld bestimmen, das im Zusammenhang mit dem gesuchten Themengebiet steht. Wollen Sie beispielsweise etwas über die Salzgewinnung im Roten Meer wissen, sollten Sie Aspekte wie etwa »Chemie«, »Mineralien« oder »Bergbau« aus Ihrer Suchliste ausschließen, da diese zum Thema nur wenig beitragen würden. Verknüpfen Sie lieber die Suchbegriffe »Salz«, »Nahrung«, »Rotes Meer« oder ähnlich relevante Begriffe.

Seien Sie jedoch mit Ihren UND-Verknüpfungen vorsichtig: Zu viele Verknüpfungen bringen unter Umständen gar keine Treffer, da die Datenbasis des Such-Servers nicht ausreicht. Sinnvoller ist ein schrittweises Eingrenzen und das Variieren von Suchbegriffen.

Im Allgemeinen können Sie über ein »+«, UND oder AND Begriffe miteinander verknüpfen. Das heißt, dass die durch diese Operatoren verknüpften Begriffe im Ergebnisdokument vorkommen müssen. Ein Minuszeichen »–« oder NOT schließt ein nachfolgendes Wort aus. Im Ergebnis darf dieses Wort dann nicht enthalten sein. Mehrere Wörter lassen sich mit Anführungszeichen zu einer Phrase verbinden. Diese werden dann als Begriff behandelt: z. B. »Gerhard Schröder« oder »italienische Popmusik«.

Die Syntax unterscheidet sich von Such-Server zu Such-Server. Die meisten Betreiber von Such-Servern weisen Sie jedoch darauf hin.

Sie bedienen den Lycos-Such-Server

Nach all der grauen Theorie ist es jetzt an der Zeit, das Erlernte in der Praxis auszuprobieren.

Stellen Sie sich vor, dass Sie Fotos der aktuellen Mars-Mission der NASA im Internet suchen.

Starten Sie Ihren Internet Explorer, und verbinden Sie sich mit dem Internet. Geben Sie im Anschluss daran die Webseite Ihres Web-Katalogs *http://www.lycos.de* ein, und tippen Sie die Suchbegriffe »NASA« und »Mars« ein. Verknüpfen Sie beide Begriffe mit UND.

1 Der Lycos-Web-Katalog mit der URL *http://www.lycos.de.*

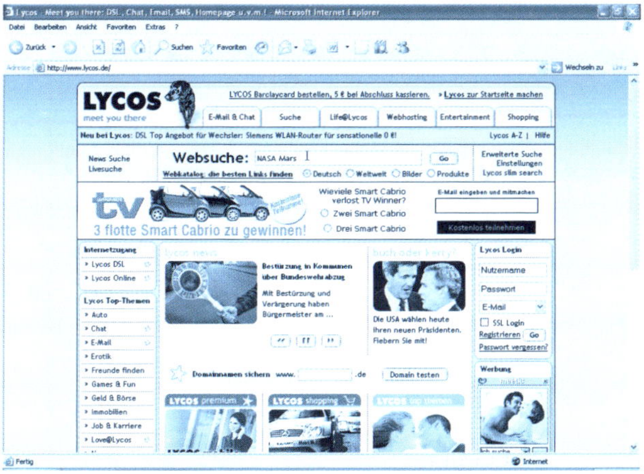

2 Geben Sie im Feld *Suchen nach* die Begriffe *NASA* und *Mars* mit einer Leerstelle dazwischen ein. Betätigen Sie abschließend die [↵]-Taste auf Ihrer Tastatur.

Nach kurzer Zeit gibt der Web-Katalog sämtliche Seiten aus, die beide eingegebenen Suchbegriffe enthalten, und listet diese auf. Sie können jetzt direkt per Mausklick auf die entsprechende Seite springen, die die gewünschten Informationen enthält.

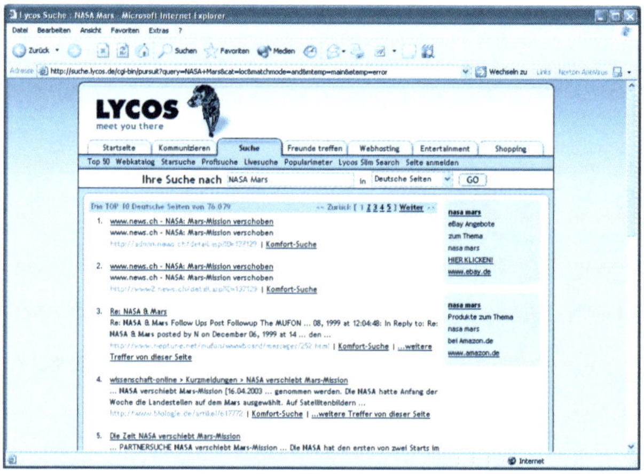

3 Es wurden eine Menge Ergebnisse zur Suchanfrage gefunden.

4 Klicken Sie auf Eintrag Nummer 1, der Sie zu einer Informationsquelle führt, die über Neues zu den NASA-Marsmissionen informiert.

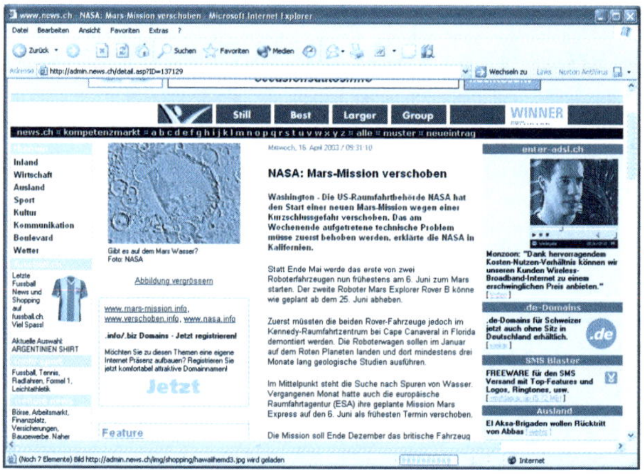

5 Die gewünschte Seite im Internet mit den entsprechenden Informationen.

Sie benutzen einen Katalog

Bisher haben Sie direkt einen Suchbegriff eingegeben, um das gewünschte Dokument zu erhalten. Als Nächstes werden Sie den Katalog von Yahoo nutzen.

Starten Sie den Internet Explorer, und rufen Sie die Adresse *http://www.yahoo.de* auf.

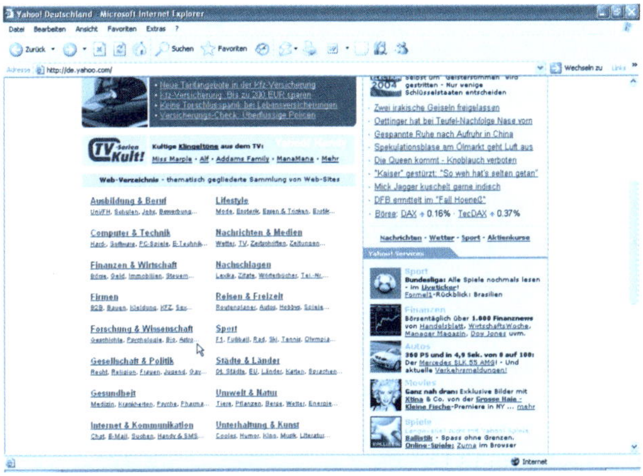

1 Klicken Sie den Bereich (Hyperlink) *Forschung & Wissenschaft* an.

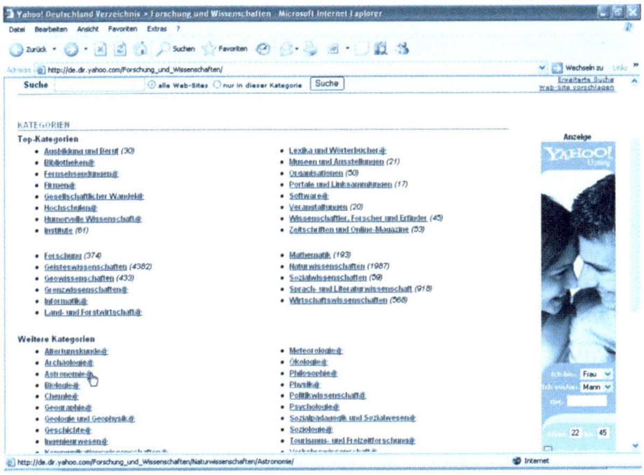

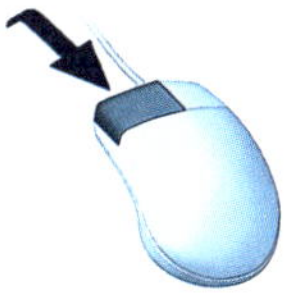

2 Klicken Sie auf den Hyperlink *Astronomie*.

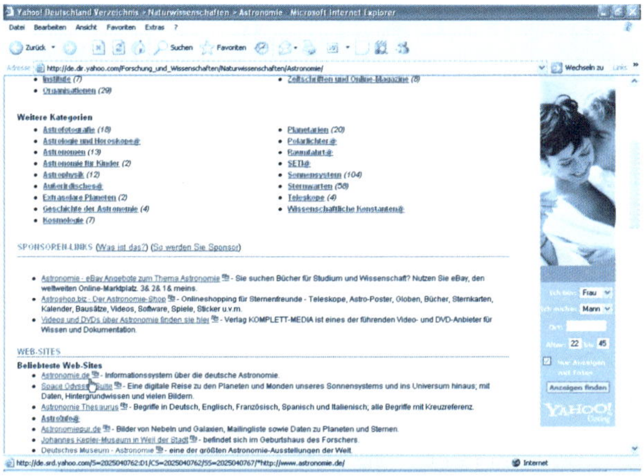

3 Fast geschafft! Klicken Sie mit Ihrer Maus auf *Astronomie.de*.

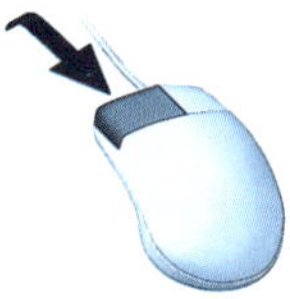

Nachdem Sie sich immer tiefer in den Web-Katalog hinab gearbeitet haben, stehen Sie kurz vor dem Ziel. Sie befinden sich jetzt quasi am Ende der Verzeichnisstruktur – alle die Astronomie betreffenden Hyperlinks sind an dieser Stelle aufgelistet. Von hier aus geht es jetzt direkt zu WWW-Servern, die sich alle mit der Thematik Astronomie befassen.

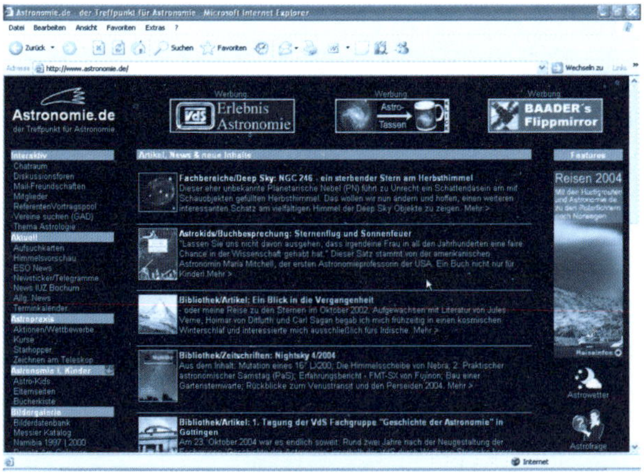

4 Voilà, alles zu aktuellen Themen rund um die Astronomie.

»Googeln« ist »in«

Google wurde im Herbst 1999 offiziell gestartet und hat sich schnell zur beliebtesten Suchmaschine entwickelt. Mit einer innovativen Suchtechnik und einer eleganten Benutzeroberfläche setzt sich Google von den Suchmaschinen der ersten Generation ab. Statt nur eine Stichwort- oder Meta-Suchtechnologie zu verwenden, basiert Google auf der zum Patent angemeldeten PageRank™-Technologie, bei der die wichtigsten Ergebnisse immer zuerst gelistet werden.

PageRank unternimmt eine objektive Bewertung der Wichtigkeit von Webseiten, bei der 500 Millionen Variablen und mehr als zwei Milliarden Begriffe verglichen werden. PageRank verlässt sich dabei auf die einzigartige demokratische Natur des World Wide Webs, indem es die weit verzweigte Link-Struktur als einen Indikator für die individuelle Einschätzung der Qualität einer Seite nimmt. Der Kern ist dabei, dass Google einen Link von Seite A zu Seite B als ein »Votum« von Seite A für Seite B interpretiert. Aber Google sieht sich mehr als nur das Ausmaß der Zustimmung oder der Links auf einer Seite an; Google analysiert ebenfalls die Seite, die das Votum abgegeben hat. Das Votum von einer Seite, die selber »wichtig« ist, zählt mehr und hilft, andere Seiten »wichtig« zu machen. Wichtige Websites mit hoher Qualität bekommen einen höheren PageRank, den Google sich mit jeder Suchanfrage merkt. Natürlich bedeuten Ihnen wichtige Seiten nichts, wenn sie nicht Ihr Suchwort treffen. Deshalb kombiniert Google PageRank mit einer komplexen Textsuche, um Seiten zu finden, die sowohl Ihre Suchanfrage treffen als auch wichtig sind. Google geht in der Analyse weit über die bloße Anzahl der Suchbegriffe, die auf einer Seite zu finden sind, hinaus und untersucht alle inhaltlichen Aspekte (wie auch den Inhalt der Seiten, die mit dieser Seite verbinden), um zu bestimmen, ob sie ein guter Treffer für Ihre Suche ist. Googles komplexe, automatische Suchmethoden schließen einen menschlichen Eingriff aus. Im Gegensatz zu anderen Suchmaschinen kann von Google keine höhere Listung oder eine kommerzielle Veränderung der Ergebnisse gekauft werden.

Google-Grundlagen

Um eine Anfrage an Google zu stellen, müssen Sie einfach einige beschreibende Wörter eingeben und die [↵]-Taste drücken (oder auf die *Google Suche*-Suchschaltfläche klicken, die sich unterhalb des Eingabefeldes befindet). Sie erhalten dann eine Liste relevanter Suchergebnisse. Um Seiten zu finden, die wichtig und relevant im Sinne Ihrer Suche sind, benutzt Google eine komplexe Technologie für die Textsuche. Bei der Analyse einer Seite achtet Google beispielsweise darauf, was eine andere Seite, die mit dieser Seite verbindet, über sie zu sagen hat. Google zieht ebenfalls Seiten vor, bei denen die Suchbegriffe eng beieinander stehen.

Automatische »Und«-Suche

Google gibt nur die Seiten aus, die alle Ihre Suchbegriffe enthalten. Sie brauchen kein *and* zwischen den Suchbegriffen einzugeben. Um die Suche einzuschränken, müssen Sie einfach nur mehr Begriffe eingeben.

Stopp-Wörter

Google ignoriert allgemeine Wörter und Buchstaben, die als Stopp-Wörter bekannt sind. Google übergeht automatisch Wörter wie *http* und *.com* wie auch bestimmte einzelne Zahlen und Buchstaben, weil diese Begriffe nur wenig bei der Einschränkung der Suche helfen, gleichzeitig aber die Suchgeschwindigkeit bedeutend verlangsamen. Bitte benutzen Sie das +-Zeichen, um Stopp-Wörter in Ihre Suche einzufügen. Achten Sie auf die Leerstellen vor dem +-Zeichen. Sie können das +-Zeichen auch bei der Suche mit Wortgruppen verwenden.

Sehen Sie sich Ihre Suchbegriffe im Kontext an

Ein Suchergebnis von Google enthält einen oder mehr Auszüge aus der gefundenen Webseite, damit Sie sehen können, in welchem Kontext Ihr Suchbegriff steht.

Beschränkung

Um genaue Ergebnisse zu liefern, benutzt Google keine »Beschränkung« oder »Wildcards« zum Suchen. Anders ausgedrückt: Google sucht genau nach den Worten, die Sie eingegeben haben. Eine Suche nach »googl« oder »googl*« führt nicht zu »googler« oder »googlin«. Im Zweifelsfall benutzen Sie bitte beide Formen, z. B. »Verlag« und »Verlage«.

Sind Großschreibung und Umlaute nötig?

Nein. Bei der Google-Suche werden sowohl großgeschriebene als auch kleingeschriebene Varianten der Suchbegriffe gefunden. Zum Beispiel führen Suchanfragen nach »google«, »GOOGLE« und »GoOgLe« zu denselben Ergebnissen. Die Google-Suche erfordert auch keine Umlaute, d. h. mit *Muenchen* und *München* erhalten Sie dieselben Ergebnisse. Wenn Sie zwischen den beiden Wörtern unterscheiden möchten, benutzen Sie bitte ein +-Zeichen: Mit *+München* erhalten sie nur Ergebnisse mit genau dieser Schreibart und keine Ergebnisse, die nur *Muenchen* enthalten.

Start einer Google-Suche

Suchen Sie im Folgenden in Google nach Informationen zu dem Smart Roadster, einem neuen Auto, das Ihr Interesse geweckt hat. Gehen Sie wie folgt vor:

1 Stellen Sie eine Verbindung zum Internet her und starten Sie anschließend den Internet Explorer. Geben Sie in der Adresszeile die URL *http://www.google.de* ein. Betätigen Sie die [↵]-Taste.

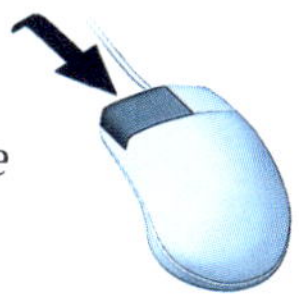

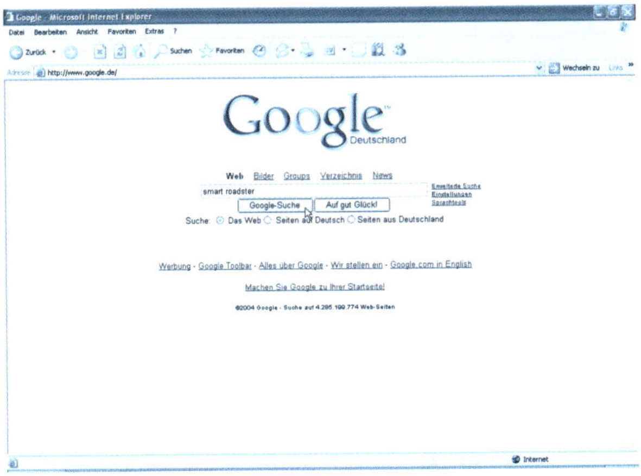

2 Es empfängt Sie die Willkommensseite von Google. Geben Sie im Eingabefeld den Begriff *smart roadster* ein. Nun müssen Sie sich entscheiden, ob Sie das gesamte Web nach diesem Begriff durchsuchen möchten oder nur Seiten in deutscher Sprache. Des Weiteren können Sie die Suche auf das deutsche Web begrenzen. Entscheiden Sie sich für eine der drei Optionen unterhalb der Schaltfläche *Google Suche*. Klicken Sie anschließend auf *Google Suche* oder betätigen Sie die [↵]-Taste Ihrer Tastatur.

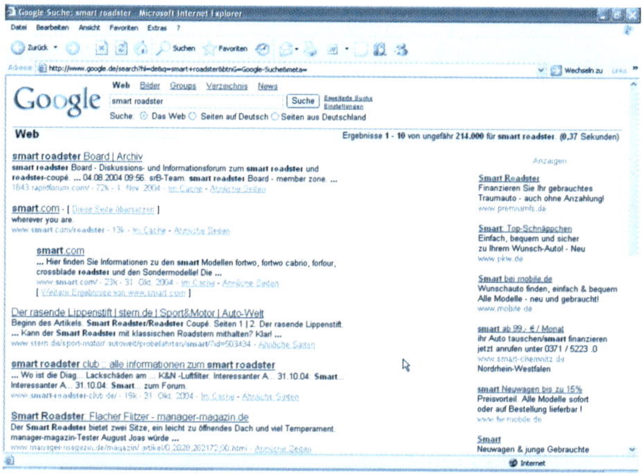

3 Kurze Zeit später erscheint eine Liste mit Suchergebnissen. Sie müssen lediglich noch auf einen der angezeigten Links mit der Maus klicken, und schon gelangen Sie zur entsprechenden Website, auf der Google zum Suchbegriff fündig geworden ist. Sind Sie auf der ersten Seite mit Suchergebnissen nicht fündig geworden, so scrollen Sie den Inhalt der aktuellen Webseite nach oben.

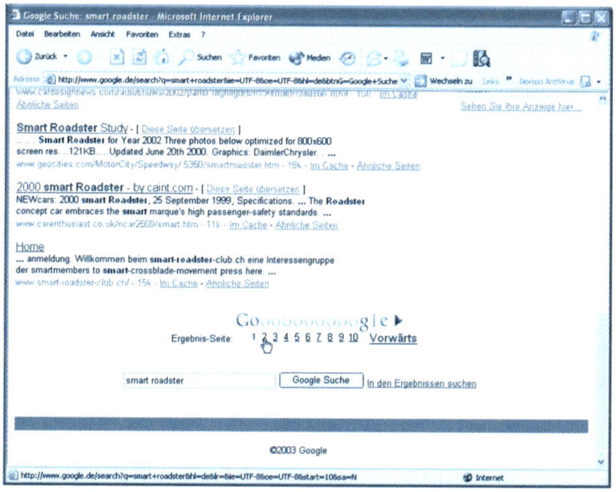

4 Klicken Sie hinter *Ergebnis-Seite* auf eine der Zahlen. Diese Zahlen stehen für Seiten mit Suchergebnissen. Wenn Sie also auf die *»2«* klicken, zeigt Ihnen Google eine zweite Seite mit Suchergebnissen zum eingegebenen Suchbegriff. Alternativ können Sie auch auf *Vorwärts* klicken. Dann öffnet Google immer die nächste Seite mit Suchergebnissen.

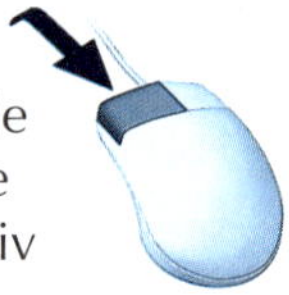

5 Haben Sie sich für ein Suchergebnis entschieden, so klicken Sie mit der Maus darauf. Kurze Zeit später sollte die entsprechende Webseite im Browser erscheinen.

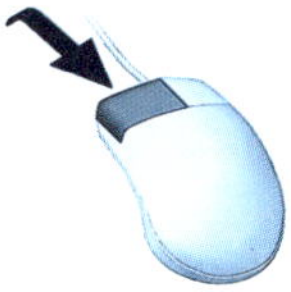

Möchten Sie lediglich nach Bildern zum neuen Smart Roadster suchen, gehen Sie wie folgt vor: Geben Sie wie gehabt den Suchbegriff *smart roadster* im Eingabefeld ein.

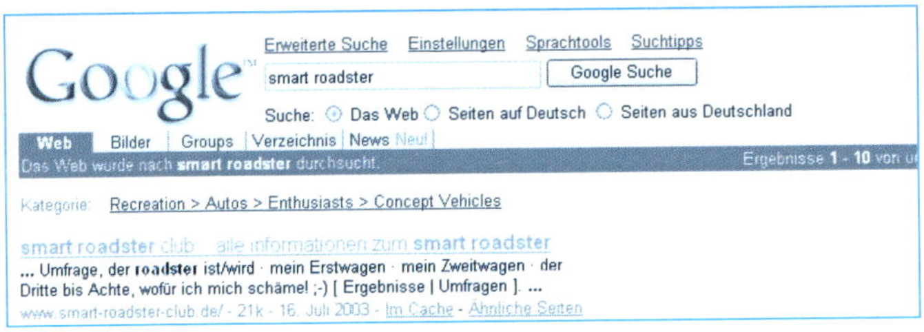

Klicken Sie anschließend mit der Maus auf den Registerreiter *Bilder*. Kurze Zeit später öffnet der Internet Explorer bzw. Google eine Seite mit Suchergebnissen, auf der sich nur Fotos bzw. Bilder befinden. Wenn Sie ein Foto anklicken, gelangen Sie zu der Webseite, die dieses Foto beherbergt.

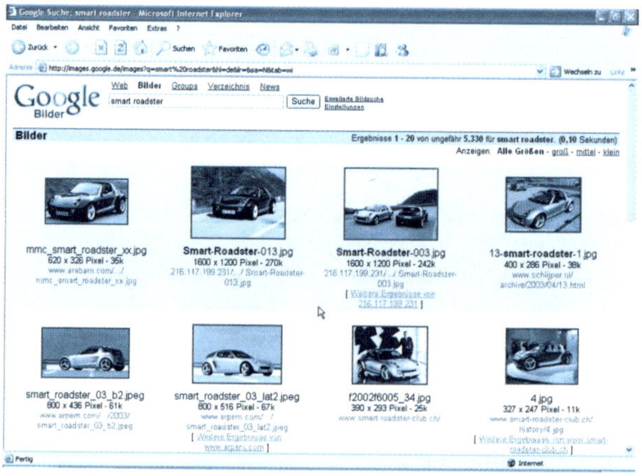

Wenn Google und Co versagen – suchen im »Deep Web«

Das Deep Web ist der Teil des Internets, der zwar frei zugänglich ist, aber von herkömmlichen Suchmaschinen wie Google oder Yahoo nicht erfasst wird. Der Grund: Suchmaschinen können nur statische Inhalte scannen, nicht aber Webseiten, die aufgrund von Datenbankabfragen ständig neu entstehen. Eine solche dynamische Webseite sieht jedes Mal anders aus, je nachdem, was man eingibt. Deshalb kann der Suchroboter der Suchmaschine hier nicht wie gewohnt Seite für Seite durchlaufen. Wie groß der Bereich des Internets ist, der von Suchmaschinen nicht erschlossen wird, lässt sich nur mutmaßen. Sicher ist: Beim Deep Web handelt es sich um den bei weitem größeren Teil des Netzes. Und das Deep Web wächst sogar noch schneller als der über Suchmaschinen auffindbare Bereich.

In der »Tiefe« verbergen sich unter anderem Seiten ohne Hyperlinks, durch Passwort geschützte Daten und in Datenbanken gespeicherte Informationen. Nach einer Studie der Firma BrightPlanet.com werden von herkömmlichen Suchmaschinen nur 0,2 Prozent der Informationen des Internets erfasst. Der weitaus größere Teil liegt demnach in dynamischen Seiten und Datenbanken. Die Datenmenge im so genannten »tiefen Web« wird auf 7.500 Terabyte geschätzt. Es ist damit 400 bis 550 Mal größer als das mit Suchmaschinen erfasste »surface web« mit 19 Terabyte.

Die Qualität des Deep Web ist um ein Vielfaches größer als der Durchschnitt von Webseiten im Surface Web, da es in der Regel von Experten erstellt wird.

Mehr als die Hälfte des Deep Web hat den Inhalt in themenspezifischen Datenbanken angesiedelt. Über 95 Prozent des Deep Web sind für die Öffentlichkeit zugänglich, ohne dass Gebühren entrichtet werden müssten.

Für die Suche im Deep Web gibt es mittlerweile eine kleine Anzahl spezialisierter Suchmaschinen:

CompletePlanet

Das Deep Web, auch unsichtbares Web genannt, birgt eine Vielzahl von Quellen, die durch normale Suchmaschinen nicht erfasst werden. BrightPlanet, Betreiber von CompletePlanet (*www.completeplanet.com*), verkündet, dass nun mehr als 100.000 Datenquellen zur Recherche im offiziellen Verzeichnis bereitstehen. Ansprechbar sind zahlreiche Datenbanken und spezialisierte Suchmaschinen. CompletePlanet soll die größte bekannte Zusammenstellung durchsuchbarer Quellen sein und Zugriff auf geschätzte vier Milliarden Dokumente liefern, etwa doppelt so viele wie die größte bekannte Suchmaschine.

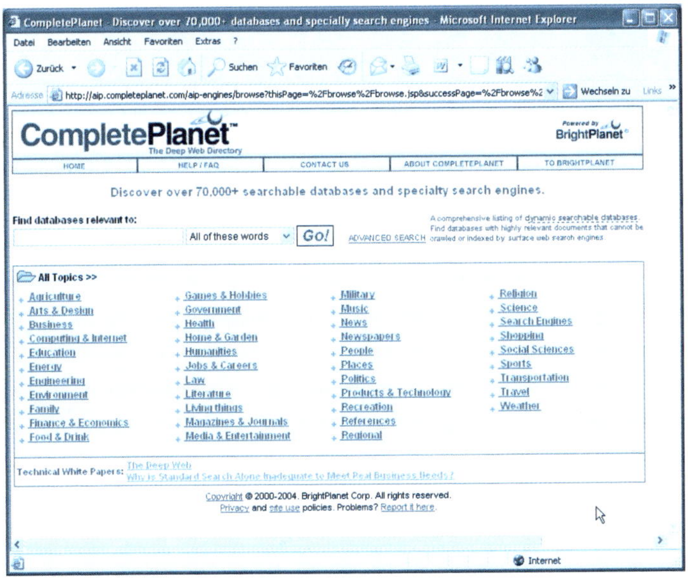

CompletePlanet bietet neben dem Zugriff auf die zahlreichen Ressourcen umfangreiche Tipps und Anleitungen für die effektive Suche.

Bingooo

BINGOOO (*www.bingooo.de*) ist eine neue Client-basierte Suchsoftware, die folgende Eigenschaften anbietet: Die heterogenen Informationsquellen im Internet werden durch Rekonstruktion der semantischen Ebene zu einer verteilten, virtuellen Datenbank transformiert. Eine Modifikation auf Quellenseite ist dazu nicht erforderlich.

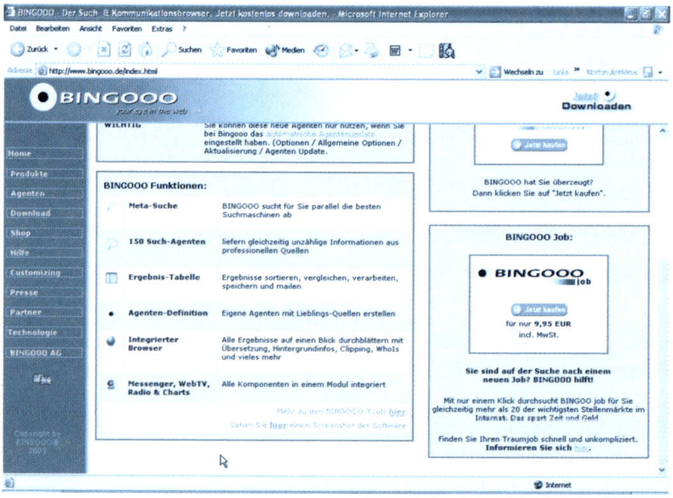

Es erfolgen eine parallele Suche in mehreren Quellen und eine einheitliche Zusammenfassung von deren Ergebnissen. Je nach Suchkontext wird nur auf die jeweils relevanten Quellen zugegriffen.

Durch dieses Vorgehen kann das von normalen Suchmaschinen nicht erfassbare Deep Web erschlossen werden. Das System liefert Daten statt Links und ermöglicht damit ein Vergleichen und Sortieren auf der semantischen Ebene.

Um im Deep Web mit Bingooo zu suchen, benötigen Sie einen kleinen Agenten, der für Sie im Internet unterwegs ist. Dieses kleine Programm können Sie sich gratis von der Homepage laden.

Erfolgskontrolle

Welche Aufgabe hat ein Software-Agent?

- Was ist das Deep Web?
- Was ist Indizierung?

Die Antworten zu diesen Fragen finden Sie im Anhang dieses Buches im Kapitel »Antworten«.

Kapitel 6

Musik aus dem World Wide Web

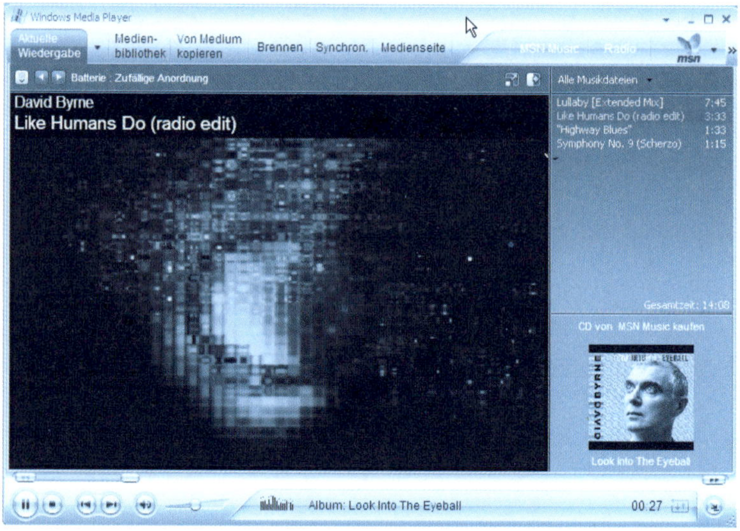

Das World Wide Web ist ein interaktives und vor allem ein multimediales Medium. Sie haben die Möglichkeit, über das WWW Musik, Nachrichten oder Reden über die Boxen der Soundkarte Ihres Computers zu hören. In diesem Kapitel erfahren Sie, was notwendig ist, um diese faszinierende Möglichkeit zu nutzen.

Das können Sie schon:

Das lernen Sie neu:

Rock, Pop und Klassik aus dem Web

Die Welt, die uns umgibt, nehmen wir mit unseren verschiedenen Sinnen war. Dabei spielen Augen und Ohren eine herausragende Rolle – sie sind unsere wichtigsten Sinnesorgane. Das Internet als ein modernes Kommunikationsmedium bietet dem Nutzer seit der Erfindung des World Wide Web auch etwas für die Ohren.

Klänge, Stimmen und Musik sind inzwischen zum alltäglichen Bestandteil des Internets geworden. Das fängt bei Radiostationen, Interviews im Web und Musik an und endet bei Klang-Dateien und ganzen Live-Konzerten, die über das WWW übertragen werden.

Im Internet gibt es eine ganze Menge verschiedener Audio-Typen. Sie alle haben gemein, dass sie digitalisiert wurden, um über das Internet übertragen zu werden. Sicherlich haben Sie schon einmal Dateien mit der Endung .wav oder .au gesehen. Dies sind Dateien, die Audio-Daten, wie etwa Musik oder Sprache, enthalten. Um sie auf Ihrem Computer abzuspielen, benötigen Sie ein bestimmtes Programm – einen so genannten »Audio-Player«, der erfreulicherweise bereits in Windows XP in Form des Windows Media Player enthalten ist.

> **Was ist das?**
>
> *Analoge Daten, wie beispielsweise Sprache oder Video, müssen in Einsen und Nullen umgewandelt werden, damit der Computer diese Art von Informationen versteht. Den Vorgang dieser Umwandlung bezeichnet man als* ***Digitalisieren****.*

In der Regel sind Audio-Dateien sehr groß, und Sie müssen sie erst einmal aus dem Internet auf Ihren Computer herunterladen. Sie können die Dateien erst anhören, wenn sie sich komplett auf Ihrer Festplatte befinden. Sie sehen also: ein mühsames Unterfangen. Es ist bei weitem keine Seltenheit, dass Sie auf eine Datei, die vielleicht eine Minute Musik enthält, mehr als 20 Minuten warten müssen!

Doch keine Panik! Eine weitaus bessere und auch modernere Verwendung von Audio im Internet nennt sich »Streaming Audio«. Hierbei werden die Audio-Daten intelligent verarbeitet. Sie müssen nicht mehr warten, bis die gesamte Datei übertragen wurde, um sie abzuspielen. Vielmehr hören Sie die Töne schon während des Downloads. Für dieses Verfahren benötigen Sie ein spezielles Programm, das automatisch von

Ihrem Webbrowser aufgerufen wird, sobald Sie einen Hyperlink anwählen, der eine entsprechende Sound-Datei enthält.

Musik in CD-Qualität – MP3

MP3 ist *der* Standard im Internet, wenn um die Übertragung von Musik geht. Dabei handelt es sich um ein spezielles Kompressionsverfahren, bei dem die entsprechenden Musikstücke Ihrer nicht hörbaren Frequenzen beraubt werden. Dies hat den Effekt, dass die entsprechende Sound-Datei wesentlich kleiner wird und zur Übertragung über das Internet besser geeignet ist. So hat ein vollständiger Song etwa eine Größe von 5 bis 7 MByte, im Gegensatz zum WAV-Format, wo ein entsprechender Song eine stolze Größe von über 30 MByte aufweist. Zum Abspielen von MP3-Dateien brauchen Sie einen speziellen MP3-Player, den Sie kostenlos über das Internet erhalten. Möchten Sie MP3-Dateien auf CD bannen, so benötigen Sie einen MP3-Decoder, der ebenfalls kostenlos über das Internet erhältlich ist.

Laden einer MP3-Datei aus dem Internet

MP3-Dateien finden Sie im Internet. Als idealer Startplatz dient die Website *http://www.tonspion.de*. Verbinden Sie sich also mit dem Internet, und rufen Sie die Website auf.

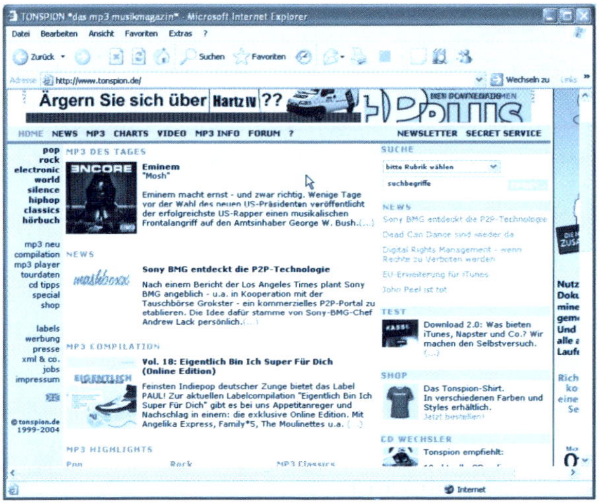

1 Klicken Sie auf ein Musik-Genre in der linken Spalte der Website, beispielsweise *Electronic*.

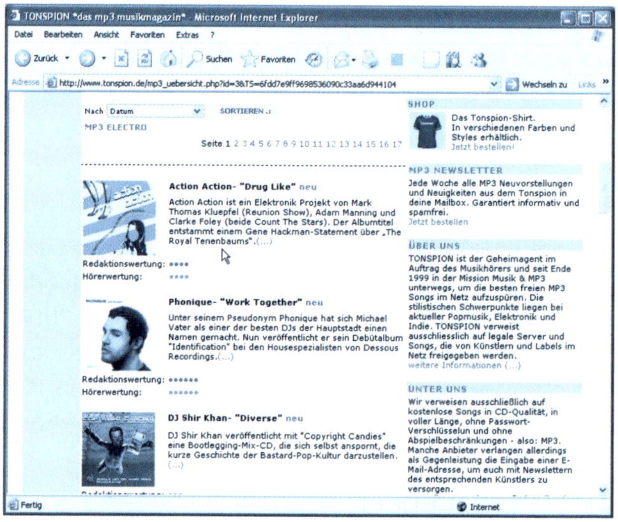

2 Klicken Sie auf das Cover der CD eines Künstlers, der Sie interessiert.

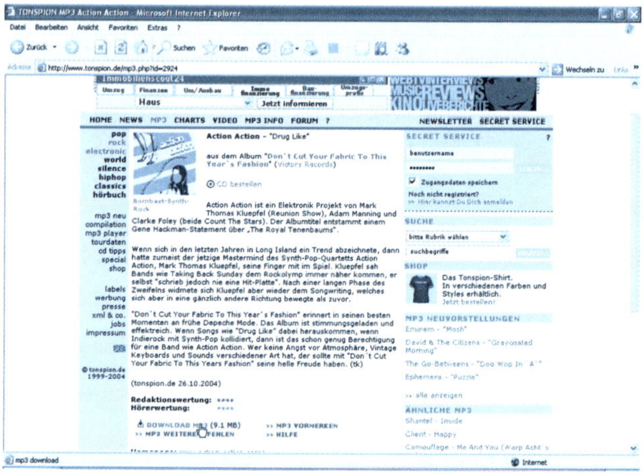

3 Klicken Sie auf den Hyperlink *Download MP3*. Daraufhin werden Sie zu der Website des Künstlers geleitet.

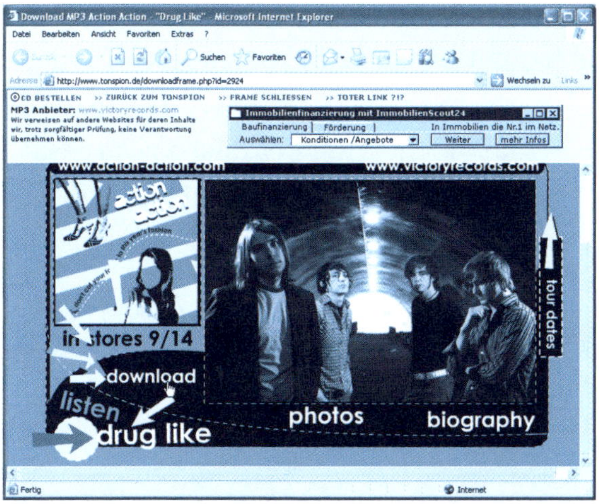

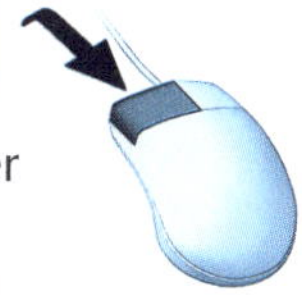

4 Klicken Sie auf *Download* bzw. suchen Sie auf der entsprechenden Website nach dem Downloadbereich. Haben Sie den MP3-Titel gefunden, klicken Sie ihn mit der rechten Maustaste an, und wählen Sie aus dem Kontextmenü den Menüeintrag *Ziel speichern unter* aus.

Manchmal kann es auch vorkommen, dass Sie den Titel nicht downloaden können. Sie können ihn dann aber direkt im Media Player abspielen, indem Sie ihn mit der linken Maustaste anklicken.

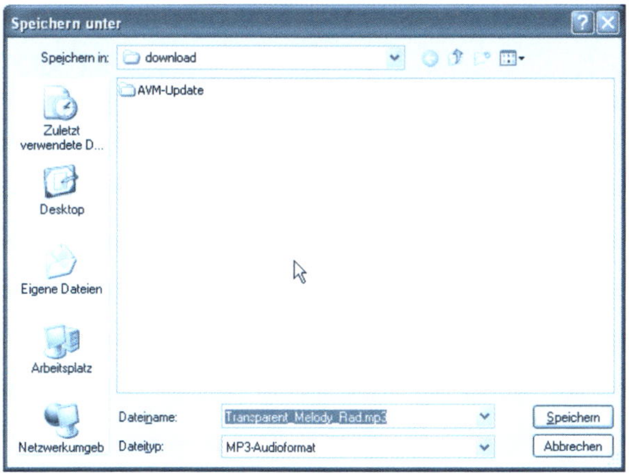

5 Wählen Sie einen Speicherplatz auf Ihrer Festplatte aus, und klicken Sie auf *Speichern*.

Nach einigen Minuten befindet sich eine Datei mit der Endung .mp3 auf Ihrer Festplatte, die Sie mit einem entsprechenden MP3-Player abspielen können.

Klicken Sie die MP3-Datei doppelt mit der linken Maustaste an, so öffnet sich der Windows Media Player und spielt den Titel ab.

Abspielen einer MP3-Datei

Nachdem sich nun die MP3-Datei auf Ihrem Rechner befindet, können Sie sie über Ihren MP3-Player abspielen.

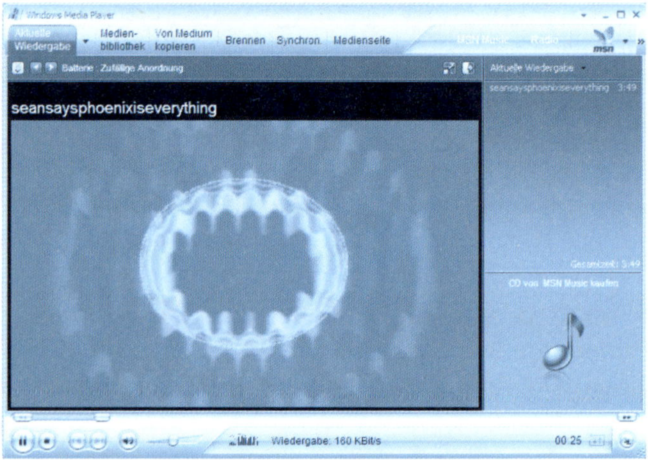

1 Führen Sie einen Doppelklick auf die MP3-Datei auf Ihrer Festplatte aus, die Sie abspielen möchten. Daraufhin öffnet sich automatisch der Media Player von Windows XP und spielt die Datei ab.

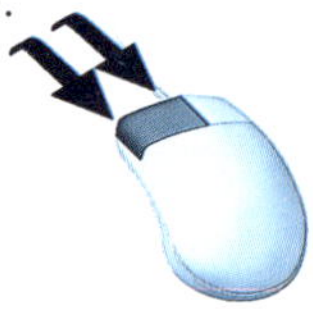

Windows XP und sein Media Player

Der in Windows XP integrierte Media Player ist in der Lage, unterschiedlichste Multimediadateien innerhalb einer Oberfläche abzuspielen. Dabei unterstützt er alle gebräuchlichen Audio- und Videoformate, die derzeit populär sind. Beispielsweise brauchen Sie nicht mehr auf den RealPlayer zurückzugreifen, einen Multimedia-Player aus dem Hause Real Networks, da der Media Player nun auch dessen Format unterstützt. Es spricht natürlich nichts dagegen, die Programme auch weiterhin einzusetzen, wenn Sie sich in den vergangenen Jahren an deren Funktionsweise und Bedienung gewöhnt haben.

Da der Media Player eine Vielzahl unterschiedlicher Multimediaformate unterstützt, wollen wir keine riesige Tabelle abbilden, sondern Ihnen vielmehr zeigen, wo Sie die Dateiformatunterstützung finden und ändern können. Dies ist insofern notwendig, als Sie einen Standard-Player für die einzelnen Formate festlegen müssen, falls Sie mehrere Multimedia-Player parallel verwenden wollen.

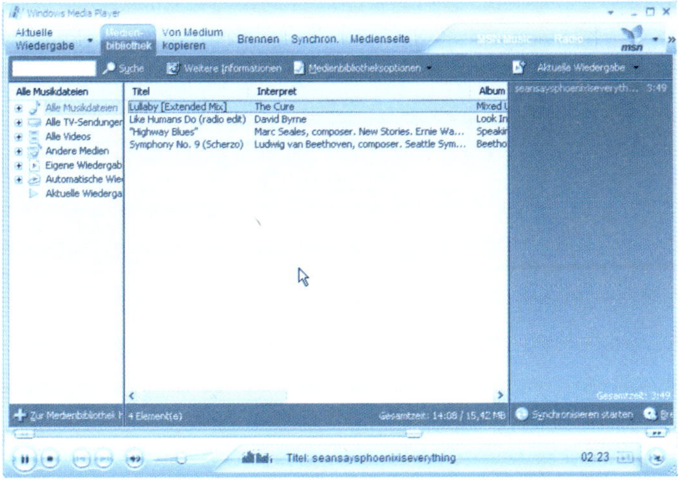

Standardmäßig zeichnet der Media Player für alle Multimedia-Datenformate verantwortlich, solange kein anderer Player auf Ihrem Rechner installiert ist. Gehen Sie wie folgt vor, um Dateiformate für den Media Player zu deaktivieren und eine Übersicht der unterstützten Dateiformate zu erhalten:

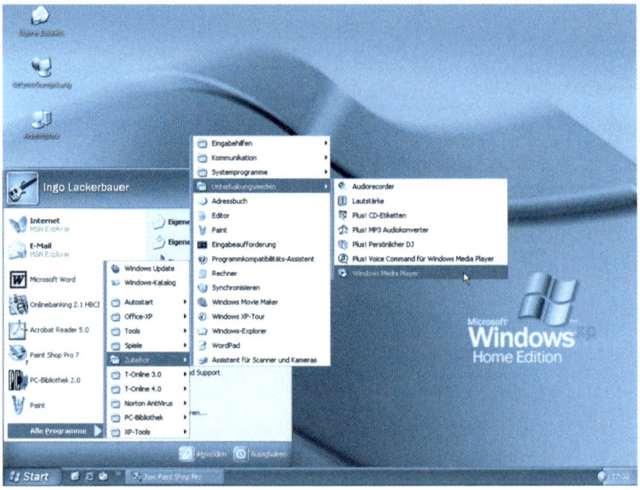

1

Starten Sie den Windows Media Player, indem Sie aus dem Startmenü *Alle Programme/Zubehör/Unterhaltungsmedien* öffnen und dort einen Mausklick auf den Menüeintrag *Windows Media Player* ausführen.

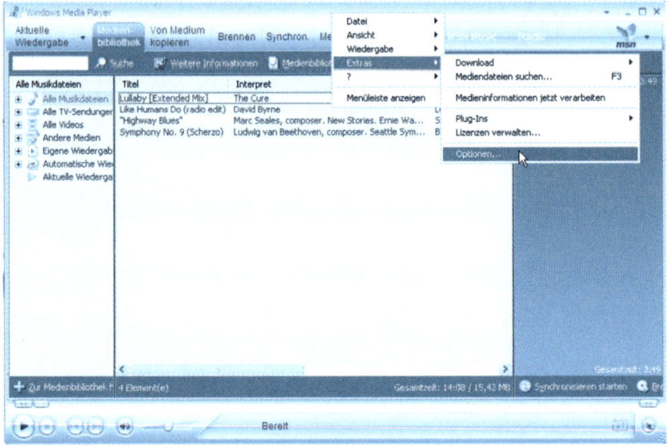

2

Klicken Sie mit der rechten Maustaste in die Titelzeile des Media Player-Fensters und rufen Sie aus dem Menü *Extras* den Menüeintrag *Optionen* auf.

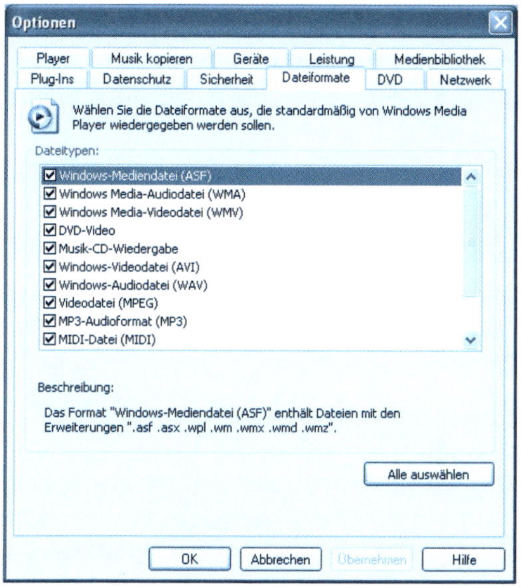

3 Es erscheint das Dialogfeld *Optionen*, das mit einer Vielzahl an Registerkarten aufwartet. Sie interessiert an dieser Stelle erst einmal die Registerkarte *Dateiformate*. Um diese in den Vordergrund des Fensters zu holen, klicken Sie bitte auf den Karteireiter dieser Registerkarte.

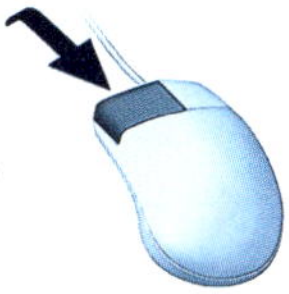

Im Bereich *Dateiformate* dieser Registerkarte finden Sie ein Auswahlfeld, das alle Multimediaformate auflistet, die der Media Player verarbeiten kann. Markieren Sie mit einem linken Mausklick einen Eintrag in diesem Auswahlfeld. Sie werden sehen, dass Sie unter *Beschreibung* eine kurze Beschreibung erhalten, welche Dateiformate sich hinter diesem Format verbergen.

Der Windows Media Player ist als Standard-Player für alle Dateitypen voreingestellt. Wenn Sie einen anderen Player zum Standard-Player für einen bestimmten Dateityp machen möchten, deaktivieren Sie das entsprechende Kontrollkästchen in der Liste unter *Dateiformate*.

Die Medienbibliothek

Daten haben eine unangenehme Eigenschaft: Sie vermehren sich in Windeseile, und ehe Sie es merken, haben Sie den Überblick verloren und wissen nicht mehr, wo sich auf Ihrer Festplatte eine ganz bestimmte

Datei befindet. Besonders, wenn Sie ein eifriger Multimedia-Datensammler sind und wenn es zu ihren Lieblingshobbys gehört, MP3s aus dem Internet zu »saugen«, wird Ihre Festplatte schnell überlaufen. Deshalb ist es von Anfang an sehr wichtig, Ordnung und Überblick zu behalten. Ein Musikstück, das irgendwo in den Tiefen Ihrer Festplatte gesichert ist, werden Sie nur mit großem Aufwand wiederfinden.

Damit Sie nicht das Multimediadaten-Chaos übermannt, bietet Ihnen die Medienbibliothek des Media Players die Möglichkeit, alle entsprechenden Dateien einer strukturierten Ordnung zu unterziehen, egal wo diese auf Ihrer Festplatte gespeichert sind. Wie in einem guten Index sind hier alle Multimedia-Dateien aufgelistet, sodass Sie das gewünschte Objekt schnell und ohne Umschweife finden können. Die Medienbibliothek bietet eine generelle Unterteilung in Audio- und Videodateien. Weiterhin steht eine tiefer gehende Unterteilung im Bereich *Alle Musikdateien* in *Album, Interpret, Genre* und viele weitere Sortierungskriterien zur Verfügung.

Die entsprechenden Medienobjekte können quer über Ihre Festplatte verstreut sein. In der Medienbibliothek werden sie jedoch alle zusammengefasst und logisch strukturiert. Dabei befinden sich in der Medienbibliothek nicht die wirklichen Dateien, sondern lediglich Verweise auf den Speicherort der Originaldatei auf Ihrer Festplatte.

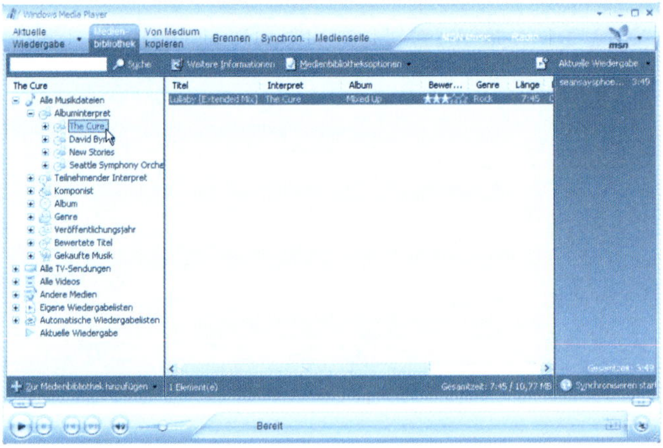

Um die Medienbibliothek zu erreichen, öffnen Sie den Media Player und klicken Sie im oberen Bereich des Fensters auf *Medienbibliothek*. Der Inhalt des Media Players ändert sich, und die Medienbibliothek wird dargestellt. Befinden sich noch keinerlei Dateien in der Medienbibliothek, fragt Sie der Media Player, ob er in Ihrem Auftrag Ihre Festplatte nach Multimediadateien durchsuchen soll. Dabei sucht er nach allen Datenformaten, die dem Media Player zugewiesen wurden.

Lassen Sie den Media Player ruhig einmal suchen (was unter Umständen schon mal etwas länger dauern kann), oder lesen Sie direkt weiter, denn hier erfahren Sie, wie Sie der Bibliothek manuell Objekte zuweisen können.

Medienobjekte hinzufügen

Um der Bibliothek Medienobjekte (beispielsweise Ihre MP3-Songs aus dem Internet) hinzuzufügen, die vom Media Player unterstützt werden, gehen Sie wie folgt vor:

1 Öffnen Sie den Media Player, und wechseln Sie in die Ansicht der Medienbibliothek (Mausklick auf *Medienbibliothek*).

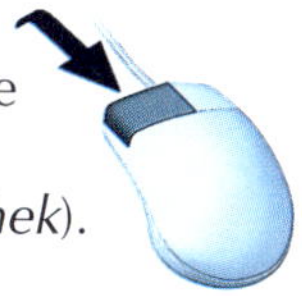

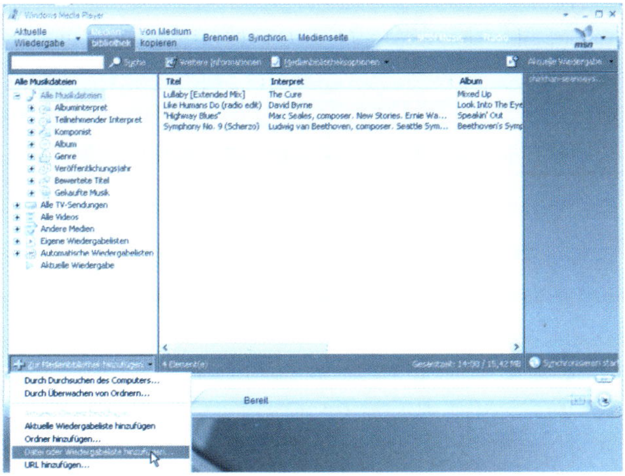

2 Klicken Sie am unteren Rand des Fensters auf die Schaltfläche *hinzufügen* und wählen Sie aus dem Menü den Eintrag *Datei oder Wiedergabeliste hinzufügen* aus.

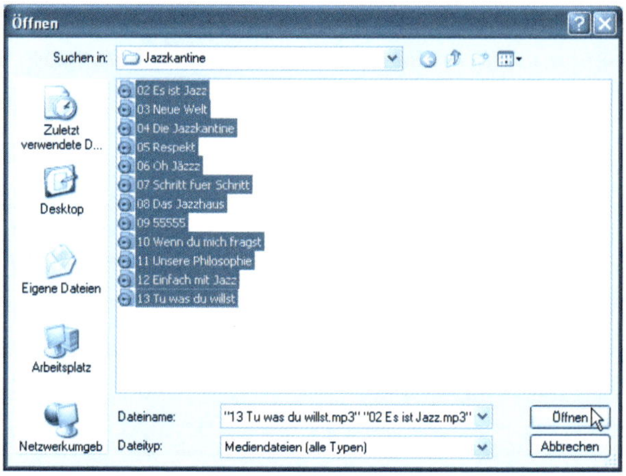

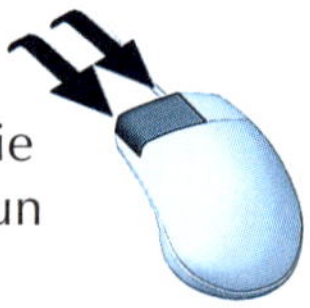

3 Es öffnet sich ein Dialogfeld, das Ihnen Zugriff auf die Ordnerstruktur Ihrer Festplatte erlaubt. Hier können Sie nun nach der Datei suchen, die Sie gern in die Medienbibliothek aufnehmen möchten. Haben Sie die gesuchte Datei auf Ihrer Festplatte gefunden, klicken Sie diese im Dialogfeld *Öffnen* doppelt an, oder markieren Sie diese und betätigen anschließend die Schaltfläche *Öffnen*.

4 Der Media Player importiert nun die selektierte Datei in die Medienbibliothek und führt direkt eine Sortierung anhand der erkannten Dateiformate durch.

Durchsuchen der Medienbibliothek

Wie bereits »angedroht«, wird sich Ihre Medienbibliothek schnell mit unzähligen Musikstücken und Videos füllen, wenn Sie erst einmal dem MP3-Fieber verfallen sind. Damit Sie nicht den Überblick in der Bibliothek verlieren und einen zügigen Zugriff auf alle Musikstücke haben, bietet die Medienbibliothek eine Suchfunktion.

Geben Sie hierzu in das Eingabefeld *Suche* den entsprechenden Suchbegriff ein. Tippen Sie hier den Interpreten, den Musiktitel, das Genre oder andere Suchkriterien ein.

Alle gefundenen Ergebnisse finden Sie anschließend als Suchergebnis-Liste unter den eigenen Wiedergabelisten. Diese können Sie anschließend per Drag&Drop in eine andere Wiedergabeliste schieben.

Internetradio mit Windows Media Player 10

Radiosender, die Sie mit Hilfe des ganz normalen Radios oder der heimischen Stereoanlage empfangen, dudeln meist tagein, tagaus das übliche Einerlei. Interessant und informativ wird´s meist erst in den späten Abend- oder Nachtstunden. Im Internet hingegen sieht es da ganz anders aus. Hier erwartet Sie eine gewaltige Auswahl weltweit sendender Internetradiostationen, die ihr Programm rund um die Uhr ausstrahlen. Hier findet jeder seinen Lieblingssender. Mittlerweile streamen (so heißt das Senden übers Internet) sehr viele Internetstationen schon in CD-Qualität.

Internetradio hören auf die Schnelle mit dem Media Player

Der Windows Media Player 10 bietet ab Werk eine reichhaltige Auswahl von vordefinierten und installierten Internetradiostationen. Sie benötigen nur noch einen Internet-Anschluss, und schon kann's losgehen. Apropos Internet-Anschluss: Um unbeschwert dem Radioempfang aus dem Internet frönen zu können, sollten Sie über einen Breitbandzugang (DSL, Kabel-Internet etc.) sowie eine Flatrate verfügen. Erst dann steht dem richtigen Internetradiospaß nichts mehr im Wege.

1 Stellen Sie eine Internetverbindung her und rufen Sie anschließend den Media Player 10 auf.

2 Klicken Sie oben im Media Player-Fenster auf die Schaltfläche *Medienseite*. Im Fenster des Media Players bekommen Sie daraufhin eine Vielzahl von Radiostationen angeboten, die Sie live im Internet hören können.

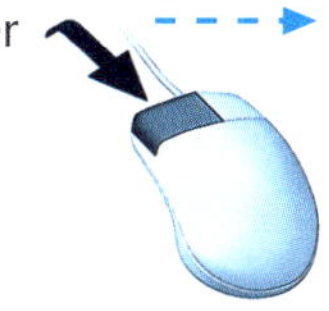

3 Klicken Sie auf einen Radiosender, den Sie hören möchten. Kurze Zeit später sollten erste Radioklänge Ihren Boxen entweichen.

Internetradiostationen im WMP 10

Im letzten Abschnitt haben Sie erfahren, wie Sie auf die Schnelle einige Internetradiosender hören können. Im Windows Media Player 10 (WMP 10) ist jedoch ein so genannter Radiotuner enthalten, der Ihnen Zugriff auf eine viel größere Zahl von Internetradiostationen bietet.

1 Öffnen Sie den Media Player 10 und klicken Sie im oberen Bereich des Programmfensters auf *Medienseite*.

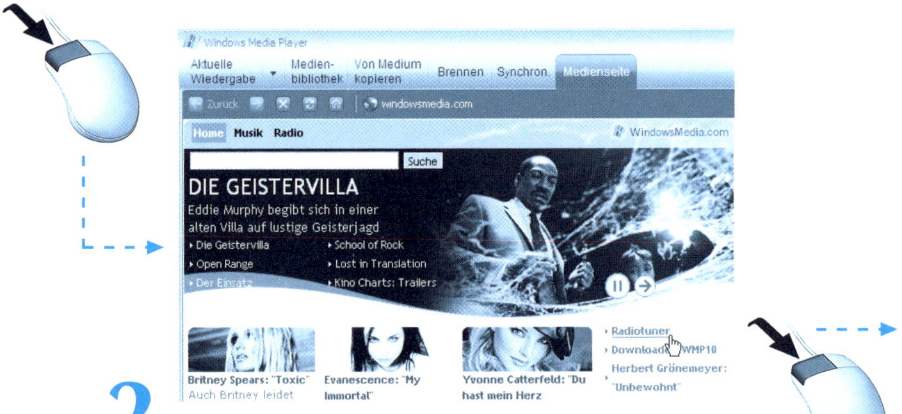

2 Klicken Sie auf der Medienseite rechts oben auf den Link *Radiotuner*.

Im Hauptbereich des Media Players wird nun eine Liste mit Internetradiostationen angezeigt.

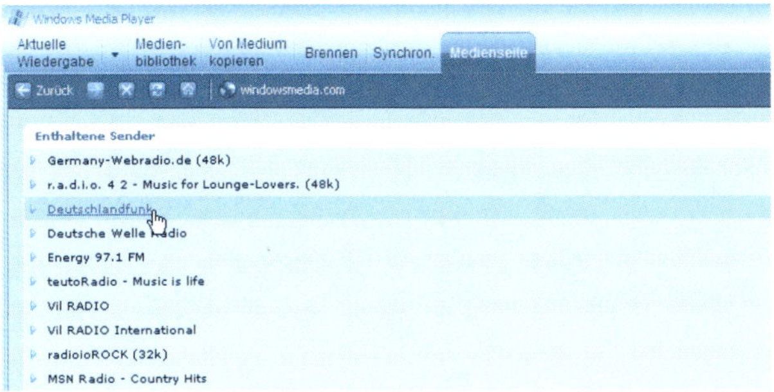

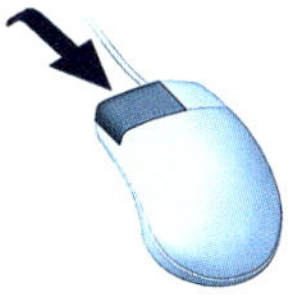

3 Klicken Sie auf einen Radiosender unterhalb von *Enthaltene Sender*.

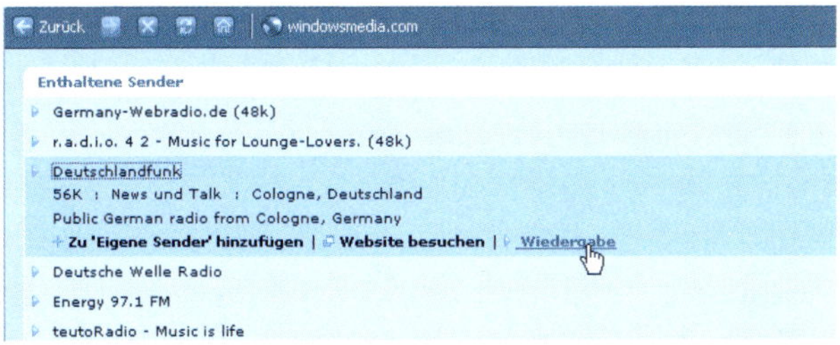

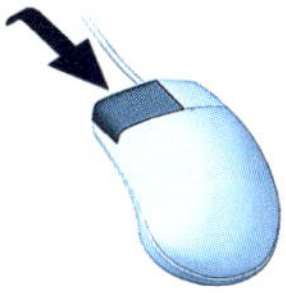

4 Führen Sie einen Mausklick auf den Verweis *Wiedergabe* aus, um die entsprechende Radiostation zu hören.

Der Media Player setzt sich mit der Internetradiostation in Verbindung, empfängt die Streaming-Daten und spielt diese ab.

5 Um die Wiedergabe zu stoppen, klicken Sie im Bedienfeld des Media Players auf die Schaltfläche *Stopp* (zweite von links mit dem Symbol eines Quadrats).

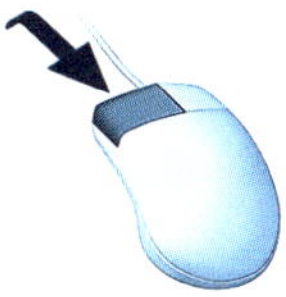

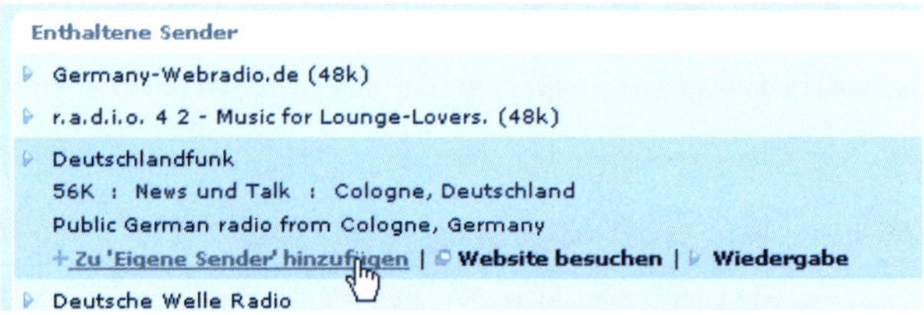

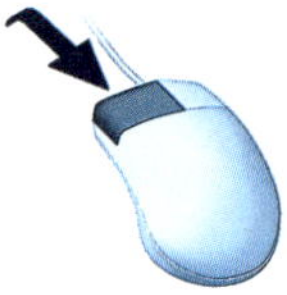

6 Gefällt Ihnen ein Sender bzw. sein Programm besonders gut, so können Sie diesen zur Kategorie *Eigene Sender* hinzufügen. Klicken Sie dazu beim entsprechenden Sender auf *Zu »Eigene Sender« hinzufügen*.

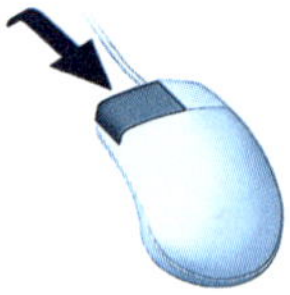

7 Um Ihre Liste *Eigene Sender* einzusehen, klicken Sie auf *Eigene Sender*.

Sie bekommen eine Liste Ihrer Lieblingssender angezeigt, die Sie wie gehabt starten können. Um wieder die Auswahl aller voreingestellten Radiosender zu bekommen, klicken Sie einfach auf *Enthaltene Sender* oder in der Symbolleiste auf *Zurück*.

Sendersuche nach Genre

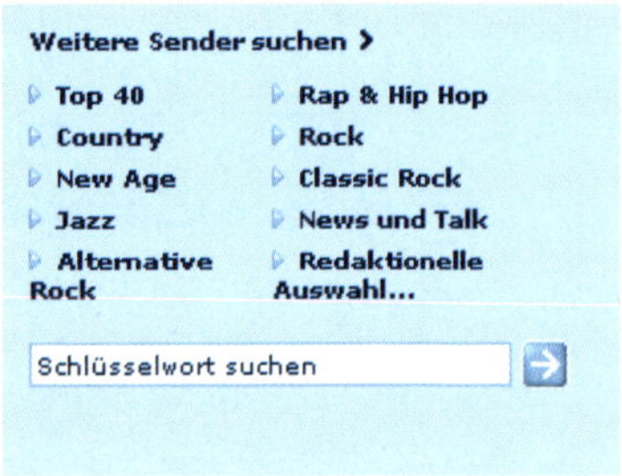

Im Bereich *Enthaltene Sender* sehen Sie eine Vorauswahl von Internetradiostationen, die Ihnen der Media Player per Schnellzugriff bietet.

Lenken Sie doch einmal Ihre Aufmerksamkeit auf den rechten Bereich des aktuellen Media Player-Fensters. Zum einen sehen Sie hier eine Auswahl an Radiostationen, die bestimmten Musikgenres zugeordnet, sind und zum anderen sehen Sie ein Eingabefeld, wo Sie anhand bestimmter Schlüsselbegriffe nach Internetradiostationen suchen können.

Erst einmal wollen wir die vordefinierte Auswahl bemühen, um einen Radiosender zu finden:

1 Klicken Sie doch einmal auf *Jazz* (oder etwas anderes, was Ihrem Musikgeschmack entspricht).

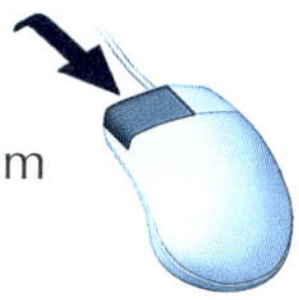

Der Media Player öffnet daraufhin eine Liste mit weltweiten Musikstationen im Internet, die dem ausgewählten Genre entsprechen.

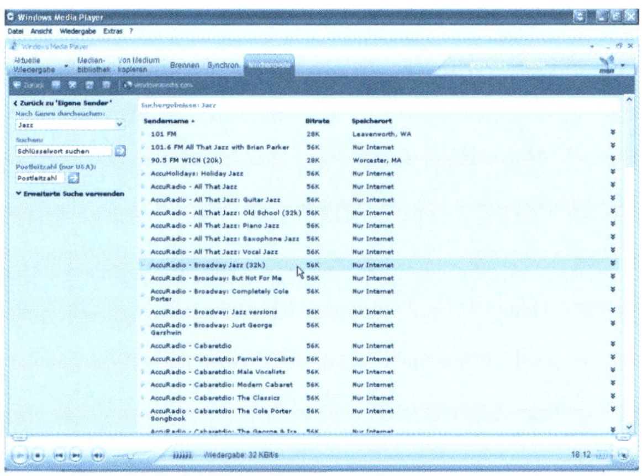

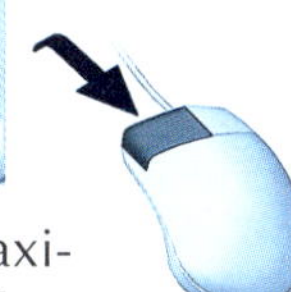

2 Klicken Sie auf einen Sendernamen, um ihn zu maximieren. Führen Sie anschließend einen Mausklick auf *Zum Wiedergeben Website besuchen* bzw. *Wiedergabe* aus.

Der Media Player öffnet die Website der entsprechenden Internetradiostation und beginnt damit, den Stream abzuspielen. Der Internetstream der Radiostation wird wenig später gespielt. Gefällt Ihnen der Sender, fügen Sie ihn einfach per Mausklick auf *Zu »Eigene Sender« hinzufügen* Ihrer Liste *Eigene Sender* hinzu.

Nachfolgend wollen einmal einen Sender nach Stichwort suchen. Und so geht's:

1 Starten Sie den Windows Media Player wie gehabt und klicken Sie auf der Medienseite auf *Radiotuner*.

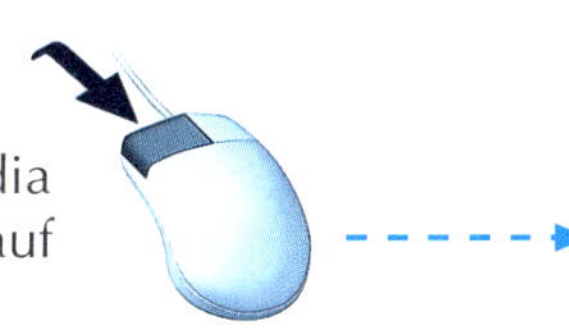

2 Geben Sie nun in das Eingabefeld *Schlüsselwort suchen* Ihren Suchbegriff ein und betätigen Sie die ↵-Taste oder klicken Sie auf den grünen Pfeil rechts neben dem Eingabefeld. Geben Sie doch einmal Pop ein.

Der Media Player sucht nach Radiostationen, die Pop-Stücke senden. Kurze Zeit später bekommen Sie eine Auswahl an entsprechenden Radiostationen dargeboten.

Um die gefunden Stationen zu spielen, verfahren Sie, wie in den letzten Abschnitten beschrieben. Indem Sie auf *Erweiterte Suche verwenden* klicken, können Sie Ihre Suche noch wesentlich verfeinern.

Internetradio mit SurfMusik 3.0

SurfMusik ist ein Programm, das spezialisiert auf die Wiedergabe von Internetradio und Internet-TV ist und zudem noch kostenlos über das Internet verfügbar ist. Es beinhaltet über 1700 nationale und internationale Radiosender, über 200 Fernsehsender und zahlreiche Webvideos, die nach Ländern oder Musikstilen geordnet sind.

SurfMusik setzt den Windows Media Player voraus. Sorgen Sie also dafür, dass der Media Player 10 auf Ihrem System installiert ist und reibungslos funktioniert.

SurfMusik 3.0 ist im Internet unter *http://www.schmittis-page.de* oder *http://www.surfmusik.de* als Freeware erhältlich. Da es sich bei dem Programm um Freeware handelt, kostet diese keinen Cent und ist voll funktionsfähig.

1 Starten Sie SurfMusik 3.0, indem Sie einen Doppelklick auf die entsprechende Verknüpfung auf Ihrem Desktop ausführen oder das Programm über *Start/Alle Programme/SurfMusik 3.0* aufrufen.

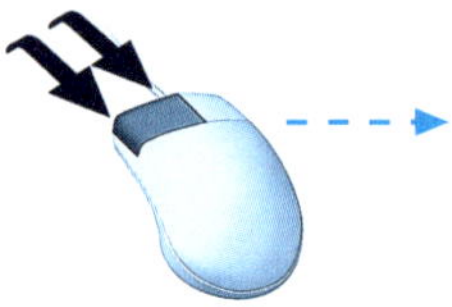

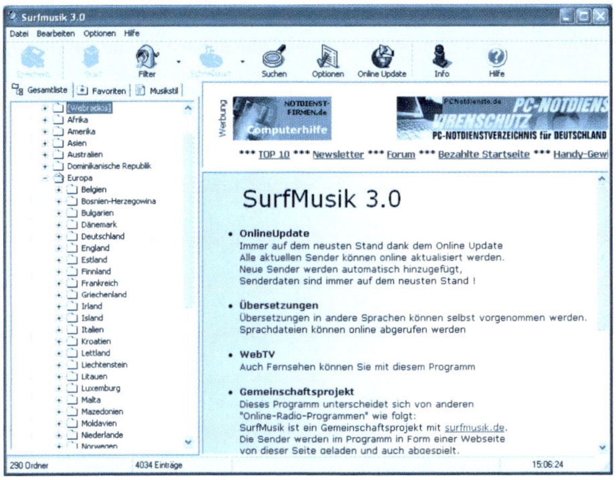

2 Im linken Bereich des Fensters haben Sie nach Ländern geordnet Zugriff auf Internetradio- und Web-TV-Stationen. Klicken Sie jeweils auf das Pluszeichen vor den entsprechenden Einträgen, um sie zu maximieren.

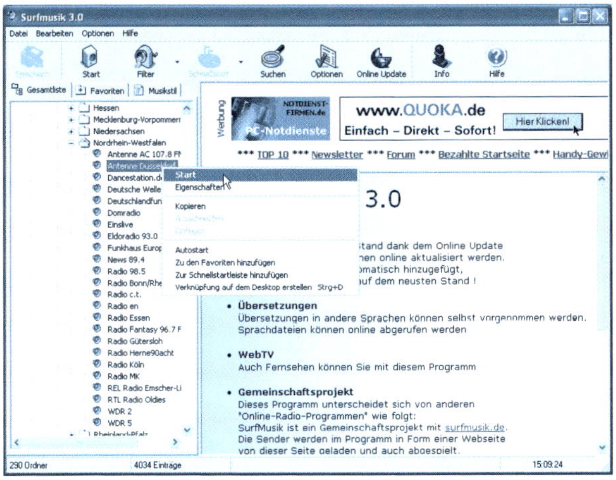

3 Wählen Sie jetzt eine Internetradiostation aus.

4 Klicken Sie mit der rechten Maustaste auf eine Internetradiostation und wählen Sie aus dem Kontextmenü den Menüeintrag *Start* aus. Oder klicken Sie in der Symbolleiste auf das Symbol *Start*.

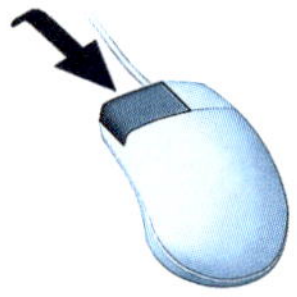

SurfMusik 3.0 nimmt Kontakt mit der ausgewählten Station auf und initialisiert einen Audiostream, der wenige Augenblicke später gespielt wird.

Möchten Sie die Wiedergabe beenden, rufen Sie wiederum das Kontextmenü des Senders auf und klicken auf *Stop*. Alternativ zum Kontextmenü können Sie auch auf das Symbol *Stop* der Symbolleiste klicken.

Erfolgskontrolle

- Was ist Digitalisieren?
- Was versteht man unter einem Puffer?
- Was ist MP3?

Die Antworten zu diesen Fragen finden Sie im Anhang dieses Buches im Kapitel »Antworten«.

Kapitel 7

Einkaufen und Bankgeschäfte

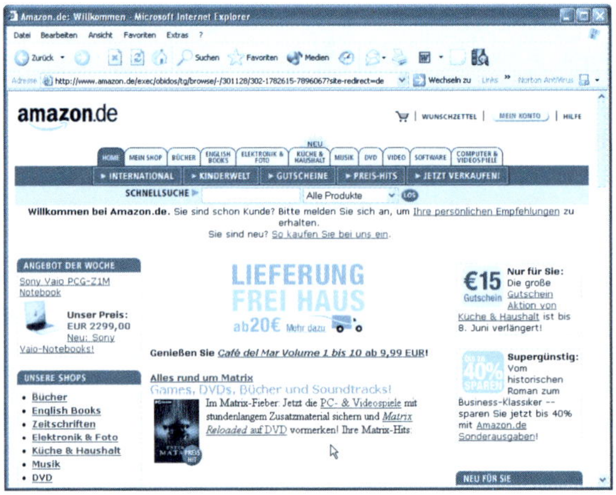

Im Internet einzukaufen ist eine wahre Freude: Mal eben eine Kiste Rotwein aus Südafrika, einen Lachs aus Schweden oder die neueste Audio-CD ordern, und das alles schön bequem von zu Hause aus, ohne einen Fuß vor die Tür zu setzen. Natürlich hat dieser Luxus auch seinen Preis, und gemeint ist damit nicht der Warenwert, sondern das dadurch entstehende Sicherheitsrisiko. In den meisten Fällen müssen Sie nämlich Ihre Kreditkartendaten auf Reisen schicken. Es geht aber auch anders. Seriöse Online-Shops bieten ganz verschiedene Zahlungsweisen an – angefangen bei der Kreditkarte über Nachnahme bis hin zur Rechnungsstellung mit 60 Tagen Zahlungsziel. Im Internet ist eben alles möglich.

Das können Sie schon:

Das lernen Sie neu:

Tipps für sicheres Online-Shopping

Beim Online-Shopping gibt es neben den vielen Annehmlichkeiten auch einige Gefahren, die Sie stets im Hinterkopf behalten sollten:

- Geben Sie Ihre Bestellungen nur bei seriösen und etablierten Anbietern auf. Lesen sie sich aufmerksam die Bestimmungen zu Verkauf, Sicherheit, Reklamation und Datenschutz durch.
- Geben Sie Ihre persönlichen Daten nur an, wenn sie auch wirklich eine Bestellung aufgeben wollen.
- Viele Sites sammeln, ohne dass Sie es merken, Informationen über Sie und Ihr Einkaufsverhalten mit Hilfe von Cookies. Lohnt es sich, mit einer Firma in Kontakt zu treten, die nicht erklärt, wie sie die Cookies benutzt und wie sie mit Ihren Informationen umgeht?
- Prüfen Sie, ob die Site eine aktuelle Verschlüsselungs-Technologie benutzt (SSL-128-Bit oder den neuen SET-Standard).
- Halten Sie sämtliche Transaktionen auf Papier fest. Drucken Sie Ihre Bestellung stets aus, bevor Sie sie abschicken.
- Links (Verknüpfungen mit anderen Seiten) können Sie in die Irre führen. Glauben Sie nicht, dass verlinkte Sites stets dieselben Bestimmungen bezüglich Verkauf, Datenschutz und Sicherheit haben, nur weil sie mit der ursprünglichen Site verbunden sind.
- Kaufen Sie keinesfalls überhastet und unüberlegt.
- Installieren Sie vor Ihrer Einkaufstour einen Virenscanner und vergewissern Sie sich, dass Sie eine aktuelle Version haben.

Trusted Shops

Mittlerweile gibt es einige Gütesiegel, die für Online-Shops vergeben werden. Sie bieten zwar auch keine 100-prozentige Sicherheit, man kann aber davon ausgehen, dass Online-Shops mit diesem Gütesiegel sehr großen Wert auf sichere Zahlungstransaktionen legen.

Trusted Shops mit der Geld-zurück-Garantie

- sichern Ihren vorab bezahlten Online-Einkauf ohne zusätzliche Kosten im Fall von Nichtlieferung oder bei Warenrückgabe ab,
- schützen Sie gegen Kreditkartenmissbrauch mit Erstattung Ihrer Selbstbeteiligung,
- erfüllen in puncto Datensicherheit, Transparenz und finanzielle Stabilität strenge Voraussetzungen,
- bieten Ihnen online eine vollständige Übersicht über ihre Garantien,
- berücksichtigen die Forderungen von Verbraucherschutzorganisationen, z. B. nach einer vollständigen Anbieterkennzeichnung.

Hinweis

Achten Sie bei der Auswahl des Online-Shops darauf, dass Sie per Rechnung zahlen können. Dann kann eigentlich nichts mehr schief gehen. Sie bezahlen erst nach Erhalt der Ware.

Internetbanking

Das Internetbanking zur Online-Abwicklung von Bankgeschäften bei Ihrer kontoführenden Bank bietet gleich mehrere Vorteile:

- Sie sind zeitlich sehr flexibel, da Sie mit Internetbanking Ihre Bankgeschäfte erledigen können, wann immer Sie möchten. Der virtuelle Bankschalter steht Ihnen an sieben Tagen die Woche 24 Stunden zur Verfügung.
- Sie haben jederzeit Zugriff auf aktuelle Kontoinformationen, denn Internetbanking ermöglicht Umsatzabfragen von Giro-, Spar- und Darlehenskonten.
- Internetbanking wäre nicht so erfolgreich, wenn es nicht sehr einfach zu handhaben wäre. Alles, was Sie brauchen, ist ein Internetzugang. Alles andere erledigen Sie mit Ihrem Webbrowser.

Was ist mit Internetbanking möglich? Einfache Antwort: fast alles! Folgende Funktionen werden häufig genutzt:

- Kontostände und Kontoumsätze
- Überweisungen
- Daueraufträge

Das Internetbanking verfügt über einen hohen Sicherheitsstandard, da es auf einem mehrstufigen Sicherheitssystem mit einem international standardisierten Verschlüsselungsverfahren basiert. Dazu zählen beispielsweise:

- SSL-Daten-Verschlüsselung
- Ein elektronischer Fingerabdruck (Fingerprint) verschafft Ihnen die Gewissheit, dass Sie wirklich mit dem Rechenzentrum Ihres Instituts verbunden werden.
- PIN/TAN-Verfahren. Immer wenn Sie auf ihr Konto via Internet zugreifen, ist die Eingabe der PIN (Persönliche Identifikationsnummer) erforderlich. Und die kennen nur Sie. Bei allen Aufträgen, die Sie beim Internetbanking erteilen, muss zudem eine TAN (Transaktionsnummer) eingegeben werden. Diese TAN funktioniert wie eine elektronische Unterschrift. Mit ihr wird sichergestellt, dass die entsprechende Transaktion von Ihnen veranlasst wurde.

Hinweis

Wie komme ich zum Internetbanking? Es ist nur ein kleiner Schritt. Füllen Sie bei Ihrer Bank ein Anmeldeformular aus und reichen Sie es unterschrieben bei Ihrer Bank ein. Diese sendet Ihnen dann Ihre PIN (Persönliche Identifikationsnummer) für das Internetbanking zu. Außerdem erhalten Sie eine so genannte TAN-Liste (eine Liste mit Transaktionsnummern, die Sie für jede Transaktion benötigen). Dann können Sie es sich bequem machen und Ihre Bankgeschäfte von zu Hause aus erledigen.

Und nun in die Praxis

Fast jedes Bankinstitut bietet heutzutage ein PIN/TAN-Internetbanking an. Damit Sie diese Möglichkeit des Internetbankings beschnuppern können, finden Sie bei den Banken im Internet fast immer einen Gast-

Zugang. Schauen Sie sich nachfolgend den Gast-Zugang der Kreissparkasse Köln an (*http://www.ksk-koeln.de*).

1 Stellen Sie eine Verbindung zum Internet her, starten Sie den Internet Explorer und geben Sie in die Adresszeile *http://www.ksk-koeln.de* ein.

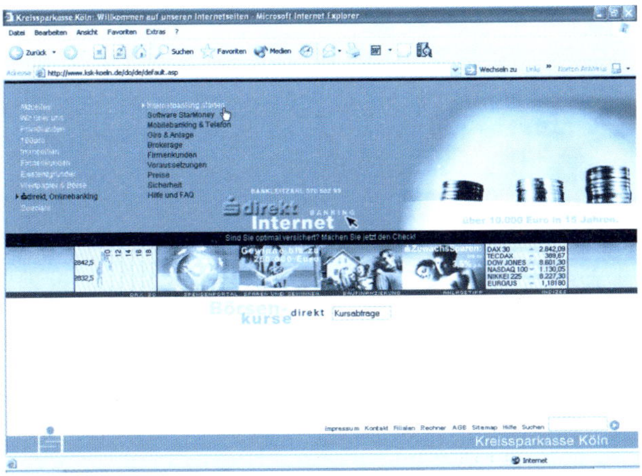

2 Führen Sie den Mauszeiger im linken Bereich der Webseite auf den Menüpunkt *s-direkt, Onlinebanking*. Es öffnet sich automatisch das zu diesem Menüpunkt gehörende Untermenü. Klicken Sie hier auf *Internetbanking starten*.

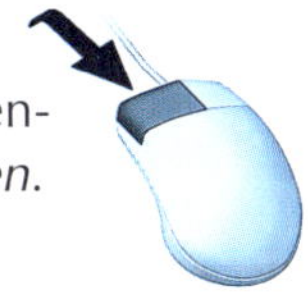

Hinweis

Da die Betreiber von Websites ihre Seiten von Zeit zu Zeit einer kosmetischen Überarbeitung unterziehen, kann es vorkommen, dass die Seiten anders aussehen als in diesem Buch gezeigt. Was jedoch in der Regel gleich bleibt, sind die Bezeichnungen der Menüpunkte, die aber manchmal an anderen Stellen der Webseite zu finden sind. Wenn Sie sich also erst einmal einen Überblick über die neu gestaltete Webseite verschaffen, werden Sie schnell auf alte Bekannte stoßen.

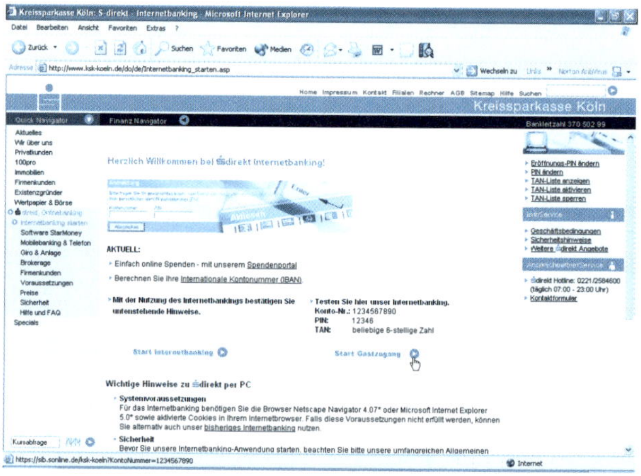

3 Klicken Sie auf *Start Gastzugang*.

Ihr Testkonto hat die Kontonummer 1234567890, die PIN 12346, als TAN können Sie eine beliebige 6-stellige Nummer eingeben.

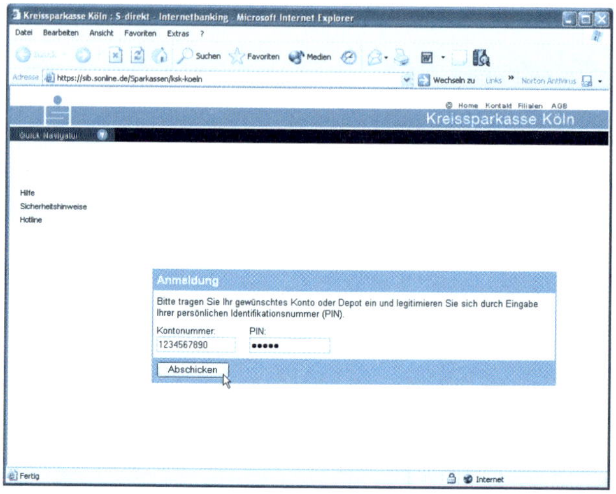

4 Die Kontonummer des Gastzugangs ist bereits eingetragen. Im Ernstfall müssen Sie unter *Kontonummer* Ihre eigene Kontonummer eingeben. Genauso verhält es sich mit der PIN. Die PIN des Gastzugangs lautet *12346*. Klicken Sie anschließend auf *Abschicken*.

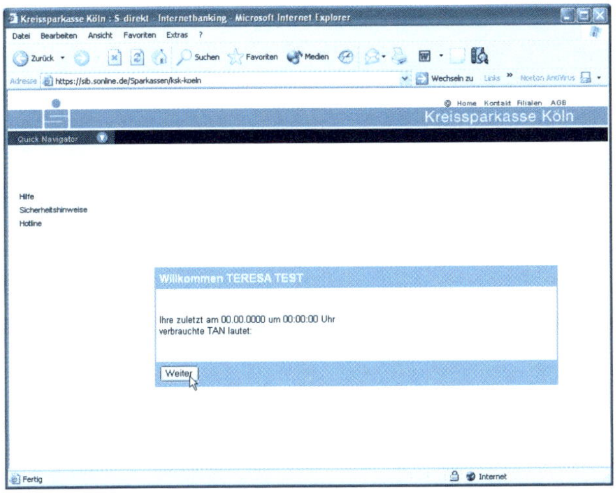

5 Der Rechner der Kreissparkasse Köln begrüßt Sie nun mit Namen und informiert Sie darüber, wann Sie Ihre letzte TAN verbraucht haben und wie sie lautete. Klicken Sie auf *Weiter*.

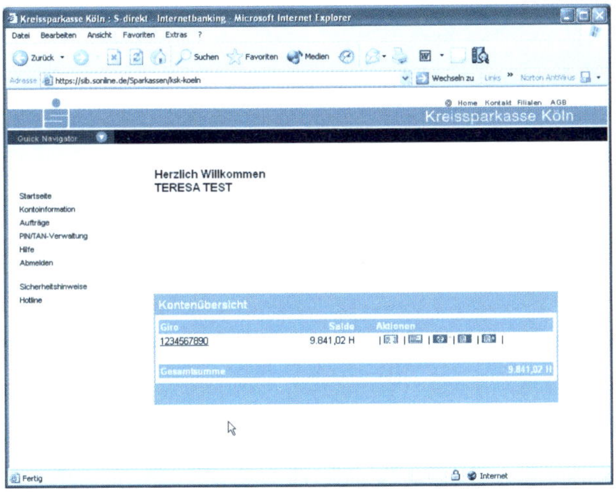

6 Sie bekommen nun eine Kontenübersicht dargestellt. Falls Sie mehrere Konten besitzen, die Sie per Internetbanking bedienen, werden diese hier mit dem aktuellen Kontostand aufgelistet.

Die Konten sind nach den verschiedenen Kontenarten – Giro, Depot, Termingeld, Spar und Darlehen – aufgeteilt. Über alle Konten wird ein Gesamtsaldo gebildet, der Ihre gegenwärtige Vermögenssituation wiedergibt.

Unter *Giro* wird Ihnen als Erstes die Kontonummer Ihres Girokontos angezeigt. Außerdem sehen Sie den Saldo Ihres Kontos. Rechts daneben gibt es verschiedene Funktionen, dargestellt durch Symbole, die Sie ausführen können. Wenn Sie den Cursor der Maus auf eines der Symbole bewegen, die unter dem Punkt *Aktionen* aufgeführt sind, klappt ein Textfeld auf, das Ihnen anzeigt, was Sie mit dieser Funktion machen können. Nachfolgend sind die Symbole mit ihren jeweiligen Aufgaben aufgeführt.

Bedeutung der Symbole von links nach rechts:

- Anzeige der Gesamtumsätze der ca. letzten 60 Kalendertage
- Überweisungsauftrag ausfüllen
- Daueraufträge anzeigen lassen, bearbeiten, neu erstellen oder löschen
- Auslandsüberweisungen tätigen
- Anzeige sowohl der erfassten als auch bereits ausgeführten Überweisungen und Lastschrifteinzüge
- Anzeige der terminierten Überweisungen und Lastschriften sowie der erstellten und bereits ausgeführten terminierten Überweisungen und Lastschriften für einen begrenzten Zeitraum (etwa ein bis zwei Tage nach der Erstellung)

Aufträge

Wenn Sie im linken Bereich der Webseite auf *Aufträge* klicken, gelangen Sie in den Auftragsbereich, wo Sie beispielsweise Überweisungen und Daueraufträge tätigen können.

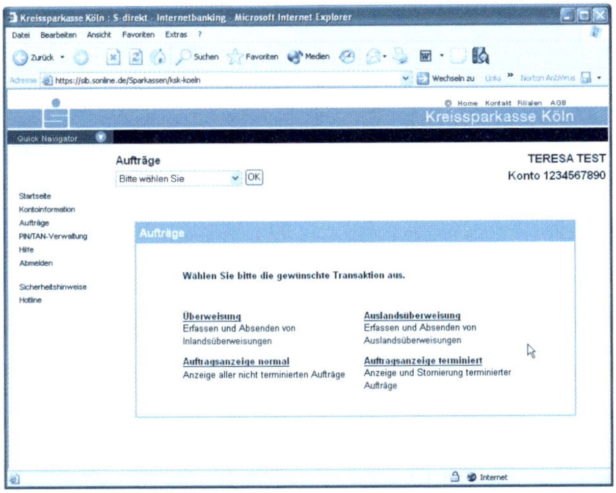

Um eine Überweisung auszuführen, klicken Sie auf *Überweisung* und füllen anschließend das angezeigte Formular vollständig aus. Über die Auswahl *Zurücksetzen* werden alle Felder der bereits ausgefüllten, aber noch nicht abgeschickten Überweisung gelöscht.

Sind Ihre Eingaben vollständig, wählen Sie *Weiter*.

Beachten Sie bitte:

- Überweisungen sind nur von Geschäfts- oder Privatgirokonten möglich.
- Der Name des Begünstigten muss angegeben sein.
- Die Kontonummer darf keinen Bindestrich oder Punkt enthalten.
- Die Bankleitzahl muss im offiziellen BLZ-Verzeichnis enthalten sein. Dieses Verzeichnis ist in der BLZ-Suche hinterlegt. Ist Ihnen eine Bankleitzahl nicht bekannt, nutzen Sie die Auswahl *Suche*.
- Der Überweisungsbetrag muss im Rahmen der vereinbarten Höchstgrenzen pro Überweisung und pro Arbeitstag liegen. Sollten Sie zu diesen Höchstgrenzen Fragen haben, setzen Sie sich bitte mit Ihrem Kundenberater in Verbindung.

Im Verwendungszweck dürfen nur Buchstaben, Zahlen und die folgenden Sonderzeichen verwendet werden: Leerstelle, Punkt, Komma, &, –, /, +, *, $ und %.

Umlaute im Verwendungszweck (ä, ö) werden automatisch in entsprechende Doppellaute (ae, oe) umgewandelt. Durch diese Umwandlung kann die maximale Länge des Verwendungszwecks überschritten werden, und die Informationen im Verwendungszweck werden nach 27 Zeichen rechts abgeschnitten. Um zu vermeiden, dass ein unvollständiger Verwendungszweck weitergegeben wird, sollte auf die Verwendung von Umlauten verzichtet werden.

In das Feld *Überweisungstermin* stellen Sie bitte nur dann ein Datum ein, wenn der Auftrag nicht schnellstmöglich, sondern erst an einem zukünftigen Tag ausgeführt werden soll. Sind Auftragserfassungstag und gewünschter Ausführungstag identisch, dann wird der Auftrag abgewiesen.

Sind Ihre Eingaben vollständig und korrekt, geben Sie eine gültige TAN ein, um Ihre Überweisung zu unterschreiben.

Über die Auswahl *Abschicken* senden Sie den Auftrag ab. Die Entgegennahme Ihrer Überweisung bestätigt das Bankinstitut mit Datum, Uhrzeit und der verbrauchten TAN. Alle Überweisungsdaten werden Ihnen nochmals angezeigt. Ihre Überweisung wird im Rahmen des üblichen Arbeitsablaufes weiterbearbeitet.

PIN ändern

Ihre PIN können Sie jederzeit online unter dem Menüpunkt *Sicherheit* ändern. Da die Änderung Ihrer PIN ein schutzbedürftiger Vorgang ist, wird eine TAN aus Ihrer TAN-Liste angefordert.

Um Tippfehler zu vermeiden, müssen Sie Ihre neue PIN zweimal eingeben. Zulässig sind Ziffern und Buchstaben. Groß- und Kleinschreibung wird unterschieden! Wählen Sie *Abschicken* aus, um Ihre neue PIN zu speichern.

Achtung

Haben Sie die zulässige Anzahl von Falscheingaben der PIN überschritten, wird Ihre Kontoverbindung zu Ihrer eigenen Sicherheit automatisch gesperrt. Sie haben die Möglichkeit, Ihr Konto online zu entsperren, indem Sie eine gültige TAN eingeben. Wird an dieser Stelle eine falsche TAN eingeben, wird Ihr Konto endgültig gesperrt. In diesem Fall setzen Sie sich bitte mit Ihrem Kundenberater in Verbindung.

Sie haben die Möglichkeit, alle nicht verbrauchten TANs Ihrer TAN-Liste unter dem Menüpunkt *Sicherheit* zu sperren. Für diese Sperre ist keine Eingabe einer TAN erforderlich. Mit der Sperre sind sofort alle TANs der alten Liste entwertet. Dieser Vorgang kann nicht rückgängig gemacht werden! Sie erhalten von der Bank daraufhin eine neue, bereits aktivierte TAN-Liste auf dem mit Ihnen vereinbarten Weg. Über die Auswahl *Abschicken* lösen Sie die Sperre aus.

Sind Ihre Bankgeschäfte erledigt, klicken Sie im linken Menü der Webseite auf *Abmelden*, und schon sind Sie vom Bankrechner abgemeldet.

Erfolgskontrolle

- Warum sollte man Cookies vermeiden?
- Was sind Trusted Shops?
- Welche Vorteile bietet Internetbanking?

Die Antworten zu diesen Fragen finden Sie im Anhang dieses Buches im Kapitel »Antworten«.

Kapitel 8

Webmail

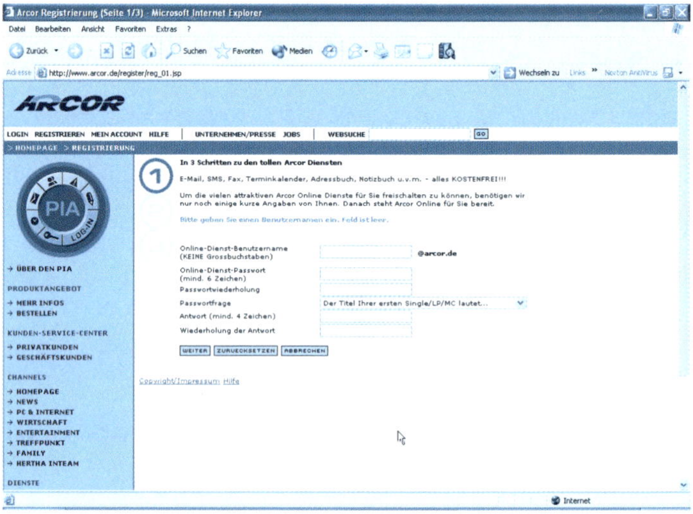

Im folgenden Kapitel geht es um das Thema Webmail. Unter Webmail versteht man das Versenden und Abrufen von E-Mails direkt aus dem Webbrowser heraus. Im Gegensatz zu »normalen« E-Mail-Konten werden eingehende und ausgehende E-Mails nicht auf Ihrem Computer gespeichert, sondern auf den Mail-Servern des entsprechenden Anbieters. Anbieter gibt es in diesem Bereich viele, die diese Art des E-Mail-Verkehrs meist kostenlos zur Verfügung stellen. Die Angebote unterscheiden sich meist hinsichtlich Ausstattung und Funktionsumfang. Ein Vergleich der kostenlosen Angebote lohnt sich!

Das können Sie schon:

Das lernen Sie neu:

Was ist eine E-Mail?

Die Briefpost ist ein Kommunikationsweg, den es schon seit Jahrhunderten gibt. Die elektronische Post, kurz E-Mail genannt, hat dem traditionellen Wege des Briefversands mittlerweile mächtig den Rang abgelaufen. Die Gründe dafür sind vielfältig: Zum einem benötigt eine E-Mail ans andere Ende der Welt im Normalfall nur wenige Minuten, und zum anderen liegt sie preislich bei einer einzigen Gebühreneinheit. In vielen Unternehmen und selbst im Privatbereich setzen immer mehr Menschen auf den elektronischen Postboten. Täglich umrunden Milliarden von E-Mails den Erdball. E-Mail ist auch ein hervorragendes Werkzeug, um mit Bekannten, Freunden und Partnern aus der Arbeitswelt zu kommunizieren und in Kontakt zu bleiben.

Hinweis

Vorsicht: E-Mails sind ein ideales Transportmedium für Viren. Sollten Sie einmal eine E-Mail mit einem Zeichenwirrwarr in der Betreff- oder Adresszeile bekommen, so vermeiden Sie es, diese E-Mail zu öffnen – sie könnte einen Virus enthalten, der automatisch aktiviert wird, sobald die E-Mail geöffnet wird.

An eine E-Mail-Nachricht können Sie Textdateien, Grafiken, Sounds und Videobotschaften anhängen.

So funktioniert der Versand einer E-Mail: Wenn Sie eine E-Mail versenden möchten, so wird als Erstes die Nachricht in kleine einzelne Datenpakete zerlegt. Jedes dieser kleinen handlichen Pakete bekommt einen »Aufkleber«, der die Zieladresse des Empfängers enthält. Im Internet befinden sich so genannte Internet-Router, welche die Pakete auf dem schnellsten Wege zum Empfänger weiterleiten. Es kann auch vorkommen, dass die einzelnen Pakete über verschiedene Wege zum Empfänger weitergeleitet werden. Wenn ein Weg im Internet nicht mehr verfügbar ist, sucht der Internet-Router eine Ausweichstrecke und verschickt die restlichen Datenpakete über diesen Weg.

Was ist das?

*Ein **Internet-Router** ist ein Computer im Internet, der Daten von Ihnen in das Internet und zu Ihnen aus dem Internet weiterleitet. Jeder Internet-Serviceprovider besitzt solche Internet-Router.*

Sind alle Pakete beim Empfänger angekommen, werden die einzelnen Pakete wieder zu einer gesamten E-Mail zusammengesetzt. In der Praxis sieht das ein wenig anders aus: Die E-Mails kommen beim Internet-Serviceprovider an, der alle E-Mails für eine bestimmte Person sammelt. Wenn Sie nun eine Verbindung mit dem Internet herstellen, werden Ihre gesamten persönlichen E-Mails auf Ihren Computer geladen.

Im Internet können auch E-Mails zwischen allen großen Online-Diensten ausgetauscht werden. Sie haben also die Möglichkeit, auch E-Mails aus dem Internet an einen Partner in einem Online-Dienst wie beispielsweise AOL, CompuServe oder T-Online zu versenden.

E-Mail-Adressen

Die Voraussetzung zum Versand einer E-Mail ist eine E-Mail-Adresse. Je nach verwendetem Internet-Serviceprovider sehen diese E-Mail-Adressen unterschiedlich aus. Meine E-Mail-Adresse lautet beispielsweise *ingo@ito.de* oder *ilackerba@lackerbauer.do.eunet.de*. Vor dem »komischen« Zeichen, das auch Klammeraffe oder at heißt, steht mein persönlicher Name, gefolgt von der Adresse, auch Domäne genannt. Die E-Mail-Adresse bekommen Sie vom Internet-Serviceprovider zugewiesen, im Normalfall haben Sie kein Anrecht auf eine bestimmte Schreibweise.

Bei AOL dürfen Sie Ihre E-Mail-Adresse selbst aussuchen – solange der Name noch nicht belegt ist. Mein AOL-Name lautet beispielsweise *ILackerbau*. Genau wie bei CompuServe genügt es innerhalb von AOL, diesen Namen zur Kommunikation zu benutzen. Möchten Sie mir aus dem Internet eine E-Mail an meine AOL-Adresse schicken, so muss die Syntax geändert werden. Wie bei CompuServe können Sie sich die Adresse selbst ableiten: ILackerbau@aol.com

Die Webmail

Webmail ist ein webbasiertes »E-Mail-Programm«. Ähnlich den bekannten Maildiensten von HotMail oder GMX können Sie über Webmail mittels einer einfach zu bedienenden browserbasierten Schnittstelle auf Ihre Mailbox zugreifen. Webmail ist völlig unabhängig von Ihrem Computer. Dadurch können Sie weltweit ohne größeren Aufwand auf Ihre Mailbox zugreifen. Sie benötigen lediglich einen Computer mit Internetzugang und einem Webbrowser der neueren Generation.

Webmail kann Ihnen immer dann nützlich sein, wenn Sie dringend Zugriff auf Ihre E-Mails benötigen, jedoch kein eigens dafür eingerichtetes E-Mail-Programm haben (z. B. im Büro) oder auf Geschäftsreise bzw. in den Ferien sind. Ein Computer mit Internetzugang (und Webbrowser) reicht schon aus, damit Sie Ihre tägliche E-Mail-Korrespondenz erledigen können.

Bedingt durch die technischen Einschränkungen von Webmail empfiehlt sich dieser Service eher als Ergänzung als für den dauerhaften Einsatz. Webmail kann und wird kein vollwertiger Ersatz für ein herkömmliches E-Mail-Programm sein.

Hinweis

Beachten Sie bei der Wahl Ihres Webmail-Providers, dass dieser einen vollwertigen POP3-Account anbietet. Das bedeutet, dass Sie Ihre Mails sowohl online mit einem Webbrowser bearbeiten können als auch offline mit einem E-Mail-Programm. Meist können Sie dann Ihre E-Mails nur beispielsweise drei- bis fünfmal pro Tag oder einmal pro Stunde (je nach Anbieter) lokal in Ihr E-Mail-Programm downloaden.

Nachteil von Webmail: Je nach Anbieter müssen Sie mit vermehrten Werbe-E-Mails rechnen, oder gewisse Komfort-Funktionen werden nur kostenpflichtig angeboten. Noch eines: Ihr Postfach hat eine ganz bestimmte Größe. Ist die maximale Kapazität erreicht (denn jede E-Mail hat ja eine bestimmte Größe), werden ältere E-Mails automatisch gelöscht oder keine E-Mails mehr angenommen. Achten Sie deshalb darauf, dass Ihnen keine E-Mails mit umfangreichen Anhängen (Bilder, Filme oder Musikstücke) per Webmail geschickt werden, da Ihr Postfach ansonsten sehr schnell voll ist.

Viele Webmail-Provider gestatten auch nur eine maximale Kapazität pro E-Mail. Praktisch heißt dies, dass E-Mails mit einer bestimmten Größe nicht angenommen werden.

Ein weiterer Nachteil von Webmail ist jener, dass Sie zum Schreiben von E-Mails immer eine Internetverbindung benötigen, was natürlich Verbindungsgebühren verursacht. Um E-Mails offline zu verfassen, benötigen Sie ein E-Mail-Programm wie beispielsweise Outlook Express sowie einen POP3-Webmail-Provider (dazu später noch mehr).

Trotz dieser Nachteile ist Webmail ein kostengünstiger Einstieg in die Welt der E-Mails.

Und so funktioniert's: Der Webmail-Provider legt für jedes E-Mail-Konto ein Postfach auf seinem Computer an. Dieser Computer ist rund um die Uhr mit dem Internet verbunden. Dieser E-Mail-Server nimmt an Sie gerichtete E-Mails an und legt sie in Ihrem Posteingang ab. Wenn Sie nun den Internet Explorer starten, können Sie die eingegangene E-Mail bei Ihrem Webmail-Provider einsehen und neue E-Mails verfassen.

Anbieter von kostenlosen Webmail-Konten

Anbieter von kostenlosen Webmail-Konten gibt es viele. Schlagen Sie ruhig einmal einschlägige Fachmagazine auf. Sie werden hier sehr schnell fündig werden. Nachfolgend ein paar wichtige Anbieter, die von Presse und Publikum für gut befunden wurden:

Arcor:	*http://www.arcor.de*
Web.de:	*http://web.de*
Freenet:	*http://www.freenet.de*
Yahoo:	*http://www.yahoo.de*
GMX:	*http://www.gmx.de*
MSN:	*http://www.msn.de*

Wirkungs- und Funktionsweise von E-Mail-Viren

Ein Computervirus ist ein Programm wie jede andere Software auch. Er kann nur funktionieren, wenn er durch den Personal Computer ausgeführt wird. Dabei ist ein Virus kein eigenständiges Programm, sondern versteckt sich in anderen Programmen, die der Anwender ohne Wissen um eine mögliche Schadensfunktion startet. Ein wesentliches Merkmal für Viren besteht darin, dass sie in der Lage sind, sich auf dem Computer und in angeschlossenen Netzwerken zu verbreiten. Dies geschieht einfach dadurch, dass der Virus sich bei jedem Start eines Programms, bzw. bei jeder sich bietenden Gelegenheit, selbst in neue Dateien kopiert und so verbreitet. Von außen entsteht so vielleicht der Eindruck, dass er sich selbständig reproduziert. Die zweite für Viren typische Eigenschaft ist, dass sie einen – oftmals schwer zu entdeckenden – Schaden verursacht. Manche Viren verändern dabei Daten immer nur sehr geringfügig, aber zufällig und wiederholt. Lange Zeit bleiben sie unentdeckt, aber eines Tages ist der Zeitpunkt gekommen, an dem die Maschine sich nur mehr »aufhängt« und dauernd abstürzt. Außerdem kommt noch dazu, dass Computerviren ihr Aussehen ändern können, um sich der Entdeckung durch ein Virenschutzprogramm zu entziehen. Manche Viren beinhalten mehrere Schadensfunktionen oder setzen völlig andere Viren auf dem System aus. Der Erhalt einer E-Mail ist zunächst ungefährlich. Kritisch wird es erst, wenn mit der E-Mail erhaltene Anhänge (sog. Attachments) ausgeführt werden. Grundsätzlich können E-Mails jeden beliebigen Dateityp enthalten. Aufgrund der Zunahme an Applikationen und Dateitypen gibt es heute eine Vielzahl von Möglichkeiten, bösartige Programme in anderen Dateiformen als die bekannten *.EXE-Dateien zu tarnen, sodass sie zunächst ungefährlich aussehen. Während *.EXE-Dateien durch den Doppelklick direkt ausgeführt werden, werden Dateien, die Daten für andere Programme enthalten, anders behandelt. Sie werden in dem dafür vorgesehenen Standardprogramm geöffnet. Beispiele dafür sind *.DOC- oder Excel-Dateien, die mit Microsoft Word oder Excel geöffnet werden, sowie *.TXT-Dateien, die mit dem Notepad geöffnet werden. Ebenso gehören zu dieser Kategorie eher unbekannte Dateitypen wie *.SCR (Bildschirmschoner), *.JS (Javascript), *.REG (Registrierungsdatei) oder auch E-Mails, die HTML-Code enthalten. Sehr gefährlich sind Dateien mit der Endung.vbs. Diese Dateien beinhalten Visual Basic Script-Code. Dieser Code wird beim unvorsichtigen Klicken auf die Datei direkt ausgeführt. Auf diese Weise verbreiteten sich fast alle gefährlichen Viren in letzter Zeit. Sie wurden per E-Mail-Anhang verschickt, und die unvorsichtige oder meist sogar automatische Ausführung führte zu der Virusinfektion. Leider führen viele E-Mail-Programme – entweder bedingt durch falsche Voreinstellungen oder durch die Standardeinstellungen des Betriebssystems – solche potenziell gefährlichen Dateien direkt aus, sodass darin enthaltene Viren zum Ausbruch kommen. Dieses Problem ist nur zu umgehen, indem die jeweiligen Voreinstellungen so abgeändert werden, dass diese Dateien nicht mehr mit den Standardprogrammen geöffnet werden.

Moderne Virenscanner überprüfen beim Versand und Empfang von E-Mails den E-Mail-Verkehr auf Viren. Dies funktioniert jedoch nur bei POP3-Zugängen.

Einrichten eines Arcor-Webmail-Kontos

Im Folgenden richten Sie am Beispiel des Arcor-Webmail-Angebots ein kostenloses E-Mail-Konto inklusive Postfach bei diesem Anbieter ein. Und so geht's:

1 Verbinden Sie Ihren Computer mit dem Internet, starten Sie den Internet Explorer und geben Sie die URL *http://www.arcor.de* ein.

> **Hinweis**
>
> *Da die Betreiber von Websites ihre Seiten von Zeit zu Zeit einer kosmetischen Retusche unterziehen, kann es vorkommen, dass die Seiten anders aussehen als in diesem Buch gezeigt. Was jedoch in der Regel gleich bleibt, sind die Bezeichnungen der Menüpunkte, die aber manchmal an anderen Stellen der Webseite zu finden sind. Wenn Sie sich also erst einmal einen Überblick über die neu gestaltete Webseite verschaffen, werden Sie schnell auf alte Bekannte stoßen.*

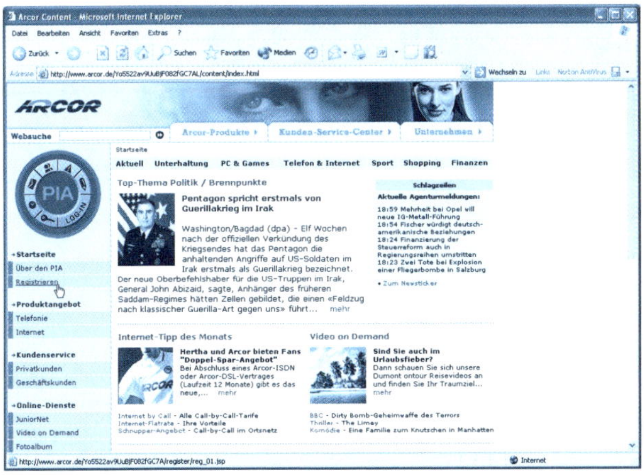

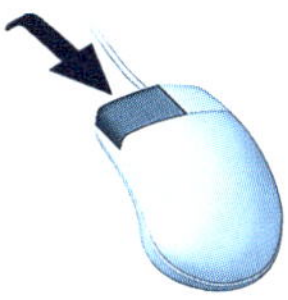

2 Klicken Sie auf der Arcor-Website im linken Bereich unterhalb von *Startseite* auf *Registrieren*.

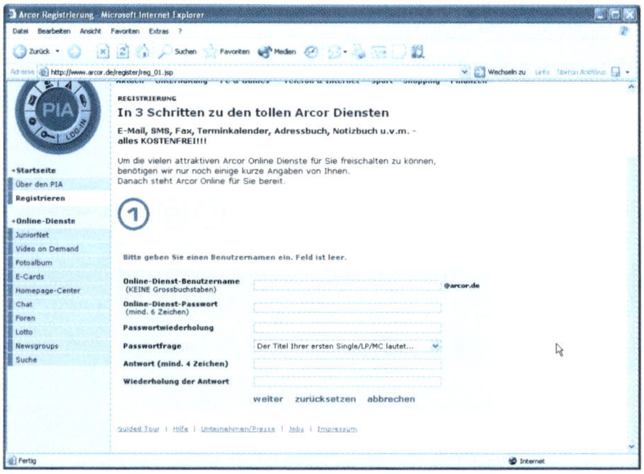

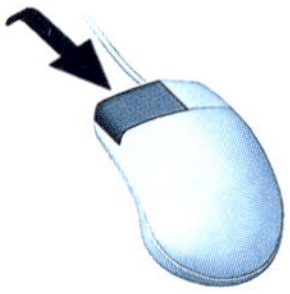

3

Im ersten Schritt müssen Sie sich einen Namen für Ihre neue E-Mail-Adresse ausdenken, die mit *@arcor.de* endet (trägt Arcor automatisch ein). In die folgenden zwei Eingabefelder müssen Sie ein Kennwort eintragen, das Sie sich ebenfalls ausdenken müssen. Mit diesem Kennwort identifizieren Sie sich, wenn Sie E-Mails von Ihrem Postfach abrufen. Als Nächstes wählen Sie eine Passwortfrage aus. Haben Sie einmal Ihr Passwort vergessen, stellt Ihnen Arcor diese Frage. Auf diese müssen Sie anschließend mit der in den nächsten beiden Feldern definierten Frage antworten. Sie bekommen dann per E-Mail Ihr vergessenes Passwort zugeschickt. Notieren Sie vorsichtshalber sämtliche Angaben, die Sie in diesem Schritt getroffen haben. Klicken Sie anschließend auf *Weiter*.

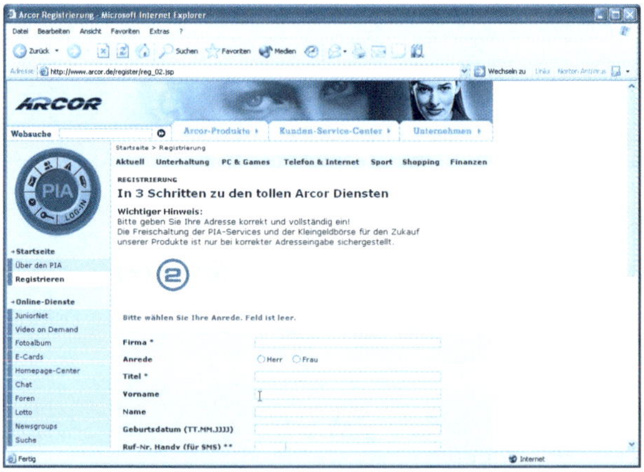

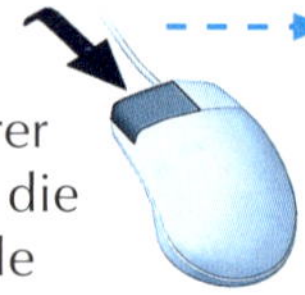

4

Arcor benötigt nun einige statistische Angabe zu Ihrer Person. Sie müssen lediglich die Eingabefelder ausfüllen, die nicht mit einem Stern gekennzeichnet sind. Haben Sie alle Eingaben abgeschlossen, klicken Sie auf *Weiter*.

5 Sie bekommen nun eine Zusammenfassung Ihrer Eingaben dargestellt. Blättern Sie in der Seite nach unten und geben Sie in das Eingabefeld in *Ihr persönlicher Schlüssel* die Buchstabenkombination ein, die hinter dem Schlüsselsymbol dargestellt ist. Akzeptieren Sie anschließend die Geschäftsbedingungen, indem Sie in die entsprechenden Kontrollkästchen klicken, und klicken Sie anschließend auf *OK*.

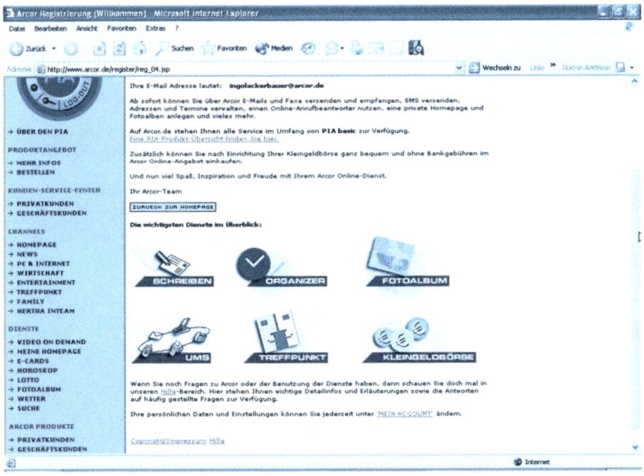

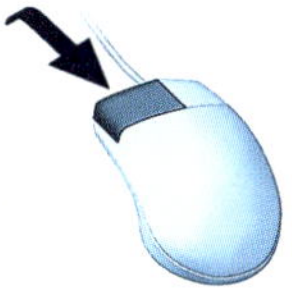

6 Ihr Webmail-Zugang wurde erfolgreich eingerichtet. Schließen Sie Ihren Internet Explorer.

Abrufen einer Webmail

Das folgende Kapitel beschäftigt sich damit, wie Sie Ihr Postfach überprüfen können, ob neue E-Mails eingegangen sind, und wie Sie eine E-Mail verfassen und versenden. Bleiben Sie bei Ihrem soeben eingerichteten Webmail-Account bei Arcor.

1 Stellen Sie eine Verbindung ins Internet her, starten Sie den Internet Explorer und surfen Sie zur Arcor-Website (*http://www.arcor.de*).

2 Klicken Sie im linken oberen Bereich der Arcor-Seite auf *LOG-IN* in dem runden Symbol.

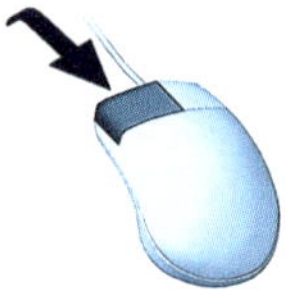

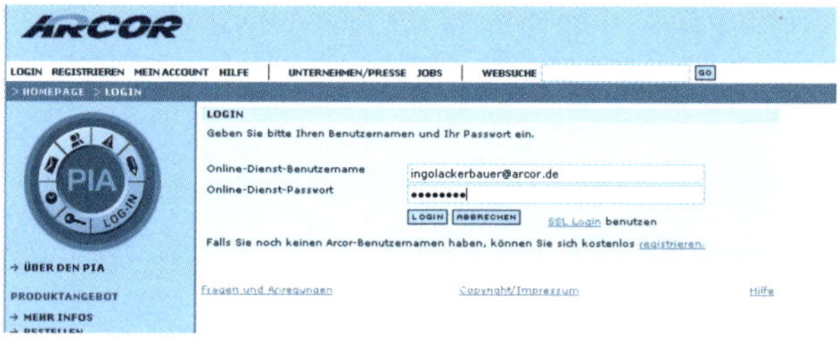

3 Geben Sie Ihren Benutzernamen (das ist Ihre neue E-Mail-Adresse) sowie das Passwort ein. Klicken Sie anschließend auf die Schaltfläche *Login*.

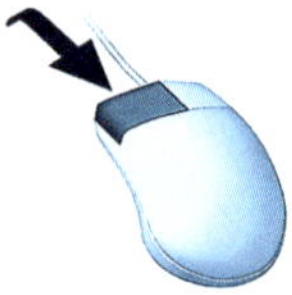

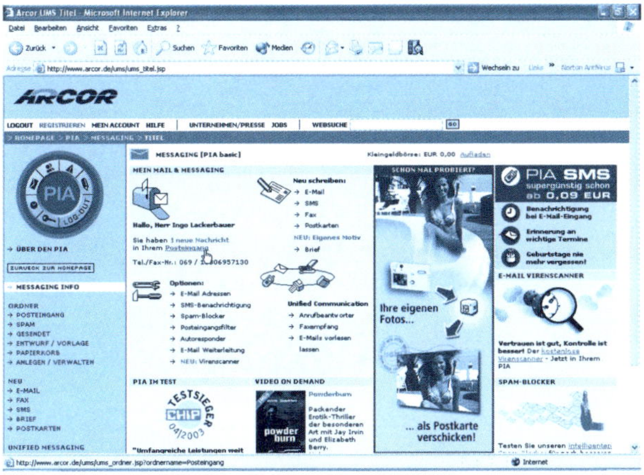

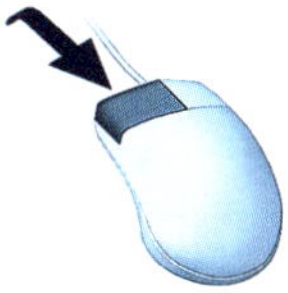

4 Liegen neue E-Mails in Ihrem Postfach, zeigt Ihnen der Mailserver dies mit Hilfe der Nachricht *Sie haben 1 neue Nachricht in Ihrem Posteingang*. Indem Sie auf *Posteingang* klicken (oder alternativ dazu im linken Bereich unterhalb von *Ordner* auf *Posteingang*) erhalten Sie Zugriff auf Ihr Postfach.

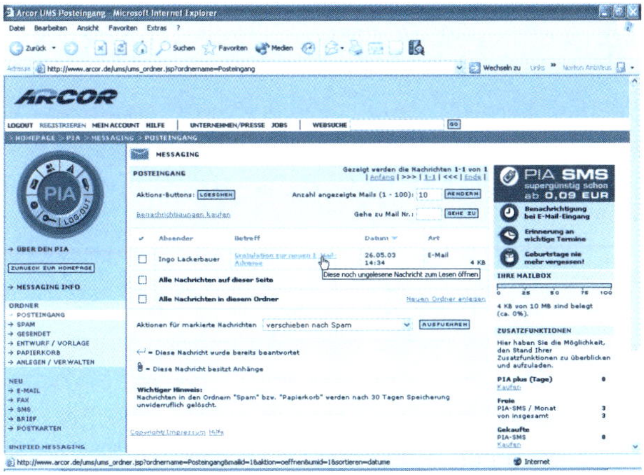

5 Sie sehen nun eine Übersicht aller E-Mails Ihres Postfachs. Indem Sie auf die E-Mail klicken, wird deren Inhalt kurze Zeit später geöffnet.

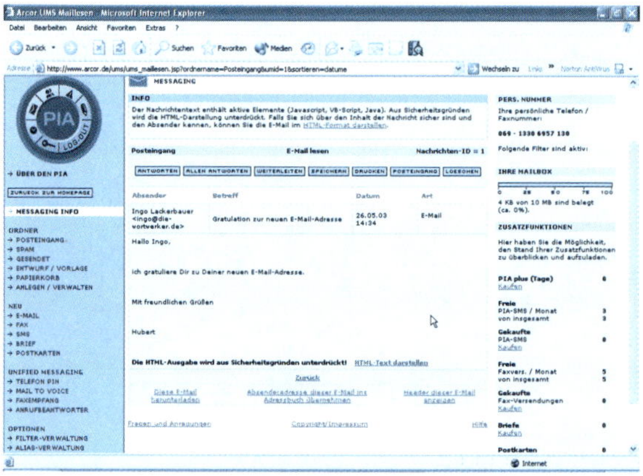

6 Sie sehen nun den Inhalt der E-Mail.

Im oberen Bereich des aktuellen Fensters sehen Sie eine Reihe von Schaltflächen.

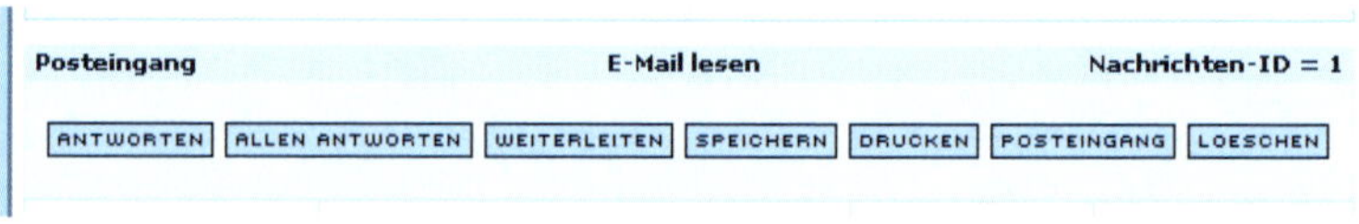

Mit einem Klick auf eine dieser Schaltflächen können Sie Ihre E-Mail bearbeiten.

Verfassen einer Webmail

1 Stellen Sie eine Verbindung ins Internet her, starten Sie den Internet Explorer und surfen Sie zur Arcor-Website (*http://www.arcor.de*).

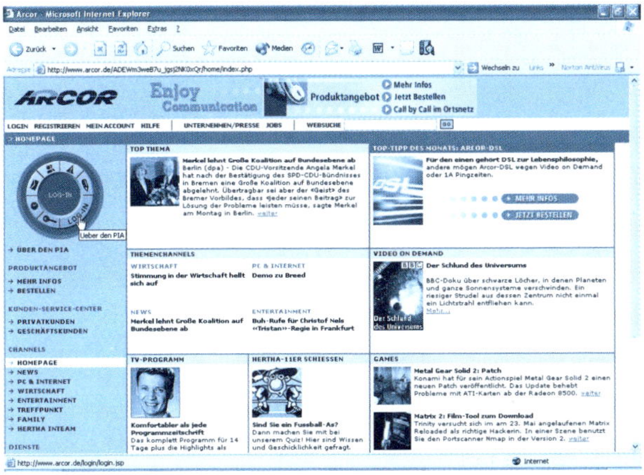

2 Klicken Sie im linken oberen Bereich der Arcor-Seite auf *Log-In* in dem runden Symbol.

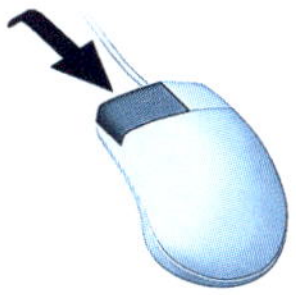

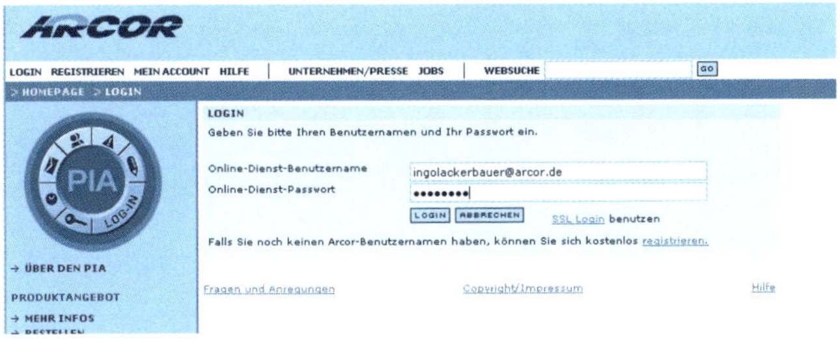

3 Geben Sie Ihren Benutzernamen (das ist Ihre neue E-Mail-Adresse) sowie das Passwort ein. Klicken Sie anschließend auf die Schaltfläche *Login*.

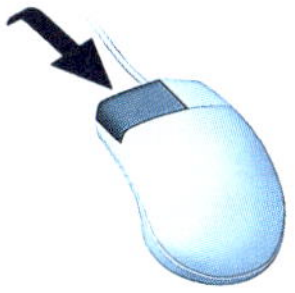

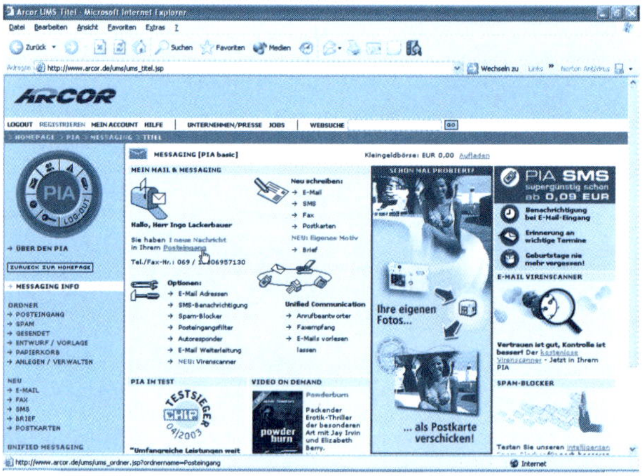

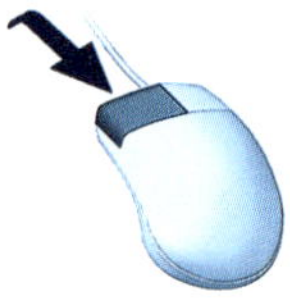

4 Klicken Sie im Bereich *Neu schreiben* auf *E-Mail.*

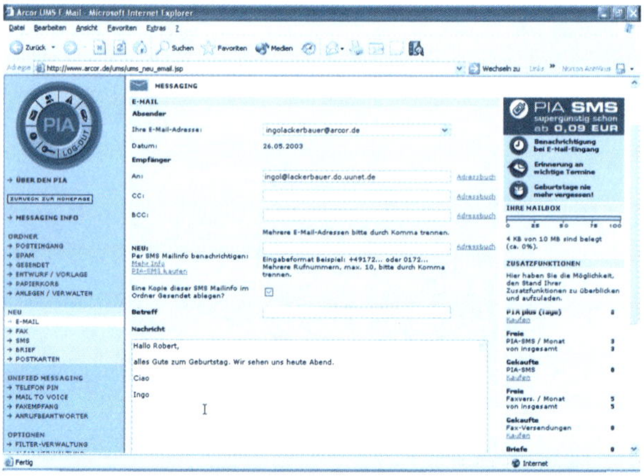

5 Geben Sie unter *An:* die E-Mail-Adresse des Empfängers, unter *Betreff* eine Betreffzeile und anschließend unterhalb von *Nachricht* den eigentlichen E-Mail-Text ein. Klicken Sie anschließend am Seitenende auf die Schaltfläche *Senden,* um die Nachricht zu verschicken.

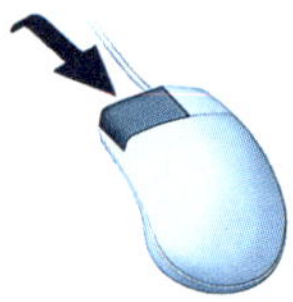

Weiterführende Informationen zum Umgang mit dem Webmail-Client von Arcor erhalten Sie, wenn Sie im oberen Bereich der Seite auf *Hilfe* klicken.

Erfolgskontrolle

- Wie funktioniert der E-Mail-Versand?
- Was ist ein Internet-Router?
- Wo liegen die Vorteile der Webmail?

Die Antworten zu diesen Fragen finden Sie im Anhang dieses Buches im Kapitel »Antworten«.

Kapitel 9

Outlook Express

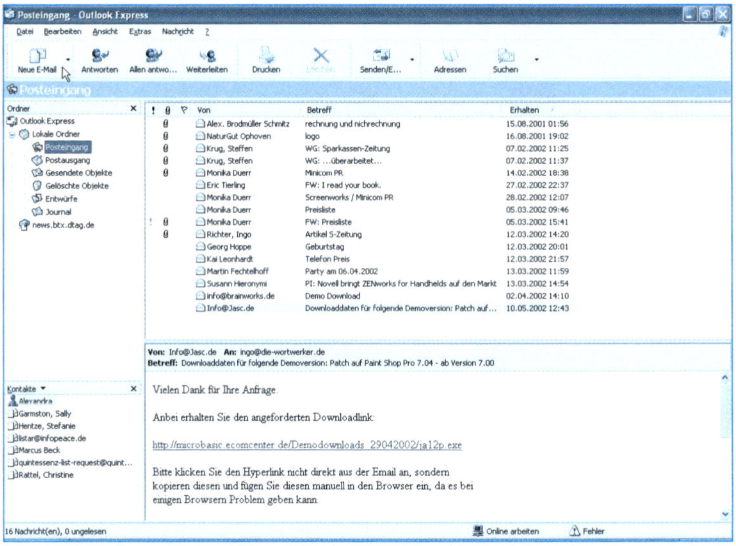

Im letzten Kapitel haben Sie die Arbeit mit Webmails kennen gelernt. Nun ist es an der Zeit, den E-Mail-Verkehr ein wenig komfortabler zu gestalten. Dafür bietet sich Outlook Express in hervorragender Art und Weise an. Es ist ein leicht zu bedienendes E-Mail-Programm mit einer immensen Vielfalt an Funktionen, und es ist bereits standardmäßig in Windows XP enthalten.

Das können Sie schon:

Das lernen Sie neu:

Outlook Express

Seit Ende 2001 gibt es den Internet Explorer 6, der als Standardkomponente Outlook Express 6 als Mail-Programm enthält. Haben Sie den IE6 installiert, so befindet sich automatisch auch Outlook Express 6 auf Ihrer Festplatte, sodass eine zusätzliche Installation nicht notwendig ist. Lediglich ein paar Konfigurationsschritte müssen durchgeführt werden, um Outlook Express 6 die Standard-Mail-Zugangsdaten mitzuteilen.

Konfiguration der E-Mail-Fähigkeiten von Outlook Express 6

Starten Sie Outlook Express über den Windows-Desktop oder durch Anklicken des Symbols, das sich in der Taskleiste befindet, oder über das Startmenü *Alle Programme/Outlook Express.*

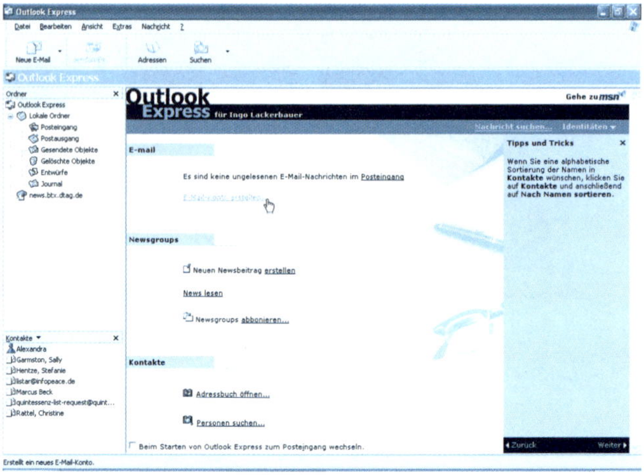

1 Klicken Sie auf den Hyperlink *E-Mail-Konto erstellen.*

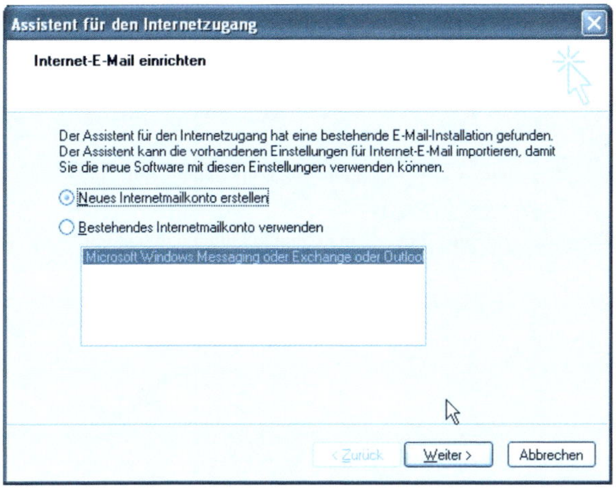

2 Klicken Sie auf das Optionsfeld *Neues Internetmail-konto erstellen* und anschließend auf *Weiter*. Dieser Schritt erscheint nur, wenn bereits ein E-Mail-Konto eingerichtet ist.

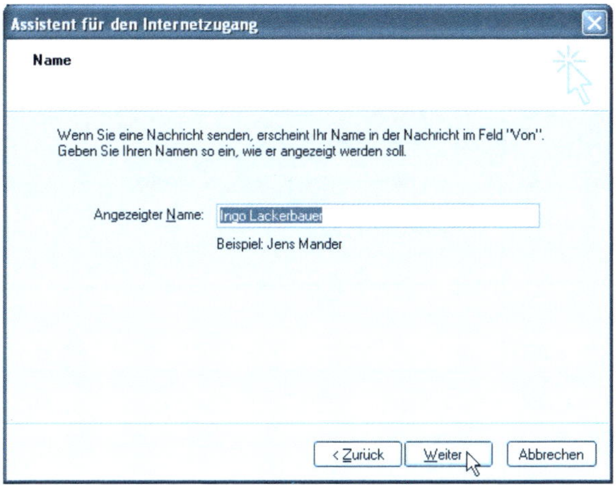

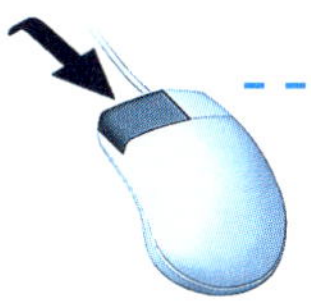

3 Geben Sie Ihren vollständigen Namen ein, und klicken Sie auf *Weiter*.

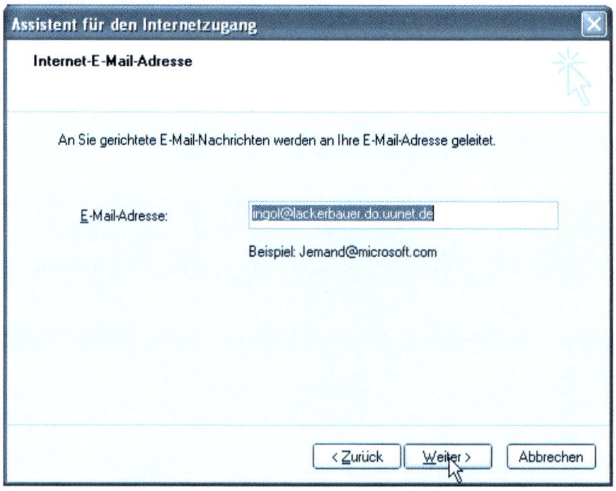

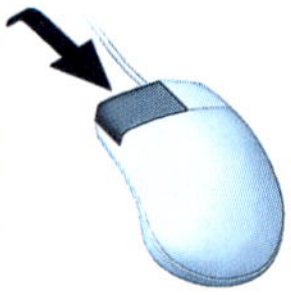

4 Geben Sie Ihre E-Mail-Adresse ein, und klicken Sie auf *Weiter*.

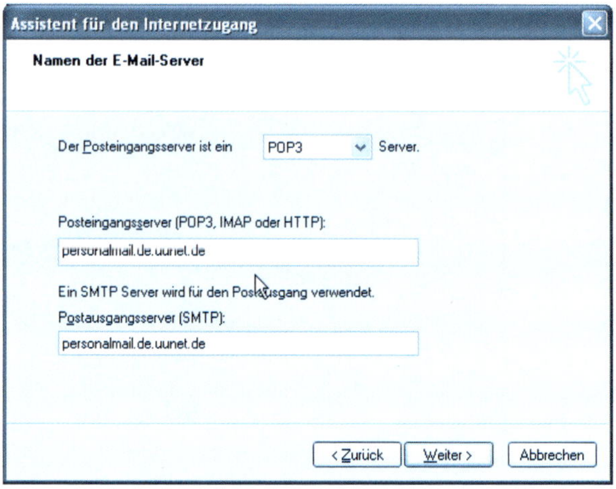

5 Nun ist es an der Zeit, die Bezeichnung des Mail-Servers anzugeben. Klicken Sie anschließend auf *Weiter*.

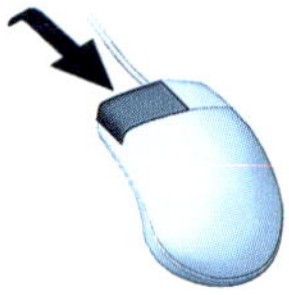

Haben Sie ein Webmail-Konto, müssen Sie an dieser Stelle die Namen der Mail-Server Ihres Webmail-Providers eingeben. Diese erfahren Sie entweder über die Website des entsprechenden Anbieters oder dessen Support.

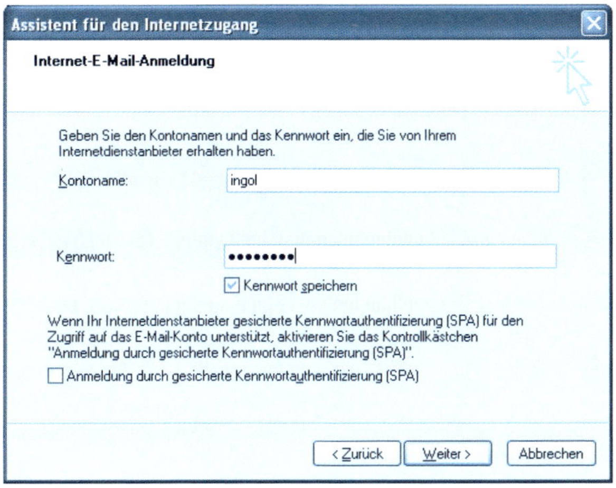

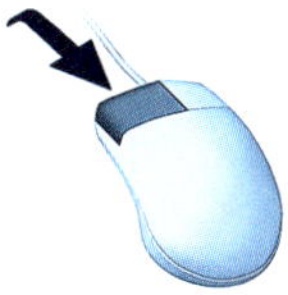

6 Geben Sie Ihren Kontonamen und das Kennwort für Ihren Mail-Zugang ein, und klicken Sie abschließend auf *Weiter*.

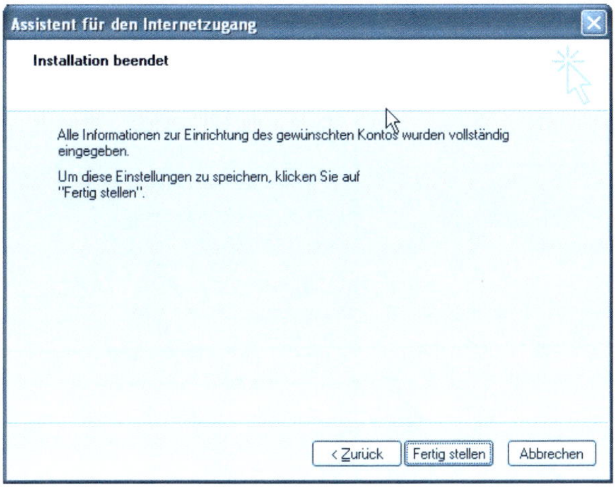

7 Klicken Sie auf *Fertig stellen*.

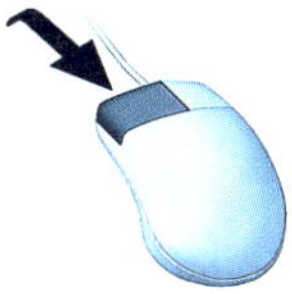

Versenden einer E-Mail mit Outlook Express

Nachdem Outlook Express konfiguriert wurde, können Sie nun eine E-Mail versenden.

Öffnen Sie Outlook Express 6, und führen Sie folgende Schritte durch:

1 Führen Sie einen einfachen Mausklick *Outlook Express* in der Schnellstartleiste von Windows XP aus.

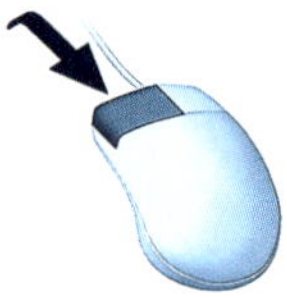

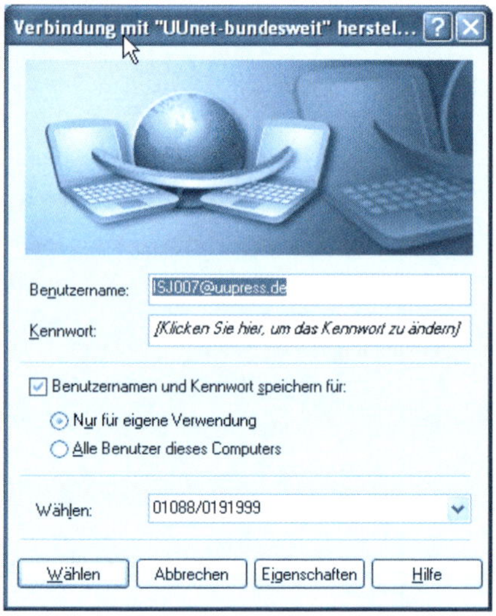

2 Klicken Sie auf *Wählen*.

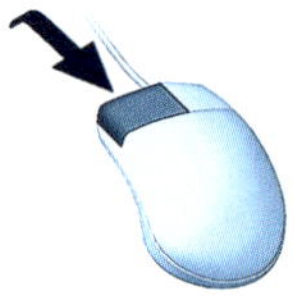

Sobald eine Verbindung zum Internet-Serviceprovider hergestellt wurde, werden automatisch alle neu eingegangenen E-Mails auf Ihren Rechner übertragen. Sie brauchen keine Schaltfläche zu betätigen.

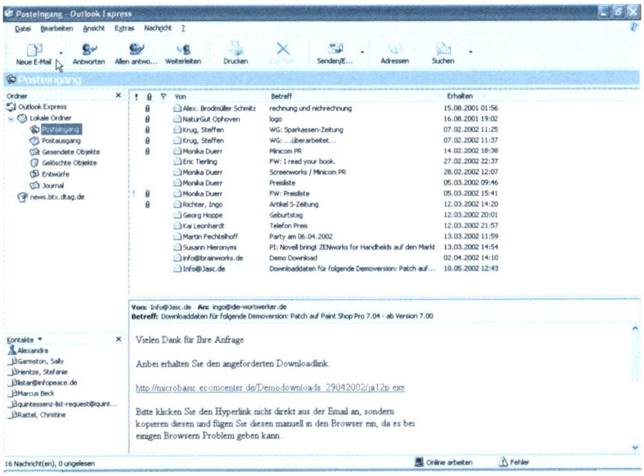

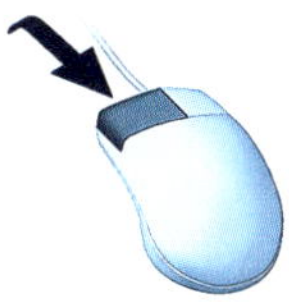

3 Klicken Sie auf die Schaltfläche *Neue E-Mail.*

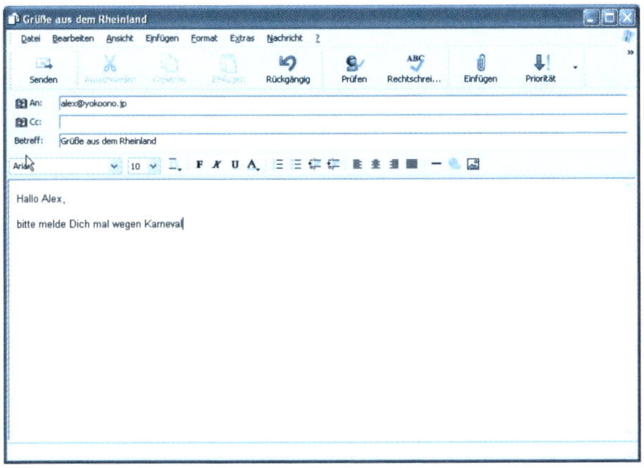

4 Geben Sie im Feld *An:* die E-Mail-Adresse Ihres Adressaten ein. Im Eingabefeld *Betreff:* geben Sie ein, worum es in Ihrer E-Mail geht. Nun können Sie Ihren Text im Haupteingabefeld eingeben. Klicken Sie abschließend auf die Schaltfläche *Senden*.

E-Mail empfangen und lesen

Um E-Mails zu empfangen, gehen Sie wie folgt vor:

1 Stellen Sie eine Verbindung mit dem Internet her und rufen Sie Outlook Express auf.

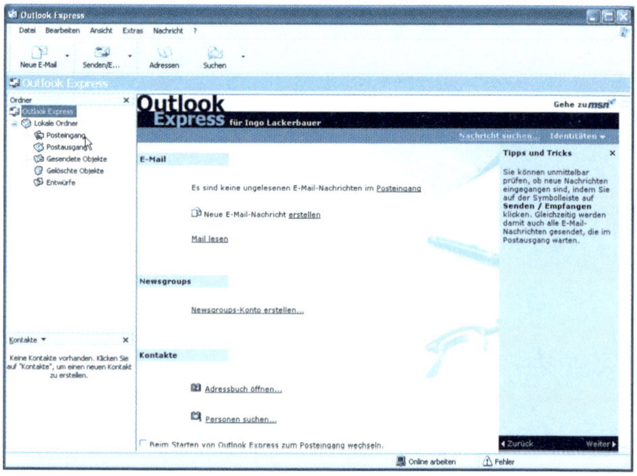

2 Outlook Express stellt fest, dass es eine Internetverbindung gibt, nimmt Verbindung mit dem entsprechenden Mail-Server Ihres Providers auf und ruft neu eingetroffene E-Mails ab. Dieser Vorgang läuft komplett im Hintergrund ab. Klicken Sie im linken Bereich auf *Posteingang*.

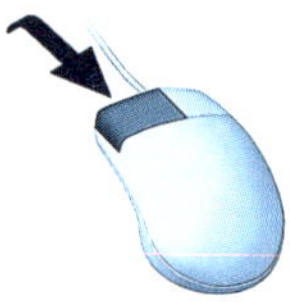

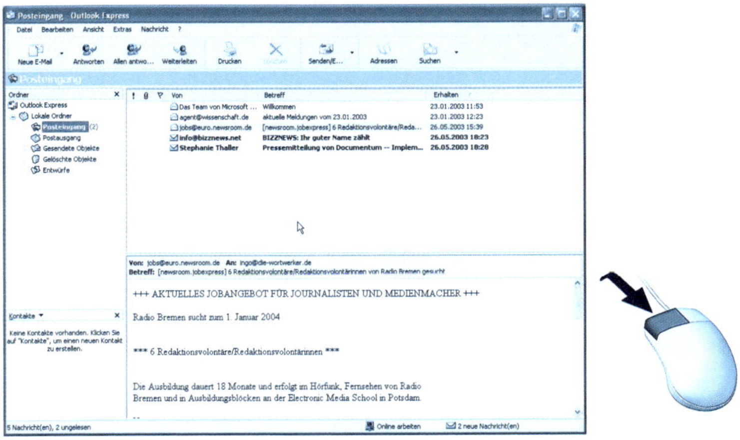

3 Sie bekommen nun eine Liste aller kürzlich eingetroffenen E-Mails angezeigt. Neue E-Mails erkennen Sie am Fettdruck. Wenn Sie eine neu eingetroffene E-Mail markieren, wird deren Inhalt im unteren Teil des Fensters angezeigt. Sie können allerdings auch einen Doppelklick auf die entsprechende E-Mail ausführen. Daraufhin öffnet sich ein weiteres Dialogfenster mit dem Inhalt der E-Mail.

Outlook Express überprüft beim Programmstart automatisch Ihr Postfach auf neue E-Mails. Falls Sie dies nicht möchten, rufen Sie aus dem Menü *Extras* den Menüeintrag *Optionen* auf.

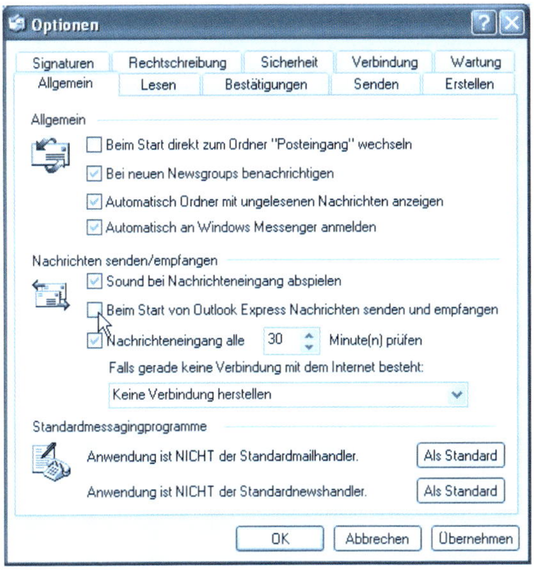

Entfernen Sie das Häkchen vor *Beim Start von Outlook Express Nachrichten senden und empfangen*. So können Sie erst einmal ungestört in Outlook Express arbeiten, ohne für eine geöffnete Internetverbindung zu zahlen. Möchten Sie zu einem späteren Zeitpunkt Ihre E-Mails abrufen, so genügt ein Mausklick auf die Schaltfläche *Senden/Empfangen*.

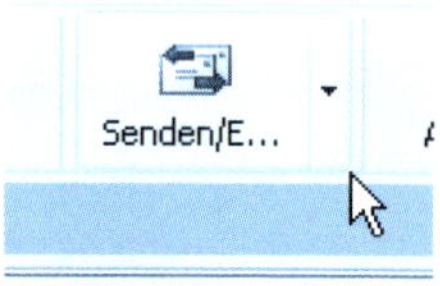

Outlook Express nimmt daraufhin Verbindung mit dem Internet auf und ruft Ihre Mails ab. Gleichzeitig dient diese Schaltfläche zum Versenden Ihrer E-Mails. Befinden sich E-Mails im Postausgang, werden diese parallel zum Abruf Ihrer E-Mails verschickt.

E-Mail beantworten und weiterleiten

Haben Sie in Outlook Express eine E-Mail zum Lesen geöffnet, können Sie diese direkt beantworten. Der Vorteil an dieser Stelle ist, dass die gleiche E-Mail an den Absender inklusive Ihrer neuen Mitteilung zurückgesandt wird.

1 Markieren Sie in Outlook Express eine E-Mail, auf die Sie antworten möchten.

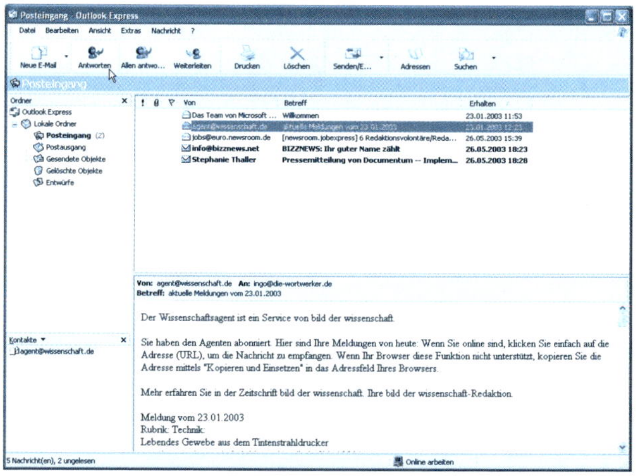

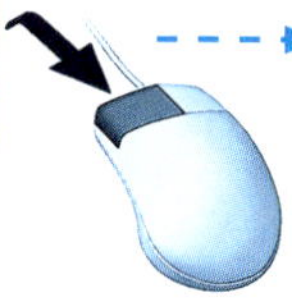

2 Klicken Sie anschließend auf die Schaltfläche *Antworten* in der Symbolleiste.

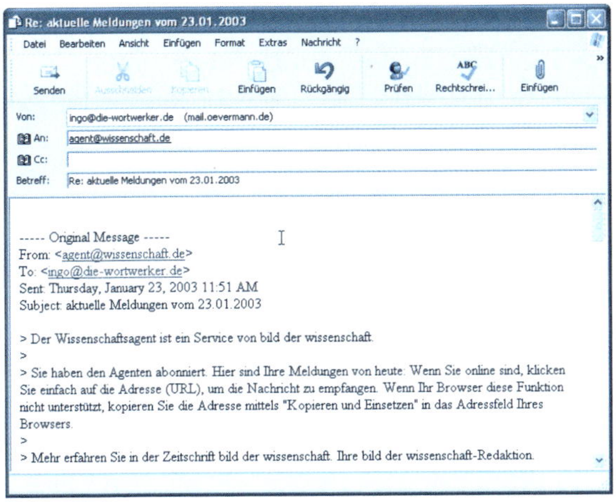

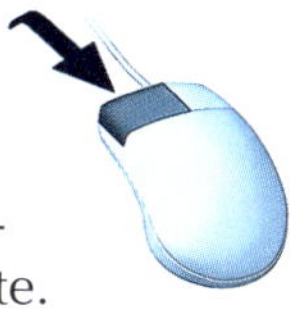

3 Geben Sie nun Ihren Text ein, und klicken Sie anschließend auf die Schaltfläche *Senden* der Symbolleiste.

Die E-Mail wird daraufhin in den *Postausgang* verschoben und übermittelt, sobald Sie das nächste Mal auf *Senden/Empfangen* klicken.

E-Mail weiterleiten

Outlook Express bietet Ihnen ebenfalls die Möglichkeit, eine empfangene Nachricht an eine andere Person weiterzuleiten. Markieren Sie dazu im Outlook-Express-Fenster die entsprechende E-Mail, und klicken Sie anschließend auf die Schaltfläche *Weiterleiten* in der Symbolleiste.

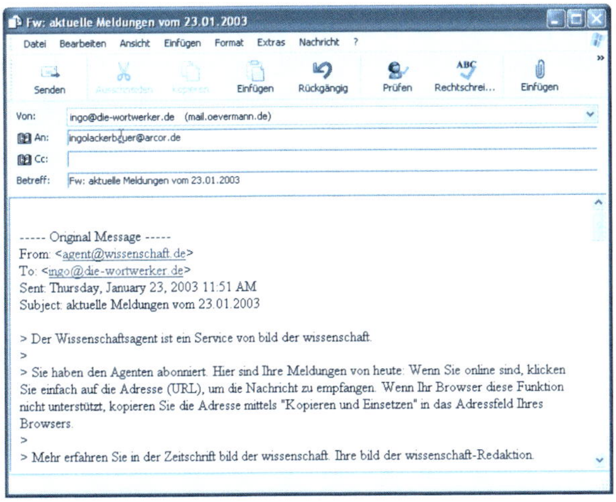

Geben Sie anschließend im Eingabefeld *An:* die Empfängeradresse ein. Sie können die ursprüngliche E-Mail auch durch eigene Kommentare ergänzen, indem Sie einfach in das Inhaltsfenster der E-Mail klicken und Ihren Text eingeben. Klicken Sie abschließend auf die Schaltfläche *Senden.*

Die E-Mail wird daraufhin in den *Postausgang* verschoben und übermittelt, sobald Sie das nächste Mal auf *Senden/Empfangen* klicken.

Signatur

Sie können in ausgehenden Nachrichten besonders wichtige Informationen als Teil Ihrer persönlichen Signatur einfügen (Adresse, Bankverbindung, Logo usw.). Sie können außerdem für unterschiedliche Zwecke mehrere Signaturen erstellen. Sie können auch Visitenkarten mit weitergehenden Informationen einfügen. Um den Nachrichten ein ansprechendes Erscheinungsbild zu verleihen, können Sie Briefpapiermuster und Hintergründe hinzufügen sowie Farbe und Format des Textes ändern.

So fügen Sie ausgehenden Nachrichten eine Signatur hinzu:

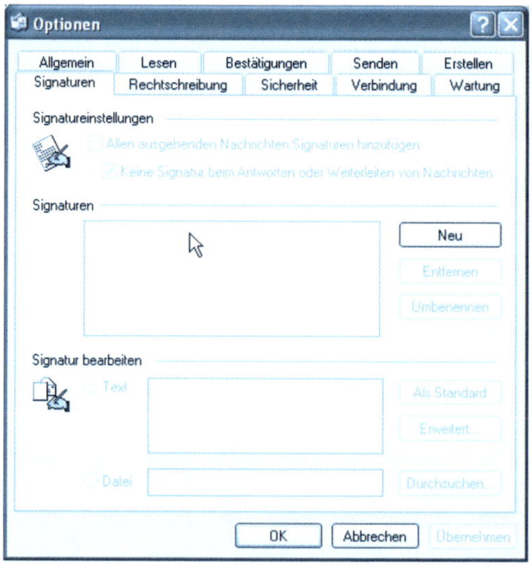

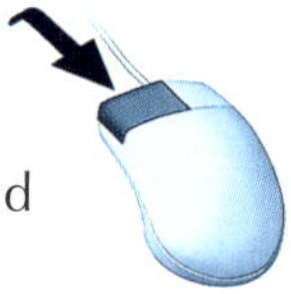

1 Klicken Sie im Menü *Extras* auf *Optionen*, und klicken Sie dann auf die Registerkarte *Signaturen*.

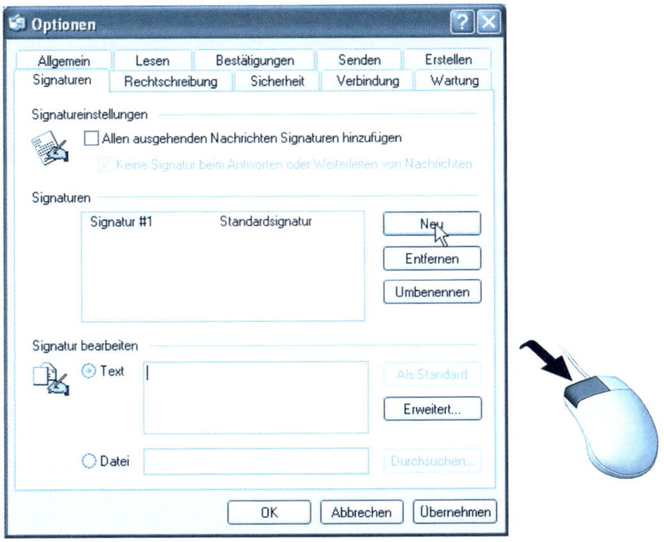

2 Um eine Signatur zu erstellen, klicken Sie auf die Schaltfläche *Neu*. Geben Sie dann entweder Text in das Feld *Signatur bearbeiten* ein, oder klicken Sie auf *Datei*, und geben Sie anschließend den Speicherort der Text- bzw. HTML-Datei an, die Sie verwenden möchten. Aktivieren Sie das Kontrollkästchen *Allen ausgehenden Nachrichten Signaturen hinzufügen*. Klicken Sie abschließend auf OK.

Um für unterschiedliche Konten unterschiedliche Signaturen zu verwenden, wählen Sie im Bereich *Signaturen* die Signatur aus, klicken auf *Erweitert*, und wählen Sie dann das Konto aus, für das die Signatur verwendet werden soll.

Um eine Signatur nur für eine einzelne Nachricht zu verwenden, stellen Sie sicher, dass das Kontrollkästchen *Allen ausgehenden Nachrichten Signaturen hinzufügen* deaktiviert ist. Wenn Sie die Nachricht verfassen, zeigen Sie im Menü *Einfügen* auf *Signatur*, und klicken Sie dann auf die gewünschte Signatur.

Das Adressbuch

Das Adressbuch bietet eine einfache Möglichkeit zum Speichern von Kontaktinformationen, sodass Programme wie Microsoft Outlook Express problemlos auf die gespeicherten Informationen zugreifen können. Es bietet darüber hinaus Zugriff auf Internetverzeichnisdienste, mit deren Hilfe Sie im Internet nach Personen und Unternehmen suchen können. Die im Folgenden vorgestellten Features können dazu verwendet werden, alle benötigten Kontaktinformationen in der für Sie bequemsten Weise zu organisieren.

Das Adressbuch stellt Ihnen einen Speicherort für E-Mail-Adressen, Privat- und Geschäftsadressen, Telefon- und Faxnummern, digitale IDs, Konferenzinformationen, MSN-Messenger -Service-Adressen und persönliche Informationen wie Geburtstage und Jahrestage zur Verfügung. Sie können auch persönliche und geschäftliche Internetadressen speichern und direkt über das Adressbuch Verbindungen zu diesen Adressen herstellen. Weitere Informationen, die nicht unter die genannten Kategorien fallen, können in einem großzügig bemessenen Bereich für Anmerkungen gespeichert werden.

Sie können Gruppen von Kontakten erstellen, die es Ihnen erleichtern, E-Mail-Nachrichten an eine Gruppe von Personen, wie Geschäftspartner, Verwandte oder Sportkameraden, zu senden. Wenn Sie E-Mail-Nachrichten an alle Gruppenmitglieder senden möchten, brauchen Sie nur den Gruppennamen zu verwenden, statt jeden Kontakt einzeln einzugeben. Das Erstellen von Gruppen bietet auch eine gute Möglichkeit, ein umfangreiches Adressbuch zu organisieren.

Durch Erstellen von Identitäten für alle Personen, die das Adressbuch verwenden, können Kontakte in jeweils eigenen, geschützten Ordnern verwaltet werden. Darüber hinaus können die Benutzer Kontakte im Ordner *Gemeinsame Kontakte* speichern, sodass auch andere Identitäten sie verwenden können.

Visitenkarten bieten eine neue Möglichkeit, Kontaktinformationen auf elektronischem Wege zu senden. Wenn Sie im Adressbuch eine Visitenkarte erstellen, werden Ihre Kontaktinformationen im vCard-Format gespeichert. Dieses Format kann zwischen zahlreichen Programmen (wie E-Mail-Programmen, Adressbüchern und Zeitplanungsprogrammen) und verschiedenen digitalen Geräten (Desktop-Computer, Laptop-Computer oder Notebooks, PDAs und Telefoniegeräten) ausgetauscht werden.

So fügen Sie dem Adressbuch Namen direkt aus E-Mail-Nachrichten hinzu

Sie können Outlook Express so einrichten, dass bei einer Antwort auf eine Nachricht die Personen, denen Sie antworten, automatisch dem Adressbuch hinzugefügt werden. Darüber hinaus können Sie immer dann, wenn Sie in Outlook Express Nachrichten empfangen oder senden, die Namen von Absendern und Empfängern dem Adressbuch hinzufügen.

1 Klicken Sie in Outlook Express im Menü *Extras* auf *Optionen*.

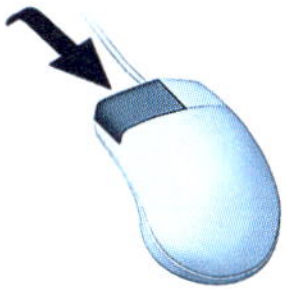

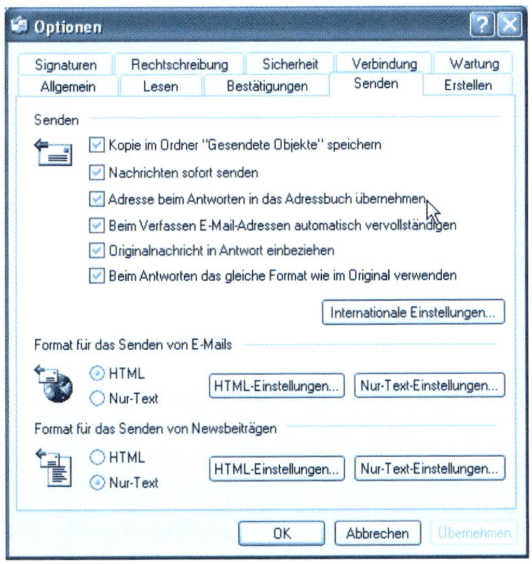

2 Klicken Sie auf der Registerkarte *Senden* auf *Adresse beim Antworten in das Adressbuch übernehmen*. Klicken Sie abschließend auf *OK*.

So fügen Sie in Outlook Express dem Adressbuch einen einzelnen Namen hinzu

1 Klicken Sie in einer Nachricht, die aktuell angezeigt oder beantwortet wird, mit der rechten Maustaste auf den Namen der Person, und klicken Sie dann auf *Zum Adressbuch hinzufügen*.

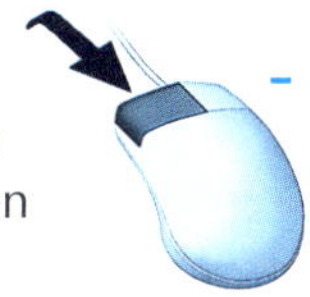

2 Klicken Sie in der Nachrichtenliste des Posteingangs oder eines anderen E-Mail-Ordners mit der rechten Maustaste auf eine Nachricht, und klicken Sie dann auf *Absender zum Adressbuch hinzufügen.*

Hinzufügen eines Kontakts zum Adressbuch

1 Klicken Sie in Outlook Express auf das Menü *Extras,* und klicken Sie dann auf *Adressbuch.*

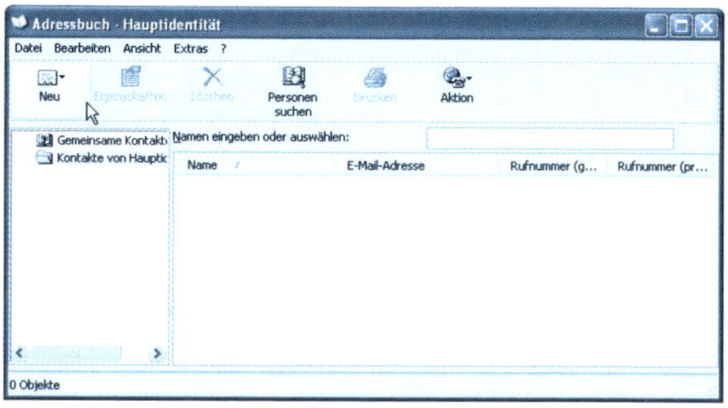

2 Wählen Sie im Adressbuch den Ordner aus, dem Sie einen Kontakt hinzufügen möchten. Klicken Sie auf der Symbolleiste auf *Neu,* und klicken Sie dann auf *Neuer Kontakt.*

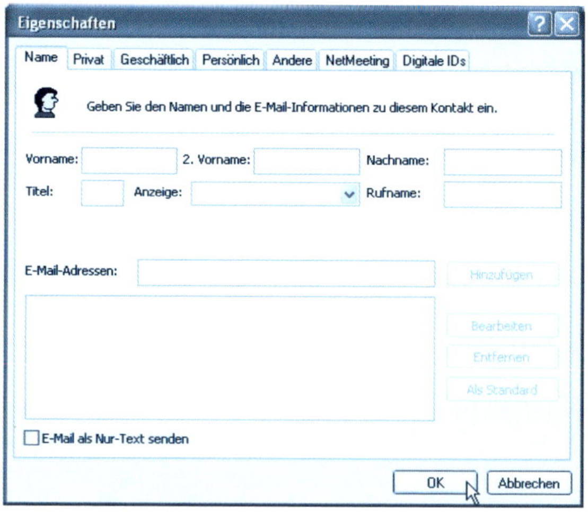

3 Geben Sie auf der Registerkarte *Name* mindestens Vor- und Nachname des Kontakts sowie die E-Mail-Adresse ein. Dieser Name wird zur Anzeige verwendet. Klicken Sie auf *OK.*

Für jeden Kontakt ist ein Anzeigename erforderlich. Wenn Sie einen Vornamen, zweiten Vornamen oder Nachnamen eingeben, wird dieser automatisch im Feld *Anzeige* angezeigt. Sie können den Anzeigenamen ändern, indem Sie einen anderen Namen eingeben oder aus der Dropdown-Liste auswählen. Die Dropdown-Liste enthält Variationen von Vornamen, zweitem Vornamen und Nachnamen sowie Ihre Eingabe in das Feld *Rufname* und das Feld *Firma* auf der Registerkarte *Geschäftlich*. Fügen Sie auf den anderen Registerkarten nach Bedarf die gewünschten Informationen hinzu.

Hinweis

Vergewissern Sie sich, dass Sie die E-Mail-Adresse des Kontakts eingeben. Das Adressbuch kann zwar vielen Zwecken dienen, doch liegt der sofortige Nutzen darin, dass es beim Verfassen von Nachrichten die E-Mail-Adressen bereitstellt.

Wenn Sie nun eine E-Mail schreiben, können Sie das Adressbuch dazu nutzen, die E-Mail-Adresse des Empfängers herauszufiltern. Klicken Sie dazu auf das Symbol des Telefonbuchs vor dem Eingabefeld *An:* und wählen Sie den Empfänger aus.

Erstellen Sie eine Visitenkarte

Die einfachste Möglichkeit, Kontaktinformationen mit Personen im Internet auszutauschen, ist das Anhängen einer Visitenkarte an E-Mail-Nachrichten. Eine Visitenkarte enthält Ihre Kontaktinformationen aus dem Adressbuch im vCard-Format. Das vCard-Format wird von einer Vielzahl von digitalen Geräten und Betriebssystemen unterstützt.

Ihre Kontaktinformationen müssen im Adressbuch vorliegen, bevor Sie eine Visitenkarte erstellen können.

Erstellen Sie im Adressbuch einen Eintrag für sich selbst, und wählen Sie dann Ihren Namen in der Adressbuchliste aus. Zeigen Sie im Menü *Datei* auf *Exportieren*, und klicken Sie dann auf *Visitenkarte (vCard)*.

Geben Sie den Speicherort für die Datei an, und klicken Sie dann auf *Speichern*.

Klicken Sie im Menü *Einfügen* auf *Visitenkarte*, um einer E-Mail-Nachricht Ihre Visitenkarte hinzuzufügen.

E-Mail-Anhänge

E-Mails können nicht nur Textdaten enthalten. Vielmehr benutzt man eine E-Mail sehr oft auch als Transportmedium für weitere angeheftete Dokumente, Bilder, Filme, Sounds oder andere Objekte. Doch Vorsicht: Öffnen Sie niemals ungeprüft ein an eine E-Mail gehängtes Objekt . Es könnte Viren enthalten – ob gewollt oder ungewollt. Installieren Sie unbedingt einen Virenscanner, der den E-Mail-Verkehr inklusive aller Anlagen (auch Anhänge oder Attachements genannt) auf Viren überprüft. Nur so gehen Sie sicher, dass Sie sich keinen Virus per E-Mail auf Ihren Rechner laden.

> **Hinweis**
>
> *Wenn eine Nachricht eine Datei als Anlage enthält, wird in der Nachrichtenliste neben der Nachricht ein Büroklammersymbol angezeigt.*

So fügen Sie eine Datei in eine Nachricht ein

Um eine Datei mit einer Nachricht zu versenden, verfassen Sie zuerst, wie gehabt, die E-Mail. Gehen Sie anschließend wie folgt vor:

1 Klicken Sie auf eine beliebige Stelle im Nachrichtenfenster.

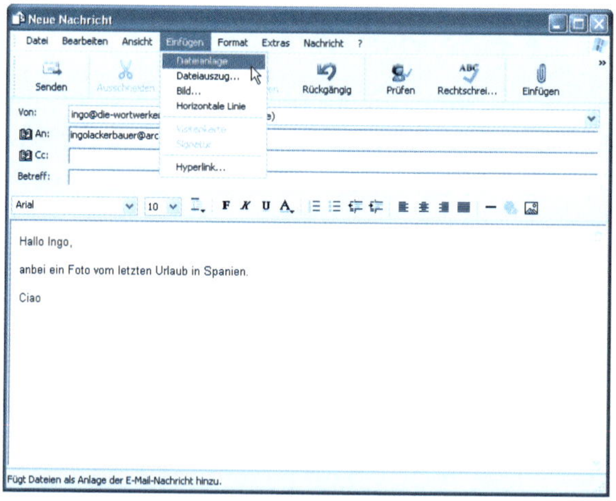

2 Klicken Sie im Menü *Einfügen* auf *Dateianlage*, und suchen Sie dann die anzufügende Datei. Alternativ können Sie auch auf das Symbol *Einfügen* (Symbol Büroklammer) in der Symbolleiste klicken.

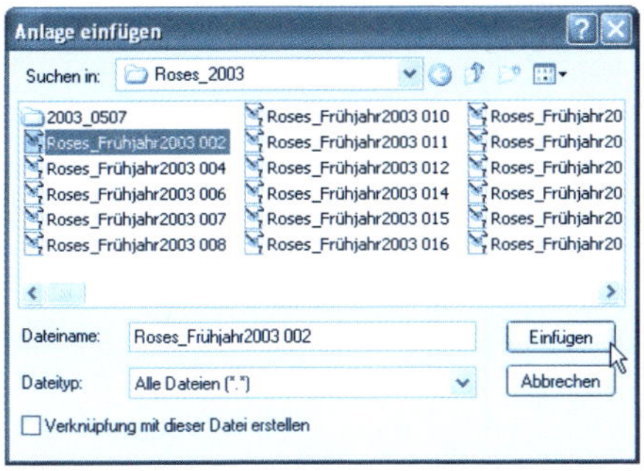

3 Wählen Sie die Datei aus, und klicken Sie dann auf *Einfügen*.

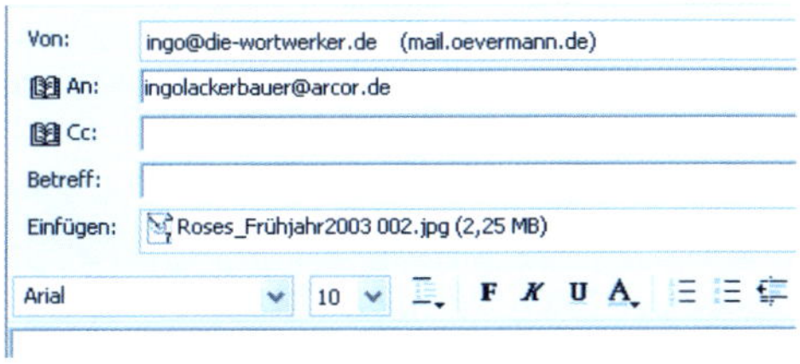

4 Die Datei wird im Nachrichtenkopf im Feld *Einfügen:* angezeigt.

Anzeigen von Dateianlagen

1 Markieren Sie die E-Mail, die einen Anhang enthält. Im Beispiel hier ist es ein Bild, das im Vorschaufenster von Outlook Express angezeigt wird.

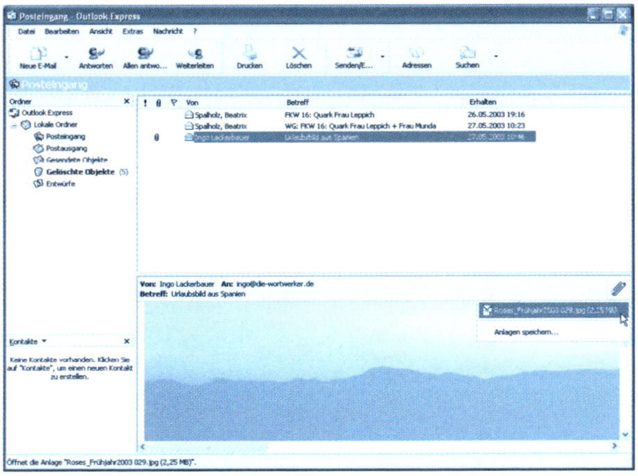

2 Um das Bild separat zu öffnen, klicken Sie im Vorschaufenster auf das Büroklammersymbol. Klicken Sie dann auf den Dateinamen.

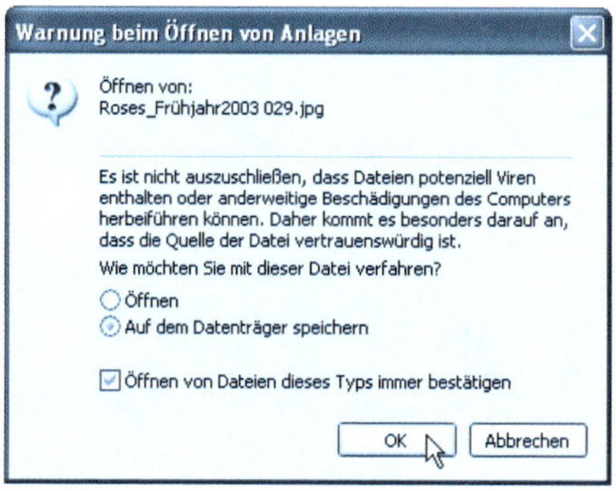

3 Aktivieren Sie die Option *Öffnen*. Möchten Sie die Datei lediglich auf Ihrem Rechner speichern, ohne diese zu öffnen, aktivieren Sie die Option *Auf dem Datenträger speichern*. Klicken Sie anschließend auf *OK*.

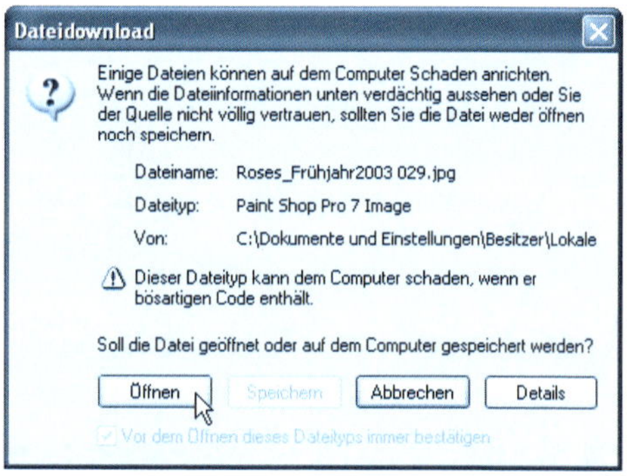

4 Sie erhalten noch einmal einen Sicherheitshinweis von Windows XP, den Sie sich zu Herzen nehmen sollten – denken Sie an den Virenscanner! Klicken Sie anschließend auf *Öffnen*.

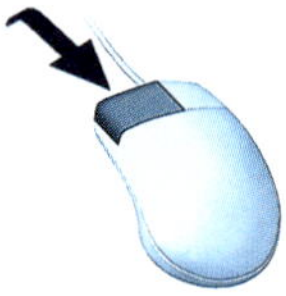

5 Das Bild wird anschließend in dem von Windows XP dafür vorgesehenen Programm geöffnet.

Um die Anlage zu speichern, markieren Sie die entsprechende E-Mail im Hauptfenster von Outlook Express und zeigen Sie im Menü *Datei* auf *Anlagen speichern*.

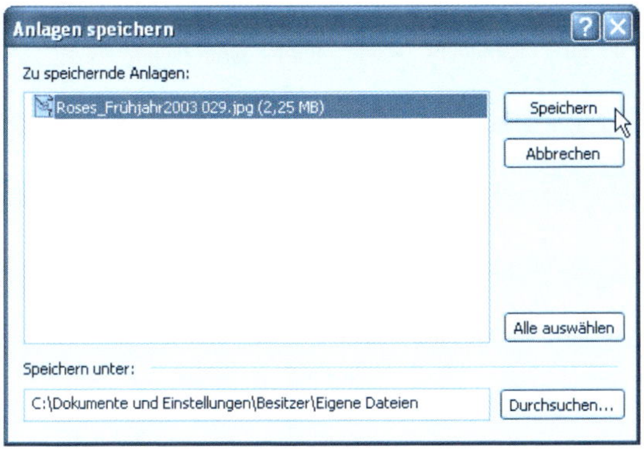

Hinweis

Um in der Vorschau die Anlage zu speichern, klicken Sie auf das Büroklammersymbol, und wählen Sie dann die Option Anlagen speichern.

Klicken Sie anschließend auf den Dateinamen und auf die Schaltfläche *Speichern*. Der voreingestellte Speicherort wird unterhalb von *Speichern unter* angezeigt. Möchten Sie diesen ändern, müssen Sie auf *Durchsuchen* klicken und einen neuen Speicherort auf Ihrer Festplatte auswählen.

Verwalten von E-Mails

Zur effizienten Nutzung der Online-Zeit können Sie mit Outlook Express Nachrichten suchen, eingehende Nachrichten automatisch in unterschiedlichen Ordnern ablegen, Nachrichten auf einem Mailserver belassen oder sie vollständig löschen.

Löschen einer E-Mail

1 Wählen Sie die Nachricht in der Nachrichtenliste mit einem einfachen Mausklick aus.

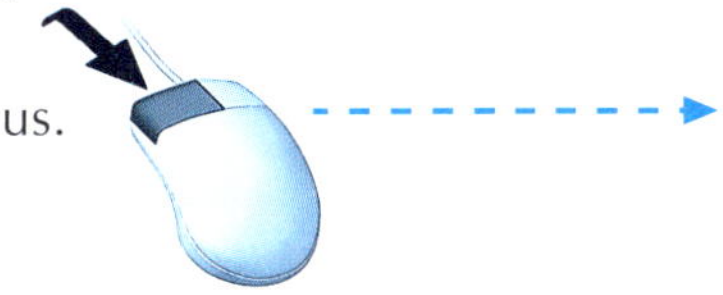

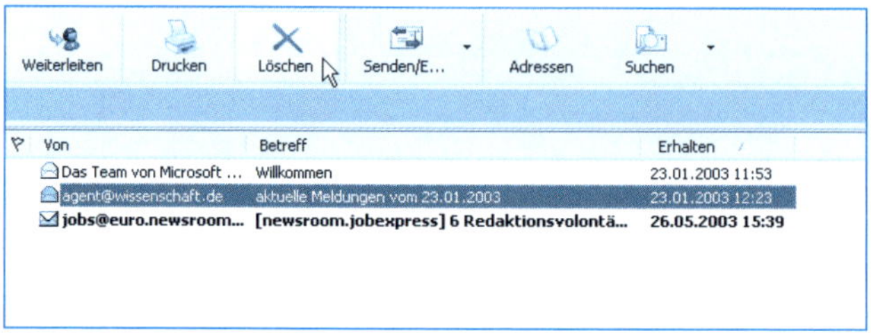

2 Klicken Sie auf der Symbolleiste auf die Schaltfläche *Löschen*.

Um eine gelöschte Nachricht wiederherzustellen, öffnen Sie den Ordner *Gelöschte Objekte* und ziehen die Nachricht zurück in den Posteingang oder einen anderen Ordner. Wenn Nachrichten im Ordner *Gelöschte Objekte* beim Beenden von Outlook Express entfernt werden sollen, klicken Sie im Menü *Extras* auf *Optionen*. Aktivieren Sie auf der Registerkarte *Wartung* das Kontrollkästchen *Ordner Gelöschte Objekte beim Beenden leeren*.

Um manuell alle gelöschten Objekte endgültig zu löschen, wählen Sie den Ordner *Gelöschte Objekte* aus. Klicken Sie im Menü *Bearbeiten* auf *Ordner Gelöschte Objekte leeren*.

E-Mail-Nachrichten in Nachrichtenordnern suchen

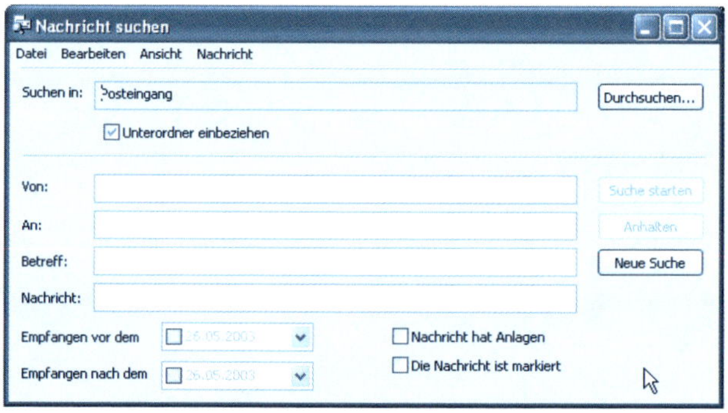

1 Rufen Sie aus dem Menü *Bearbeiten* den Menüeintrag *Suchen* auf. Klicken Sie dann auf *Nachricht*.

2 Geben Sie die gewünschten Kriterien in die Suchfelder ein, und klicken Sie anschließend auf die Schaltfläche *Suche starten*.

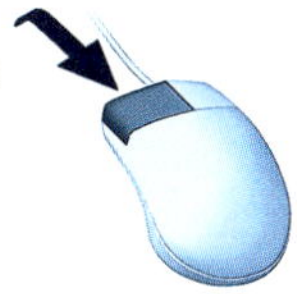

Outlook Express durchsucht standardmäßig den aktuell ausgewählten Ordner. Um einen anderen Ordner zu durchsuchen, klicken Sie auf *Durchsuchen* und wählen dann den gewünschten Ordner aus.

Blockieren unerwünschter Nachrichten

In Outlook Express können Sie die E-Mail-Nachrichten und Newsgroup-Beiträge, die Sie empfangen, auf mehrere Arten steuern. Sie können E-Mails von bestimmten Personen blockieren, Themen ausblenden, die Sie nicht interessieren, und sich gegen schädigenden Code in E-Mail-Nachrichten schützen, indem Sie Sicherheitsstufen festlegen.

Sie können Nachrichten von einem bestimmten Absender oder einer bestimmten Domäne sperren. Die Domäne ist der Name, der in einer E-Mail-Adresse auf das Symbol @ folgt.

Wenn Sie einen Absender oder eine Domäne blockieren, werden im Posteingang oder in den Newsbeiträgen, die Sie lesen, keine E-Mail-Nachrichten oder Newsgroup-Beiträge von diesem Sender oder dieser Domäne empfangen. E-Mail-Nachrichten von blockierten Absendern werden direkt in den Ordner *Gelöschte Objekte* verschoben. Newsgroup-Beiträge von blockierten Absendern werden nicht angezeigt.

1 Wählen Sie im E-Mail-Posteingang oder in der Beitragsliste einer Newsgroup einen Beitrag von einem Absender aus, den Sie blockieren möchten.

2 Klicken Sie im Menü *Nachricht* auf *Absender blockieren*.

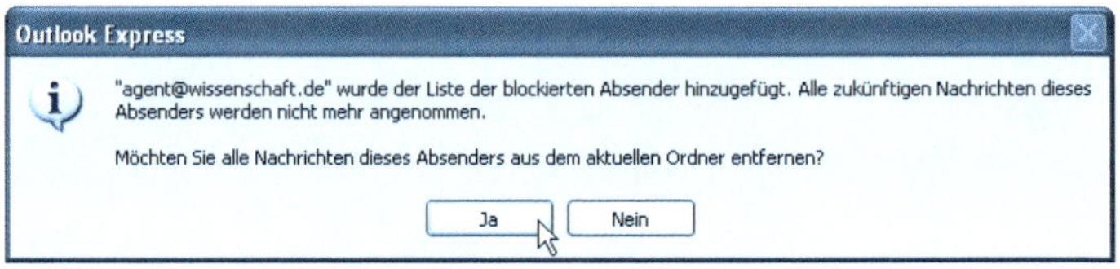

3 Klicken Sie auf *Ja*.

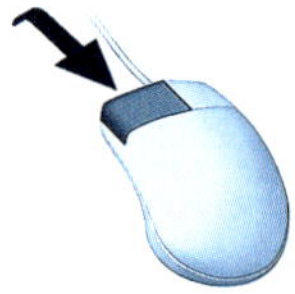

Absender können nur bei POP-E-Mail-Konten blockiert werden. Auf Nachrichten in IMAP- und HTTP-E-Mail-Konten kann eine Blockade nicht angewendet werden.

Um einen Absender oder eine Domäne aus der Liste der blockierten Absender zu entfernen, klicken Sie im Menü *Extras* auf *Nachrichtenregeln*, und klicken Sie dann auf Liste der blockierten Absender. Wählen Sie den gewünschten Absender oder die gewünschte Domäne aus, und klicken Sie dann auf *Entfernen*.

Sicherheit beim Mailen

Wie man sich vor Computer-Viren im Allgemeinen schützt, haben Sie im Verlauf der letzten Kapitel mehrfach erfahren. Speziell für Viren, die sich über E-Mails und E-Mail-Programme verbreiten (und das sind die meisten), führe ich hier noch mal die wichtigsten Vorsichtsmaßnahmen auf.

E-Mail-Anhänge: Häufig werden Viren als E-Mail-Anhang versendet. Es empfiehlt sich grundsätzlich, Anhänge vor dem Öffnen mit einem Virenscanner zu überprüfen. Auch bei bekannten Absendern ist Vorsicht geboten, so kann der Rechner des Bekannten ja bereits infiziert sein, und sich der Virus an die Adressen des Adressbuchs selbständig verschickt haben.

JavaScript, VBS und ActiveX: Einige Viren können bereits durch das bloße Aufrufen der infizierten E-Mail gestartet werden, ohne dass man den Anhang selbst öffnet. Dies geschieht über JavaScript, Visual Basic Script (VBS) oder ActiveX-Controls, die im HTML-Quelltext einer E-Mail eingebunden sein können.

Bei Outlook Express kann man die HTML-Anzeige für empfangene Mail leider nicht komplett unterbinden, hier müssen Sie JavaScript, VBS und ActiveX direkt deaktivieren.

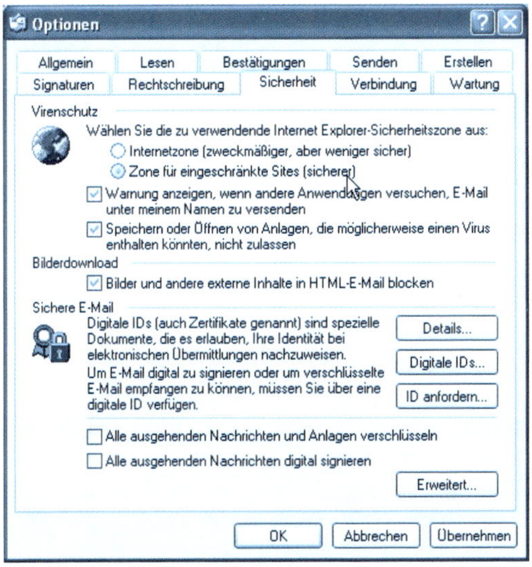

1 Öffnen Sie das Menü *Extras* und klicken Sie auf den Menüeintrag *Optionen*. Wechseln Sie anschließend zur Registerkarte *Sicherheit*.

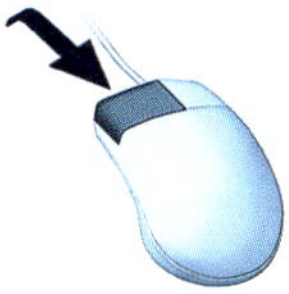

2 Markieren Sie als Sicherheitszone unterhalb von *Virenschutz* die Option *Zone für eingeschränkte Sites*. Schließen Sie das Dialogfenster *Optionen* mit einem Klick auf *OK* und beenden Sie Outlook Express.

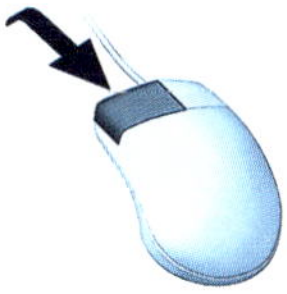

Nun müssen Sie in dieser Zone JavaScript und ActiveX komplett deaktivieren. Die Sicherheitszonen von Outlook Express entsprechen denen des Internet Explorers, so dass man diese unter den *Internetoptionen* einstellt (siehe dazu das Kapitel »Sicherheit beim Surfen«).

Auf der Karteikarte *Sicherheit* kann man unter Outlook Express zusätzlich noch folgende Optionen wählen: *Warnung anzeigen, wenn andere Anwendungen versuchen, Email unter meinem Namen zu versenden* sowie *Speichern oder Öffnen von Anlagen, die möglicherweise einen Virus enthalten können, nicht zulassen.*

Deaktivieren des Vorschaufensters

Selbst wenn Sie eine Mail nicht öffnen, kann ein Virus gestartet oder aus dem Internet heruntergeladen werden, wenn die Mail über das Vorschaufenster automatisch angezeigt wird. Neben der Deaktivierung von JavaScript, VBS und ActiveX kann man als zusätzliche Vorsichtsmaßnahme das Vorschaufenster deaktivieren.

1 Rufen Sie aus dem Menü *Ansicht* den Menüeintrag *Layout* auf.

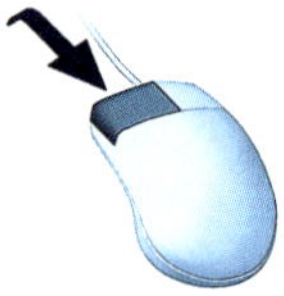

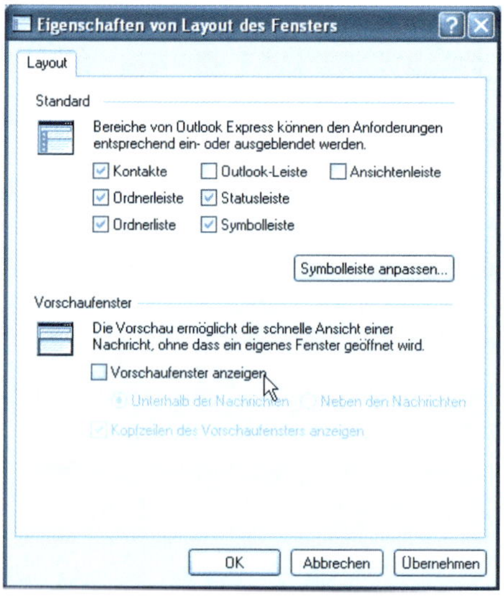

2 Deaktivieren Sie im Bereich *Vorschaufenster* das Kontrollkästchen *Vorschaufenster anzeigen*. Klicken Sie auf *OK*, um das Dialogfenster *Eigenschaften von Layout* des Fensters zu schließen.

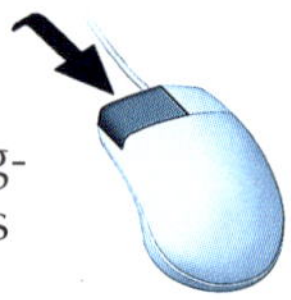

Weitere Sicherheitseinstellungen für Outlook Express

Damit sich Ihr Outlook Express nicht selbständig macht und möglicherweise vollautomatisch für eine Infektion des Rechners verantwortlich ist, gibt es eine Reihe von Einstellungen, die der Sicherheit dienen.

Die allgemeinen Einstellungen findet man, wenn man den Menüpunkt *Extras* auswählt und dort den Punkt *Optionen*. Es öffnet sich dann ein Dialogfeld mit mehreren Auswahlmöglichkeiten.

Zuerst einmal sollten Sie auf der Registerkarte *Allgemein* alle Kontrollkästchen im Bereich *Allgemein* deaktivieren. Diese Einstellung mag zunächst umständlich erscheinen, gibt aber die entscheidenden Sekunden Zeit, sich gedanklich auf möglicherweise infizierte Mails vorzubereiten. Wird man beispielsweise durch die Standardeinstellungen sofort zum Ordner *Ungelesene Nachrichten* geführt, ist ein infiziertes Mail schneller geöffnet als wenn man manuell zu diesem Ordner wechselt. Die Anmeldung beim MSN Messenger Service sollte aus den gleichen Gründen wie oben beschrieben nicht automatisch ausgeführt werden.

Im Bereich *Nachrichten senden/empfangen* bleibt nur das Häkchen der Option *Signalton bei Nachrichteneingang* aktiv, alle anderen Häkchen werden entfernt. Die beiden Optionen *Beim Start von Outlook Express Nachrichten senden und empfangen* sowie *Nachrichteneingang alle xx Minuten überprüfen* dienen nur der Bequemlichkeit und sind sicherheitstechnisch sehr bedenklich. Alle automatisch ausgeführten Funktionen verringern Ihre Vorsicht.

Kommen wir zur Registerkarte *Senden*. Aktivieren Sie im Bereich *Format für »Nachricht Senden«* und *Format für »News Senden«* jeweils die Option *Nur-Text*. Man muss hier zwar auf die Möglichkeit verzichten, eigenes Briefpapier zu verwenden oder Schriftformate einzustellen. Allerdings gibt man dem Empfänger die nötige Sicherheit, kein Mail mit möglicherweise scriptverseuchtem Inhalt zu bekommen. HTML-Mails sind sicherlich für den einen oder anderen eine schöne Art, Mails individuell zu gestalten, eine schöne Schrift zu verwenden oder besondere Formatierungen vorzunehmen. Allerdings ist der Preis hierfür sehr hoch, denn in HTML-Mails können potentielle Angreifer destruktiven Scriptcode einfügen, der unbemerkt gestartet wird, wenn solche Mails geöffnet werden.

Erfolgskontrolle

- Kann man per Outlook Express ein Webmail-Konto abrufen?
- Woran erkennen Sie eine E-Mail-Anlage in Outlook Express?
- Was ist eine Signatur?

Die Antworten zu diesen Fragen finden Sie im Anhang dieses Buches im Kapitel »Antworten«.

Kapitel 10

Newsgroups: Diskussionen im Internet

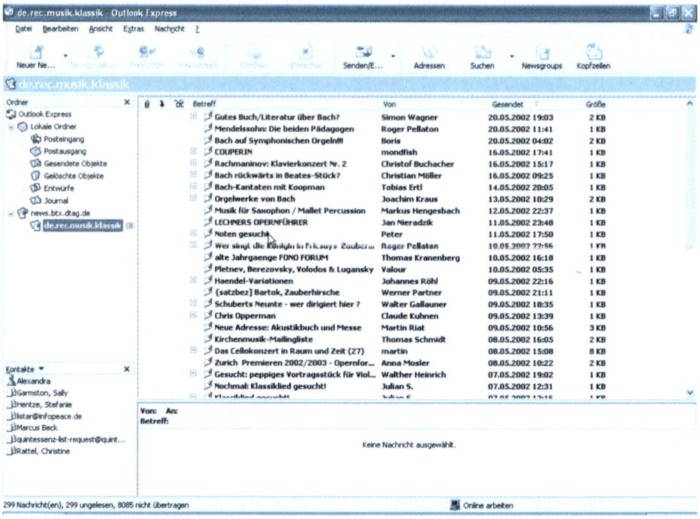

Neben E-Mail-Diensten zählen die Newsgroups zu den beliebtesten Diensten im Internet. Hier plaudern Menschen aus unterschiedlichen Ländern über die verschiedensten Themen. In diesem Kapitel erfahren Sie, woher Sie ein Newsgroup-Programm bekommen und wie es zu installieren ist.
Sie werden sich bei dieser Gelegenheit mit der so genannten »Netiquette« auseinandersetzen.

Das können Sie schon:

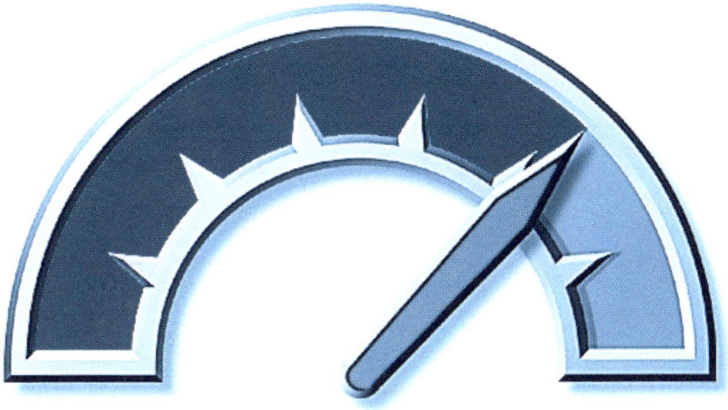

Das lernen Sie neu:

Von A bis Z – Newsgroups halten für jeden etwas bereit

Der Mensch ist ein sehr kommunikationsfreudiges Wesen. Das Internet mit seinen Newsgroups trägt dieser Wesensart des Menschen Rechnung. Das so genannte »Usenet« ist das weltweit größte elektronische Diskussionsforum. Dieser »Informationspool« ermöglicht den Nachrichtenaustausch innerhalb des gesamten Internets. In der Praxis bedeutet dies, dass Menschen aus aller Welt an Diskussionen zu allen nur erdenklichen Themen teilnehmen können. Die Gemeinschaften innerhalb des Usenet, die sich mit bestimmten Themen beschäftigen, heißen »Newsgroups«.

Hinweis

Die Gruppen, deren Name mit einem de. *beginnt, sind deutschsprachige Foren. Diese sollten Sie als Ausgangspunkt für Ihre ersten Ausflüge auswählen.*

Was ist das?

Ein ***Newsgroup-Reader*** *ist ein Programm, das es Ihnen ermöglicht, mit Newsgroups in Verbindung zu treten und dort Kommentare zu lesen und Antworten zu verfassen.*

Newsgroups beschäftigen sich mit allen möglichen Themen: z. B. Autos, Kino, Sexualität, Computer usw. Derzeit gibt es über 20.000 Newsgroups. Daran sehen Sie schon, wie beliebt und frequentiert diese Art der Kommunikation ist.

Um aktiv am Newsgroup-Geschehen teilzunehmen, brauchen Sie ein entsprechendes Programm, einen so genannten Newsgroup-Reader.

Im Internet gibt es moderierte und unmoderierte Newsgroups. In einer moderierten Newsgroup werden alle Nachrichten, zunächst von einem Moderator bearbeitet. Dieser entscheidet, ob die Nachricht veröffentlicht wird oder nicht. In einer unmoderierten Newsgroup werden alle Nachrichten automatisch an die gesamte Newsgroup verschickt.

Nachrichten, die zur Veröffentlichung in einer Newsgroup anstehen, werden von Usenet-Servern an alle Teilnehmer versandt, die Zugriff auf die betreffende Newsgroup haben. Normalerweise werden nur die neuesten Nachrichten angezeigt. Ältere Beiträge werden in der Regel archiviert und zu einem späteren Zeitpunkt gelöscht. Um sich die neuesten Nachrichten einer Newsgroup anzeigen zu lassen, können Sie sich auf eine »Abonnentenliste« setzen lassen. Beim nächsten Besuch bekommen Sie die neuen Nachrichten automatisch angezeigt.

> **Was ist das?**
>
> *Unter **Multimediadaten** versteht man Daten wie beispielsweise Sound, Grafiken und Videosequenzen.*

Nachrichten können neben dem reinen Text auch mit Bildern, Sounds und anderen Multimediadaten veröffentlicht werden.

So funktioniert das Usenet

Das Usenet ist eine Art weltweit verfügbares »Schwarzes Brett«. Im Rahmen dieser Bestimmung fungiert es als Diskussionsforum. Um aktiv am Geschehen teilzunehmen, senden und empfangen Internetteilnehmer Nachrichten, die in einer Newsgroup veröffentlicht wurden.

Newsgroups und deren Nachrichten werden auf Newsgroup-Servern verwaltet, die quer über den Erdball verstreut sind. Diese Server sind in Hauptkategorien eingeteilt, die ihrerseits wieder untergliedert sind. Sämtliche Newsgroup- bzw. Usenet-Server können miteinander kommunizieren, sodass alle Nachrichten, die auf einem Server veröffentlicht wurden, auch allen anderen Servern zur Verfügung stehen. Sie werden feststellen, dass nicht alle Server alle Newsgroups veröffentlichen. Jeder Newsgroup-Server entscheidet individuell, welche Newsgroups er betreuen möchte und welche nicht.

Die unterschiedlichsten Daten, wie beispielsweise Bilder, Sounds oder Multimediadateien, können in Newsgroups veröffentlicht werden. Um diese Daten zu benutzen, muss eine spezielle Kodierung erfolgen, bevor diese veröffentlicht werden können. Um diese Dateien anzusehen bzw. abzuspielen, müssen diese erst einmal auf Ihren Computer transferiert und anschließend mit einer speziellen Software dekodiert werden.

> **Was ist das?**
>
> *Unter einer **Kodierung** versteht man ein Verfahren, das Daten auf eine bestimmte Art und Weise manipuliert, um diese für eine bestimmte Transportart vorzubereiten.*

Der Newsgroup-Reader erlaubt es Ihnen, Nachrichten zu lesen und auf diese zu antworten. Die Software gestattet es Ihnen, sich auf Newsgroup-Listen setzen zu lassen, um stets die neuesten Nachrichten zu erhalten. Außerdem können Sie sich von den entsprechenden Listen wieder streichen lassen.

Es gibt viele Newsgroups, die nach speziellen Themen geordnet sind. Das hat den Vorteil, dass die für Sie interessanten Newsgroups leichter zu finden sind.

In der Hierarchie der Newsgroups erscheint zunächst eine Hauptkategorie. Folgende Hauptkategorien sind derzeit verfügbar:

Bezeichnung	**Abkürzung**
Computer	COMP.
Sonstiges (Alternate)	ALT.
Gesellschaft (Social)	SOC.
Wissenschaft (Science)	SCI.
Freizeit (Recreation)	REC.
News	NEWS.

Die Hauptkategorie ist in Unterkategorien aufgeteilt, z. B. ist SCI.ASTRO eine Unterkategorie von SCI, und SCI.ASTRO.HUBBLE ist eine Unterkategorie von SCI.ASTRO. Diese Newsgroup beschäftigt sich beispielsweise mit dem Hubble-Teleskop.

In den meisten Fällen erkennen Sie schon am Namen der Newsgroup, mit welchem Thema sie sich beschäftigt.

Newsgroups mit Outlook Express

In der aktuellen Version 6 des Internet Explorers ist das bereits beschriebene Mail-Programm Outlook Express in der Version 6 enthalten, die sich von der vorhergehenden Version durch gewisse kosmetische Neuerungen unterscheidet. Die Installation von Outlook Express 6 geschieht automatisch im Rahmen der Installation von Windows XP.

Konfiguration des Newsreaders von Outlook Express

Um Outlook Express zu starten, klicken Sie entweder auf das entsprechende Symbol auf Ihrem Desktop, oder Sie starten es über das Symbol in der Schnellstartleiste von Windows XP. Alternativ starten Sie Outlook Express auch über *Start/Alle Programme/Outlook Express*.

1 Führen Sie einen einfachen Mausklick auf das Symbol von Outlook Express in der Schnellstartleiste von Windows XP aus. Das Symbol finden Sie rechts neben der Schaltfläche *Start*.

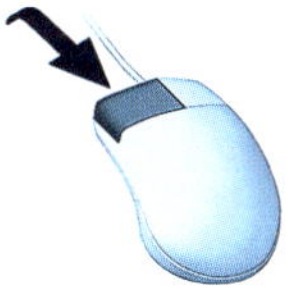

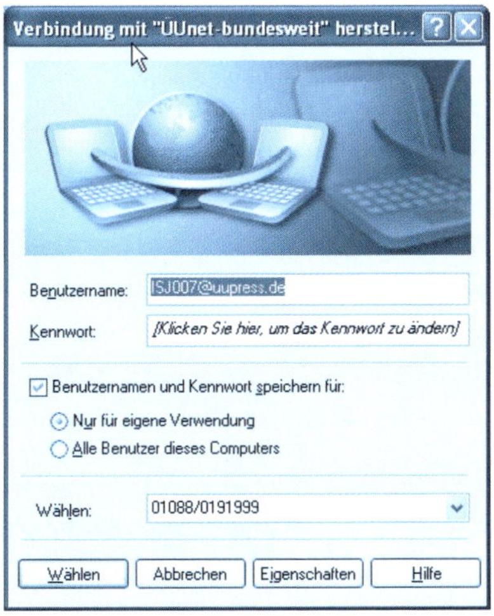

2 Brechen Sie die Herstellung einer Verbindung zum Internet ab. Klicken Sie dazu auf *Abbrechen*.

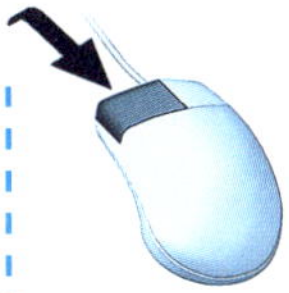

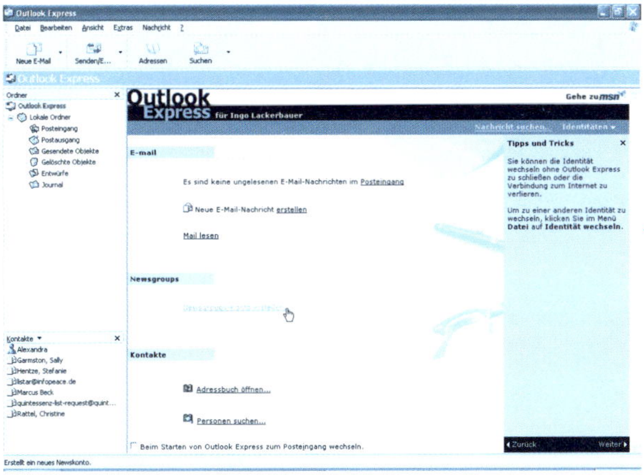

3 Klicken Sie im Bereich *Ordner* auf den Eintrag *Outlook Express*. Aktivieren Sie anschließend im rechten Bereich des Fensters den Hyperlink *Newsgroups-Konto erstellen*.

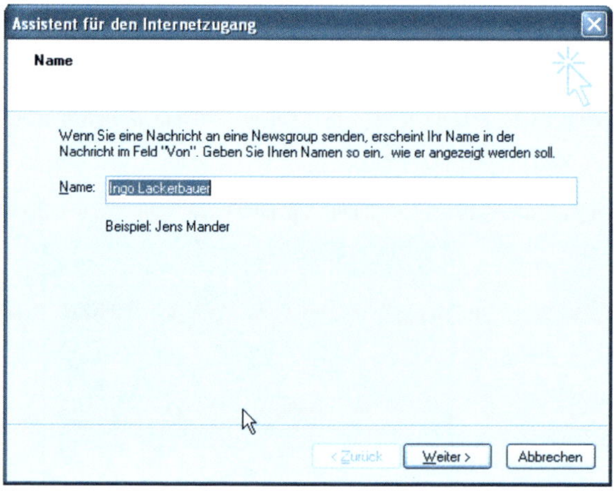

4 Geben Sie im Eingabefeld *Name* Ihren vollständigen Namen ein. Klicken Sie auf *Weiter*.

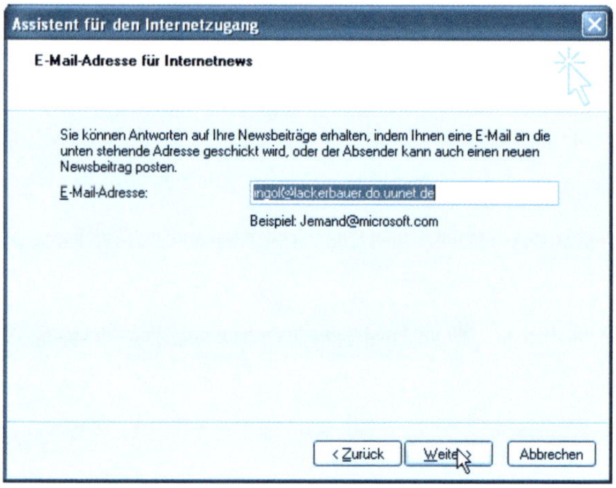

5 Nun ist es an der Zeit, Ihre E-Mail-Adresse einzugeben. Klicken Sie anschließend auf *Weiter*.

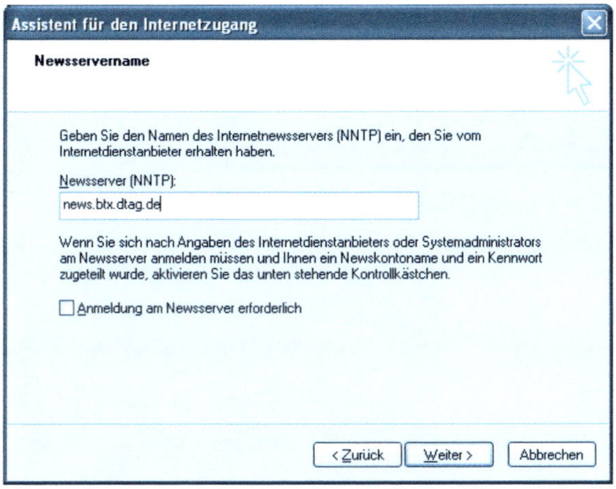

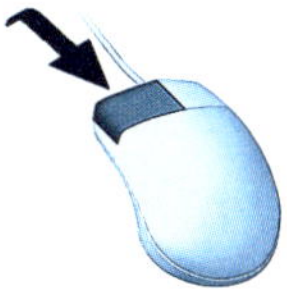

6 Geben Sie jetzt den Namen des Newsservers Ihres Internet-Service-Providers ein, und klicken Sie anschließend auf *Weiter*.

Die Adressen von Newsservern finden Sie im Internet oder in einschlägigen Fachmagazinen. Oder fragen Sie Ihren Internet-Serviceprovider.

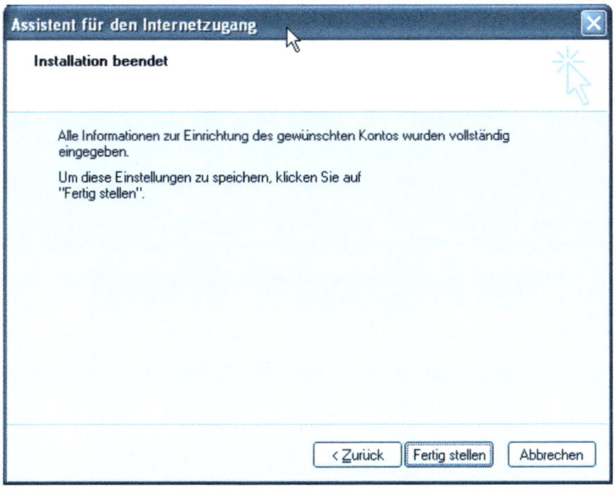

7 Klicken Sie auf *Fertig stellen*.

Nachdem nun alle Angaben eingegeben wurden, können Sie alle verfügbaren Newsgroups abrufen, damit Sie die für Sie interessanten aus dem Angebot herausfischen können.

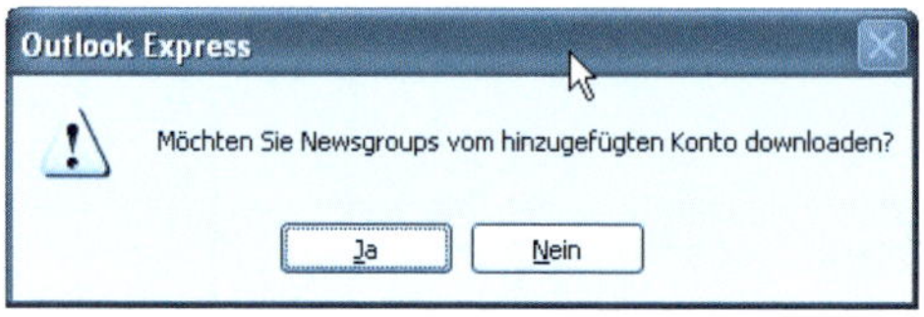

1 Klicken Sie auf die Schaltfläche *Ja*.

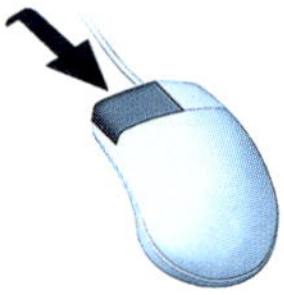

2 Klicken Sie auf *Wählen*, damit Ihr Rechner die Newsgroups vom Newsserver abrufen kann.

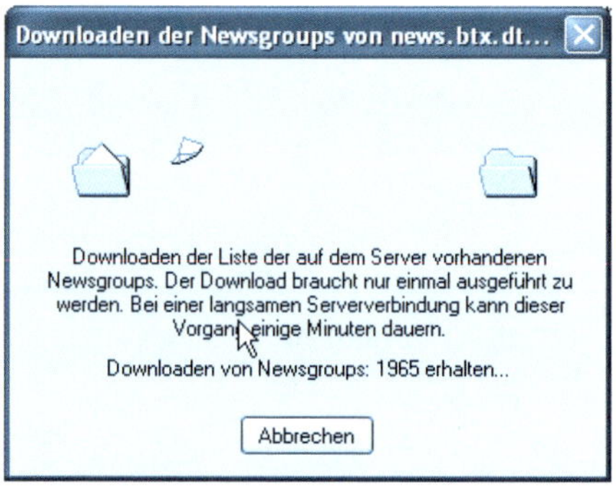

3 Warten Sie ein paar Minuten, bis alle Newsgroups geladen wurden.

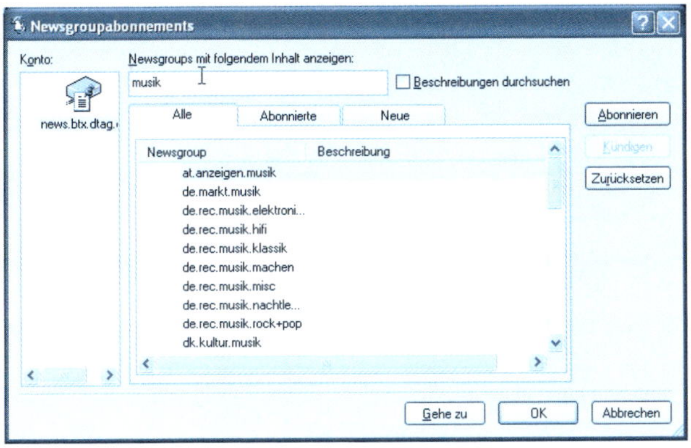

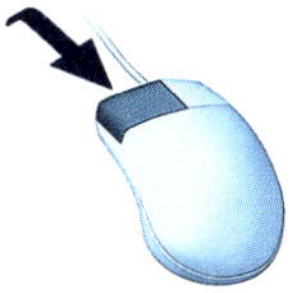

4 Geben Sie im obersten Eingabefeld einen Suchbegriff ein. Daraufhin durchforstet Outlook Express sämtliche Newsgroups nach dem Suchbegriff und listet die entsprechenden Ergebnisse auf.

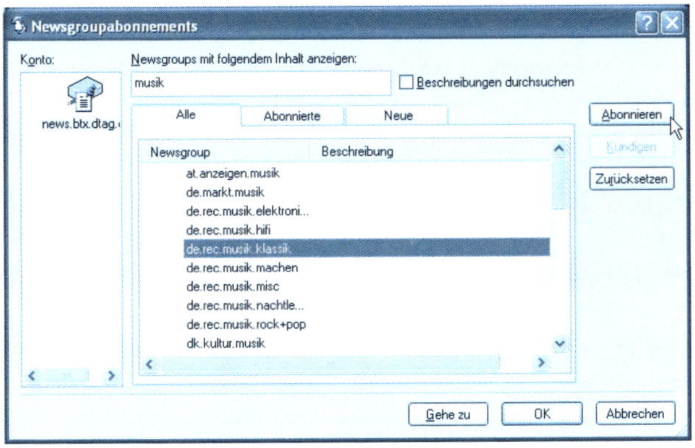

5 Markieren Sie die entsprechende Newsgroup, und klicken Sie anschließend auf *Abonnieren*. Klicken Sie abschließend auf *OK*.

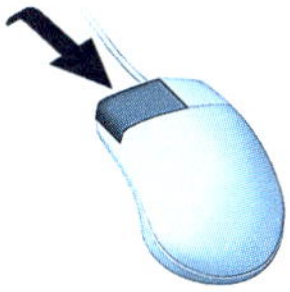

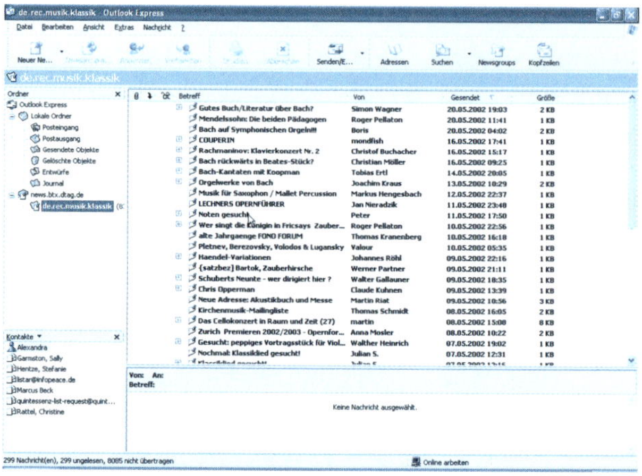

6 Die abonnierte Newsgroup liegt nun unterhalb des News-Servers. Um alle Einträge einzusehen, müssen Sie lediglich einen Mausklick auf die entsprechende Newsgroup ausführen.

Antwort auf eine Newsgroup-Anfrage

Möchten Sie auf die Frage einer bestimmten Newsgroup antworten, so starten Sie Outlook Express und führen die folgenden Schritte durch:

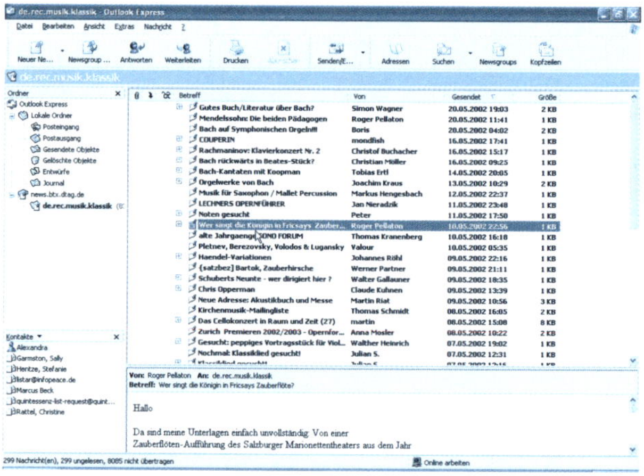

1 Doppelklicken Sie auf die gewünschte Anfrage.

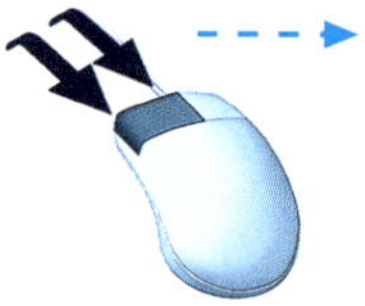

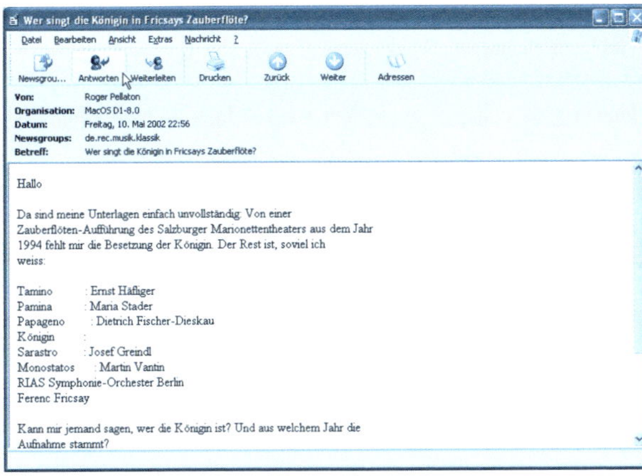

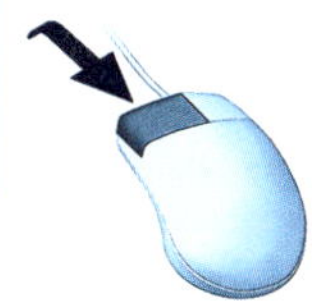

2 Klicken Sie auf die Schaltfläche *Antworten.*

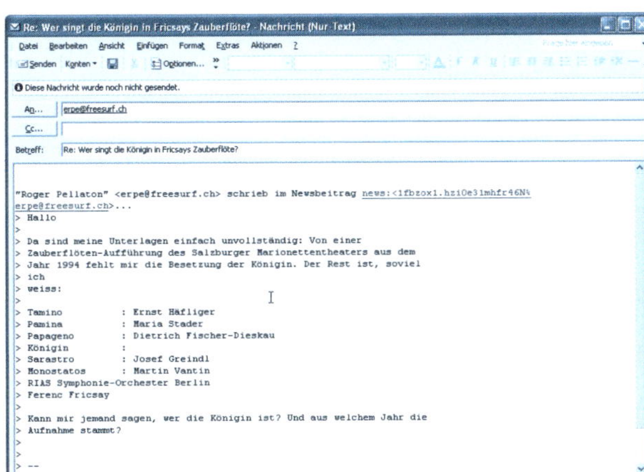

3 Geben Sie im Eingabefeld Ihre Antwort ein, und klicken Sie anschließend auf die Schaltfläche *Senden.*

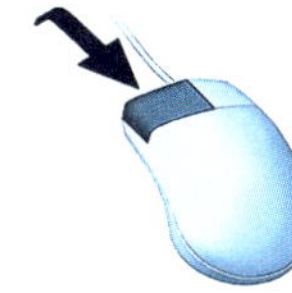

Verfassen einer Newsgroup-Anfrage

Möchten Sie eine Frage an eine bestimmte Newsgroup verfassen, müssen Sie Outlook Express aufrufen und folgendermaßen verfahren:

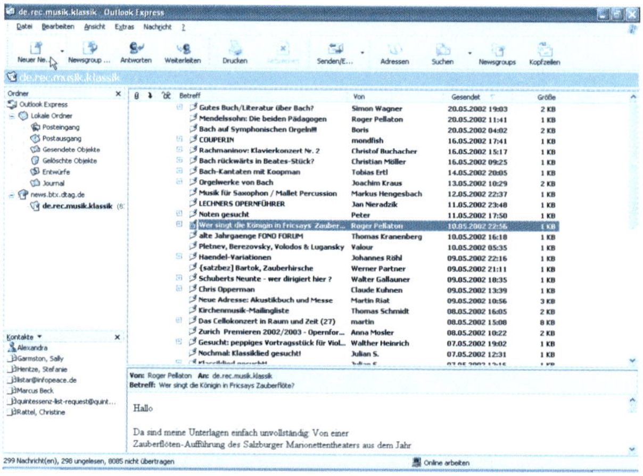

1 Klicken Sie einmal auf die jeweilige Newsgroup, an die Sie eine Nachricht versenden möchten. Klicken Sie anschließend auf die Schaltfläche *Neue Nachricht*.

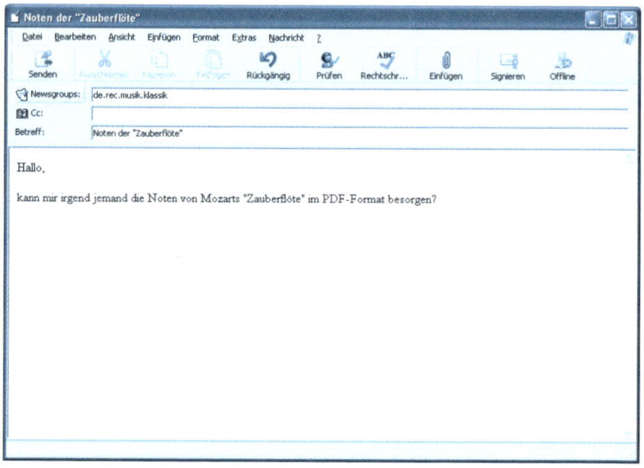

2 Geben Sie Ihren Text ein, und klicken Sie anschließend auf die Schaltfläche *Senden*.

Die Netiquette

»Höflichkeit ist eine besondere Tugend«, auch im Internet. Deshalb hier ein paar Tipps zu dieser besonderen Art der Kommunikation.

Das Internet ist ein internationales Netzwerk, und die gemeinsame Sprache innerhalb dieser Gemeinschaft ist Englisch. Internationale Gruppen sollten nur für Nachrichten von internationalem Interesse verwendet werden. Ereignisse und Inhalte, die sich auf rein deutsche Themen beziehen, haben in internationalen Foren nichts zu suchen.

Das »Du« ist im Internet eine Selbstverständlichkeit. Als Faustregel gilt: Schreiben Sie einfach so zurück, wie Sie angeschrieben wurden.

Im Internet werden häufig so genannte »Smileys« benutzt, die auch Emoticons genannt werden. Das sind Kombinationen aus Buchstaben und Zeichen, die Sie im Rahmen einer Konversation per E-Mail, Chat oder über Newsgroups verwenden können, um Gefühlsregungen zu übermitteln.

Internet-Surfer sind Meister der Abkürzung. Viele Floskeln fließen auch ins Internet ein. Da es jedoch recht unbequem ist, diese immer in voller Länge auszuschreiben, haben sich Abkürzungen entwickelt. Einige dieser Spezialkürzel, auch »Internet Acronyms« genannt, sind nachfolgend aufgeführt:

Kürzel	**Bedeutung**
(bg)	Mit einem breiten Grinsen
(g)	Grinsend
EGBOK	Alles wird gut
ASAP	So schnell wie möglich
FYA	Zu deiner Unterhaltung
FYEO	Nur für dich
HHOJ	War nur ein Scherz
IDU	Ich verstehe nicht
L8R	Später

Kürzel	Bedeutung
LOL	Laut lachend
PITA	Absolut schrecklich
SCNR	Entschuldigung, konnte nicht verstehen
WDYW	Was willst du denn?

Es gibt noch viele dieser Abkürzungen. Stöbern Sie mal im Internet herum, und Sie werden schnell fündig werden.

Erfolgskontrolle

- Was ist ein Newsgroup-Reader?
- Was ist das Usenet?
- Welche Aufgabe hat ein Moderator?

Die Antworten zu diesen Fragen finden Sie im Anhang dieses Buches im Kapitel »Antworten«.

Kapitel 11

Steigern mit eBay

eBay ist das weltweit größte Auktionshaus. Hier laufen täglich mehrere tausend Auktionen parallel allein bei eBay-Deutschland im Internet ab. Bei eBay können Sie die unterschiedlichsten Gegenstände vom heimischen Computer aus ersteigern. Anbieter sind Privatpersonen und professionelle Händler. Es gibt nichts, was Sie bei eBay nicht ersteigern könnten. Ständig finden sich bei eBay mehr als zehn Millionen Artikel weltweit im Angebot. Allein eBay Deutschland bietet zu jedem Zeitpunkt Zugriff auf über eine Million Artikel.

Das können Sie schon:

Das lernen Sie neu:

Anmelden bei eBay

Um bei eBay etwas zu ersteigern oder zur Versteigerung anzubieten, müssen Sie sich zunächst erst einmal anmelden. Und so geht's:

1 Verbinden Sie sich mit dem Internet, starten Sie den Internet Explorer und geben Sie im Adressfeld die URL *http://www.ebay.de* ein.

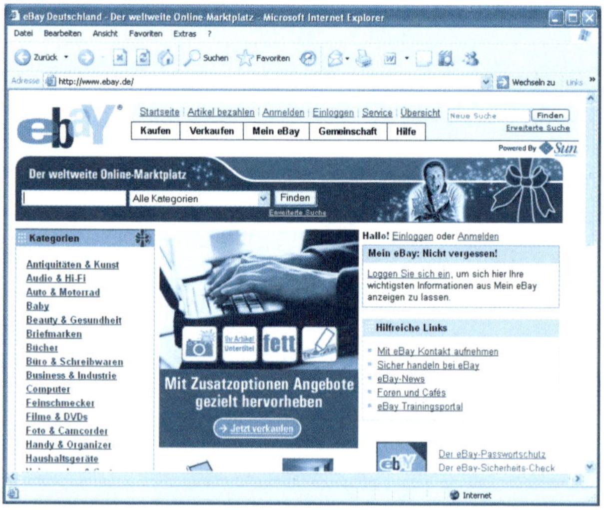

2 Klicken Sie im oberen Bereich der Web-Seite auf *Anmelden.*

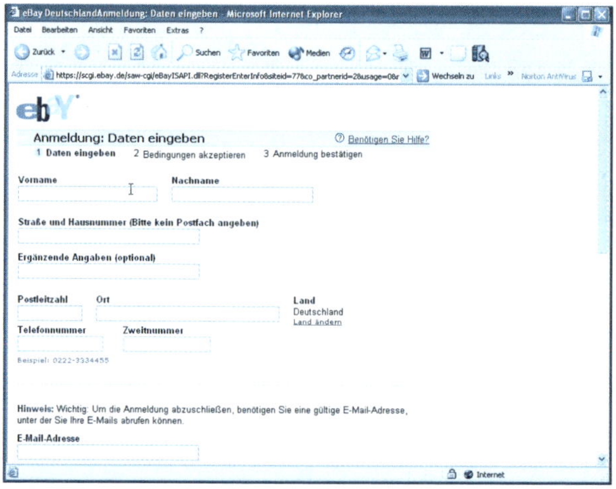

3 Nun ist ein wenig Schreibarbeit angesagt. Füllen Sie die Eingabefelder auf dieser Seite wahrheitsgemäß aus, und klicken Sie anschließend am Ende der Seite auf *Weiter.*

4 Auf der folgenden Seite müssen Sie anschließend die eBay-Bedingungen durchlesen und akzeptieren. Abschließend bestätigen Sie eBay Ihre Anmeldung.

Das war's schon. Jetzt kann es mit dem Steigern und Verkaufen losgehen.

Ersteigern eines Artikels

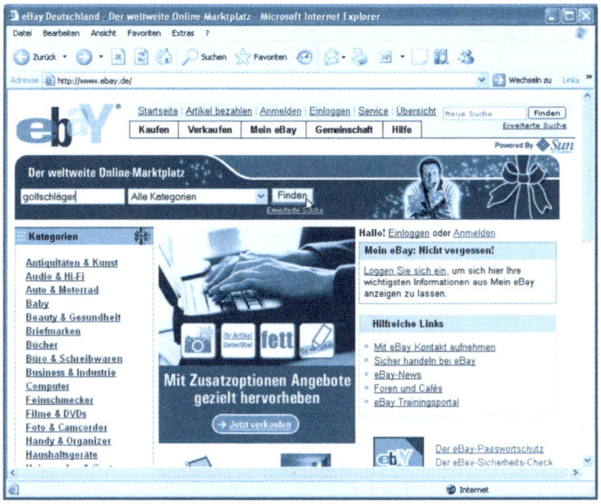

1 Suchen oder stöbern Sie durch die Angebote. Geben Sie unter *Was suchen Sie?* Ihren Suchbegriff ein und klicken Sie auf *Los* oder klicken Sie durch die angebotenen Kategorien, wenn Sie einfach nur ein wenig herumstöbern möchten.

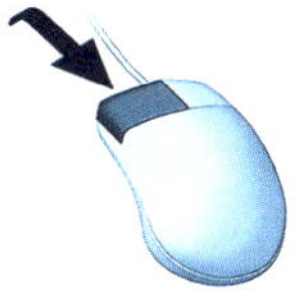

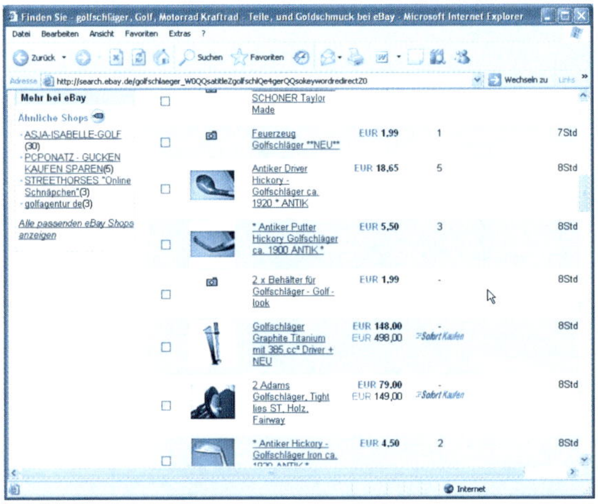

2 Sie erhalten nun eine Seite mit Suchergebnissen zum entsprechenden Artikel. Hinter jedem Artikel stehen der aktuell gebotene Preis, die Anzahl der Gebote und das Auktionsende. Klicken Sie auf ein Angebot, um Details zu dem Produkt und dem Verkäufer einzusehen. Des Weiteren können Sie an dieser Stelle auch ein Gebot abgeben.

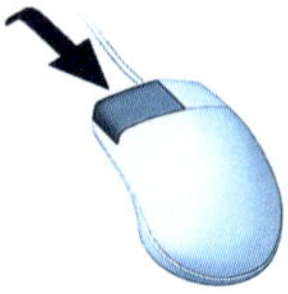

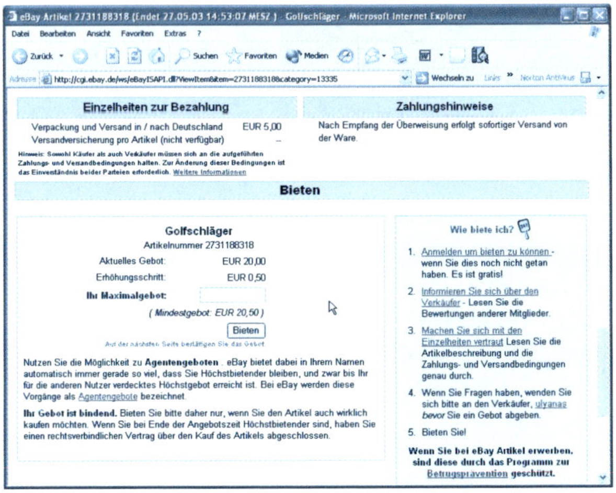

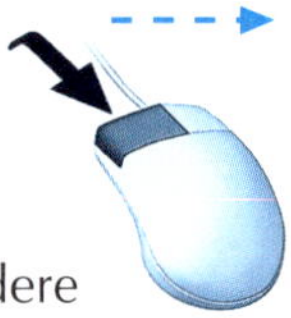

3 Informieren Sie sich zunächst, welche Erfahrungen andere Mitglieder mit dem Verkäufer gemacht haben. Dies tun Sie, indem Sie sich die Bewertungen des Verkäufers ansehen. Klicken Sie dazu unterhalb von *Angaben zum Verkäufer* auf *Bewertungen ansehen*. Wenn Sie auf den Artikel ein Gebot abgeben möchten, gehen Sie zum Bietbereich auf der Artikelseite. Geben Sie Ihr Maximalgebot ein. Klicken Sie anschließend auf *Bieten*.

Achtung

Sehen Sie sich die Artikelbeschreibung sowie die Liefer- und Zahlungsbedingungen genau an, bevor Sie den Artikel kaufen oder ein Gebot abgeben.

4 Bestätigen Sie Ihr Gebot mit Ihrem *Mitgliedsnamen* und Ihrem *Passwort*. Sie sehen dann sofort, ob Sie der aktuelle Höchstbietende sind.

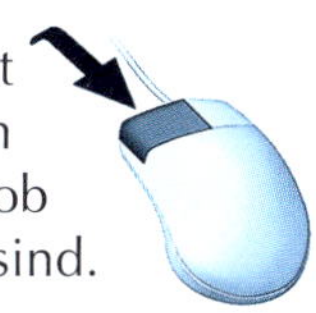

Sollten Sie überboten werden, erhalten Sie von eBay eine E-Mail, die Sie darüber informiert. In dieser E-Mail finden Sie einen Link, der Sie direkt zur betreffenden Artikelseite führt. Hier können Sie dann Ihr Maximalgebot erhöhen.

Wenn Sie nach Angebotsende der Höchstbietende sind, erhalten Sie von eBay eine E-Mail, in der Ihnen die Kontaktinformationen Ihres Handelspartners mitgeteilt werden. Innerhalb von drei Werktagen sollten Sie miteinander in Kontakt treten, um den Kauf abzuschließen.

Sie können viele Artikel per Sofort-Kaufen erwerben. Ein schnell entschlossener Käufer hat dabei die Möglichkeit, einen Artikel sofort zu dem vom Verkäufer festgesetzten Sofort-Kaufen-Preis zu erwerben.

Sie können aber auch auf herkömmliche Weise auf den Artikel bieten. Sobald ein erstes Gebot abgegeben wurde, verschwindet das Sofort-Kaufen-Logo, und die Option ist nicht mehr verfügbar. Der Artikel wird nun im Rahmen einer klassischen Auktion versteigert.

Verkaufen eines Artikels

Um einen Artikel bei eBay zu verkaufen, müssen Sie angemeldet und registriert sein. Wenn Sie ein Verkäuferkonto bei eBay einrichten wollen, müssen Sie entweder Ihre Kreditkartendaten angeben oder sich zum Lastschriftverfahren anmelden.

Prüfen Sie vor dem Anbieten, ob Ihr Artikel den eBay-Richtlinien entspricht und angeboten werden darf. Überlegen Sie sich, in welchen Kategorien Sie Ihren Artikel anbieten wollen. Schauen Sie, wie ähnliche Artikel von anderen Verkäufern bezeichnet und beschrieben werden und welche Preise diese erzielen.

Suchen Sie für die Beurteilung des Wertes relevante Daten und Fakten zu Ihrem Artikel heraus, z. B. aus technischen Beschreibungen oder von Internetseiten der Hersteller.

Fotografieren Sie Ihren Artikel. Natürlich können Sie Ihre Artikel auch ohne Foto bei eBay anbieten – aber ein Foto erhöht Ihre Verkaufschancen beträchtlich. Hier die Schritte zum Verkaufen eines Artikels bei eBay:

- Wenn Sie auf *Verkaufen* in der oberen Navigationsleiste jeder eBay-Seite klicken, gelangen Sie zum Verkaufsformular. Falls Sie noch nicht angemeldet sind, werden Sie jetzt dazu aufgefordert. Auf der folgenden Seite können Sie festlegen, ob Sie Ihren Artikel als Auktion oder als Festpreisangebot anbieten möchten. Beide Formate haben individuelle Vorteile und eignen sich für bestimmte Produktgruppen. Klicken Sie auf *Weiter*.
- Wählen Sie anschließend die Kategorie und Unterkategorie, in der Sie Ihren Artikel anbieten möchten. Betrachten Sie die eBay-Kategorien wie Regale in einem Supermarkt – wenn Sie Ihren Artikel in das falsche Regal einsortieren, werden potenzielle Käufer nicht oder nur zufällig darauf stoßen. Klicken Sie auf *Weiter*.
- Auf der nächsten Seite können Sie Ihren Artikel beschreiben. Bitte bedenken Sie, dass die hier eingegebene Artikelbeschreibung die einzige Möglichkeit für potenzielle Käufer ist, Ihren Artikel einzuschätzen und sich für diesen zu entscheiden. Klicken Sie auf *Weiter*.
- Auf der folgenden Seite legen Sie die Eckdaten Ihres Angebots fest: Welcher Zeitraum umfasst die Angebotsdauer (z. B. zehn Tage)? Welchen Startpreis (z. B. 1 Euro) wollen Sie festlegen? Kann Ihr Angebot per Sofort-Kaufen erworben werden?. Sie können Ihrem Angebot auch Bilder hinzufügen. Viele Käufer bieten und kaufen nur, wenn sie sich den Artikel anschauen können. Nutzen Sie den bequemen eBay-Bilderservice zum Hochladen Ihrer Bilder und bestimmen Sie

die standardisierten Formate (z. B. XXL-Foto oder Dia-Show). Außerdem können Sie hier Zusatzoptionen zu Ihrem Angebot auswählen, z. B. Darstellung in Fettschrift oder Darstellung als Top-Angebot in der Kategorie. Klicken Sie auf *Weiter*.

- Die nächste Seite bietet Platz für viele nützliche Angaben zur reibungslosen Abwicklung Ihres Angebotes. Sie können die Bezahlmethoden festlegen, das Liefergebiet eingrenzen und dem Käufer zusätzliche Informationen, z. B. über die Versandkosten, zukommen lassen und Zahlungshinweise geben. Diese Angaben werden dem Käufer mitgeteilt und ermöglichen so eine schnelle Abwicklung des Handels. Klicken Sie auf *Weiter*.
- Ihr Artikel wird nun automatisch der gewählten Kategorie hinzugefügt.

Hinweis

Wenn Sie mehrere identische Artikel anbieten möchten, nutzen Sie einfach die Schaltfläche »einen ähnlichen Artikel verkaufen« am Ende des Verkaufsformulares. Alle Ihre zuvor eingegebenen Daten werden direkt eingetragen, und Sie müssen nur noch die Änderungen (z. B. Titel des Angebots) vornehmen.

Beantworten Sie Fragen von Interessenten freundlich und schnell – so werden diese vielleicht zu Bietern und Käufern. Fügen Sie zusätzliche Informationen in Ihre Artikelbeschreibung ein, z. B. wenn Sie aufgrund von vielen Fragen von Interessenten feststellen, dass Ihr Angebot nicht selbsterklärend ist.

Nach Ablauf des Angebotes sollten Sie sich innerhalb von drei Tagen bei Ihrem Höchstbieter melden, um Einzelheiten zur Bezahlung und zum Versand abzuklären. Beim Versand der Ware sollten Sie auf eine sichere Verpackung achten.

Sicher handeln bei eBay

Der überwiegende Teil aller Transaktionen auf der eBay-Handelsplattform ist sicher und verläuft ohne Zwischenfälle. Dennoch sollten Sie versuchen, sich durch einfache und alltägliche Verhaltensweisen vor Betrugsfällen zu schützen.

- Prüfen Sie den Verkäufer und dessen eingestellte Produkte, bevor Sie ein Gebot abgeben oder den Artikel kaufen.
- Kontrollieren Sie die Bewertungen des Verkäufers.
- Lesen Sie die Angaben zu den Artikeln sorgfältig.
- Überprüfen Sie das Foto des Artikels.

Seien Sie achtsam, wenn

- der Verkäufer seit weniger als 30 Tagen Mitglied bei eBay ist.
- der Verkäufer mit null (0) oder niedriger bewertet ist.
- der Verkäufer einen Gegenstand von hohem Wert bei eBay einstellt.
- der Verkäufer keine sicherere Zahlungsmethode anbietet als Barzahlung.

Achtung

Reagieren Sie nicht auf E-Mail-Anfragen, in denen Sie gebeten werden, persönliche Daten wie z. B. Ihre Kreditkartennummer oder Ihr eBay-Passwort anzugeben. Einige Mitglieder haben mich auf E-Mail-Anfragen aufmerksam gemacht, die wie offizielle Mitteilungen von eBay aussehen und in denen persönliche Daten angefordert werden. Anfragen dieser Art enthalten oft Links zu Websites, auf denen Sie aufgefordert werden, sich einzuloggen und persönliche Informationen einzugeben.

Drucken Sie das Artikelangebot mit Bild des Gegenstands sowie den gesamten E-Mail-Verkehr aus. Sie haben so Beweisunterlagen und können das Geschäft später lückenlos dokumentieren. Die betreffenden Daten sind nach Beendigung einer Auktion bei eBay noch 90 Tage verfügbar. Drucken Sie dennoch alles möglichst sofort aus.

Erfolgskontrolle

- Was ist eBay?
- Was geschieht, wenn Sie überboten werden?
- Was ist Sofort-Kaufen?

Die Antworten zu diesen Fragen finden Sie im Anhang dieses Buches im Kapitel »Antworten«.

Kapitel 12

Eine Datei mit FTP aus dem Internet laden

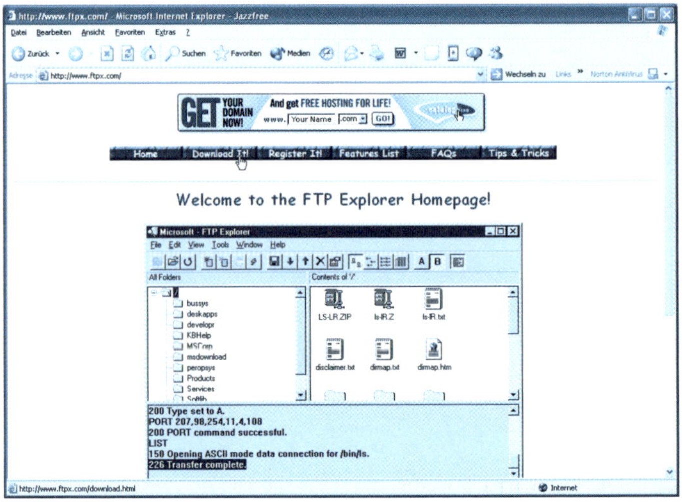

Wie man Dateien aus dem Internet lädt und auf dem Computer ablegt, haben Sie in den vergangenen Kapiteln des Öfteren gesehen. Es gibt aber noch eine andere Art, nämlich per FTP. In diesem Kapitel werden Sie sich mit diesem Internetdienst näher beschäftigen. Sie werden ein FTP-Programm aus dem Internet laden und dieses auf Ihrem Computer installieren. Im Anschluss daran werden Sie sich via FTP eine Datei aus dem Internet laden. Des Weiteren erfahren Sie in diesem Kapitel einiges über den Umgang mit komprimierten Dateien und wie diese entpackt werden.

Das können Sie schon:

Das lernen Sie neu:

Wie funktioniert FTP?

Das Herunterladen einer Datei aus dem Internet (auch downloaden genannt) zählt zu den Klassikern des Internets. Kein anderer Dienst wird von der Internetgemeinde so oft benutzt wie FTP. Dank dieses Dienstes lassen sich die unterschiedlichsten Dateien aus dem Internet transferieren, wie beispielsweise Programme, Grafiken, Sounds oder Textdateien.

Was ist das?

*Ein **FTP-Client** ist ein Programm, das es Ihnen gestattet, eine Verbindung zu einem FTP-Server herzustellen.*

Wie für alle anderen Internetdienste, die Sie bereits kennen gelernt haben, benötigen Sie auch für den FTP-Dienst ein spezielles Programm – einen so genannten FTP-Client. Dieses Programm nimmt Kontakt zu einem FTP-Server auf. Auf diesem wiederum läuft ein kleines Programm, das einen Datentransport ermöglicht.

Zur Anmeldung auf einem FTP-Server mit dem Zweck, Dateien herunterzuladen, benötigen Sie eine Zugangsnummer oder einen Benutzernamen sowie ein Passwort, das Sie als einen Anwender identifiziert, dem es erlaubt ist, Daten von diesem FTP-Server abzurufen. Dieses Verfahren ist jedoch in den vergangenen Jahren immer mehr zurückgegangen. Bei den meisten FTP-Servern erhält mittlerweile jedermann Zugang, jedoch müssen auch hier ein Benutzername und ein Passwort eingegeben werden. Bei dieser Art von FTP-Server müssen Sie als Benutzernamen *Anonymous* und als Passwort Ihre E-Mail-Adresse angeben, um Zugriff auf die Dateien des jeweiligen FTP-Servers zu erhalten. Aus diesem Grund nennt man die FTP-Server auch »Anonymous-FTP«-Server.

FTP ist einfach zu bedienen. Sobald Sie sich an einem FTP-Server angemeldet haben, besteht die Möglichkeit, jeden verfügbaren Ordner sowie die darin enthaltenen Dateien einzusehen. Sind Sie fündig geworden, so müssen Sie nur die entsprechende Datei anklicken und einen Zielordner auf Ihrem Computer bestimmen, wohin diese geladen werden soll.

Wie funktioniert FTP genau? Um eine FTP-Sitzung zu beginnen, müssen Sie das FTP-Programm auf Ihrem Computer starten und eine Verbindung

Was ist das?

*Der **FTP-Dämon** ist ein Programm, das den Download auf Ihren Computer überwacht und regelt.*

zum Internet herstellen. Auf dem FTP-Server läuft ein spezielles Programm, der so genannte FTP-Dämon, der sämtliche Übertragungsaktivitäten steuert. Sobald Sie über Ihr FTP-Programm Kontakt mit einem FTP-Server aufnehmen, fordert der FTP-Dämon den Benutzernamen sowie ein Passwort an.

Nachdem Sie sich angemeldet haben, wird eine Befehlsverbindung zwischen Ihrem Computer und dem FTP-Server eingerichtet. Diese Verbindung dient dazu, Befehle von Ihrem Rechner an den FTP-Server zu schicken und Nachrichten sowie Informationen zu empfangen.

Möchten Sie in einen anderen Ordner des FTP-Servers wechseln, so schickt Ihr FTP-Programm eine entsprechende Anweisung an den FTP-Dämon. Dieser ändert den Pfad zum Ordner und schickt Ihnen über die Befehlsverbindung eine Liste mit Dateien, die sich in dem neuen Ordner befinden.

Haben Sie eine Datei gefunden, die Sie herunterladen möchten, wird eine zweite Verbindung, die Datenverbindung, aufgebaut. Dank dieser Datenverbindung werden Dateien vom FTP-Server auf Ihren Computer geladen. Nach Beendigung des Datentransfers wird diese Verbindung automatisch geschlossen. Die Befehlsverbindung bleibt jedoch weiterhin bestehen, sodass Sie auch nach einem Download weiterhin die Inhalte der Ordner auf einen FTP-Server anschauen können.

Ein FTP-Programm muss her

Im Internet gibt es Unmengen von FTP-Programmen, die allesamt frei verfügbar sind. Im Folgenden besuchen Sie den WWW-Server einer Firma, die ein FTP-Programm zur freien Verwendung anbietet.

Stellen Sie eine Verbindung mit dem Internet her, und geben Sie folgende URL ein: *http://www.ftpx.com/*.

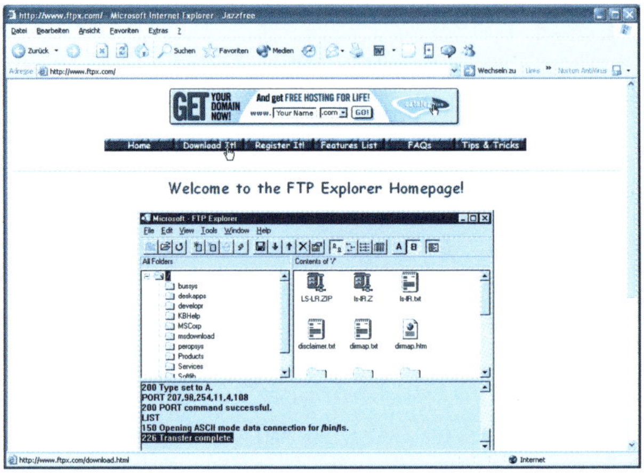

1 Klicken Sie auf den Hyperlink *Download It!* im oberen Bereich der Webseite.

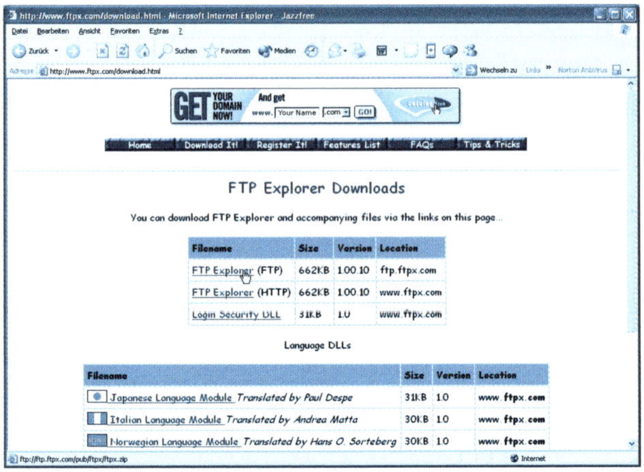

2 Klicken Sie auf den Hyperlink *FTP Explorer (FTP)*, um die Datei aus dem Internet zu laden.

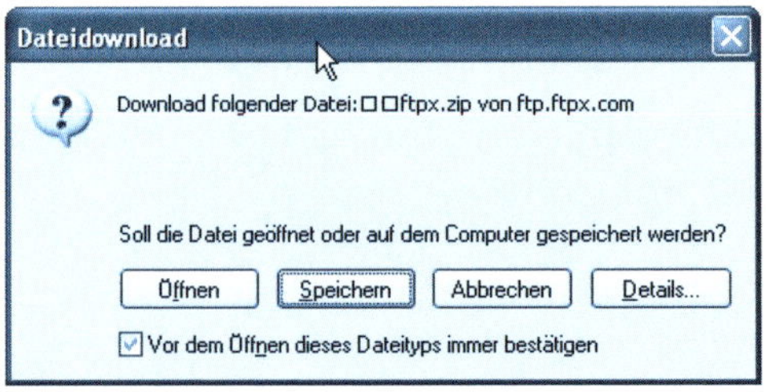

3 Klicken Sie auf die Schaltfläche *Speichern* und anschließend auf die Schaltfläche *OK.*

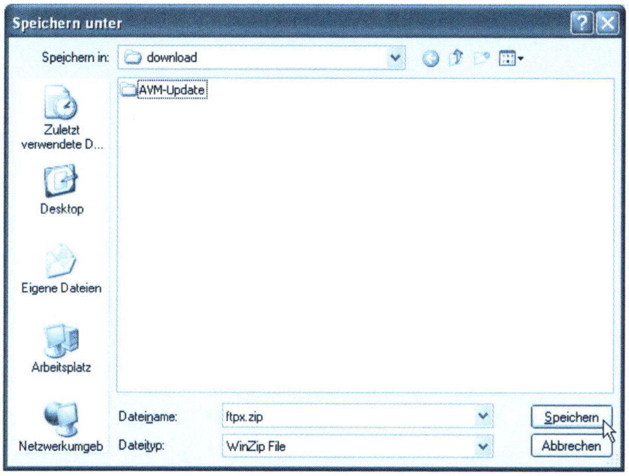

4 Bestätigen Sie den Dateinamen, wählen Sie einen Ordner aus, in dem die Datei abgelegt werden soll, und klicken Sie auf *Speichern*.

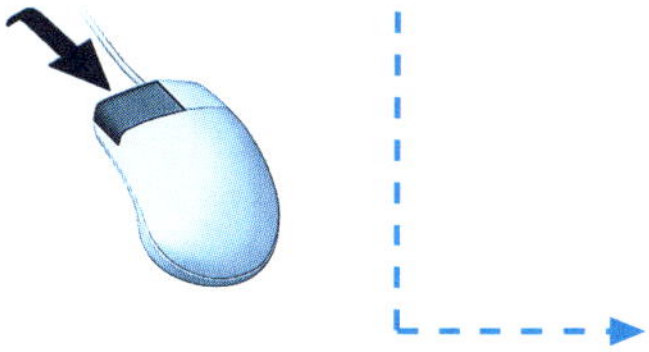

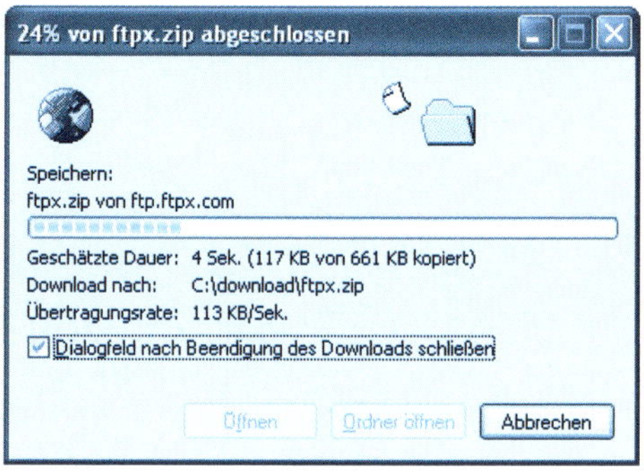

5 Warten Sie ein paar Sekunden (oder Minuten), bis sich die Datei auf Ihrem Computer befindet.

Der FTP Explorer ist ein Programm in englischer Sprache. Möchten Sie gern, dass das Programm deutsche Begriffe und Menüeinträge verwendet, so können Sie dies mit einem kleinen Trick erreichen. Klicken Sie einfach auf genau derselben Seite, wo Sie den FTP Explorer heruntergeladen haben, auf den Hyperlink mit der Bezeichnung *German Language Module*. Dahinter verbirgt sich ein kleines Programm, das den FTP Explorer auf Deutsch »trimmt«.

So entkomprimiert man eine Datei

Nachdem sich nun die Datei auf dem Computer befindet, müssen Sie diese zunächst entpacken. In den vergangenen Kapiteln geschah dies immer automatisch. Jetzt sieht die Situation anders aus. Sie haben es hier mit einer Datei zu tun, welche die Endung .zip trägt.

Die Übertragung einer Datei aus dem Internet kostet Zeit, unter Umständen eine Menge Zeit. Je größer die Datei ist, desto länger dauert der Download-Vorgang. Um die Telefongebühren des Internetsurfers so gering wie möglich zu halten, haben sich findige Leute Verfahren einfallen lassen, mit denen Dateien »geschrumpft« werden können. Ist eine Datei einmal einer derartigen Behandlung unterzogen worden, umfasst sie nur noch einen Bruchteil ihrer ursprünglichen Größe. Diese wesentlich kleinere Datei lässt sich nun schnell und zügig über das Internet übertragen.

Solche zu Archiven zusammengepackten Dateien erkennen Sie in aller Regel an Dateiendungen wie beispielsweise .zip, .arj oder .lha.

Da solche komprimierten Dateien mit speziellen Programmen zusammengepresst wurden (z. B. PKZIP), bedarf es eines entsprechenden Gegenstückes, um die komprimierte Datei wieder in ihrer Ursprungsgröße herzustellen. Benutzer von Windows XP kommen an dieser Stelle in den Genuss einer Funktion, die sich »ZIP-komprimierter Ordner« nennt. Windows XP erkennt eigenständig ZIP-Archivdateien und entpackt diese ohne Verwendung eines zusätzlichen Programms. Sollten Sie kein Windows XP verwenden, können Sie mit Hilfe des im Internet frei verfügbaren Programms WinZip Dateien mit der Endung .zip entkomprimieren.

Nachdem Sie die Datei in ihre einzelnen Komponenten entpackt haben, können Sie die ursprüngliche, gepackte Datei ruhig wieder löschen.

Die Installation des FTP-Programms

Im vorhergehenden Abschnitt haben Sie die komprimierte Datei, auch Archiv genannt, in die einzelnen Dateien zerlegt. Nachdem dies geschehen ist, können Sie die Installationsprozedur starten, um das FTP-Programm auf Ihrem Computer zu installieren. Klicken Sie dazu auf den Menüeintrag *Ausführen* im Startmenü von Windows.

Im folgenden Fenster werden Sie aufgefordert, den Namen der entsprechenden Datei anzugeben. Falls Sie diesen nicht mehr wissen, haben Sie die Möglichkeit, Ihre Festplatte zu durchsuchen und über diesen Weg die aus dem Internet geladene Datei zu finden.

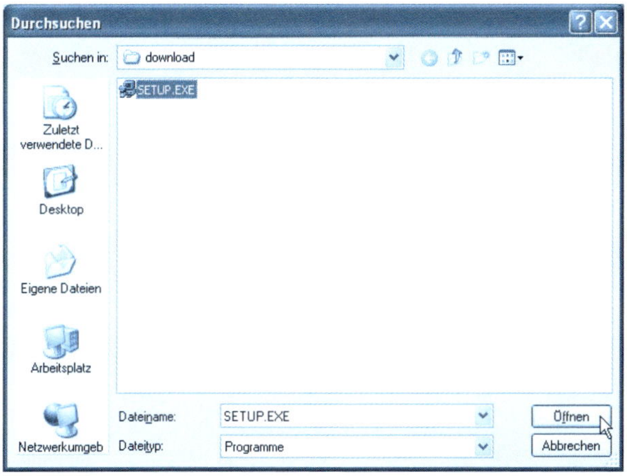

1 Klicken Sie auf die Datei *Setup.exe* und anschließend auf *Öffnen*.

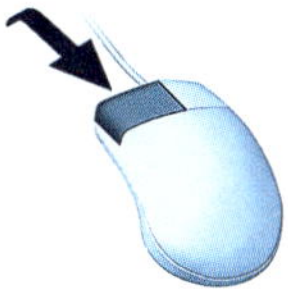

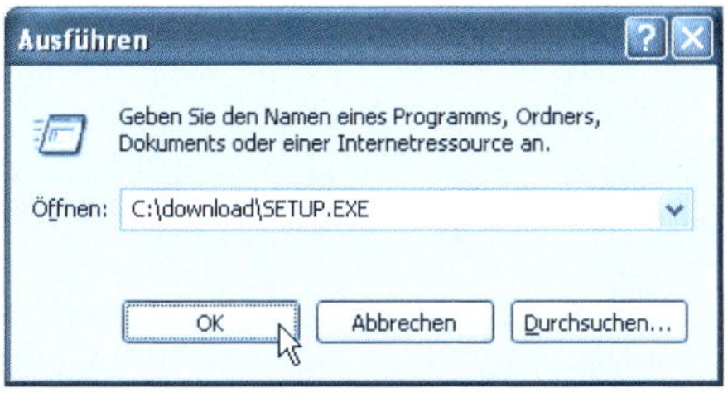

2 Klicken Sie auf *OK*.

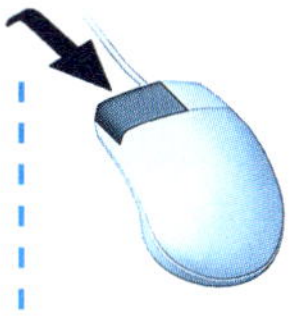

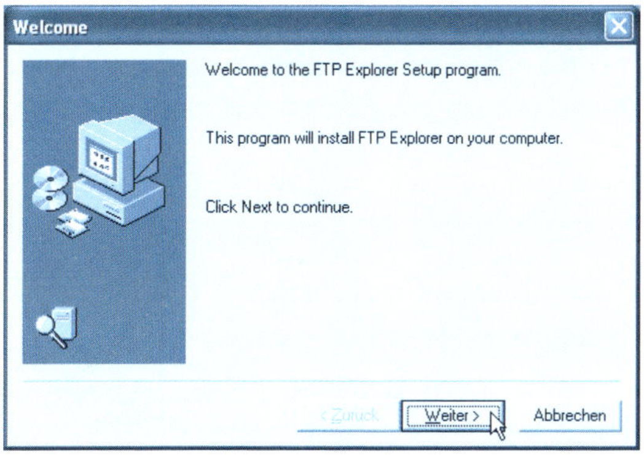

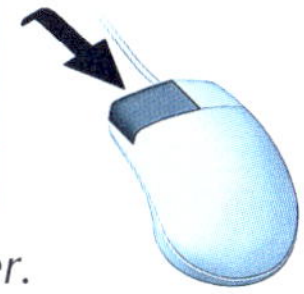

3 Die Installation beginnt. Klicken Sie auf *Weiter*.

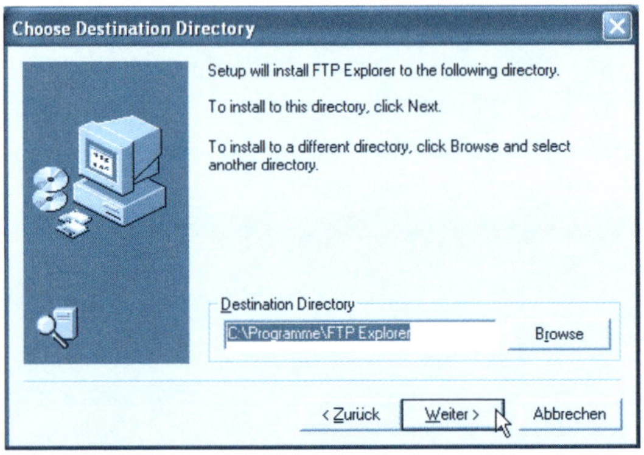

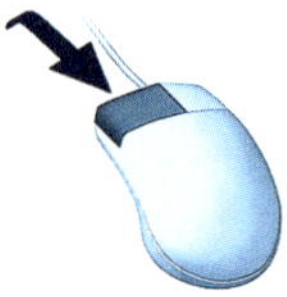

4 Geben Sie einen Ordner an, in den die Software installiert werden soll, oder akzeptieren Sie den vorgeschlagenen Ordner. Klicken Sie anschließend auf *Weiter*.

Im folgenden Fenster werden Ihnen einige Entscheidungen abverlangt. Im ersten Kontrollkästchen *Create Shortcut on Desktop* können Sie per Aktivierung bestimmen, ob ein Symbol auf der Windows-Oberfläche erscheinen soll. Dieses Symbol, ein Shortcut, erspart Ihnen das Suchen des Programms in der Windows-Menüstruktur und eine Menge Zeit. Das zweite Kontrollkästchen *Create Shortcut in Start Menu/Programs* gestattet es Ihnen, einen Shortcut in dic Windows-Menüs zu integrieren.

Ein letztes Kontrollkästchen zeigt bei Aktivierung eine Datei mit weiteren Informationen an. Per Voreinstellung sind alle Kontrollkästchen aktiviert. Behalten Sie bitte diese Voreinstellungen bei.

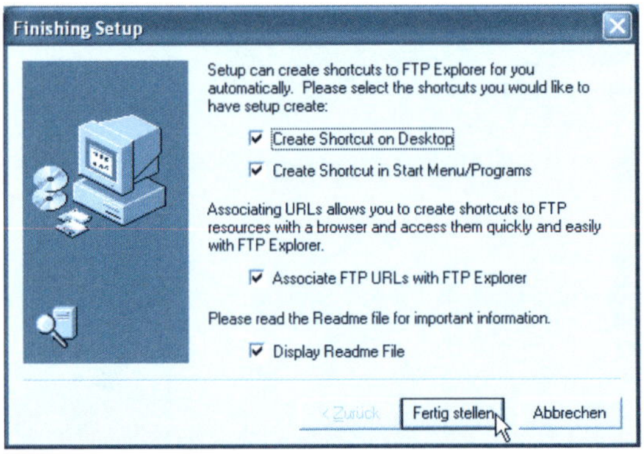

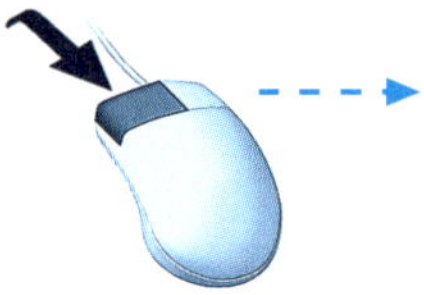

5 Klicken Sie auf die Schaltfläche *Fertig stellen*.

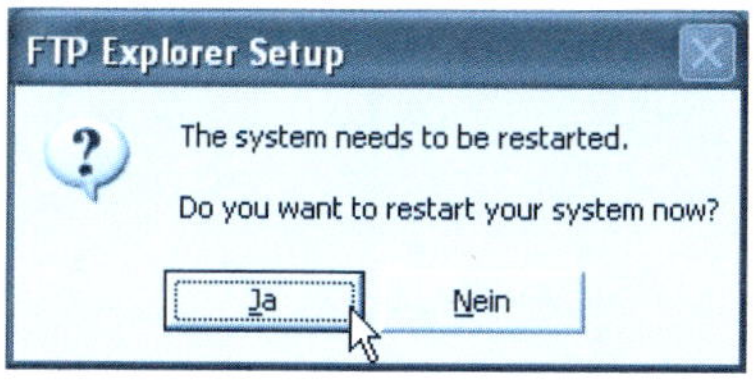

6 Starten Sie Ihren Computer neu, um alle Neueinstellungen zu aktivieren. Klicken Sie dazu auf die Schaltfläche *Ja*.

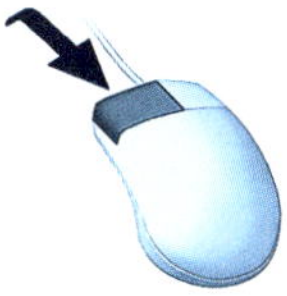

Nachdem Ihr Computer und Windows wieder hochgefahren sind, begrüßt Sie ein neues Symbol auf Ihrem Windows-Desktop. Führen Sie einen Doppelklick auf das Symbol *FTP Explorer* aus, um das Programm zu starten.

Um nun die deutsche Sprachversion des FTP Explorers zu installieren, gehen Sie bitte wie folgt vor: Bevor Sie die deutsche Version installieren, muss die englische Originalversion des FTP-Explorers bereits erfolgreich installiert sein. Finden Sie heraus, in welchem Verzeichnis sich die englische Originalversion des FTP Explorers befindet. Verschieben Sie die Datei *ftpxres.dll* in den Ordner auf Ihrer Festplatte, in dem sich der FTP Explorer befindet. Rufen Sie den FTP Explorer auf – alle Meldungen und Menüpunkte sollten jetzt in Deutsch erscheinen.

Eine Datei per FTP auf den Computer laden

Nachdem Sie alle Voraussetzungen geschaffen haben, um am FTP-Geschehen teilnehmen zu können, können Sie sich aktiv ins FTP-Geschehen stürzen. Ziel der FTP-Aktivitäten ist der Microsoft-FTP-Server, von dem Sie eine Grafik auf Ihren Computer laden werden.

Doppelklicken Sie auf das Symbol des FTP-Programms auf Ihrem Windows-Desktop.

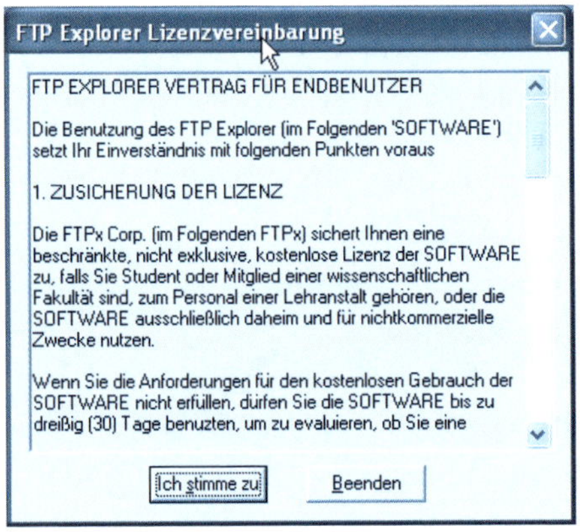

1 Klicken Sie auf die Schaltfläche *Ich stimme zu.*

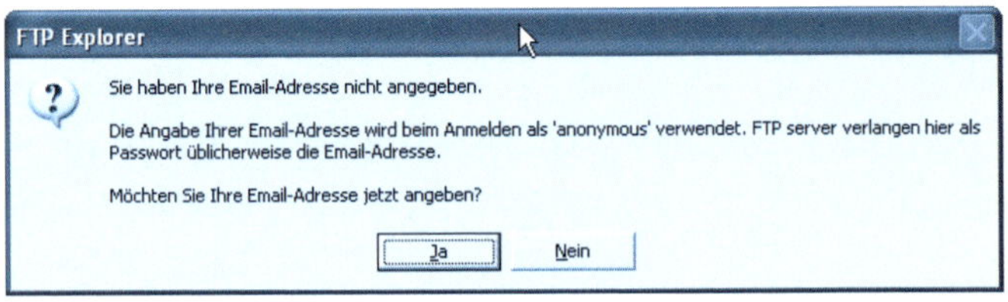

2 Klicken Sie auf *Ja,* um Ihre E-Mail-Adresse einzugeben. Diese wird bei den meisten FTP-Servern als Kennwort verwendet.

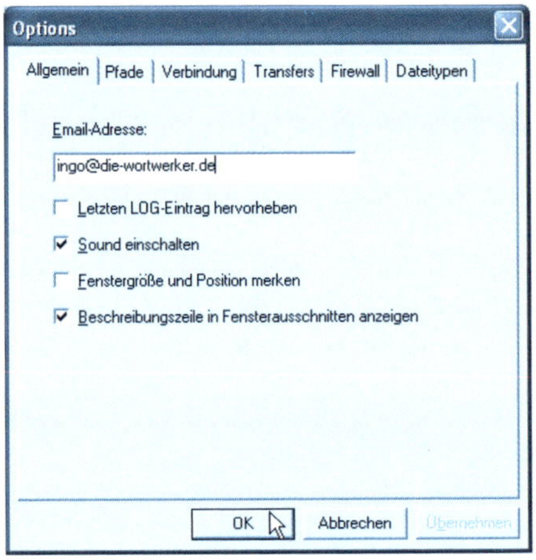

3 Geben Sie nun Ihre E-Mail-Adresse ein, und klicken Sie anschließend auf *OK.*

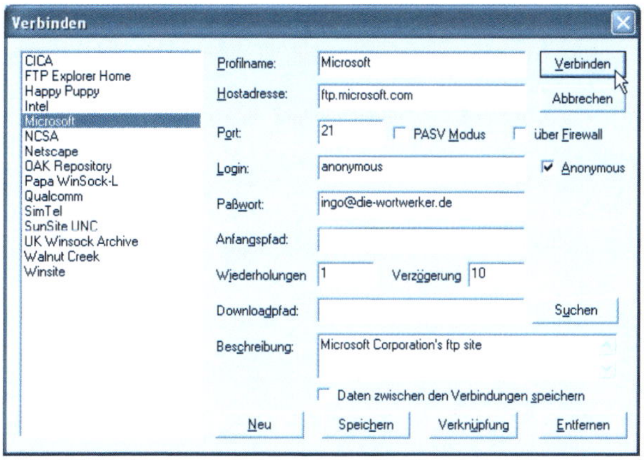

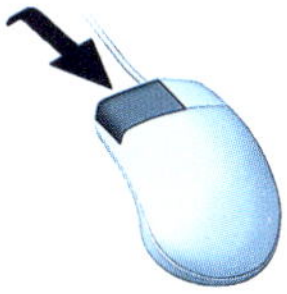

4 Klicken Sie auf den Eintrag *Microsoft* im linken Listenfeld des Fensters und anschließend auf die Schaltfläche *Verbinden*.

Sie werden mit dem Internet verbunden (wie dies auch in den vergangenen Kapiteln der Fall war). Wie Sie bereits gemerkt haben, beinhaltet unser FTP-Programm bereits Standardadressen einiger FTP-Server, sodass Sie an dieser Stelle keine FTP-Adresse eingeben müssen.

Hinweis

Wenn Sie sich ein Programm via FTP besorgen, laden Sie lediglich alle entsprechenden Dateien auf Ihren Computer. Das heißt aber noch lange nicht, dass das Programm sofort lauffähig ist. Sie müssen es anschließend noch explizit entpacken bzw. installieren. In den meisten Fällen befindet sich auf Ihrer Festplatte eine Datei mit der Bezeichnung Setup oder Install, die Sie nach dem Download anklicken müssen, um das Programm auf Ihrem Computer einzurichten.

Sobald Sie sich im Internet befinden, verbindet sich das FTP-Programm mit dem Microsoft-FTP-Server. Sie werden mit dem Root-Verzeichnis des FTP-Servers verbunden. Von dieser Position aus können Sie immer tiefer in die Struktur des FTP-Servers vordringen, um schließlich zum Ziel zu gelangen.

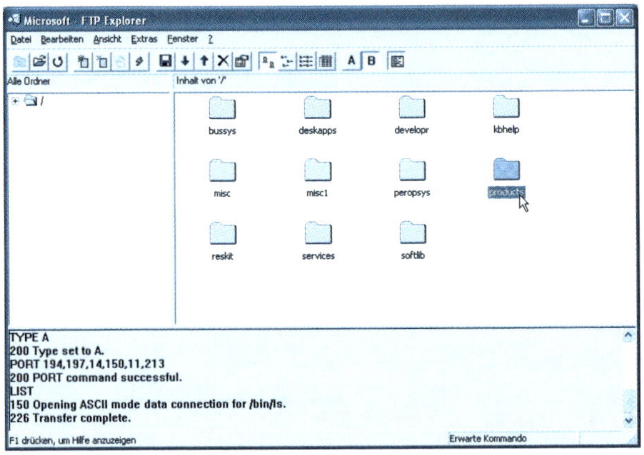

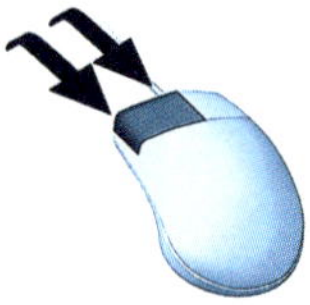

5 Führen Sie einen Doppelklick auf die Karteikarte mit der Bezeichnung *Products* aus, um diesen Ordner zu öffnen.

Die Datei, die Sie auf Ihren Computer herunterladen möchten, befindet sich beispielsweise in dem Ordner *Products/Windows/Windows95/CD-RomExtras/Funstuff*. Um diesen Ordner zu erreichen, müssen Sie sich wohl oder übel »durchklicken«, bis Sie sich am Ziel befinden.

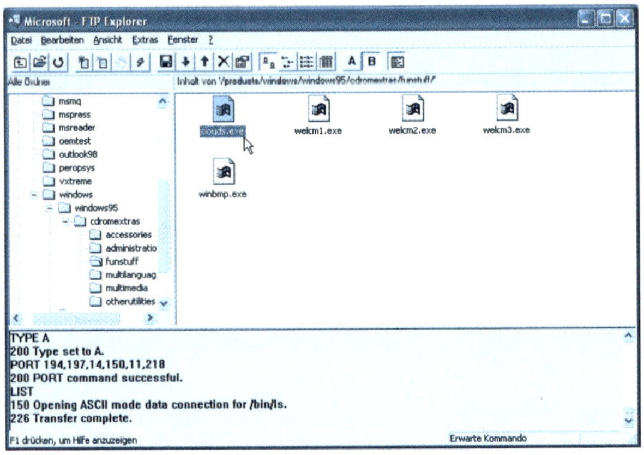

6 Führen Sie einen Doppelklick auf *Clouds.exe* aus.

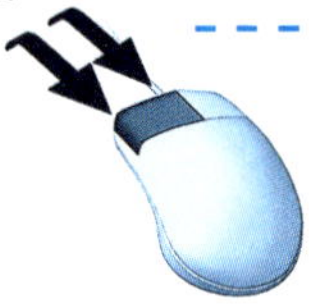

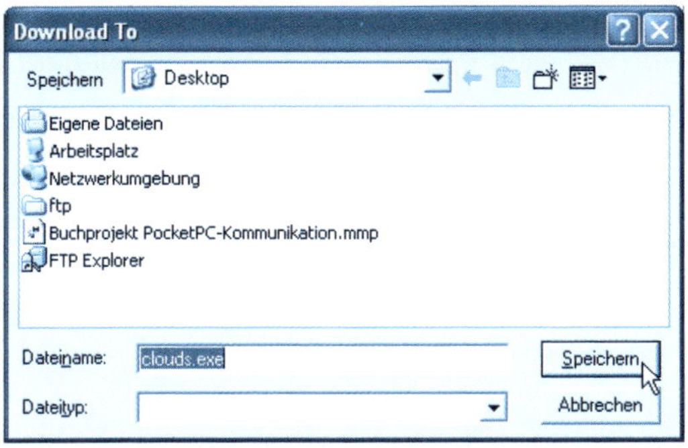

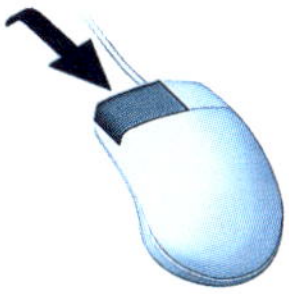

7 Wählen Sie einen Ordner aus, in den die Datei gespeichert werden soll, und klicken Sie abschließend auf *Speichern*.

Nachdem Sie den letzten Schritt erledigt haben, beginnt Ihr FTP-Programm damit, die entsprechende Datei vom FTP-Server zu laden. Ist dies nach ein paar Minuten erledigt, können Sie das FTP-Programm und die Internetverbindung beenden.

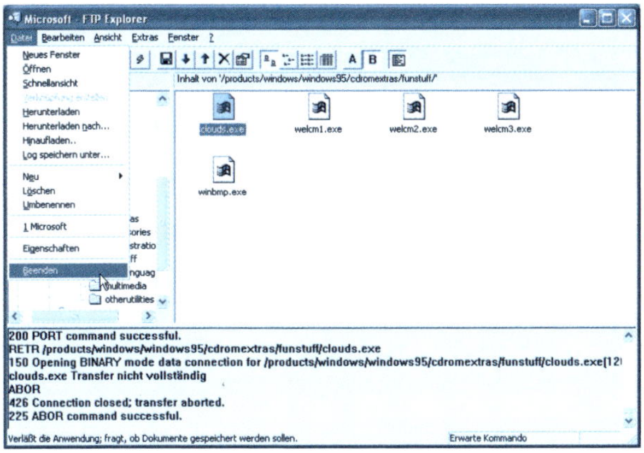

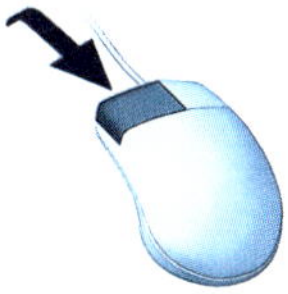

8 Klicken Sie im Menü *Datei* auf *Beenden*, und beenden Sie dadurch das Programm.

Wenn Sie jetzt im Zielordner nachsehen, werden Sie die Datei *Clouds.exe* entdecken. Dieses Programm können Sie entpacken, indem Sie es vom Windows-Explorer aus aufrufen.

Die Eingabe einer neuen FTP-Adresse

Im nächsten Lernschritt werden Sie eine eigene FTP-Adresse in Ihrem FTP-Programm eingeben. Starten Sie dazu das FTP-Programm.

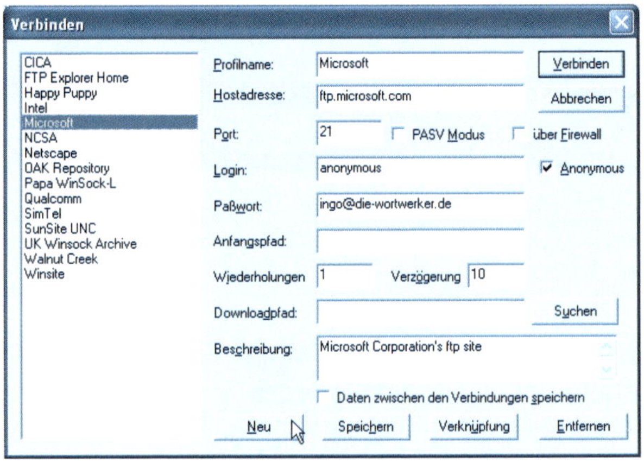

1 Klicken Sie auf die Schaltfläche *Neu*.

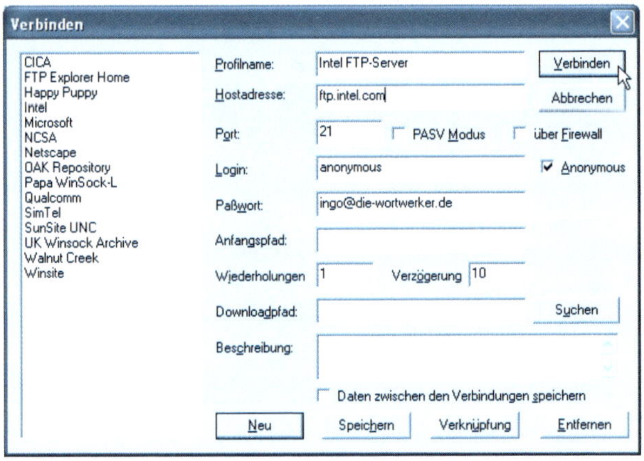

2 Geben Sie jetzt einen Namen für die Verbindung, die Adresse des FTP-Servers sowie ein Passwort (meistens Ihre E-Mail-Adresse, die schon eingetragen sein dürfte) ein, und klicken Sie abschließend auf *Speichern*.

Wenn Sie jetzt auf *Verbinden* klicken, werden Sie mit diesem FTP-Server verbunden.

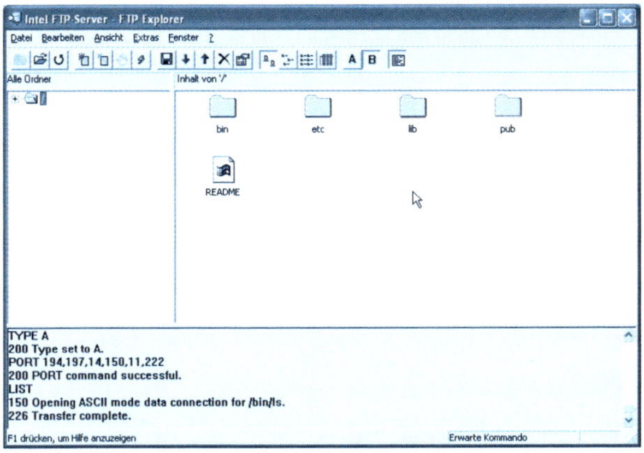

3 Die Verbindung zum neuen FTP-Server und dessen Inhalt steht.

Erfolgskontrolle

- Was ist ein FTP-Client?
- Was ist ein FTP-Dämon?
- Was benötigen Sie zur Anmeldung an einem FTP-Server?

Die Antworten zu diesen Fragen finden Sie im Anhang dieses Buches im Kapitel »Antworten«.

Antworten

Das Internet – eine kurze Einführung

Was ist ein Netzwerk?

Ein Netzwerk, auch LAN (Local Area Network) genannt, verbindet mehrere Rechner über ein Kabel miteinander. Der Verbund mehrerer Netzwerke, die quer über den Erdball verstreut sind oder sich lediglich in verschiedenen Städten befinden, nennt man WAN (Wide Area Network).

Was sind Pakete?

Als Paket, auch Datenpaket genannt, bezeichnet man die Informationen, die zu einem Versand über ein Netzwerk anstehen. Die Informationen, wie beispielsweise elektronischen Briefe, werden in kleine handliche Einheiten »zusammengeschnürt«, um diese bequem über das Netzwerkkabel übertragen zu können.

Was versteht man unter einem Knoten?

Als Knoten bezeichnet man auch einen Computer in einem Netzwerk.

So wird Ihr PC fit fürs Internet

Was ist ein Bit?

Ein Bit ist die kleinste Informationseinheit, die ein PC verarbeiten kann. Die Zustände eines Bits können Null oder Eins sein.

Wo liegt der Vorteil eines Modems mit USB-Schnittstelle?

Im Trend sind externe ISDN-Adapter, die Sie per USB an Ihren Computer anschließen. Sie sind genauso schnell wie die eingebauten ISDN-Karten, bieten aber den entscheidenden Vorteil, dass Sie Ihren Rechner nicht aufschrauben müssen. Besonders beliebt sind derartige Geräte für Notebooks. Zudem sind diese externen ISDN-Adapter meist nicht größer als eine Zigarettenschachtel.

Welche Aufgabe erfüllt ein Modem?

Das Modem verbindet Ihren PC mit dem Telefonnetz. Sie haben dadurch die Möglichkeit, Programme und Texte über die Telefonleitung an andere Computer-Anwender zu übertragen, aber auch umgekehrt Daten zu empfangen. Man kann sagen, dass ein Modem als Dolmetscher zwischen der Sprache des PC und der des Telefons vermittelt, damit diese beiden Welten sich miteinander unterhalten können.

Auf ins WWW!

Was bedeutet das http:// am Anfang einer Web-Adresse?
Das »http://« am Anfang der Adresse besagt, dass alle Daten nach dem so genannten »Hypertext Transfer Protocol« übertragen werden sollen. Gemeint ist damit ein Standardverfahren, mit dem Seiten aus dem World Wide Web (also der Hypertext einer Webseite) auf Ihren Computer geholt werden.

Wozu dient die Schaltfläche *Zurück*?
Die Schaltfläche *Zurück* bewirkt, dass der Browser die zuletzt angezeigte Webseite erneut darstellt. Klicken Sie auf den rechts neben der Schaltfläche befindlichen abwärts gerichteten Pfeil, so erscheint eine Liste der fünf zuletzt besuchten Seiten. Ein Klick auf die gewünschte Seite genügt, um diese anzusteuern. Ein erneuter Klick auf den kleinen Pfeil schließt die Liste wieder. Das *Zurück*-Symbol ist nur dann aktiv, wenn Sie bereits eine andere Webseite besucht haben, so dass ein rückwärtiger Schritt überhaupt möglich ist.

Wozu dient die Linkleiste?
In der Linkleiste befindet sich neben der Adressleiste und der Schaltfläche *Wechseln zu* oberhalb des Browser-Fensters. Hier können Verknüpfungen zu oft besuchten Webseiten gespeichert werden. Ähnlich der Favoritenliste sind auch in der Linkleiste bereits Links gespeichert, die mit einem Klick zu der verknüpften Webseite führen.

Sicherheit beim Surfen

Welche Zonen bietet der Internet Explorer?
Es gibt vier verschiedene Zonen:

- Internetzone
- Lokale Intranetzone
- Zone für vertrauenswürdige Sites
- Zone für eingeschränkte Sites

Welche Zone verwendet der Internet Explorer standardmäßig bei Ausflügen ins Internet?
Wenn Sie im Internet surfen, verwendet der Internet Explorer automatisch die Sicherheitseinstellungen der Zone *Internet*. Praktisch bedeutet das für Sie, dass Sie alle Webseiten problemlos angezeigt bekommen. Sie müssen allerdings Abstriche in Sachen Sicherheit in Kauf nehmen. Folgend erfahren Sie, wie Sie für mehr Sicherheit sorgen können.

Was ist Java?
Bei Java handelt es sich um eine von der Firma Sun entwickelte Programmiersprache. Mit ihrer Hilfe werden kleine Programme, so genannte Java-Applets, geschrieben, die auf einigen Webseiten vom Internet Explorer ausgeführt werden. Derartige Java-Applets erhöhen die Funktionalität einer Webseite, können aber auch massiven Schaden auf Ihrem Rechner anrichten.

Auf der Jagd nach Informationen

Welche Aufgabe hat ein Software-Agent?
Ein Software-Agent durchforstet das Internet nach bestimmten Informationen, die Sie ihm als Auftraggeber mit auf den Weg gegeben haben.

Was ist das Deep Web?
Das Deep Web ist der Teil des Internets, der zwar frei zugänglich ist, aber von herkömmlichen Suchmaschinen wie Google oder Yahoo nicht erfasst wird. Der Grund: Suchmaschinen können nur statische Inhalte scannen, nicht aber Webseiten, die aufgrund von Datenbankabfragen ständig neu entstehen. Eine solche dynamische Webseite sieht jedes Mal anders aus, je nachdem, was man eingibt. Deshalb kann der Suchroboter der Suchmaschine hier nicht wie gewohnt Seite für Seite durchlaufen. Wie groß der Bereich des Internets ist, der von Suchmaschinen nicht erschlossen wird, lässt sich nur mutmaßen. Sicher ist: Beim Deep Web handelt es sich um den bei weitem größeren Teil des Netzes. Und das Deep Web wächst sogar noch schneller als der über Suchmaschinen auffindbare Bereich.

Was ist Indizierung?
Als Indizierung bezeichnet man eine Aufstellung von Daten, die während eines Suchvorganges gefunden wurden.

Musik aus dem World Wide Web

Was ist Digitalisieren?
Analoge Daten, wie beispielsweise Sprache oder Video, müssen in Einsen und Nullen umgewandelt werden, damit der Computer diese Art von Informationen versteht. Den Vorgang dieser Umwandlung bezeichnet man als Digitalisieren.

Was versteht man unter einem Puffer?
Als Puffer wird ein spezieller Speicher bezeichnet, in dem Ihr Computer vorübergehend Daten ablegt.

Was ist MP3?
Neben RealAudio hat sich in den letzten Monaten ein neuer Standard in Sachen Musikqualität etabliert – MP3. Dabei handelt es sich um ein spezielles Kompressionsverfahren, bei dem die entsprechenden Musikstücke Ihrer nicht hörbaren Frequenzen beraubt werden. Dies hat den Effekt, dass die entsprechende Sound-Datei wesentlich kleiner wird und zur Übertragung über das Internet besser geeignet ist. So hat ein vollständiger Song etwa eine Größe von 5 bis 7 MByte, im Gegensatz zum WAV-Format, wo ein entsprechender Song eine stolze Größe von über 30 MByte aufweist. Zum Abspielen von MP3-Dateien brauchen Sie einen speziellen MP-Player, den Sie kostenlos über das Internet erhalten. Möchten Sie MP3-Dateien auf CD bannen, so benötigen Sie einen MP3-Decoder, der ebenfalls kostenlos über das Internet erhältlich ist.

Einkaufen und Bankgeschäfte

Warum sollte man Cookies vermeiden?
Viele Sites sammeln, ohne dass sie es merken, Informationen über Sie und Ihr Einkaufsverhalten mit Hilfe von Cookies (engl.: Kekse). Diese werden auf ihrer Festplatte gespeichert und erkennen Sie wieder, wenn Sie die Seite erneut besuchen. Cookies registrieren beispielsweise die Seiten, die Sie besuchen oder die Produkte, die Sie kaufen. Ihre Aufgabe ist es, so viele Infos über Sie zusammenzutragen, dass Ihnen ein maßgeschneiderter Service geboten werden kann. Prüfen Sie folgendes: Lohnt es sich, mit einer Firma in Kontakt zu treten, die nicht erklärt, wie sie die Cookies benutzt und wie sie mit Ihren Informationen umgeht? Sie riskieren eventuell unerwünschte Telefonanrufe und E-Mails.

Was sind Trusted Shops?
Mittlerweile gibt es einige Gütesiegel, die für Online-Shops vergeben werden. Sie bieten zwar auch keine 100prozentige Sicherheit. Man kann aber davon ausgehen, dass Online-Shops mit diesem Gütesiegel sehr viel Wert auf sichere Zahlungstransaktionen legen.

Welche Vorteile bietet Internetbanking?
Das Internetbanking, also die Abwicklung von Bankgeschäften über das Internet bietet gleich mehrere Vorteile:

- Mit Internetbanking erledigen Sie Ihre Bankgeschäfte, wann immer Sie es wünschen – an sieben Tagen in der Woche, rund um die Uhr.
- Sie haben jederzeit Zugriff auf aktuelle Konto-Informationen. Denn Internetbanking ermöglicht Umsatzabfragen von Giro-, Spar- und Darlehenskonten.
- Internetbanking ist bequem und einfach. Sie benötigen keine zusätzliche Software für Ihre Bankgeschäfte. Erforderlich ist nur ein PC mit einem Internetzugang und einem Internetbrowser, wie zum Beispiel Microsoft Internet Explorer oder Netscape Navigator ab Version 5.x.

Alle wichtigen Bankgeschäfte sind mit Internetbanking bequem möglich. Sie rufen einfach die gewünschten Informationen auf und drucken sich Daten aus. Auch Aufträge können Sie via Internet erteilen.

Webmail

Wie funktioniert der E-Mail-Versand?
So funktioniert der Versand einer E-Mail: Wenn Sie eine E-Mail versenden möchten, so wird als Erstes die Nachricht in kleine einzelne Datenpakete zerlegt. Jedes dieser kleinen handlichen Pakete bekommt einen »Aufkleber«, der die Zieladresse des Empfängers enthält. Im Internet befinden sich so genannte Internet-Router, welche die Pakete auf dem schnellsten Wege zum Empfänger weiterleiten. Es kann auch vorkommen, dass die einzelnen Pakete über verschiedene Wege zum Empfänger weitergeleitet werden. Wenn ein Weg im Internet nicht mehr verfügbar ist, sucht der Internet-Router eine Ausweichstrecke und verschickt die restlichen Datenpakete über diesen Weg.

Was ist ein Internet-Router?
Ein Internet-Router ist ein Computer im Internet, der Daten von Ihnen in das Internet und zu Ihnen aus dem Internet weiterleitet. Jeder Internet-Serviceprovider besitzt solche Internet-Router.

Wo liegen die Vorteile der Webmail?
Webmail ist ein webbasiertes »E-Mail-Programm«. Ähnlich den bekannten Maildiensten von HotMail oder GMX können Sie über Webmail mittels einer einfach zu bedienenden browserbasierten Schnittstelle auf Ihre Mailbox zugreifen. Webmail ist völlig unabhängig von Ihrem Computer. Dadurch können Sie weltweit ohne größeren Aufwand auf Ihre Mailbox zugreifen. Sie benötigen lediglich einen Computer mit Internetzugang und einem Webbrowser der neueren Generation.

Webmail kann Ihnen immer dann nützlich sein, wenn Sie dringend Zugriff auf Ihre E-Mails benötigen, jedoch kein eigens dafür eingerichtetes E-Mail-Programm haben (z. B. im Büro) oder auf Geschäftsreise oder in den Ferien sind. Ein Computer mit Internetzugang (und Webbrowser) reicht schon aus, damit Sie Ihre tägliche E-Mail-Korrespondenz erledigen können.

Outlook Express

Kann man per Outlook Express ein Webmail-Konto abrufen?
Ja. Haben Sie ein Webmail-Konto, müssen Sie in Outlook Express lediglich die Namen der Mailserver Ihres Webmail-Providers eingeben. Diese erfahren Sie entweder über die Website des entsprechenden Anbieters oder dessen Support.

Woran erkennen Sie eine E-Mail-Anlage in Outlook Express?
Wenn eine Nachricht eine Datei als Anlage enthält, wird in der Nachrichtenliste neben der Nachricht ein Büroklammersymbol angezeigt.

Was ist eine Signatur?
Sie können in ausgehenden Nachrichten besonders wichtige Informationen als Teil Ihrer persönlichen Signatur einfügen (Adresse, Bankverbindung, Logo usw.). Sie können außerdem für unterschiedliche Zwecke mehrere Signaturen erstellen. Sie können auch Visitenkarten mit weitergehenden Informationen einfügen. Um den Nachrichten ein ansprechendes Erscheinungsbild zu verleihen, können Sie Briefpapiermuster und Hintergründe hinzufügen sowie Farbe und Format des Textes ändern.

Diskussionen im Internet: Newsgroups

Was ist ein Newsgroup-Reader?

Ein Newsgroup-Reader ist ein Programm, das es Ihnen ermöglicht, mit Newsgroups in Verbindung zu treten und dort Kommentare zu lesen und Antworten zu verfassen.

Was ist das Usenet?

Das Usenet ist eine Art weltweit verfügbares »Schwarzes Brett«. Im Rahmen dieser Bestimmung fungiert es als Diskussionsforum. Um aktiv am Geschehen teilzunehmen, senden und empfangen Internet-Teilnehmer Nachrichten, die in einer Newsgroup veröffentlicht wurden. Newsgroups und deren Nachrichten werden auf Newsgroup-Servern verwaltet, die quer über den Erdball verstreut sind. Diese Server sind in Hauptkategorien eingeteilt, die ihrerseits wieder untergliedert sind. Sämtliche Newsgroup- bzw. Usenet-Server können miteinander kommunizieren, so dass alle Nachrichten, die auf einem Server veröffentlicht wurden, auch allen anderen Servern zur Verfügung stehen. Sie werden feststellen, dass nicht alle Server alle Newsgroups veröffentlichen. Jeder Newsgroup-Server entscheidet individuell, welche Newsgroups er betreuen möchte und welche nicht.

Welche Aufgabe hat ein Moderator?

Im Internet gibt es moderierte und unmoderierte Newsgroups. In einer moderierten Newsgroup werden alle Nachrichten, die an eine Newsgroup geschickt werden, zunächst von einem Moderator bearbeitet. Dieser entscheidet, ob die Nachricht innerhalb der entsprechenden Newsgroup veröffentlicht wird oder nicht. In einer unmoderierten Newsgroup werden alle Nachrichten automatisch an die gesamte Newsgroup verschickt.

ICQ – Internet-Freunde online finden

Was versteht man unter ICQ?

ICQ ist ein äußerst interessantes Internet-Tool, mit dem man immer darüber informiert ist, ob Freunde online sind (natürlich nur, wenn diese auch ICQ besitzen). Es ist jederzeit möglich, mit ihnen zu chatten, »Messages« und Dateien zu senden oder auch zu spielen. Das Programm läuft automatisch im Hintergrund und benötigt nur ein Minimum an Ressourcen.

Nach der Installation von ICQ erhält jeder User eine eigene ICQ-Nummer (»UIN-Pin« oder »ICQ#«). Mit dieser ist er ebenso zu erreichen wie ansonsten unter seiner E-Mail-Adresse. Es ist außerdem möglich, weitere Angaben über sich zu machen, sodass der jeweilige Gesprächspartner schon eine grobe Vorstellung von einem besitzt.

Was ist der Messenger?
Der MSN Messenger ist ein kostenloses Programm, das im Lieferumfang zu Windows XP enthalten ist. Dank dieses Programms sehen Sie, wenn Ihre Bekannten online sind, sodass Sie Sofortnachrichten (ähnlich einem Chat) mit ihnen austauschen können. Voraussetzung dafür ist lediglich, dass Ihre Freunde ebenfalls am Messenger-Dienst angemeldet sind. Des Weiteren können Sie mit diesem Programm telefonieren, eine Nachricht an einen Pager senden oder Bilder und Musikstücke mit Ihren Bekannten tauschen.

Was versteht man unter .Net-Passport?
Damit Sie den Messenger nutzen können, benötigen Sie ein so genanntes Passport-Mail-Konto. Passport, das man auch .NET-Passport nennt, ermöglicht Ihnen einen personalisierten Zugriff auf Passport-kompatible Dienste und Websites, indem diese Ihre E-Mail-Adresse verwenden. Sobald Sie einen Passport haben (Benutzername und Kennwort), der im übertragenen Sinne einem Ausweis entspricht, mit dem Sie sich eindeutig identifizieren können, müssen Sie sich nur noch einen Namen und ein Kennwort merken, um auf alle Passport-Dienste zugreifen zu können.

Sie haben die Möglichkeit, Informationen über sich selbst in Ihrem Anmeldeprofil zu speichern. Diese Informationen werden durch leistungsfähige Verschlüsselungstechnologien und strenge Richtlinien zur Datensicherheit geschützt.

Einen Passport erhalten Sie mit Hilfe des .NET Passport-Assistenten.

Steigern mit eBay

Was ist eBay?
eBay ist ein Online-Auktionshaus, bei dem Privatleute und Geschäftsleute Artikel ersteigern und versteigern können.

Was geschieht, wenn Sie überboten werden?
Sollten Sie überboten werden, erhalten Sie von eBay eine E-Mail, die Sie darüber informiert. In dieser E-Mail finden Sie einen Link, der Sie direkt zur betreffenden Artikelseite führt. Hier können Sie dann Ihr Maximalgebot erhöhen.

Was ist Sofort-Kauf?
Sie können viele Artikel per Sofort-Kaufen erwerben. Ein schnell entschlossener Käufer hat die Möglichkeit, einen Artikel sofort zu dem vom Verkäufer festgesetzten Sofort-Kaufen-Preis zu erwerben.

Er kann aber auch auf herkömmliche Weise auf den Artikel bieten. Sobald ein erstes Gebot abgegeben wurde, verschwindet das Sofort-Kaufen-Logo und die Option ist nicht mehr verfügbar. Der Artikel wird nun im Rahmen einer klassischen Auktion versteigert.

Eine Datei aus dem Internet laden

Was ist ein FTP-Client?
Ein FTP-Client ist ein Programm, das es Ihnen gestattet, eine Verbindung zu einem FTP-Server herzustellen.

Was ist ein FTP-Dämon?
Der FTP-Dämon ist ein Programm, das den Download auf Ihren Computer überwacht und regelt.

Was benötigen Sie zur Anmeldung an einem FTP-Server?
Zur Anmeldung auf einem FTP-Server, um Dateien herunterzuladen, benötigen Sie eine Zugangsnummer oder einen Benutzernamen sowie ein Passwort, das Sie als Anwender identifiziert, dem es erlaubt ist, Daten von diesem FTP-Server abzurufen. Dieses Verfahren ist jedoch in den vergangenen Jahren immer mehr zurückgegangen. Bei den meisten FTP-Servern erhält mittlerweile jedermann Zugang, jedoch müssen auch hier ein Benutzername und ein Passwort eingegeben werden. Bei dieser Art von FTP-Server müssen Sie als Benutzernamen *Anonymous* und als Passwort Ihre E-Mail-Adresse angeben, um Zugriff auf die Dateien des jeweiligen FTP-Servers zu erhalten. Aus diesem Grund nennt man die FTP-Server auch »Anonymous-FTP«-Server.

Erste Hilfe im Fall der Fälle

Es ist wie im richtigen Leben: Nur wenige Dinge laufen auf Anhieb, und dann auch nicht ewig!

Aus diesem Grund habe ich Ihnen an dieser Stelle einige typische Problemfälle exemplarisch aufgeführt, auf die Sie vielleicht im Rahmen Ihrer »Internetkarriere« stoßen werden.

Das Modem wählt nicht

In den meisten Fällen hat dies sehr plausible Gründe. Man vergisst ganz einfach, das Modem einzuschalten, oder das Verbindungskabel vom Computer zum Modem ist nicht richtig »eingestöpselt«, defekt oder vielleicht gar nicht vorhanden. Verwenden Sie, wenn möglich, immer das Originalkabel des Herstellers.

Falls sich dann immer noch nichts tut, überprüfen Sie, ob die jeweilige Steckdose in der Wand auch wirklich Strom liefert.

Ein anderer beliebter Fehler ist der, dass Sie unter Windows ein falsches Modem eingestellt haben. Windows arbeitet nur mit Modems zusammen, die es auch kennt und die installiert sind.

Es ist keine Verbindung zum Internet möglich

Falls das Modem funktioniert und auch wählt, es aber trotzdem zu keiner Verbindung zum Internet kommt, sollten Sie das Telefonnetz überprüfen. Befindet sich an der gleichen Leitung, an der Ihr Modem angeschlossen ist, auch noch ein Telefon, so kann es sein, dass vielleicht jemand anderes gerade telefoniert.

Überprüfen Sie, ob Sie das richtige Wahlverfahren eingestellt haben. An dieser Stelle haben Sie zwei Einstellungsmöglichkeiten: Puls- und Tonwahl. Bei der Pulswahl »klackert« es beim Wählen, bei der Tonwahl hören Sie stattdessen elektronische Töne.

Sollte Ihr Telefon an einer Telefonanlage angeschlossen sein, müssen Sie, bevor Sie sich ins Internet einwählen, eine Ziffer vorwählen, um eine Amtsleitung zu bekommen. Diese Ziffer ist von Telefonanlage zu Telefonanlage unterschiedlich.

Sind alle diese Punkte in Ordnung, müssen Sie die Telefonnummer überprüfen. Vielleicht hat sich ja ein Zahlendreher eingeschlichen, sodass eine falsche Rufnummer gewählt wird.

Eine bestehende Internetverbindung bricht ab

Dies ist ein besonders ärgerlicher Punkt, insbesondere wenn Sie gerade kurz vor dem Abschluss einer längeren Download-Aktion stehen. In den meisten Fällen liegt es daran, dass eine bestehende Leitung starken Störungen unterliegt. Dann hilft nur eines: noch einmal neu wählen und hoffen, dass die neue Verbindung besser ist.

Eine URL wird nicht akzeptiert

Findet der Webbrowser eine bestimmte URL nicht, so kann dies die unterschiedlichsten Ursachen haben. Überprüfen Sie zuerst, ob sich nicht ein Schreibfehler eingeschlichen hat.

In sehr vielen Fällen liegt auch eine Netzwerkstörung vor. Vielleicht wird der entsprechende WWW-Server gerade gewartet. Weiterhin ist es möglich, dass der jeweilige WWW-Server derart stark frequentiert ist, dass er völlig überlastet ist.

Eine Webseite wird nicht gefunden

Eine Meldung mit der lapidaren Bezeichnung »404 Not Found« wird Ihnen während Ihrer »Internetkarriere« wohl des Öfteren begegnen. Die Erklärung liegt darin, dass diese Seite schlicht und ergreifend nicht mehr existiert. Das kann passieren, wenn WWW-Seiten aus Aktualitätsgründen geändert und dabei umbenannt oder ganz gelöscht werden. Akzeptieren Sie's einfach.

Kleines Internet-Lexikon

Baud Als Baud oder auch Baudrate bezeichnet man die Signalrate bzw. die Anzahl der Schwingungsänderungen pro Sekunde, die ein Modem verarbeiten kann. Je mehr Baud ein Modem zu bearbeiten in der Lage ist, desto schneller ist es.

Chat Chat ist die Möglichkeit, mit anderen Teilnehmern online zu kommunizieren. Mittels sogenannter Chat-Räume treffen sich unter AOL Mitglieder, um verschiedenste Themen miteinander zu diskutieren. Beliebt sind des Weiteren Live-Chats, innerhalb denen AOL-Mitglieder Persönlichkeiten des öffentlichen Lebens live am Computer Fragen stellen können.

DNS Verfahren zur Zuordnung von kryptischen IP-Adressen zu aussagekräftigen Namen, die das Ansprechen eines in das Internet eingebundenen Rechners bzw. einer darüber erreichbaren Ressource erleichtern.

DNS-Server Rechner beim Internet-Serviceprovider, in dem die Zuordnungen von IP-Adressen zu Namen gespeichert sind. Viele Internet-Serviceprovider unterhalten neben einem hauptsächlichen, primären DNS-Server auch einen sekundären DNS-Server, der es Ihnen bei Ausfall oder Nichterreichbarkeit seines primären Kollegen erlaubt, dennoch DNS nutzen zu können.

Download Beim Download lädt der AOL-Anwender eine Datei oder ein Programm aus einer bestimmten Software-Bibliothek von AOL herunter.

E-Mail Elektronische Nachrichten, die im lokalen Netzwerk, über Online-Dienste oder das Internet versandt werden. Zur Bearbeitung von E-Mails ist ein E-Mail-Programm bzw. ein E-Mail-Client erforderlich, der mit dem zugehörigen Server in Verbindung steht.

E-Mail-Adresse Adresse, unter der Sie für ein bestimmtes E-Mail-System erreichbar sind.

Einwahlknoten Zugangspunkte, die der Betreiber einer Mailbox und eines Online-Dienstes oder der Internet-Serviceprovider für die Einwahl (beispielsweise über Modem oder ISDN) unterhält.

Freeware Software, für deren Nutzung keine Gebühr zu entrichten ist. Oftmals erstreckt sich diese Erlaubnis nur auf den privaten Einsatz, sodass kommerzielle Anwender für die Nutzung bezahlen müssen.

FTP Dienst im Internet zur Übertragung von Dateien. Zum Zugriff ist ein FTP-Client erforderlich, der die Dateien von einem FTP-Server herunterlädt oder auf diesem bereitstellt.

Gateway Führt die Umwandlung von Informationen verschiedener Formate durch.

Homepage Erste Webseite eines Anbieters im World Wide Web.

Host Allgemeiner Begriff für einen meist größeren Rechner, der eine bestimmte Aufgabe wahrnimmt.

HTML Format von Dokumenten im WWW, die nicht nur Text, sondern auch Grafiken, Sounddateien und Videos sowie Hyperlinks beinhalten.

Hyperlink Verweis auf eine andere Ressource (beispielsweise im Internet).

Internet Weltweites, öffentliches Netzwerk, das zunächst in den USA zu militärischen und wissenschaftlichen Zwecken betrieben wurde. Jedermann kann Informationen im Internet bereitstellen, da es im Gegensatz zu einem *Online-Dienst* keinen Betreiber gibt, dem das Internet und die dabei zur Verfügung stehenden Einwahlknoten gehören. Zugang zum Internet etwa über Modem oder ISDN offerieren Internet-Serviceprovider und Online-Dienste wie etwa AOL.

Internet-Serviceprovider Unternehmen, das privaten und kommerziellen Anwendern Zugang zum Internet bietet und über eigene Leitungen verfügt, die eine Verbindung zum eigentlichen, weltweiten Internet herstellen.

IP Siehe TCP/IP.

IP-Adresse Eindeutige Adresse eines Geräts, das in ein mit TCP/IP arbeitendes Netzwerk eingebunden ist. Jeder Rechner im Internet beispielsweise verfügt über eine eindeutige IP-Adresse. Die weltweite Vergabe durch entsprechende Organisationen sorgt dafür, dass jede IP-Adresse einmalig ist. Eine statische IP-Adresse ist immer gleich, während eine dynamische IP-Adresse vom Internet-Serviceprovider aus einem Bereich dafür zur Verfügung stehender IP-Adressen bei der Einwahl in das Internet zugewiesen wird.

ISDN Digitales Netzwerk, das in Deutschland von der Telekom unterhalten wird und alle Sprach- und Datendienste integriert. ISDN zeichnet sich durch eine hohe Übertragungsgeschwindigkeit von 64 KBit/s sowie einen schnellen Verbindungsaufbau zum Empfänger aus, der binnen 1 bis 2 Sekunden abwickelt ist.

Modem Kunstwort aus *Modulator* und *Demodulator*. Gerät, das digitale Signale des Computers in analoge Signale bzw. Töne zur Übertragung über das analoge Telefonnetz umwandelt und umgekehrt.

Mosaic Urvater aller WWW-Browser, auch als Synonym für diese Art von Programmen verwendet.

Netiquette Benimmregeln (Online-Knigge) für die elektronische Kommunikation per E-Mail und in Nachrichtenbereichen

Netzwerk Verbund mehrerer Rechner, die untereinander verbunden sind. Bei einem räumlich zusammenhängenden Verbund spricht man von einem LAN bzw. lokalen Netzwerk. Andere Formen von Netzwerken umfassen den Online-Dienst (privates Netzwerk) oder das WAN bzw. Weitverkehrsnetz, bei dem mehrere räumlich getrennte lokale Netzwerke miteinander verbunden sind.

Newsgroups Teil des Internet, in dem Diskussionen zu allen möglichen (und unmöglichen) Themen stattfinden. Die Kommunikation erfolgt offline – Anwender können Nachrichten hinterlassen, die dann von anderen Anwendern gelesen und beantwortet werden. Zum Zugriff auf Newsgroups ist ein Newsgroup-Reader erforderlich, der bei AOL in die AOL-Software gleich integriert ist.

Online-Dienst Privates Netzwerk eines Betreibers mit nationalem oder internationalem Charakter, mit dem sich die Kunden beispielsweise über Modem oder ISDN verbinden und die von den einzelnen Informationsanbietern bereitgehaltenen Daten abrufen und eigene bereitstellen können. Die Einwahl in einem Online-Dienst erfolgt über die von dem verantwortlichen Betreiber bereitgestellten Einwahlknoten.

Passwort Kennung in Verbindung mit einem Benutzernamen, die den Zugriff auf die damit verbundenen Ressourcen schützt und daher nur den entsprechenden Anwendern bekannt sein sollte.

PC-Card Bussystem, das mit scheckkartengroßen Erweiterungskarten arbeitet (ehemals auch als PCMCIA bekannt).

PCMCIA Siehe PC-Card.

Pulswahl Wahlverfahren für analoge Telefonleitungen, bei dem die Telefonnummer des Empfängers Ziffer für Ziffer in Impulse unterschiedlicher Länge umgesetzt wird (man spricht daher auch vom Impulswahlverfahren), sodass der Wahlvorgang bedeutend mehr Zeit in Anspruch nimmt als bei der Tonwahl. Die Deutsche Telekom hat bis Anfang der Neunziger Jahre ausschließlich die Pulswahl verwendet, unterstützt inzwischen aber die Tonwahl.

Shareware Prüf-vor-Kauf-Software, die Sie zunächst für einen gewissen Zeitraum ohne Entrichtung einer Gebühr nutzen können und bei Gefallen gehalten sind, diese zu kaufen.

Surfen Umgangssprachlicher Ausdruck für das Verhalten, Webseiten sowie -server zu besuchen und per Hyperlink mit der Maus zu bestimmten Ressourcen zu springen.

TCP/IP Netzwerkprotokoll, das in systemübergreifenden Netzwerkumgebungen, bei Unix und vor allem dem Internet zum Einsatz gelangt. Oftmals auch kurz als IP bezeichnet.

T-DSL Zugangstechnologie der Deutschen Telekom zur Realisierung breitbandiger Angebote über die normale Telefonanschlussleitung. T-DSL ermöglicht die Übertragung von bis zu 768 KBit/s zum Kunden (downstream). In der Gegenrichtung (upstream) kann mit ADSL ein Datenstrom von bis zu 128 KBit/s verschickt werden. Die jeweils tatsächliche erreichbare Geschwindigkeit richtet sich nach den technischen Gegebenheiten.

Tonwahl Wahlverfahren für analoge Telefonleitungen, bei dem die Telefonnummer des Empfängers Ziffer für Ziffer in Töne unterschiedlicher Frequenzen umgesetzt wird (man spricht daher auch vom Mehrfrequenzwahlverfahren). Der Wahlvorgang geht daher bedeutend schneller vonstatten als bei der Pulswahl. Die Deutsche Telekom hat bis Anfang der Neunziger Jahre ausschließlich die Pulswahl verwendet, unterstützt inzwischen aber die Tonwahl.

Upload Hochaufladen von Dateien auf eine Mailbox, einen Online-Dienst oder einen FTP-Server

URL Verweis auf eine Ressource im Internet.

Usenet Siehe Newsgroups.

WWW Grafischer Dienst im Internet, der den Zugriff auf Ressourcen verschiedenster Art (Dokumente, Dateien, Videos etc.) gestattet. Zum Zugriff auf diesen Dienst ist ein Webbrowser erforderlich.

Webbrowser Ein Programm, mit dem der PC auf die im World Wide Web vorhandenen Webserver zugreifen und neben WWW auch andere Internet-Dienste (FTP, Gopher etc.) nutzen kann. In die AOL-Software ab Version 2.5 ist der Webbrowser bereits integriert.

World Wide Web Siehe WWW.

Liebe Leserin, lieber Leser,

herzlichen Glückwunsch, Sie haben es geschafft. Das Internet ist Ihnen nun vertraut. Ist es Ihnen nicht viel leichter gefallen, als Sie am Anfang dachten? Genau das ist das Ziel unserer Bücher aus der easy-Reihe. Sie sollen helfen, erfolgreich die ersten Schritte zu gehen, und den Leser auf keinen Fall mit unverständlichem Fachchinesisch überhäufen.

Als Lektorin hoffe ich, dass Sie durch das Buch die richtige Unterstützung bekommen haben. Denn für Ihre Zufriedenheit stehen alle Beteiligten mit ihrem Namen: der Verlag, die Autoren, die Druckerei.

Aber niemand ist perfekt. Wenn Sie Fragen haben: Fragen Sie. Wenn Sie Anregungen zum Konzept haben: Schreiben Sie uns. Und wenn Sie uns kritisieren wollen: Kritisieren Sie uns.

Ich verspreche Ihnen, dass Sie Antwort erhalten.

Denn nur durch Sie werden wir noch besser.

Ich freue mich auf Ihr Schreiben!

Birgit Ellissen
Lektorin Markt + Technik
Pearson Education Deutschland GmbH
Martin-Kollar-Str. 10–12
81829 München
E-Mail: bellissen@pearson.de
Internet: http://www.mut.de

Stichwortverzeichnis

Symbole

A

B

C

D

E

F

G

H

I

J

K

L

M

N

O

P

R

W

X

Y

Z